Edith Kohlbach
Quer durch TUNESIEN

Rau's Reisebücher
Band 26

D1696317

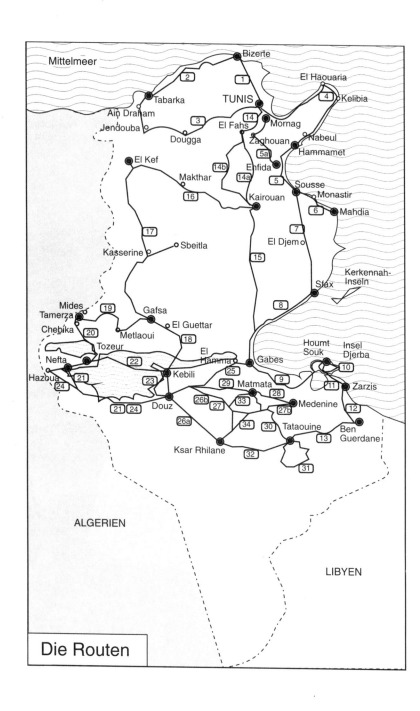

Die Routen

RAU'S REISEBÜCHER
Band 26

EDITH KOHLBACH

QUER DURCH
TUNESIEN

WERNER RAU VERLAG STUTTGART

Titelfotos: Tuareg auf dem Kamelmarathon von Douz; Strand von
El Manzourah, Kelibia.
Rücktitelfotos: Moschee in Mahboubine, Djerba; Typischer Bilder-
teppich aus Ali's Boutique in Douz; Kamelmarathon in Douz.

© Werner Rau Verlag, Stuttgart, 1995
Umschlaggestaltung: Hitz und Mahn, Stuttgart
Herstellung: Freiburger Graphische Betriebe, 79080 Freiburg i. Br.
Printed in Germany
GEO-Nummer: 650 10118
ISBN 3-926145-17-X

INHALT

Übersichtskarte 2
Ein Wort zum Buch 8
Kurzporträt Tunesien 10
Geschichte 12
Religion 18
Wüstentiere 21
Wie kommt man hin? 23
- Mit dem Flugzeug 23
- Mit der Bahn 23
- Mit dem Auto 23
- Fährverbindungen 24
Ankunft im Hafen La Goulette 25

Quer durch Tunesien - Die Routen
Tunis 26
La Goulette - Karthago - Sidi Bou Said - Gammarth 44

Der Norden **55**
1. Tunis - Bizerte 56
2. Bizerte - Tabarka 60
3. Tabarka - Jendouba - Teboursouk (Dougga) - Tunis 65
4. Cap Bon - Rundfahrt 76

Der Sahel - von Hammamet nach Gabes **96**
5. Hammamet - Sousse 96
5a. Enfidaville - Mornag 97
6. Sousse - Monastir - Mahdia 111
7. Sousse - El Djem - Sfax (Kerkennah-Inseln) 121
8. Sfax - Gabes 128

Djerba und Zarzis **135**
9. Gabes - Houmt Souk 137
10. Inselrundfahrt 145
11. Houmt Souk - Zarzis 148
12. Zarzis - Ben Guerdane 150
13. Ben Guerdane - Tataouine 151

Mitteltunesien - auf den Spuren der Römer **152**
14. Tunis - El Fahs - Kairouan 153
15. Kairouan - Gabes 166
16. Kairouan - Makthar - El Kef 167
17. El Kef - Kasserine - Sbeitla - Gafsa 176

Die Chott-Region **188**
18. Gafsa - Lalla - El Guettar - Kebili per Piste über das Chott-el-Fedjadj 190
19. Gafsa - Metlaoui - Mides - Tamerza 192
20. Tamerza - Chebika - Tozeur - Nefta 194

21. Nefta - El Faouar - Douz über Chott-el-Djerid 202
22. Tozeur - Chott-el-Djerid - Kebili - Douz 204
23. Douz - Kebili durch die Nefzaoua-Oasen 213
24. Douz - Hazoua - Nefta 214
25. Douz - El Hamma - Gabes per Piste 218

Vom Wüstensand zum Dahar-Bergland **220**
26. Douz - Ksar Rhilane 221
27. Douz - Bir Soltane - Ksar Hallouf - Metameur bzw. Medenine 224
28. Medenine - Matmata 228
29. Matmata - Douz 231
30. Matmata - Beni Kheddache - Ksar Hadada - Tataouine 233
31. Rundfahrt zu den Ksour der Umgebung 237
32. Tataouine - Ksar Rhilane 238
33. Ksar Rhilane - Matmata 239
34. Beni Kheddache - Ksar Rhilane 239
Weiterfahrt in den Süden 240

Praktische und nützliche Informationen **241**
Auskünfte 241
Ausrüstung 241
- Ausrüstungsfirmen 241
- Fahrzeugausrüstung 241
- Reisekleidung 242
- sonstige Ausrüstung 242
Autofahren in Tunesien 243
- Straßennetz 243
- Verkehrsregeln 243
- Kraftstoff 244
- Mietwagen 244
- Eigenes Fahrzeug 244
- Autoreparatur 244
- Unfall 245
- Wüstenpisten 245
- Navigationshilfen 246
- Auf der Piste verirrt 246
- Panne in der Wüste 246
Bettelkinder 247
Botschaften; Konsulate 247
Brunnen 247
Camping 247
Einladungen 248
- Gastgeschenke 249
Einreisebestimmungen 249
- Persönliche Dokumente 249
- Einreise mit Kraftfahrzeug 249
- Zoll 249
Elektrizität 250
Essen und Trinken 250

- Versorgung im Land 250
- Küche 251
- Getränke 252
- Restaurants 252
Feiertage und Feste 252
Fotografieren 254
Frau allein in Tunesien 254
Frauen, tunesische 255
Führer 256
Geld 257
Gesundheit 257
- Impfungen 257
- Vorsorge 258
- Ärzte 259
- Reiseapotheke 259
- Apotheken 260
Hammam 260
Haustiere 260
Hotels 261
Jugendherbergen 261
Kriminalität 262
Literatur 262
- Landkarten 262
- Reise-, Kultur- und Landschaftsführer 263
- Sonstiges 263
Moscheen; Museen 264
Notfall-Telefonnummern 264
Post 264
Reisen im Land 265
- mit dem Flugzeug 265
- mit der Bahn 265
- mit dem Bus 265
- mit dem Taxi 265
- mit dem Daumen 266
Reisezeit 266
Souk 266
Souvenirs 267
Sport 268
Sprache 268
Telefon 269
Trinkgeld 269
Versicherung 270
Wasserpfeife 270
Weiterreise nach Algerien und Libyen 271
Zeit 271
Zeitungen 271
Antike Städtenamen 272
Register 273
Zeichenerklärung 276

VORWORT

Tunesien hat alles zu bieten, was das Touristenherz begehrt und so fahren jedes Jahr gut eine halbe Million Deutsche zu den sonnendurchfluteten, endlosen Sandstränden in großzügige Hotelanlagen in landestypischer Architektur, bei denen Bausünden wie in Spanien vermieden wurden. Doch das Land hat viel mehr zu bieten als Badevergnügen am Strand. Auf Schritt und Tritt ragen römische Ruinen aus dem Erdreich, finden sich punische Grabstelen, erlauben prachtvolle maurische Moscheen und Paläste einen Blick in eine Welt von 1001 Nacht. Die Medinas von Tunis, Sousse oder Sfax zeigen - abseits der Touristenpfade - ein orientalisches Leben, wie es sich seit Jahrhunderten kaum verändert hat.

Aber der Höhepunkt ist eine Fahrt in den großen Süden. Eines der letzten Abenteuer unserer Tage bietet sich im Geländewagen auf sandigen Pisten abseits der Zivilisation, wo das Wasser zum kostbarsten Gut wird, wertvoller als Wein, und auch bei aller Vorbereitung und Ausrüstung und trotz der inzwischen teils erfolgten Ausschilderung Unglücksfälle immer noch nicht ausgeschlossen sind. Wer einmal die Sahara auf diese Art erlebt hat, wird leicht von einem Virus erfaßt, der ihn immer wieder zurück treibt zu den Schönheiten der Wüste und der Herzlichkeit ihrer Bewohner.

Nicht jeder hat Zeit und Lust, mit dem eigenen Fahrzeug nach Tunesien zu reisen. Doch die sehr guten Straßen eignen sich ideal für eine Tour per Flugzug und Mietwagen. Wer einen günstigen Flug ergattert, kann dieses Vergnügen bereits für 2.000 DM (Flug incl. Mietwagen) für zwei Personen bekommen. Und das Leben im Land, Treibstoff sowie die zum Teil sehr schönen Hotels sind erheblich billiger als zu Hause. Der Wagen kann direkt am Flughafen übergeben und zurückgebracht werden.

Bei der Arbeit zu diesem Buch hat sich eine große Liebe zu Tunesien und seinen hilfsbereiten, gastfreundlichen Menschen entwickelt. Nur wenige Schritte abseits der Touristenzentren zeigt sich ein völlig anderes, von Belästigungen freies Bild dieses liebenswerten Landes. Mein besonderer Dank für die Mithilfe an den Recherchen gilt deshalb den Bewohnern, von denen ich vor allem *Zied Lasram* und seine Malerfreunde in Sidi Bou Said erwähnen möchte. Besondere Gastfreundschaft und Hilfe genoß ich bei Familie *Salah Nouajaa* bei Enfida, *Kamel Ben Khalifa* und seine Familie in Ghellissia bei Douz erschlossen mir die Schönheiten des Südens und *Ali Gmati* und seine Brüder verhalfen mir zu wertvollen Informationen über die Teppichherstellung in Oudref. Herzlichen Dank sagen möchte ich auch *Mohammed Tlili*, der sich mit ganzem Herzen für den Erhalt seiner Heimatstadt El Kef einsetzt. Dank aber auch an Herrn *Dr. Hassel* vom Römisch-Germanischen Zentralmuseum in Mainz für seine Hilfestellung.

EIN WORT ZUM BUCH

Dieser handliche Band gehört zu einer völlig neu konzipierten Reihe von Reiseführern - „RAU'S REISEBÜCHER".

Gewohnheiten ändern sich, auch Reisegewohnheiten. Unverändert aber bleibt die Erwartung, daß eine Reise zum Erlebnis wird.

RAU'S REISEBÜCHER aus der Reihe „QUER DURCH" sind handliche, praktische Reiseführer fürs Auto-Touring, speziell konzipiert für Reisemobilisten, Caravaner, Biker, Fly-and-Drive-Urlauber und alle, die auf neuen Wegen mehr erleben wollen.

8

Das neue Konzept
- überlegt ausgewählte, vor Ort recherchierte und getestete, in „handverlesene" Etappen eingeteilte Routen,
- klar gegliedert, übersichtlich,
- Kartenskizzen zur besseren Orientierung,
- aktuelle, ehrliche und authentische Informationen,
- kurze, prägnante, dennoch vollständige Beschreibung aller Sehenswürdigkeiten,
- detaillierte Rundgänge durch alle wichtigen Städte,
- Lage- oder Stadtpläne,
- Infoblocks mit Touristenbüros, Hotels, Restaurants, Campingplätzen, Verkehrsverbindungen u.a.,
- Marginalien am Seitenrand lenken den Blick aufs Wesentliche, helfen dem Leser beim schnelleren Zurechtfinden. Denn auf Reisen rechtzeitig wissen wo's langgeht und gut informiert sein, macht Spaß am Zielort, spart Zeit, Geld und Nerven.

Ob Sie nun mit dem eigenen Wagen reisen, mit öffentlichen Verkehrsmitteln anreisen und dann vor Ort ein Auto mieten, oder ob Sie mit Reisemobil, Caravan oder Motorrad und Zelt unterwegs sein werden, RAU'S Reisebücher aus der Reihe „QUER DURCH" helfen Ihnen bei der Vorbereitung und bei der Durchführung Ihrer Urlaubsreise - damit Sie auf neuen Wegen mehr erleben.

Nicht übersehen werden sollte, daß sich natürlich auch Tunesien wirtschaftlich weiterentwickelt, verändert. Das bedeutet, daß vor allem Preise Schwankungen unterworfen sind. Dennoch wurde auf diese Angaben nicht völlig verzichtet, sie sind jedoch nur als Anhaltspunkte zu verstehen. Alle Angaben zu Einreise-, Zoll- oder Verkehrsbestimmungen, Öffnungszeiten u.a. sind mit größter Sorgfalt nach dem zum Zeitpunkt der Manuskripterstellung aktuellen Stand recherchiert. Änderungen sind nicht auszuschließen. Kilometerangaben können nur als Anhaltspunkt dienen, Unterschiede ergeben sich aus Rundungsdifferenzen und alternativen Pistenumfahrungen.

Aufgrund des gestiegenen Saharatourismus werden ständig Pisten zu Asphaltstraßen ausgebaut, entstehen neue Hotels und Campingplätze. Außerdem bin auch ich nicht frei von Fehlern. Deshalb freue ich mich besonders über Mitteilungen von Fehlern, Änderungen oder ganz einfach Hinweisen zu Dingen, die Ihnen besonders gut gefallen haben, aber in diesem Führer noch nicht enthalten sind. Auch Ihre Erfahrungen in der Handhabung dieses Reisebuches und ganz einfach, ob Ihnen der Urlaub in diesem orientalischen Land gefallen hat, würden mich interessieren, rufen Sie an, schreiben oder faxen Sie!

Edith Kohlbach, Hauberrisserstraße 2, 65189 Wiesbaden, Telefon/Fax 0611 719345

Gute Reise!

Hotel Ksar Hadada

9

KURZPORTRÄT TUNESIEN

Staatsname: Tunesische Republik
Hauptstadt: Tunis mit 825.000 Einwohnern
Staatsform: Präsidiale Republik seit 1957
Staatsoberhaupt: Zine Al-Abidine Ben Ali (seit 7. November 1987)
Nationalfeiertag: 20. März (Unabhängigkeitstag)
Verwaltungsgliederung: 23 Gouvernorate, 136 Delegationen, 1.113 Scheikate
Volksvertretung: Nationalversammlung (Einkammerparlament) mit 144 auf 5 Jahre gewählten Abgeordneten

Landschaft und Klima: Nicht ganz 150 km Luftlinie von Sizilien entfernt liegt Tunesien am Nordrand des afrikanischen Kontinents, die Küste zum Mittelmeer hat eine Länge von 1.300 km. Mit 163.610 qkm ist das Land knapp halb so groß wie Deutschland und das kleinste der Maghreb (d.h. Westen) - Länder, dem äußersten Westen der arabischen Welt. Die Nachbarstaaten sind Algerien im Westen und Libyen im Südosten. Da nur 10 % der Fläche mehr als 200 km vom Meer entfernt liegen, ist der Naturraum klimatisch wie verkehrsmäßig im Vergleich zu den übrigen Maghreb-Ländern außerordentlich begünstigt.

Der mediterrane nördliche Küstenbereich wird geprägt durch den *Kroumir*, den Ausläufer des Rif-Tell-Gebirgssystems mit Höhen bis zu 1.300 m, und den flacheren *Mogod*. Kühle, regnerische Winter, zuweilen mit Schnee, ermöglichen weitläufige Wälder, selbst im August kann es Niederschläge geben. Südlich daran anschließend liegt die fruchtbare Hügellandschaft um den Medjerda, der einzig größere, ganzjährig wasserführende Fluß des Landes.

Die östliche Mittelmeerküste ist in die Golfe von Tunis, Hammamet und Gabes mit herrlichen Sandstränden gegliedert. Vorgelagert sind die Inseln Djerba und die Kerkennah-Gruppe. Durch die geschützte Lage gibt es besonders im Süden oft milde, zum Baden geeignete Winter. Die weiten, fruchtbaren Ebenen im Küstenbereich bezeichnet man als *Sahel*. Während im Norden Wein-, Obst- und Gemüseanbau betrieben wird, dominieren weiter südlich weitläufige Olivenplantagen.

Im Landesinnern folgen der *Hohe Tell* auf 800 - 1.000 m Höhe und die *Dorsale*, der mitteltunesische Gebirgsrücken mit den höchsten Erhebungen (Djebel Chambi 1.544 m, Djebel Bireno 1.419 m). Die Dorsale wirkt zugleich als Klimascheide. Während nördlich in kühlen Wintern noch ausreichend Regen fällt, beginnt südlich davon das trockene, zentraltunesische Steppengebiet.

Ab der Höhe Gafsa - Gabes beginnen die Wüstensteppen und Wüsten mit den Salzseen (d.h. Chott) Djerid, Fedjadj und Gharsa. Die Dünengebiete des Östlichen Großen Erg reichen bis in die Gegend von Douz. Östlich davon schließen sich das Bergland von Matmata und das Kalkplateau *Dahar* an. Das typische Wüstenklima weist heiße, trockene Sommer auf, im Winter ist es tagsüber meist angenehm warm, nach Sonnenuntergang jedoch empfindlich kalt. Temperaturunterschiede von 20 - 30 °C sind möglich. Eine große Beeinträchtigung ist der Shirokko, arab. *Ghibli*, ein heißer Staubwind, der tagelang die Sonne verdunkeln und eine Fahrt auf Pisten unmöglich machen kann.

Mittlere Tagestemperatur in °C

Ort	Januar	April	August	Oktober
Bizerte	15	20	31	25
Tunis	15	21	32	25
Hammamet	15	21	31	25
Sousse	16	20	31	25
Djerba	16	23	33	28
Tozeur	16	31	40	29
Wassertemperatur	12	15	23	21

Bevölkerung: Die Einwohnerzahl betrug im Jahr 1993 8,6 Mio, das entspricht 52 Personen pro qkm. Zum Vergleich: Deutschland 222 Menschen pro qkm. Dicht besiedelt sind jedoch nur die nordöstlichen Küstengebiete, in denen 70 % der Gesamtbevölkerung wohnen. Viele Tunesier leben als Gastarbeiter im Ausland, in Frankreich sind es etwa 190.000, in Deutschland knapp 25.000. Durch ein frühzeitiges Regierungsprogramm zur Familienplanung, das den freien Verkauf empfängnisverhütender Mittel und die Abtreibung in den ersten drei Monaten erlaubt - beides ohne die Zustimmung des Ehemannes -, konnte die Geburtenziffer in den letzten Jahren gesenkt werden und liegt mit 31 Geburten je 1.000 Einwohner erheblich unter der der Nachbarländer. Die Idealvorstellung liegt bei vier Kinder pro Ehepaar. Somit fiel auch der Anteil der unter 20jährigen an der Bevölkerung von 55 % im Jahr 1975 auf 37 % 1990. Die in den Ortsbeschreibungen angegebenen Einwohnerzahlen für die Städte müssen mit Vorsicht betrachtet werden. Zwar handelt es sich um offizielle Angaben des tunesischen Amtes für Statistik, sie beinhalten aber auch die Bewohner der Siedlungen im Umkreis des Stadtgebietes.

Über die Herkunft der ersten Einwohner Nordafrikas ist wenig bekannt, sie hatten keine einheitliche Rasse, Sprache oder Nation, ihre Einheit war der Stamm und die Sippe, sie lebten meist als Nomaden. Von den Griechen wurden sie *Numider* genannt, der Bezeichnung für Nomade, die Römer nannten jeden außerhalb ihrer Kultur und Bildung lebenden Menschen *barbarus* (d.h. Rohling), daraus entstand später Berber. Bedingt durch die exponierte Lage im Zentrum des Mittelmeeres war Tunesien schon früh Einwanderungsland für viele Völker. Phönizier, Römer, Vandalen, Spanier und Türken verschmolzen mit den ursprünglichen Einwohnern und beeinflußten auch ihre Kultur. Im 7. Jh. begann mit dem Eindringen der Araber die Islamisierung der Bevölkerung, der schließlich eine fast völlige Arabisierung folgte. Reine Berberstämme haben sich nur in einigen südlichen Gebieten (z.B. La Kesra, Takrouna, Chenini, Matmata, Djerba und im Bergland von Gafsa) erhalten, die sich ihre Sprache und Kultur durch die abgeschlossene Lage bewahren konnten.

Bildungswesen: Nach der Unabhängigkeit wurde großer Wert auf den Ausbau des Schulwesens gelegt, heute werden 95 % der Kinder eingeschult. Die Grundschule dauert sechs Jahre, ab der 3. Klasse wird Französisch gelehrt. Danach besteht die Möglichkeit zum Besuch der sechsjährigen Sekundarstufe. Hochschulen gibt es außer in der Hauptstadt in Sfax und Monastir, viele junge Tunesier studieren auch im Ausland, vor allem in Frankreich. Von den Studenten sind 39 Prozent weiblich. Der Besuch der Bildungseinrichtungen sowie die Unterkunft am Studienort sind kostenfrei, Studenten wird ferner ein Taschengeld gezahlt.

Politik: Tunesien ist das liberalste und demokratischste Maghreb-Land, wenngleich es von europäischem Demokratieverständnis noch entfernt ist. Regierungspartei ist die RCD, d.h. Rassemblement Constitutionel Démocratique, Nachfolgerin der Neo-Destour-Partei. Opposition ist zugelassen, aber ohne Bedeutung. 1987 setzte Ben Ali den greisen, an Arteriosklerose leidenden Bourguiba, den Vater der Unabhängigkeit, in einem gewaltlosen Staatsstreich und zur Erleichterung der Bevölkerung von seinem Amt ab, das dieser sich durch eine Verfassungsänderung auf Lebenszeit gesichert hatte. Seitdem geht es im Land in kleinen Schritten aufwärts. Staatschef Ben Ali wurde im März 1994 mit 99,9 Prozent der Stimmen für weitere fünf Jahre in seinem Amt bestätigt, die Regierungspartei errang alle 144 Mandate. Daneben wurden erstmals 19 Mandate der Opposition zugesprochen.

Die Gefahr durch den Fundamentalismus ist wie in allen modern eingestellten arabischen Ländern gegeben und wird scharf unterdrückt. Vor öffentlichen Gebäuden stehen schwerbewaffnete Posten, die Polizei kontrolliert die Verkehrswege, doch Urlauber werden meist freundlich und bevorzugt behandelt.
Die Beziehungen zu dem Nachbarland Libyen sind wechselhaft. Seit Einrichtung der Wirtschaftsunion der Maghreb-Länder im Jahr 1988 arbeiten wieder viele Tunesier als gut bezahlte Gastarbeiter in Libyen.

Wirtschaft: Der Agrarsektor (Getreide, Oliven, Wein, Zitrusfrüchte, Gemüse, Datteln, Halfagras, Kork, Viehzucht, Fischerei) beschäftigt etwa ein Viertel der erwerbstätigen Bevölkerung, hat aber nicht mehr die Bedeutung wie zu Beginn der Unabhängigkeit, er trägt nur noch zu etwa 15 % zur Entstehung des Bruttoinlandsprodukts bei. Den größten Anteil daran hat mit 34 % das Produzierende Gewerbe. 1966 wurde bei El Borma in der Nähe der algerischen Ölfelder Erdöl entdeckt. Noch ist Tunesien in der glücklichen Lage, mehr Erdöl zu fördern als zu verbrauchen, doch werden die Vorräte schon bald ausgebeutet sein. Ersatz bildet vielleicht das Erdgas, das in immer größeren Mengen gefördert wird. Auch der zweitwichtigste Bodenschatz, das Phosphat, macht der Wirtschaft aufgrund kostspieligen Abbaus und sinkender Weltmarktpreise schwer zu schaffen. Immer wichtiger wird dagegen das Textil- und Bekleidungsgewerbe, das viele Waren im Auftrag europäischer - und besonders deutscher - Firmen produziert und 32 % der Exportgüter stellt. Die Erzeugnisse des traditionellen Kunsthandwerks werden vorwiegend an Touristen im Land verkauft, Teppiche zu 90 % exportiert. Der Tourismus, der fast die Hälfte des Außenhandelsbilanzdefizits deckt, wurde durch den Golfkrieg schwer geschädigt, doch ist die neueste Entwicklung wieder positiv. Im Jahr 1993 kamen 2,2 Millionen Europäer ins Land, die Deutschen stellten mit 711.872 Gästen die stärkste Gruppe. Zum Vergleich: im Golfkriegsjahr 1991 nur 1,1 Millionen Europäer.

GESCHICHTE

Die Geschichte Tunesiens ist eng mit der der übrigen Maghreb-Länder verknüpft, erst um die Wende vom 16. zum 17. Jh. entwickelte das Land eine eigenständige politische Einheit. Schon in der Vorzeit gab es in Nordafrika menschliche Besiedelung, wie Werkzeug- und Skelettfunde beweisen. Mit Beginn des überseeischen Seeverkehrs ab etwa 5000 v. Chr. geriet das mit 1.300 km Mittelmeerküste stark exponierte Land unter den Einfluß verschiedener Eroberer.

Phönizier ca. 1200 - 146 v. Chr.
Um **1200 v. Chr.** erreichen die *Phönizier*, ein großes Seefahrervolk aus dem heutigen Libanon, die tunesische Küste und errichten Handelsstützpunkte. Der erste war Utica. Dieser Zeitpunkt wird aber von manchen Forschern angezweifelt und in eine wesentlich spätere Periode verlegt. **814 v. Chr.** landet die Phönizierin *Elyssa* aus Tyros mit einer Gruppe Verbannter in Nordtunesien und gründet auf einem von den Berbern überlassenen Stück Land *Karthago*. Die Stadt wächst rasch und erlangt durch den Seehandel großen Reichtum. Im **6. Jh. v. Chr.** beherrschen die Karthager, auch Punier genannt, den westlichen Mittelmeerraum mit Stützpunkten auf Malta, Sizilien und in Spanien und kommen in Konflikt mit den Griechen. Das **5. Jh.** ist geprägt von ständigen Auseinandersetzungen mit den Griechen, *Hamilcar* zieht **481** mit einem riesigen Heer nach Sizilien, wo er vernichtend geschlagen wird und umkommt. Infolge der zunehmenden politischen Isolierung Karthagos im Mittelmeerraum wird das tunesische Hinterland von Hamilcars Sohn *Hanno* erobert und einbezogen, um die Versorgung sicherzustellen.
409 zieht Hamilcars Enkel *Hannibal* erneut nach Sizilien und macht mit der Eroberung Himeras die Niederlage seines Großvaters wieder gut. Um **404** schließt der Karthager Hamilcar mit *Dionysios*, dem Tyrannen von Syracus, einen Friedensvertrag, der jedoch in den folgenden Jahren von Dionysios gebrochen wird und damit weitere Kriege nach sich zieht. Im Jahr **310** setzt *Agathokles* von Syracus mit einem Heer nach Afrika über und greift Karthago an, das noch nie auf eigenem Boden bedroht worden war und seine Siedlungen, abgesehen von der Hauptstadt, nicht befestigt hatte. Neapolis, Hadrumetum, Utica, Hippo und Thapsus werden eingenommen, erst **307** kommt ein Friede zustande.
Im Laufe des **4.** und **3. Jh.** kann der Stadtstaat Rom seine Macht und seine Gebiete erheblich ausdehnen. Mit Karthago gab es Verträge, das gegenseitige Gebiet zu respektieren. Als aber Rom der Stadt Messana militärische Hilfe leistet, kommt es dadurch zum **1. Punischen Krieg** von **264 - 241**, in dessen Verlauf der römische Feldherr *Regulus* mit einer starken Flotte nach Afrika fährt. Sie landen bei Aspis auf der Halbinsel Cap Bon. Nach anfänglichen Erfolgen erleidet Regulus eine Niederlage und stirbt in der Gefangenschaft. Entschieden wurde der Krieg aber erst im Jahr **241** durch eine Seeschlacht bei Drepana. Karthago muß Sizilien an Rom abtreten und Kriegsentschädigungen zahlen.

In der Heimat war es unterdessen zum Aufstand der Söldner gekommen, die vergeblich den ihnen zustehenden Sold verlangten. Sie wurden zunächst nach Sicca Veneria abgeschoben, zogen aber bald vor die Tore Karthagos. Es kam zu einem grausamen Krieg, der **237** mit der Vernichtung der Söldner endete. In all diesen Kämpfen tut sich besonders der Heerführer *Hamilcar Barkas* hervor, der anschließend nach Spanien zieht, um die iberische Halbinsel wegen ihrer Gold- und Silbervorkommen in seine Gewalt zu bringen. Dort rettet er bei einem Gefecht seinem Sohn *Hannibal*, später „Der Große" genannt, das Leben, fällt aber selbst.
In Spanien kommt es **219** zum Ausbruch des **2. Punischen Krieges**, als die Interessen Roms berührt wurden. Hannibal zieht mit seinem Heer und 38 Elefanten über die Alpen auf Rom zu und schlägt **216** bei Cannae die Römer. Im Jahr **204** landet der römische Konsul *Scipio* mit einem Heer in Afrika, gewinnt den Numiderfürsten *Massinissa* als Verbündeten und schlägt **202** Hannibal in der Schlacht von Zama. Die Karthager müssen ihre Flotte ausliefern und gewaltige Kriegsentschädigungen zahlen. Massinissa - auf der Siegerseite - dehnt seine Macht auf große Gebiete in Nord-

afrika aus. Die Karthager wehren sich gegen Massinissa, der immer wieder punische Städte vereinnahmt. Rom sendet eine Kommission unter der Leitung des Politikers *Cato*, die aber keine Lösung des Streites erreicht. Der von Haß gegen die Karthager erfüllte Cato beschließt nun jede seiner Reden im römischen Senat mit den Worten: „Im übrigen bin ich der Meinung, Karthago müsse zerstört werden."
Als die Punier von den Numidern geschlagen werden, erzwingen die Römer die Herausgabe aller Waffen und fordern die Bewohner auf, zwecks Zerstörung die Hauptstadt zu verlassen. Die Karthager verschanzen sich und stellen in Windeseile neue Waffen her.
Im Jahr 149 greifen die Römer im 3. **Punischen Krieg** an, können aber erst 146 nach dreijähriger Belagerung Karthago erobern. 50.000 Karthager werden in die Sklaverei verkauft, die Stadt bis auf die Grundmauern niedergerissen, die Fläche mit Salz bestreut und mit einem Fluch belegt, der jeden treffen soll, der Karthago wiederaufbauen will. Einige punische Städte, wie z. B. Utica, Hadrumetum, Thapsus und Leptis, waren rechtzeitig zu den Römern übergelaufen und behalten ihr Territorium. Das karthagische Land wird zur römischen Provinz Africa, die drei Söhne des toten Massinissa teilen sich die Macht über das Numiderreich.

Römische Zeit 146 v. Chr. - 439 n. Chr.
Die punische Sprache und Kultur bleibt noch hundert Jahre erhalten, doch 46 v. Chr. kommt Caesar nach Afrika und verleibt das numidische Reich als Provinz Africa Nova ein. Er gründet Karthago neu und bildet damit den Grundstock für eine römische Zivilisation. 29. v. Chr. baut *Augustus* das neue Karthago aus. Auch im Landesinnern werden Städte und Fernstraßen angelegt, der Limes, ein Festungsgürtel, sorgt für Schutz. Auf dem fruchtbaren Land neuangesiedelte italienische Bauern liefern Getreide und Olivenöl nach Rom, die nun Africa proconsularis genannte Provinz erlebt einen wirtschaftlichen Aufschwung. Die einheimische Bevölkerung nimmt allmählich die römische Kultur an, viele Familien erwerben das Bürgerrecht. Ab dem 2. Jh. n. Chr. dringt das Christentum bis Nordafrika vor, das dort seine ersten Märtyrer zu beklagen hat. Im 4. Jh. beginnt der Niedergang des römischen Reiches.

Der Vandale *Geiserich* verläßt Spanien im Jahr **429** und landet mit 80.000 Mann in Tanger, erobert in den folgenden zehn Jahren mit Greueltaten, Raub und Plünderungen ganz Nordafrika und läßt sich in Karthago nieder. Die Position der Berberstämme, von den Römern aufs Land vertrieben, stärkt sich, sie greifen zunehmend die Städte an. 533 sendet der byzantinische Kaiser *Justinian* seinen Feldherrn *Belisar*, um Nordafrika dem oströmischen Reich einzuverleiben. Binnen zwei Jahren erobert dieser die Küstenstädte, das Landesinnere bleibt großenteils in der Hand von Berberfürsten. Die von den Vandalen zerstörten Festungen werden von den Byzantinern wieder ausgebaut.

Islamische Zeit ab 647
647 scheitert der erste arabische Vorstoß am Widerstand der Berber. Erfolgreicher ist der zweite von *Okba ibn Nafi, der* **670/71** an strategisch günstiger Stelle den Stützpunkt Kairouan gründet. Er wird heftig bekämpft von den Berberstämmen unter Führung von *Kahina*, einer Stammeskönigin aus dem algerischen Aures-Gebirge, dreißig Jahre Krieg liegen vor der endgültigen Eroberung des Landes. Im Jahr **698** zerstört *Hassab ibn Numan* Karthago und gründet die Wilaya (Provinz) Ifriqiya mit *Musa ibn Noceir* als Statthalter. Der ganze Maghreb bis nach Marokko wird islamisiert.

Aghlabiden 800 - 909
Der Statthalter des algerischen Zab, *Ibrahim ibn Al-Aghlab*, erkauft im Jahr **800** durch
Tributzahlung an den Kalifen von Bagdad, Harun ar-Raschid, die Unabhängigkeit und
begründet die erste arabische Dynastie im Osten des Maghreb, sein Sitz ist die 2 km
von Kairouan entfernte Festung Al-Abbasiya. Das Land erlebt einen kulturellen und
wirtschaftlichen Aufschwung. Die Macht erstreckt sich jedoch nur auf urbane Gebiete,
nicht auf die ländlichen Berberstämme. *Ibrahim II* (**875 - 902**) errichtet die neue Residenz Reqqada 10 km südlich von Kairouan.

Fatimiden 909 - 972
Die Fatimiden, Nachkommen der Prophetentochter Fatima und Ali, erheben den allei-
nigen Machtanspruch im islamischen Reich und bekämpfen die Abbassiden in Bagdad. Einer ihrer Vertreter findet bei den Berbern der algerischen Kabylei Anhänger
und erobert von dort aus das aghlabidische Reich. **910** ernennt sich der *Mahdi Obayed
Allah* in Kairouan zum Kalifen. Diese Schiiten, wie man die Anhänger Ali's nennt, werden von der Bevölkerung abgelehnt, die der strengen sunnitisch - malikitischen Richtung angehört. **921** gründen die Fatimiden Mahdia als neue Residenzstadt.
944 - 947: Aufständische Berberstämme belagern Mahdia. Die Fatimiden schlagen
den Aufstand mit Hilfe des Sanhadj-Berbers *Ziri ibn Manad* nieder und festigen ihre
Macht im gesamten Maghreb. *Ismail* verläßt **947** die Festung Mahdia und gründet bei
Kairouan die prächtige Residenz Sabra-Mansouriya, eine wirtschaftliche und kulturelle Blütezeit beginnt. **969** erobern die Fatimiden Ägypten und verlegen **972** ihren Sitz in
das neugegründete Kairo. Die Macht über Ifriqiya übergeben sie an ihre ziridischen
Getreuen.

Ziriden 972 - 1062
972 bezieht der erste ziridische Statthalter *Bologgin ibn Ziri* die Residenz bei Kairouan.
984 tritt *Al-Mansur* seine Nachfolge an, distanziert sich aber von den Machthabern in
Kairo. Der arabische Einfluß setzt sich in der Bevölkerung durch, die Berberkultur
kann sich nur in wenigen Bergregionen und auf Djerba halten. Im Jahr **1045** bricht *Al-
Muizz*, der 4. ziridische Emir, endgültig mit Kairo und der schiitischen Glaubensrichtung und löst damit den Niedergang aus. Die arabischen *Beni Hillal-Nomaden* dringen
um **1050** - angestachelt von den Fatimiden - von Osten ins Land ein und schlagen das
ziridische Heer. Der letzte Ziride zieht sich in die Festung Mahdia zurück. Die Beni
Hillal erobern und verwüsten **1057** Kairouan, das damit endgültig seine Vormachtstellung verliert. Das Land verfällt in Anarchie, der wirtschaftliche Niedergang Ifriqiyas
beginnt.
1130 erobern die *Normannen* den Küstenstreifen und besetzen die meisten Städte.
1148 wird Mahdia von ihnen eingenommen. Es entstehen mehrere kleine Fürstentümer.
1160 erobern die *Almohaden* Mahdia und vertreiben die Normannen, Tunis wird Hauptstadt. **1207** wird *Abd Al-Wahid ibn Abu Hafs*, Vertrauter der Almohaden, zum Statthalter von Tunis eingesetzt.

Hafsiden 1236 - 1574
Abu Zakariya, ein Nachkomme von Ibn Abu Hafs, macht sich **1236** unabhängig von
den Almohaden und begründet die Hafsidendynastie. Von ihm und seinem Nachfolger
Al-Mustansir (**1249 - 1277**) werden Ordnung und Frieden nach den langen Krisenjah-
ren wiederhergestellt. Ifriqiya ist in dieser Zeit die einzige ruhige Oase in der zerstrit-
tenen muslimischen Welt. Aus Spanien wandern viele maurische Flüchtlinge ein, die

als qualifizierte Techniker, Künstler und Landwirte wertvoll für das Land sind. Mit dem Tode Al-Mustansirs endet diese friedliche Zeit, 100 Jahre voller Unruhen und Dynastiestreitigkeiten schwächen das Land und ermöglichen das Eindringen fremder Heere. *Abu Al Abbas* stellt **1370** die Ordnung wieder her, auch unter den langen Regierungszeiten seiner Nachfolger erlebt das Land eine wirtschaftliche und kulturelle Blüte, die es weder vorher noch jemals nachher besaß. In dieser Zeit leben der Historiker Ibn Khaldoun und der berühmte Arzt Ibn Arafa. Der Niedergang der Dynastie beginnt mit dem Tod *Othmans* im Jahr **1488**.

1504 schließen die türkischen Korsaren *Horudsch* und *Chaireddin* (oder Barbarossa) ein Abkommen mit dem Hafsidenherrscher. Sie bekommen einen Großteil der Küste bis Algerien in ihre Hand, der osmanische Großherr macht Chaireddin zum Gouverneur von Algier. **1534** greift Barbarossa mit seinen türkischen Truppen den Hafen von Tunis an. Sultan *El-Hassan* flieht und ruft *Karl V.* zu Hilfe. **1535** landet Karl V. mit der spanischen Flotte bei La Goulette und erobert Tunis. Eine grausame Plünderung und Brandschatzung der Stadt erfolgt, an der sich die 12.000 dort gefangen gewesenen christlichen Sklaven beteiligen. El-Hassan erhält sein Amt zurück, muß jedoch den Spaniern Tribut zahlen.

Türkische Herrschaft 1574 - 1881

1574 landen die Türken mit *Sinan Pascha* am Cap Karthago, erobern Tunis und vertreiben die Spanier. Das Land wird türkische Provinz und erhält von Istanbul auf Zeit eingesetzte Paschas (Bey). Die Janitscharen, die Elitetruppe des Sultans, ermorden **1591** die Führungsschicht und ersetzen sie aus ihren Reihen. Diese Deys garantieren Ruhe und Ordnung im Land. Eine wichtige Einnahmequelle ist die Freibeuterei und die Gefangennahme christlicher Sklaven. Aber auch der Seehandel mit Europa blüht. **1615** erhält *Murad Kursu* das mächtige Amt des Bey und verfügt so über Truppen und Steuereinnahmen. In den folgenden Jahren machen er und seine Nachfolger den türkischen Deys die Herrschaft streitig. **1673** versuchen die Türken die Muraditen-Beys abzusetzen, die aber, verstärkt von einheimischen Truppen, die Türken zurückschlagen. **1702** beendet der Türke *Ibrahim ash-Sharif* die Herrschaft der Muraditen, kann sich aber nur bis **1705** halten.

Hussein Ben Ali, Sohn eines Griechen und einer Einheimischen, kann sich **1706** gegen die Türken durchsetzen und erhält von Istanbul seine Ernennung als Pascha. Er begründet die nach ihm benannte und bis ins 20. Jh. herrschende Dynastie. *Ali Pascha*, ein Neffe Husseins, setzt **1735** mit algerischer Hilfe seinen Onkel ab und wird zum Bey proklamiert. Durch seine strenge Amtsführung und die Ausbeutung des Landes macht er sich viele Feinde. In Algier kommt unterdessen ein neuer Dey auf den Thron, ein entschiedener Gegner Alis. Er nimmt **1756** Tunis ein und setzt *Mohammed*, den ältesten Sohn Husseins, auf den Thron. Dieser muß die Vorherrschaft des Algeriers akzeptieren.

Unter der Regentschaft von Husseins zweitem Sohn *Ali* (**1759 - 1782**) kommt das Land zur Ruhe, er pflegt gute Beziehungen zu Algerien und Frankreich. **1807** kann sich sein Sohn *Hammouda Pascha* von der algerischen Vorherrschaft befreien. Nach seinem Tode **1814** gerät Tunesien unter die Regentschaft schwacher Herrscher, die das ehemals reiche Land ruinieren und sich bereichern. *Ahmed Beys* (**1837 - 1855**) Regierungsstil versucht, die europäischen Verhältnisse zu kopieren, ohne jedoch die erforderliche ökonomische Grundlage zu haben; sein Palast in Mohammedia wird nach dem Vorbild von Versailles umgestaltet. **1857** verkündet *Mohammed Bey* auf Druck der europäischen Konsuln - aber zur Verärgerung der arabischen Bevölkerung - die erste Verfassung, die allen Untertanen gleich welcher Rasse, Nationalität und Religion Sicherheit und gleiche Rechte garantiert. Unter der Regierungszeit von *Mohammed es-Sadok Bey* **1859 - 1882** kommt es daher und infolge der ungeheuren Steuerlast zu Aufruhr und Bürgerkrieg; Epidemien und Mißernten verschlimmern die Lage, das Land verschuldet sich immer mehr und gerät dadurch in Abhängigkeit von den Europäern.

Mohammed es-Sadok Bey
aus Freiherr von Maltzan: Reise in den Regentschaften Tunis und Tripolis (1870)

Französisches Protektorat 1881 - 1956
1881 marschieren die Franzosen in Tunesien ein, der Bey muß in dem Vertrag von Bardo dem französischen Protektorat zustimmen. Der Vertrag sichert formell die Position des Bey und des tunesischen Staates, räumt den Franzosen aber die Stationierung ihrer Truppen und Mitsprache in wichtigen Fragen ein. Eine Verwaltung nach französischem Muster wird aufgebaut, französisches Kapital und Siedler erschließen das Land modernen Betrieben, Eisenbahn und Straßen werden gebaut.
1920 gründen tunesische Intellektuelle, die französische Schulen besucht hatten, die Destour-Partei mit dem Ziel, allen Bürgern gleiche Rechte zu geben und demokratische Verhältnisse einzuführen. Es gelingt aber nicht, breite Volksmassen zur Unterstützung zu gewinnen. **1934** gründen einige junge Intellektuelle, unter ihnen der Rechtsanwalt *Habib Bourguiba*, die mit der bisherigen Arbeit der Destour unzufrieden sind, die Neo-Destour-Partei mit dem Ziel der Unabhängigkeit. Sie finden eine breite Zustimmung in der Öffentlichkeit. Die Kolonisten greifen gegen die Neugründung sofort hart durch, können sie aber nicht zerstören. Ein Aufstand der Neo-Destour wird **1938** von den Franzosen blutig niedergeschlagen, die Funktionäre verhaftet. Die Nationalisten arbeiten unter Führung von *Habib Thameur* im Untergrund weiter. Am 9. November **1942** wird Tunesien von deutsch-italienischen Truppen besetzt, doch das französische Protektorat bleibt bestehen. Bourguiba und seine Gefährten kommen frei. Im Mai **1943** ziehen die Alliierten in Tunis ein.

1946 proklamiert die Neo-Destour die Unabhängigkeitsbewegung, der schließlich selbst das tunesische Schattenkabinett zustimmt. Als diese Forderung im Dezember **1951** von den Franzosen abgelehnt wird, kommt es zum blutigen Freiheitskampf, Bourguiba wird verhaftet und in die Verbannung geschickt. **1955** ist Frankreich gezwungen, dem Land die innere Autonomie zu bewilligen.

Unabhängiges Tunesien
Am **20. März 1956** erlangt Tunesien die Unabhängigkeit, der Bey erhält den Königstitel. Doch schon am **25. Juli 1957** wird der König abgesetzt und Habib Bourguiba zum Präsidenten der Republik ernannt, der Vater des modernen, westlich orientierten Tunesien. Er ist 30 Jahre ununterbrochen Staatspräsident, zuerst gewählt, später durch Verfassungsänderung auf Lebenszeit. Am **7. November 1987** setzt *Zine Al-Abidine Ben Ali* überraschend und unblutig den schwer an Arteriosklerose leidenden, greisen

---

Rommels Afrika-Korps

Im Februar 1941 übernimmt Generalleutnant Erwin Rommel - der Wüstenfuchs - in Libyen das Kommando über das deutsche Afrika-Korps mit dem Auftrag, der von den Briten bedrängten Kolonialmacht Italien beizustehen. In einem Überraschungsangriff - selbst Hitler war nicht informiert - erobert er die Cyrenaika zurück. Nach der Einnahme von Tobruk im Juni 1942, das brachte ihm den Rang eines Generalfeldmarschalls, überschreitet er die ägyptische Grenze und gelangt bis El Alamein vor den Toren Alexandrias. Fehlender Nachschub aus der Heimat ermöglicht den Briten einen vernichtenden Schlag, Rommel bleibt nur der Rückzug nach Tunesien, dessen Kolonialmacht Frankreich nach einem Waffenstillstandsabkommen mit Deutschland diesem neutral gegenübersteht. Er will sich in der von den Franzosen zum Schutz vor italienischen Angriffen aus Libyen errichteten Mareth-Stellung verschanzen, die nicht südlich umgangen werden kann.

Eigene Soldaten wie auch der Gegner schätzen den Generalfeldmarschall wegen seiner zwar kühnen und entschlossenen, aber immer ritterlichen Kriegführung. Rommel ist z.b. entsetzt, als er erfährt, daß der dringend benötigte Treibstoff in doppelten Böden von Lazarettschiffen transportiert wird.

Am 8.11.42 waren Amerikaner und Briten in Marokko und Algerien gelandet und marschierten nach Osten. Hitler schickt nun endlich über Tunis und Bizerte die lang erhoffte Verstärkung - viel zu spät. Die Deutschen werden von den Tunesiern freundlich aufgenommen, sie halten die östlichen Küstenstädte, während im Westen die Alliierten vorrücken. Rommel kann zunächst noch Mitte Februar in der Schlacht am Kasserine-Paß einen Keil in die alliierte Front brechen, wird aber schon am 5. März bei Medenine - Metameur vernichtend geschlagen. Von Sfax aus fliegt er zum Führerhauptquartier, um Hitler um die Genehmigung zum Rückzug und Verlegung der Truppe nach Italien zu bitten. Doch er darf nicht nach Afrika zurück, 130.000 Mann geraten nach der endgültigen Kapitulation am 12.5.43 in Gefangenschaft. Während des Afrikafeldzuges fielen insgesamt 100.000 Soldaten, darunter fast 20.000 Deutsche.

Staatschef ab und übernimmt dessen Amt. Der Schritt stößt auf Erleichterung und große Zustimmung in der Bevölkerung.

RELIGION

Staatsreligion ist der Islam Sunnitischer Richtung, zu dem sich 99 % der Einwohner bekennen. Daneben gibt es eine *jüdische Volksgruppe*, die vermutlich nach der Zerstörung Jerusalems durch Nebukadnezar im 6. Jh. v. Chr. mit den Phöniziern einwanderte. Der zweite Einwanderungsstrom erfolgte im 1. Jh. n. Chr. nach der Vertreibung der Israeliten aus Palästina durch die Römer. Heute ist die Zahl stark zurückgegangen, die meisten sind nach Israel ausgewandert. Auf Djerba lebt noch eine kleine Gemeinde mit der bedeutenden Synagoge El Ghriba, in der sich jedes Jahr im Mai Pilger aus dem gesamten Mittelmeerraum einfinden. Im September findet eine Wallfahrt zum Grab des Rabbi Fraji in Testour statt.

Islam bedeutet Hingabe an Gott, der Muslim, d.h. der, der diese Hingabe übt, begibt sich ganz in die Abhängigkeit Gottes. *Mohammed*, Stifter der Religion, wurde 569 n. Chr. als Mitglied des Stammes der Kuraisch in Mekka geboren. Sehr bald Vollwaise, wuchs er bei einem Onkel auf und arbeitete als Kameltreiber und Kaufmannsgehilfe. Er heiratete seine verwitwete Chefin, die viel ältere Khadija. Von der jüdischen Religion wie auch vom Christentum geprägt, begann er mit 40 Jahren die Existenz eines einzigen Gottes zu predigen und gegen den Lebenswandel seiner Landsleute zu wettern. Das brachte ihm nicht nur Sympathien, 622 mußte er Mekka fluchtartig verlassen und ging nach Medina. Mit diesem Jahr, der *Hidschra*, beginnt die islamische Zeitrechnung als Jahr 1. Das religiöse Leben richtet sich nach dem auf die Mondperiode gestützten Kalender, dessen Jahr etwa 11 Tage kürzer ist als nach dem Gregorianischen Kalender, der im Alltag benutzt wird. Daher verschieben sich die Termine der religiösen Feste von Jahr zu Jahr.

Die folgenden Jahre waren geprägt von schweren Kämpfen mit den Gegnern, doch schon bei Mohammeds Tod im Jahr 632 waren nahezu alle Stämme der arabischen Halbinsel Anhänger des neuen Glaubens. Der Siegeszug des Islam führte nach Nordafrika, der Bereich des heutigen Tunesien war schon im 8. Jh. völlig islamisiert.

Erst nach Mohammeds Tod wurden die ihm von Gott durch den Erzengel Gabriel über einen langen Zeitraum überlieferten Offenbarungen - der *Koran* (d.h. Vortrag) - schriftlich festgehalten. Zusammen mit der *Sunna*, den gesammelten Aussprüchen und Taten des Propheten, bildet dieses Buch die Grundlage der Gesetzesreligion, die das Leben des Gläubigen bis ins kleinste regelt. Das betrifft die genaue Abfolge der täglichen Gebete, Ehe- und Erbschaftsgesetze, Handel, Vorschriften über Essen und Trinken bis zur Kleidung. Einem Muslim ist der Übertritt zu einer anderen Religion nicht gestattet, ein Mann darf eine Nicht-Muslimin heiraten, wenn sie Angehörige einer Buchreligion ist, eine Frau dagegen nicht. Vornehmlich in der 27. Nacht des Ramadan, der Nacht der Verkündigung (des Koran), werden die bis zu sechsjährigen Knaben beschnitten, als Zeichen der Zugehörigkeit zum Islam. Der schmerzhafte Eingriff wird zur Belohnung mit einem großen Fest und vielen Geschenken gefeiert.

Im Gegensatz zu dieser Sunnitischen Richtung des Islam entwickelten sich nach Mohammeds Tod durch Streitereien um die Nachfolge die Schiiten, die sich auf Ali, Ehemann der Prophetentochter Fatima, gründen. Sie bilden allerdings in der islamischen Welt eine Minderheit und spielten in Tunesien nur im 10. Jh. unter den Fatimiden eine Rolle.

Stützpfeiler der Religion sind die fünf Grundpflichten, die jeder Gläubige erfüllen muß:

Glaubensbekenntnis (Sahada): Ich bezeuge, daß es keinen Gott gibt außer Allah, und Mohammed ist der Gesandte Gottes. Mit diesem Bekenntnis wird der Islam angenommen.

Das rituelle Gebet (Salat): Fünfmal täglich zu bestimmten Zeiten muß der gläubige Muslim im vorgeschriebenen Ritus beten, dazu gehört die Waschung, bedeckende Kleidung, eine Unterlage, Gebetsrichtung nach Mekka und vorgeschriebene Bewegungen. Nur bei Einhaltung aller Gebote ist das Gebet gültig. Gebetet werden kann überall, nicht selten sieht man Autofahrer an der Landstraße neben dem Wagen knien, nur am Freitag sollte möglichst die Moschee aufgesucht werden. Es gibt keine Geistlichen im christlichen Sinne, lediglich einen Vorbeter, den Imam.

Almosensteuer (Zakat): Sie wird durch den Staat erhoben und ist lt. Koran für die Sklaven, Schuldner, Reisenden und Glaubenskämpfer bestimmt. Darüber hinaus ist es für jeden Muslim verdienstvoll, freiwillige Spenden an Bedürftige zu geben.

Fasten (Saum): Im 9. Monat des islamischen Kalenders, dem Ramadan, muß jeder Muslim, mit Ausnahme von Kindern, Schwangeren und Kranken, von Sonnenauf- bis

-untergang fasten. Das bedeutet völlige Enthaltung von Essen, Trinken und Ge-
schlechtsverkehr, auch Rauchen ist verboten.
Wallfahrt nach Mekka (Hadsch): Wenigstens einmal im Leben sollte jeder Gläubige,
der es nur irgendwie ermöglichen kann, im 12. Monat des islamischen Jahres, dem
Du El Hadscha, nach Mekka pilgern und darf sich danach Hadschi nennen. Auch
hiermit ist ein bestimmter Ritus verknüpft.

Auswirkungen des Ramadan im Alltag

Während das rituelle Gebet längst nicht mehr von allen eingehalten wird, ist der Ramadan ein Muß, Nahrungsmittelaufnahme in der Öffentlichkeit absolut unmöglich. Und
während Alkohol in der übrigen Zeit - obwohl verboten - toleriert wird, ist er im Fastenmonat tabu. Und dennoch ist er der Monat, in dem mehr Fleisch, Milch, Zucker und
Eier denn je verbraucht werden, eine enorme Belastung für die Haushaltskasse.

Tagsüber steht das Leben weitgehend still. Jeder versucht, den Tag so gut es geht,
schlafend zu verbringen. Firmen, Behörden und Banken haben verkürzte Arbeits- und
Öffnungszeiten, Cafés und Restaurants sind, abgesehen von Touristenhochburgen,
tagsüber geschlossen, das Personal äußerst lustlos. Es ist verständlich, daß man
Touristen nicht gern beim Essen oder Rauchen zusieht. Während gebildete Menschen
sich meist tolerant zeigen, kann es in kleinen Dörfern passieren, daß Fremde be-
schimpft werden, wenn sie in der Öffentlichkeit essen oder trinken. Das Reisen in
dieser Zeit ist dadurch etwas beschwerlich. Wer nicht mitfasten will, muß entweder
selbst kochen oder sich nur in Ferienzentren aufhalten, die auf Fremde eingestellt
sind.
Nach Einbruch der Dämmerung, wenn „ein weißer Faden nicht mehr von einem schwarzen zu unterscheiden ist", gibt der Muezzin von der Moschee das Zeichen zum Gebet
und anschließendem Fastenbrechen. Erwartungsvoll sitzen schon vorher alle am voll-
beladenen Tisch, die Straßen sind menschenleer. Es beginnt mit einer Suppe, Brik,
Salat, dazu Datteln, Milch, Joghurt, Kuchen und Kaffee. Das sind jedoch nur die un-
verzichtbaren Bestandteile, bei vielen Familien kommt noch so viel dazu, daß sich der
Tisch biegt. Kurz danach folgt ein warmes Essen. Danach beginnt der große Marsch,
denn man braucht Hunger für die nächste Mahlzeit. Während Tunesien sonst kein
Nachtleben kennt, sitzen die Männer im Ramadan bis zum frühen Morgen bei Karten-
spiel und Wasserpfeife in den Cafés, oder es gibt Musikveranstaltungen. Gegen 3 Uhr
wird zum letztenmal für die Nacht gegessen. In manchen Orten ertönt eine laute Sirene oder zieht ein Trommler durch die Straßen, um eventuelle Schläfer zu wecken.
Nach dieser letzten Mahlzeit legt man sich zur Ruhe.

Beginn und Ende des Fastenmonats sind nicht im voraus klar zu definieren, sondern
richten sich nach dem Aufgang des neuen Mondes. Kurz vorher ist das Land in großer
Spannung, an welchem Tag es denn nun losgeht, und noch viel mehr am Ende, wenn
mit einem dreitägigen Fest die Beendigung der schweren Zeit mit einem ausgiebigen
Essen und vielen Geschenken gefeiert wird. Zuvor besucht man noch die Toten. Das
erfolgt nicht wie bei uns in Stille und Zurückhaltung, es finden richtige Feste zwischen
den Gräbern statt, die Kinder tollen herum. Da sich der islamische Kalender nach
unserer Zeitrechnung jährlich um 11 Tage nach vorn verschiebt, kann der Ramadan in
jede Jahreszeit fallen. Im Winter ist das Fasten noch einigermaßen erträglich, doch im
Sommer sind die Tage sehr lang und heiß, nicht ein Tropfen Wasser darf über die
Lippen kommen.

Alter Volksglaube

Eine weitverbreitete nordafrikanische Besonderheit ist die im orthodoxen Islam nicht vorgesehene Verehrung von Heiligen, den Marabuts. Mit dem Wort *murabit* bezeichnete man ursprünglich den Bewohner eines Ribat, eines befestigten, religiösen Ordenshauses. Später entstand daraus die Bezeichnung Marabut für alle Personen, denen Gott eine besondere Gabe, die Baraka, verliehen hatte. Männer und Frauen können mit dieser Gabe schon zu Lebzeiten den Menschen helfen, bei Krankheit, Unfruchtbarkeit oder bei der Suche nach einem Ehemann. Aber die Baraka wirkt über den Tod hinaus, ja wird sogar stärker. Deshalb errichtet man den Toten ein Grabhaus mit Kuppel, im Gegensatz zu den einfachen Gräbern normaler Sterblicher, und bezeichnet dieses Häuschen mit dem gleichen Wort. Es gibt sehr kleine Koubbas mit wenigen Quadratmetern, aber auch große Gebäude mit Aufenthaltsräumen, Schlafplätzen und Koranschulen. Jeder Ort, jedes Viertel hat seinen eigenen Marabut, in dem die Bewohner regelmäßig zusammenkommen. Sie bringen Opfergaben mit, machen Musik, man tanzt, trinkt Tee und hat so Anteil an der Baraka. Im Marabut findet auch die Beschneidung der Knaben statt. Einmal im Jahr gibt es ein großes Fest, das Moussem.

Hochzeitsfest

Ein wichtiges Ereignis im islamischen Leben ist das Hochzeitsfest. Zwar wird heute vor allem in Städten Rücksicht auf die Gefühle der jungen Brautleute genommen, doch in traditionellen ländlichen Stämmen wird immer noch der Bräutigam von den Eltern ausgesucht. Die Hochzeit wird in einer Zeit gefeiert, in der nicht allzuviel Arbeit auf den Feldern anliegt, also meist nach der Ernte und niemals im Ramadan. Die Feierlichkeiten dauern eine Woche. Zunächst feiern Verwandte und Freunde von Braut und Bräutigam, getrennt nach Geschlechtern, in den beiden Familien mit Festessen, Musik und Tanz, die Braut wird gebadet, mit Hennah geschmückt und mit wohlriechenden Ölen eingerieben. Erst am letzten Tag wird sie in einem feierlichen Zug in das Haus des Mannes geleitet.

In der Stadt feiert man Hochzeiten etwas einfacher in großen Hotels mit geladenen Gästen. Die Braut sitzt, eingepfercht in schwere, paillettenbestickte Kleider, unbeweglich wie eine Statue auf einem Podium. Nur der Bräutigam verläßt von Zeit zu Zeit den Platz, um mit den Gästen zu plaudern, die von einer sehr lauten Musikkapelle unterhalten werden. Gereicht werden alkoholfreie Getränke und Süßigkeiten.

WÜSTENTIERE

Elefanten wurden noch zu Zeiten Hannibals vor den Toren Karthagos für den Kriegsdienst gefangen, Löwen und Panther von den Römern für Zirkusspiele gejagt. Doch heute ist das längst Vergangenheit, das Lieblingstier der Touristen ist das einhöckrige **Dromedar** *camelus dromedarius*, meist kurz Kamel genannt. Dieses genügsame Wüstenschiff kam um 300 v. Chr. von der arabischen Halbinsel nach Nordafrika und ist bestens für ein Überleben in der Sahara vorbereitet. Das dicke Fell dient als Wärme-Isolierung, die im Höcker gespeicherte Fettreserve wird bei Bedarf biochemisch in Flüssigkeit umgewandelt. Bei saftigem Frischfutter kommt das Tier monatelang ohne Trinkwasser aus, es kann aber auch nach einem strapaziösen Karawanenmarsch 100 Liter auf einmal trinken. Die wenigen verbliebenen Nomaden halten auch heute noch Kamelherden, von denen manche Tiere gegen Lohn gehütet werden. Das Fell gibt Wolle zum Weben (auch für die Nomadenzelte), die Milch ist wichtige Nahrung, das Tier trägt den Hausrat beim Ortswechsel. Kamele gehen oft monatelang allein auf Futtersuche, im Herbst sammelt der Besitzer seine mit einem Brandzeichen markierten Tiere an den bekannten Wasserstellen ein. Während ein normales Lastkamel und Reittier für Touristen zwischen 500 und 700 Dinar kostet, ist das Mehari, das echte hochbeinige Reitkamel, ein kostbares Prestigeobjekt, für das man um die 2.000 Dinar bezahlt.

In den Wüstengebieten des äußersten Südens kommen auch heute noch einige **Antilopenarten** vor, vor allem die zierliche Dorcasgazelle. Wildern ist zwar in Tunesien streng verboten, doch es kommt leider vor, so werden diese anmutigen Tiere immer seltener. Der **Fennek** oder Wüstenfuchs hat heutzutage auch kein leichtes Leben. Das putzige Nachttier wird allzugern eingefangen und muß, angekettet, am Tag als Touristenattraktion dienen. Überdies wird der wie ein Schmusetier wirkende Sahararäuber von manchen Reisenden mit in deutsche Wohnzimmer genommen und stirbt bei einer so artwidrigen Haltung bald. Bitte lassen Sie den Fennek in seiner Heimat und zahlen Sie auch keine Gebühren für Fotos, die nur dazu reizen, noch mehr der possierlichen Tiere einzufangen.

Die sandfarbene **Wüstenspringmaus** gilt bei den Sahelbewohnern als Delikatesse. Tagsüber schläft sie in ihrem ca. 2 m langen Gang unter der Erde und kommt nur nachts zum Vorschein. Sie ist bevorzugtes Beutetier der **Schlangen**, von denen es zweiundzwanzig Arten in Tunesien gibt. Nur fünf davon sind giftig. Die gefährlichste, die Levanteotter, lebt in den nördlichen Bergen, die schwarzweiße Kobra in Zentraltunesien. Den heißen Süden bevorzugen die sehr giftigen Horn- und Sandvipern. Sie lauern im Sand eingegraben auf ihr Opfer, ein Tritt mit dem bloßen Fuß auf eine solche Stelle hätte böse Folgen. Deshalb in der Wüste nie barfuß gehen! Doch kann man diese Schlange fast nicht mehr antreffen. Das zweite giftige Tier im Süden ist der **Skorpion**. Von den zehn vorkommenden Arten sind zwei so gefährlich, daß ihr Stich vornehmlich bei Herzkranken und Kindern zum Tod führen kann. Vor allem die Gegend um Sidi Bouzid im Zentrum des Landes ist berüchtigt. Dort werden jährlich etwa 8.000 Menschen gestochen, von denen fast 20 sterben. Skorpione suchen die Nähe des Menschen, in einer warmen Mainacht fand ich in einem Haus bei Douz einen Skorpion an der Zimmerwand.

Ganz harmlos sind dagegen Dornschwanz und Chamäleon, mit denen Nomadenkinder manchmal spielen. Das kleine, fast drachenartig aussehende **Chamäleon** kann seine Farbe der Umgebung anpassen. Sein größter Feind ist der Mensch; es wird im getrockneten Zustand als Arzneimittel verwandt, zum Käuferanlocken werden die possierlichen Tiere lebend im Laden angebunden. Der **Dornschwanz**, eine Echsenart, lebt in der steinigen Wüste. Im mächtigen Schwanz, der auch zur Verteidigung dient, speichert er Fett als Wasserreserve. Dieses Tier wird häufig ausgestopft als Souvenir angeboten. Völlig ungefährlich sind auch die auf Sanddünen häufig anzutreffenden **Schwarzkäfer**, es gibt in der Sahara mehr als 300 verschiedene Arten. Der **Sandfisch** geht zwar am Tage auf Insektenjagd, doch bekommt man das etwa 10 cm lange Schuppentier selten zu Gesicht. Bei Hitze und Gefahr taucht der schlanke Körper blitzschnell im Sand unter.

Sandfisch

Hunde werden in Tunesien nur von Nomaden als Hütehunde gehalten, nicht als Haustiere wie bei uns. Eine Besonderheit ist jedoch der **Sloggi**, ein Windhund, der früher zur Gazellenjagd eingesetzt wurde und heute noch beim Sahara-Festival von Douz zu bewundern ist.

WIE KOMMT MAN HIN?

Mit dem Flugzeug

Zweifellos die billigste und schnellste Möglichkeit, schon in 2 bis 3 Stunden erreicht der sonnenhungrige Mitteleuropäer mit dem Flugzeug Tunesien, die Tarife sind je nach Saison sehr niedrig. Internationale Flughäfen sind in Tunis, Monastir, Tabarka und Djerba, von den wichtigsten Urlaubsgebieten nicht mehr als eine Stunde Autofahrt entfernt. Auch Sfax und Tozeur werden international angeflogen, sind allerdings für den Charterverkehr nicht bedeutend.

Linienflüge nach Tunis gibt es täglich, sie kosten im flieg & spar - Tarif (Hin- und Rückflug müssen fest gebucht werden) DM 848,-, ein Charterflug ist je nach Saison ab DM 500,- zu haben (1993). Last-Minute-Flüge gibt es manchmal schon für DM 200,-. Vergleichen lohnt sich. Die Taxifahrt vom Flughafen Tunis zum Zentrum kostet ca. 5 D.

Mit der Bahn

Die Anreise mit der Bahn ist wenig empfehlenswert, da sie viel Zeit in Anspruch nimmt und teurer als ein günstiges Flugticket ist. Junge Leute unter 26 Jahren, die das Inter-Rail-Ticket - DM 580 für einen Monat - nutzen wollen, können bis Palermo mit dem Zug fahren, müssen aber dann noch die Überfahrt mit der Fähre hinzurechnen.

Mit dem Auto

Bei einer Anreise mit dem eigenen Fahrzeug führt kein Weg an der Autofähre vorbei. Es gibt die Abfahrtshäfen Marseille, Genua und Trapani, wobei Genua für die meisten der am günstigsten gelegene Einschiffungsplatz ist, auch in bezug auf die Autobahngebühr. Für die Schweiz genügt eine Vignette zum Preis von DM 37,-, die italienische Autobahn kostet bis Genua für einen Pkw ca. DM 20,-. An den Mautstellen werden Gebührenhefte zu 50.000 Lire angeboten, die für eine Fahrt bis Genua und zurück jedoch nicht verbraucht werden. Eine Bezahlung mit Kreditkarte war 1993 noch nicht möglich, soll aber eingeführt werden. Auf ausländische Geldscheine wird in Lire herausgegeben. Benzin ist in der Schweiz etwa 10 %, Diesel erheblich teurer als in Deutschland (Kreditkarte wird akzeptiert), in Italien noch einmal teurer. Doch kann man bei Nachtanken kurz vor der Schweizer Grenze bis zur Fähre kommen. Am besten mit fast leerem Tank aufs Schiff, denn in Tunesien ist Treibstoff viel billiger. Es gibt eine Tankstelle gleich an der Hafenausfahrt.

Der weitere Weg bis nach Sizilien ist lang und teuer, die ca. 2.500 km lohnen sich nur für sehr große und damit teure Wagen (z.B. Unimog) und mit viel Zeit. Hinzu kommt, daß Italien die Benzingutscheine abgeschafft hat. Die Fähre zwischen dem Festland und Sizilien verkehrt jede Stunde, die Überfahrt dauert etwa 30 Minuten und kostet ca. DM 25,- pro Pkw mit Fahrer.

Bei der Anfahrt nach Marseille betragen die Autobahngebühren Mühlhausen - Marseille ca. DM 70,- und können mit Kreditkarten bezahlt werden, ebenso wie Tankstellen, so daß Devisen nur für Reiseproviant notwendig sind. Diesel ist etwa 10 % teurer als in Deutschland, Benzin erheblich mehr.

Die Höchstgeschwindigkeit beträgt auf den Autobahnen der Schweiz und in Italien 120 km/h.

Fährverbindungen

In der Nebensaison ist eine vorherige Buchung in der Regel nicht erforderlich, das Ticket kann im Hafen zu einem günstigeren Preis gekauft werden. In den Sommermonaten und zu Feiertagen ist langfristige Vorausbuchung nötig, die Schiffe haben oft viele Stunden Verspätung. Deutsche Reisebüros sind meist nicht begeistert von Buchungswünschen, sie klagen über Probleme mit den Generalagenten, die zudem häufig wechseln. Die Ausrüstungsfirma Woick bietet ebenfalls die Vermittlung von Fährbuchungen an und hat dabei viel Erfahrung.

Die Buchung eines Tickets in Tunesien ist etwas umständlich. Zunächst im Reisebüro nach einem Platz fragen. Dort wird ein Formular mit dem Fahrpreis ausgehändigt, mit dem man auf der Bank Devisen tauscht und einen Stempel bekommt. Erst dann gibt es die Fahrkarte.

Die Bordwährung auf den Schiffen von Marseille und Genua ist Französischer Franc. Alle Fähren sind roll-on/off-Schiffe, d.h. der Besitzer fährt sein Fahrzeug selbst an Bord. Auf den Autofähren sind Fahrzeug und Gepäck nicht versichert, der Besitzer muß sich bei einem Seenotfall im Gegenteil noch an den Kosten einer möglichen Bergung beteiligen. Die Europäische Reiseversicherung bietet eine spezielle Fährschiffpolice an, die für eine Versicherungssumme von 60.000 DM 80 DM beträgt. Während der Überfahrt sind die Garagen verschlossen, nach meinen Erfahrungen kam noch niemals etwas abhanden.

In der Touristenklasse gibt es Liegesessel, die angeblich immer ausverkauft sind, und nicht verschlossene Vierbettkabinen ohne fließend Wasser im unteren Schiffsteil. Verpflegung ist nicht eingeschlossen, die Überfahrt, vor allem auf der Habib (Genua - Tunis), kein Vergnügen. Wer kann, sollte auf die wesentlich bessere Kabinenklasse ausweichen, dort gibt es gute Vollverpflegung, bei schönem Wetter kann das Bordschwimmbad genutzt werden.

Marseille - Tunis

Société Nationale Maritime Corse-Méditerranée (SNCM)

D: Berliner Str. 31-35, 65760 Eschborn, Tel. 06196 42911, Fax 483015.

CH: Voyages Wasteels, Eigerplatz 2, 3007 Bern, Tel. 031 3724545, Fax 3716704.

A: Universal-Reisen, Schubertring 11, 1010 Wien, Tel. 0222 27136348, Fax 27133407.

TN: 47, Av. Ferhat Hached, Tunis, Tel. 01 338222, Fax 330636.

Abfahrt Oktober - Mai Freitag ab Marseille, Sonntag ab Tunis, Ausnahmen an Feiertagen. Juni - September häufiger. Fahrzeit ca. 24 Stunden. Preis (1994) pro Person hin und zurück Nebensaison Touristenklasse 460 DM, Pkw bis 4,40 m, Fahrzeughöhe bis 2,30 m 994 DM. Von Oktober bis Mai gibt es einen Sonderpreis für 2 Personen + Pkw hin und zurück 1.468 DM (Touristenklasse), 1.912 DM (Kabine).

Compagnie Tunisienne de Navigation (CTN)

D: alpha tours Flugreisen GmbH, Stresemannallee 61, 60596 Frankfurt/Main, Tel. 069 63300020, Fax 63300031.

TN: 122, Rue de Yougoslavie, Tunis, Tel. 242801, Fax 354855.

Abfahrt Oktober bis Mai Samstag ab Marseille, Freitag ab Tunis, im Sommer etwa dreimal die Woche, Fahrzeit 24 Stunden. Preis pro Person hin und zurück Touristenklasse (1994) 520 DM, Pkw bis 4,40 m, Fahrzeughöhe bis 2,30 m 992 DM. Von Oktober bis Mai gibt es einen Sondertarif für 2 Personen + Pkw von 1.586 DM (Touristen-klasse) und 1.910 DM (Kabine).

Genua - Tunis

CTN (s.o.). Die tunesische Fähre Habib startet von Oktober bis Mai Samstag ab Ge-nua, Freitag ab Tunis, im Sommer etwa dreimal die Woche, Fahrzeit 24 Stunden. Preis pro Person hin und zurück Touristenklasse (1994) 350 DM, Pkw bis 4,40 m, Fahrzeughöhe bis 2,30 m 710 DM. Von Oktober bis Mai gibt es einen Sondertarif für 2 Personen + Pkw von 1.170 DM (Touristenklasse) und 1.390 DM (Kabine).

Trapani - Tunis

Tirrenia, Agentur: Armando Farina GmbH, Postfach 710103, 60491 Frankfurt/Main, Tel. 069 6668491, Fax 6668477. Montags 9 Uhr ab Trapani, 20 Uhr ab Tunis, Fahrzeit 7 1/2 Stunden. Der Normalpreis gilt für eine Fahrzeughöhe bis zu 1,85 m, darüber wird ein erheblich höherer Preis pro lfd. Meter gefordert. Preis (1994) pro Person einfach in der Nebensaison billigste Klasse 100 DM, Pkw bis 4,50 m 186 DM.

Ankunft im Hafen La Goulette

Auf der Habib, die von Genua startet, - und vermutlich ebenso auf den übrigen Schif-fen -, erhält man bei Ankunft an Bord Einreisekarte und Zollerklärung. Auf See eröffnet die tunesische Einreisebehörde ein kleines Büro, in dem der Sichtvermerk in den Paß gestempelt wird und motorisierte Reisende ihr Fahrzeug deklarieren können, das spart bei der Ankunft im Hafen viel Zeit. Deshalb alle Papiere mit zur Kabine nehmen. Den-noch entstehen im Hafen, wenn das Schiff voll ist, lange Warteschlangen. Tunesische Gastarbeiter auf Heimatbesuch haben ihre Wagen hochgetürmt mit Waren vom Fern-seher bis zur Waschmaschine, da muß erst alles abgeladen und vom Zoll geprüft werden. Bei Touristen ist die Zollkontrolle eher oberflächlich, Videokamera oder Notebook werden in den Paß eingetragen. Das kann erst direkt im Hafen geschehen. Nach höchstens einer Stunde kann man aber meist das Hafengelände verlassen, bei der Ausfahrt wird der grüne Versicherungsschein kontrolliert.

Die *schnellste Verbindung zur Stadt* führt an der Zitadelle geradeaus über die Damm-straße entlang der TGM-Bahn. Nach deren Bahnhof am Beginn der Avenue Habib Bourguiba geht es geradeaus zur Stadtmitte und zur Medina. Fährt man dagegen an der ersten Kreuzung nach der TGM-Station links unterhalb der Hochstraße, erreicht man die Autobahn nach Sousse.
Die schnellste Verbindung von La Goulette direkt in den Süden folgt nach der Zitadelle links dem Schild Bac - Rades. Nach 2 km kommt man zur kostenlosen Fähre, sie verkehrt von 5.45 bis 21.15 Uhr laufend im Pendelverkehr. Danach immer geradeaus Richtung Tunis, nach 6 km geht die breite Straße geradeaus zur GP 1 und zur Auto-bahn nach Sousse.

Wer erst spät am Abend in La Goulette ankommt, braucht eine nahegelegene *Übernachtungsmöglichkeit*, ebenso am Vorabend der Abreise. In der Innenstadt von Tunis ist kein preiswertes Hotel mit Parkplatz zu bekommen. Wer im Fahrzeug schla-fen kann, findet einen Standplatz am Strand in der Nähe des Hafens. In der Bucht von Amilcar ist oberhalb des Hotels ein kleiner Platz, auf dem manchmal Fahrzeuge ste-hen. Beliebt sind auch die Campingplätze von Hammamet und Nabeul, über die Auto-bahn schnell zu erreichen. Dort gibt es auch reichlich Hotels mit Parkmöglichkeit.

QUER DURCH TUNESIEN - DIE ROUTEN

TUNIS

Die tunesische Hauptstadt liegt im Nordosten des Landes am Golf von Tunis, vom Meer getrennt durch eine Lagune und den flachen Binnensee El Bahira, in dessen Mitte eine winzige Insel die Ruinen eines ehemals spanischen Kastells trägt. Direkt an der Küste sind die Vorstädte *La Goulette* mit dem großen Hafen, der Industrieort *Le Kram*, der Villenvorort *Karthago* mit Ausgrabungsstätte und Präsidentenpalast, das malerische Künstlerdorf *Sidi Bou Said* und die Badeorte *La Marsa* und *Gammarth*. Sie sind mit der Stadt durch einen Damm verbunden, auf dem eine Autostraße und die Trasse der Schnellbahn verläuft. Tunis hat 825.000 Einwohner, im Großraum mit allen Vorstädten leben aber fast zwei Millionen Menschen.

Geschichte

Schon bevor die Phönizier die tunesische Küste erreichten, war *Tunes* eine Berbersiedlung. Ihr Fürst war es, der später Elyssa Land zur Gründung Karthagos überließ. Die kleine Siedlung blieb jedoch bedeutungslos, bis die Araber das Land eroberten. War für alle vorherigen Eroberer der Hafen wichtig gewesen, zählte für das Reitervolk die günstige Lage zwischen den Binnenseen. Sie bauten im 8. Jh. die Ölbaummoschee, und der letzte Aghlabidenherrscher *Ibrahim II* verlegte 894 seinen Sitz nach Tunis. Die nachfolgenden Fatimiden residierten bereits wieder in Mahdia.

In den wechselvollen Jahren, die für das Land folgten, herrschte in der Stadt meist Frieden und Wohlstand. Ein Statthalter von Tunis, der Almohade *Abd Al-Wahid ibn Hafs*, begründet schließlich die Dynastie der Hafsiden, die mit Sitz in Tunis das Land über drei Jahrhunderte regierte. *Abu Zakariya* (1228 - 1249) ließ um die Ölbaummoschee die ersten gedeckten Souks anlegen, die Kasbah ausbauen und prachtvolle maurische Gebäude errichten.

Im Jahr 1534 lagen die Türken zum erstenmal vor Tunis. Der Hafside *El-Hassan* floh und überließ die Stadt den Angreifern. Darauf landeten die Spanier im Jahr 1535 vor La Goulette, um die Türken zu vertreiben. Nach dem Sieg wurde Tunis grausam geplündert, El-Hassan erhielt unter der Oberaufsicht der Spanier sein Amt zurück. Doch vierzig Jahre später eroberte *Sinan Pascha* endgültig Stadt und Land für das osmanische Reich und setzte einen Statthalter ein. Für über 300 Jahre wird Tunis Hauptstadt der osmanischen Provinz und in den Bauten stark von den Türken geprägt; auch die aus Andalusien vertriebenen Mauren brachten neue Gewerbe und Wohlstand und beeinflußten Architektur und Kunst.

Im Jahr 1881 marschieren die Franzosen in Tunesien ein. Das Land wird französisches Protektorat, der türkische Bey bleibt formal in seinem Amt, Tunis ist weiterhin Sitz der Regierung, was es **Geschichte** auch nach der Unabhängigkeit bleibt. Das Europäerviertel zwischen der Medina und dem See El Bahira - die französische Botschaft war schon 1862 vor der Stadtmauer errichtet worden - wurde ausgebaut im europäischen Stil mit breiten Boulevards, Verwaltungs- und Geschäftsgebäuden sowie Wohnanlagen im Grünen.

Die Besichtigung ist am besten zu Fuß möglich. Jeder Tag endet **Tips zur** in einem unübersehbaren Verkehrschaos, Parkplätze sind kaum **Stadtbesichtigung** verfügbar, erst recht nicht bewacht, Parksündern wird unerbittlich Geschäftszeiten eine Kralle an die Räder montiert. Der öffentliche Nahverkehr ist 9 bis 18.30 Uhr, sehr gut ausgebaut, es gibt Busse und die - überirdische - Metro. So. geschlossen. Außerdem die alle 20 Minuten verkehrende TGM-Bahn (TGM = **T**unis - La **G**oulette - La **M**arsa), vor mehr als hundert Jahren von den Italienern gebaut. Sehr bequem und billig sind die Taxis, die man per Handzeichen rufen kann. Sie haben einen Taxameter, eine Fahrt quer durch die ganze Stadt kostet kaum mehr als 1 D. Ab 21 Uhr wird ein Nachtzuschlag von 50 % erhoben. In der Touristeninformation ist ein genauer Stadtplan von Tunis und speziell von der Medina kostenlos erhältlich.

Zentrale Ader der Neustadt ist die Avenue Habib Bourguiba, die **Neustadt** auch nach dem Sturz des greisen Staatschefs ihren Namen nicht verloren hat. Anders erging es seinem Reiterstandbild auf der Place d'Afrique (heute Platz 7. November) am östlichen Ende, es wurde nach Ben Ali's Machtübernahme entfernt und durch eine häßliche Uhr auf einem Betonsockel ersetzt. Die Prachtstraße beginnt am Lac (See) de Tunis, dort ist der Bahnhof des TGM-Zuges. An der Kreuzung mit der Avenue Mohammed V liegt die Hauptverwaltung des *ONTT* (Office Nationale du Tourisme Tunisien). Dahinter erhebt sich die umgekehrte Pyramide des Hotel du Lac. In der Avenue Mohammed V ist das *ONAT-Artisanat*, eine große, staatliche Ausstellung mit Waren des traditionellen Kunstgewerbes. Diese haben Festpreise, eine gute Gelegenheit, sich über die Preise zu informieren. Gegenüber ist die Galerie Yahia, in der regelmäßig Gemäldeausstellungen gezeigt werden.

An der Avenue folgen nun das gut bewachte Innenministerium und das 21-stöckige Luxushotel Africa, von dessen Dachrestaurant man einen herrlichen Blick über die Stadt hat. Ferner gibt es eine große Anzahl von kleineren Hotels, Reisebüros, Banken, Galerien, Autovermietungen, Kinos und Cafés mit einer baumbestandenen Promenade in der Mitte. Diese erinnert mit ihren Blumenständen und Kiosken - es gibt auch ausländische Zeitungen - ein wenig an die Ramblas in Barcelona. In den Baumwipfeln treffen sich am Abend Hunderttausende von Staren zu einem Höllenkonzert. Im späten Nachmittag ist diese Promenade ein beliebter Flanierboulevard der Einheimischen wie der Touristen.
An der Kreuzung mit der Avenue de Carthage ist auf der Prome-

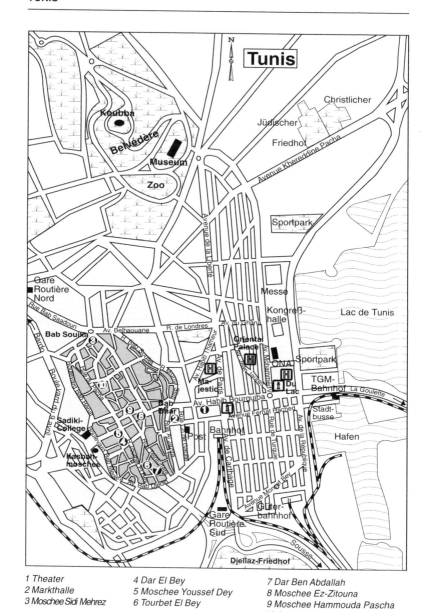

1 Theater
2 Markthalle
3 Moschee Sidi Mehrez

4 Dar El Bey
5 Moschee Youssef Dey
6 Tourbet El Bey

7 Dar Ben Abdallah
8 Moschee Ez-Zitouna
9 Moschee Hammouda Pascha
10 Jugendherberge

nade ein Kiosk des ONTT, dort gibt es einen guten Stadt- und
Medinaplan. Kurz danach das von den Franzosen erbaute *Stadt-*

theater (1), in dem beachtliche Inszenierungen gezeigt werden. Neustadt
Ein Besuch in diesem Jugendstil-Palast mit seinen roten Plüschsesseln hat auch seinen Reiz, wenn man die arabische Sprache
nicht versteht. Theater hat im Land bereits eine Tradition, das erste tunesische Drama wurde im Jahr 1911 aufgeführt. Das Colisée auf der anderen Straßenseite ist ein Treffpunkt der tunesischen Jugend. In der Ladenpassage gibt es außer einem Kino
vor allem ein großes Café, hinter dessen dezenten Vorhängen
sich die männlichen Einwohner in der Dämmerstunde zum Bier-
konsum treffen. Etwas weiter das El Hana International, das zweite
große Hotel des Boulevards mit einem beliebten Café und der
Disco Joker. Die breite Avenue Habib Bourguiba endet am Place
de l'Indépendance mit einer Statue des berühmtesten Sohnes der
Stadt, des Philosophen und Historikers Ibn Khaldoun.

Ibn Khaldoun

wurde 1332 als Sohn reicher andalusischer Flüchtlinge in Tunis geboren. Nach seiner Ausbildung an der Ez-Zitouna ging
er zum Studium von Logik, Mathematik und Koran an die berühmtesten Universitäten der islamischen Welt, wo er als Pro-
fessor lehrte und in den Wirren der damaligen Zeit ein sehr
unstetes Leben zwischen höchsten Ämtern und Kerker führte. Berühmt wurde er als Historiker und verfaßte ein Werk zur
modernen Geschichtsschreibung. Er starb 1406 in Kairo.

Gegenüber die katholische *Kathedrale* aus dem Jahr 1882, in der
täglich Messe gelesen wird. Die Avenue de France als Fortsetzung ist schmaler, an ihr liegt die französische Botschaft. Viele
der Gebäude stammen noch aus der Kolonialzeit, in einem ist
das Magasin Générale, ein Kaufhaus mit mehreren Etagen. Unter den Arkaden haben Schuhputzer schon recht etablierte Stationen mit Batterien von Bürsten und Cremes aller Farben. Die
Grenze zwischen Alt- und Neustadt schließlich ist die Porte de
France oder Bab Bhar (Meerestor). Rechts dahinter die englische
Botschaft in einem weißgrünen Haus im andalusischen Stil.

Aber nicht nur die breite Hauptader, auch die Seitenstraßen sind
überaus belebt. Tunis ist ein richtiges Einkaufsparadies mit einfachen und eleganten Läden. Die Hauptgeschäftsstraße ist die Rue
Charles de Gaulle. Dort ist die Kaufhalle Monoprix mit recht gün- Monoprix
Mo. - Sa. 8.30 - 19
Uhr.
stigen Preisen und Alkoholverkauf, letzterer allerdings nicht am
Freitag. Gegenüber in der bekannten Patisserie Ben Yedder in
reicher Auswahl köstliche Torten und Gebäck, die jeder Tunesier
heiß und innig liebt. Etwas weiter folgt die große, nur vormittags
geöffnete *Markthalle* (2) mit einem unübersehbaren Angebot an Markthalle (2)
Obst, Gemüse, Fleisch und Fisch. Auch ausländische Wurst und
Käse sind zu haben. In der gleichen Straße liegt die *Hauptpost*.

Neustadt

Einen Besuch wert ist die Parallelstraße zur Habib Bourguiba, die Rue Yougoslavie, da dort und in der kleinen Seitenstraße Ibn Khaldoun viele preiswerte Restaurants und Hotels sind.

In der Avenue de Paris liegt das französische Kulturzentrum mit Bibliothek und das Hotel Majestic. Fortsetzung ist die Geschäftsstraße Avenue de la Liberté, gegenüber dem schwerbewachten Rundfunksender ein moderner Monoprix-Supermarkt. Die Straße endet am *Belvédère-Park*, einem beliebten Sonntagsausflugsziel.

Zoo
Di. - So. 9 - 17 Uhr,
300 M, Fotos 100 M

Dort ist der Zoo, Eingang an der Südspitze neben einem kleinen See mit hübschem Gartencafé. Von der Koubba auf dem Hügel, einem Pavillon aus dem 18. Jh., bietet sich ein schöner Blick über die Stadt. Im Park ist außerdem das *Museum für moderne Kunst*, in dem Werke zeitgenössischer tunesischer Maler ausgestellt sind.

Am Bab Souika, nordöstlich der Medina, ist das Halfaouine-Viertel völlig neu entstanden. Dieser Bezirk, der seinen Namen von den früher dort ansässigen Halfagrasmatten-Flechtern erhielt, war vor Jahren einer der schlimmsten Stadtteile mit abbruchreifen Häusern. Die wichtige Durchgangsstraße wurde teilweise unter die Erde verlegt, die verfallenen Häuser abgerissen, andere saniert. So entstand ein beeindruckendes Wohn-, Büro- und Geschäftsviertel im islamo-arabischen Stil in den Farben weiß und grün. Das alte Mausoleum des 1022 gestorbenen Medina-Schutzheiligen *Sidi Mehrez* (3), einem Beschützer der Armen, zu dem vor allem junge Frauen kommen, die einen Ehemann suchen, wurde in die moderne Konstruktion integriert. Leider ist Nichtmoslems der Zutritt zu dieser prächtigen Grabstätte nicht gestattet, obwohl auch unter den Touristinnen wohl so manch ein heiratswilliges Mädchen sein mag. Im Jahr 1991 hat der Rat der arabischen Wohnungsbauminister Tunis für dieses Projekt mit einem Preis geehrt. Besonders stolz ist man darauf, daß nur einheimisches Material und Technik verwendet wurden.

Das bisher brachliegende Gebiet um den Lac de Tunis wurde in den vergangenen Jahren zu einem neuen Stadtviertel für 500.000 Bewohner ausgebaut, mit dem Einkaufscenter Lac Palace und einer Moschee. Im Süden der Stadt ist der islamische Friedhof Djellaz, überragt vom *Heiligtum des Sidi Bel Hassen*. Dieser weitgereiste Mann brachte im 13. Jh. den Kaffee nach Tunis. Von dem Hügel bietet sich bei guter Sicht ein herrlicher Ausblick über die Stadt und den Lac de Tunis bis zu dem Künstlerstädtchen Sidi Bou Said.

Medina

Traditionell war eine arabische Altstadt klar nach Geschäftszweigen gegliedert, nach denen die engen, labyrinthartigen Gassen benannt sind. Die meist winzigen Räume, nachts von einem schweren Holztor verschlossen, dienen als Werkstatt und Verkaufsladen zugleich, der Händler sitzt auf einem Teppich inmitten seiner Waren, der Mützenmacher im Souk El-Chechia kämmt das filzige, rote Modell und verkauft es zugleich, Djellabahs werden in 1 x 2 m kleinen Räumen von flinken Fingern mit feinen Stickereien versehen.

Medina

Abseits der touristischen Hauptstraße bietet die Medina von Tunis dieses jahrhundertealte Bild noch immer dem Touristen, daneben besitzt sie gut 700 historische Bauwerke, darunter über 100 ehemalige Paläste reicher Kaufleute und Offiziere, 200 Moscheen, gut 100 Mausoleen sowie 40 Koranschulen und ist damit einzigartig in Nordafrika. Einige Moscheen können von 8 bis 12 Uhr, außer Freitag, von Nichtmoslems besucht werden. Die zur Besichtigung freigegebenen Sehenswürdigkeiten kosten 1 D Gebühr plus 1 D für die Fotoerlaubnis, eine Karte berechtigt zum Eintritt in alle Bauwerke am gleichen Tag. Deshalb am besten frühmorgens starten. 1992 wurden zahlreiche Baudenkmäler gerade restauriert, die Arbeiter erlauben meistens einen Blick in den Innenhof. Andere Bauten sind heute bewohnt und dadurch nicht zugänglich, wie z. B. der Tourbet Laz. Lediglich in den Straßen mit Souvenirgeschäften versuchen die Händler, Touristen in ihre Läden zu locken. Man sollte jedoch nicht nur die Hauptstraße Djamaa Ez-Zitouna ablaufen, sondern sich auch mal in die kleinen Gassen wagen, sie sind viel interessanter und typischer. Eine mit „Impasse" bezeichnete Straße ist immer eine Sackgasse, folgen Sie den „Rue's".

Sammelticket
1 D + 1 D für Fotoerlaubnis.

Das Tourismusbüro hat einen Rundgang zu den wichtigsten Sehenswürdigkeiten vorbildlich ausgeschildert, ein entsprechender Plan der Medina mit eingezeichnetem Rundweg und kurzer Erklärung der wichtigsten Bauwerke ist - in französischer Sprache - kostenlos bei den Informationsstellen erhältlich, zudem gibt es an den wichtigen Eingängen Übersichtstafeln, die Straßen sind in arabischer und französischer Sprache beschildert. Das Problem der lästigen Schlepper, die eine Führung anbieten, die dann in einem Teppichladen endet, stellt sich somit nicht, die Altstadt von Tunis ist im Gegensatz zu den Medinas anderer nordafrikanischer Städte sehr geruhsam und ohne Belästigung zu durchwandern, auch Diebstähle sind eher selten. Das heißt jedoch nicht, daß man sein Geld nicht sorgsam verwahrt.

Medina-Rundgang

Ausgangspunkt ist der *Place de la Kasbah*. Von der alten Zitadelle blieb lediglich die *Kasbah-Moschee* bestehen, heute ist der mit Marmor gepflasterte Platz mit modernen Verwaltungsgebäuden bestückt. In dem parkplatzarmen Tunis ist dort noch am ehesten eine Parkmöglichkeit zu ergattern. In der Nähe liegt das an seinen zwei Kuppeln erkennbare, berühmte *Sadiki-College*, das 1874 von Mohammed es-Sadok Bey zur Ausbildung der jungen Elite gegründet wurde. Tatsächlich waren die meisten bedeutenden tunesischen Politiker und Intellektuellen auf dieser Schule und treffen sich noch immer in dem elitären Club der ehemaligen Schüler.

Medina-Rundgang
Dar El Bey (4)

Am Place de Gouvernement ist der *Dar El Bey* (4) mit Türwächtern in goldglänzender Uniform. Dieses ehemalige Gästehaus und zeitweise Residenz der türkischen Statthalter wurde 1795 unter Mithilfe von marokkanischen und andalusischen Kunsthandwerkern errichtet und ist seit der Unabhängigkeit Sitz der Regierung. Die äußere Fassade ist schlicht, innen soll das leider der Öffentlichkeit nicht mehr zugängliche Gebäude von außerordentlicher Schönheit sein. Der Rundweg biegt noch vor dem Dar El Bey - am *Tourbet Laz* - rechts ab. Ein Tourbet ist ein Grabgebäude für eine hochgestellte und verehrte Person, meist gekrönt von einer Kuppel, schlicht weiß oder mit grünen Ziegeln gedeckt. Am Aziza-Hospital vorbei sieht man schon von weitem das achteckige Mi-

Moschee Youssef
Dey (5)

narett der *Moschee Youssef Dey* (5), 1616 am Rande des türkischen Souks errichtet. Das schlanke, spitz zulaufende Minarett mit einem Rundgang, von dem der Muezzin zum Gebet ruft, war das erste seiner Art in Tunis und inspirierte die nachfolgenden Baumeister. Youssef Dey erhielt dort mit einigen seiner Familienangehörigen seine letzte Ruhestätte.

Die Souks

Hinter der Moschee liegt links der erst Ende des 19. Jh. erbaute Souk El-Islam, der aber nie so recht angenommen wurde und meist Büros enthält. Der Circuit dagegen biegt rechts in den türkischen Souk Birka ab. Auf dem quadratischen, gedeckten Platz mit den rotgrünen Säulen wurden vor Zeiten die schwarzen Sklaven zum Verkauf angeboten. Heute haben die Schmuckhändler den Platz in ihrer Hand. Beachtenswert sind die wunderschön bemalten Holzfassaden der Läden. Der weitere Weg trifft auf den Souk Leffa. Dort sind die großen Teppichgeschäfte Musée des Turcs, Maison d'Orient und Palais d'Orient in früheren Offiziers- und Kaufmannshäusern mit schön gekachelten Dachterrassen, die ehemals den Damen des Hauses zum ungestörten Aufenthalt vorbehalten waren. Vielfach wird man zum Besuch dieser Dachgärten aufgefordert, ein reizvoller Punkt nicht nur für Fotografen. Allerdings muß man sich anschließend die verschiedenen Teppiche erklären lassen und eine gute Ausrede suchen, um ohne Kauf wieder hinaus zu kommen. Doch ist das durchaus möglich. Die schönste Terrasse hat das Palais d'Orient mit einem alten französischen Kamin und Wandmosaiken mit Szenen aus dem Leben am Hof des Sultans. In den unteren Räumen steht ein goldverziertes Bett.

Dann stößt man auf den Souk des Etoffes (Stoffe). Dort gleich rechts um die Ecke ist die *Medersa Mouradia*. In den Räumen der maliktitischen Koranschule aus dem 17. Jh. lernen heute junge Handwerker ihr Gewerbe. Der gedeckte Souk des Femmes geht bald über in die offene Handwerkerstraße Rue Tourbet El Bey. An der Ecke zur Rue Sidi Kaday El Houait ist der kleine Kuppelbau *Msid El Koubba*, die ehemalige Schule des Ibn Khaldoun. Etwas weiter folgt das mit mehreren grünen Kuppeln gekrönte *Tourbet*

El Bey (6). Diese Grabstätte der Husseiniden-Beys wurde 1762 **Tourbet El Bey (6)**
im Stil eines orientalischen Palastes errichtet. Die vom Innenhof
abgehenden Räume enthalten die Marmorsärge verschiedener
türkischer Herrscher, ihrer Familienangehörigen und der treu er-
gebenen Hofbediensteten. Eine steinerne Kopfbedeckung gibt den
jeweiligen Rang an.

Der touristische Pfad führt nun durch stille Wohnstraßen. Beachtenswert sind die mit Nägeln verzierten Haustüren und die Tür-
klopfer in Form einer Hand. Die „Hand der Fatima", benannt nach
der Tochter des Propheten, ist ein oft verwendeter Glücksbringer.
Etwas abseits der Straße, aber wiederum gut ausgeschildert, liegt **Dar Ben Abdallah (7)**
das *Volkskunstmuseum Dar Ben Abdallah* (7). Dieser Palast aus 9.30 - 16.30 Uhr,
dem 18. Jh. kam 1875 in den Besitz von Mohammed Ben Abdallah, So. geschlossen.
dessen Namen das Gebäude trägt. Nach der Unabhängigkeit rich-
tete die Regierung darin ein Museum ein. Im Zentrum ein gepflasterter, quadratischer Innenhof mit Springbrunnen, umgeben von
einem Bogengang mit herrlich gekachelten Wänden. Von dort
gehen die einzelnen Räume ab, die reich dekoriert und im Stil der
damaligen Zeit eingerichtet sind. Lebensgroße Puppen in Original-
kleidung stellen Szenen aus dem Leben einer reichen Familie dar.

Der Rundgang biegt nun links in die Rue des Teinturiers (Färber)
ab, dort ist die gleichnamige *Moschee* mit Koranschule, errichtet
1716 durch den Begründer der Husseinidendynastie. Traditionell
hat jeder Souk seine eigene Gebetsstätte, damit die dort Beschäftigten ohne Schwierigkeiten der Verpflichtung zu den fünf täglichen Gebeten nachkommen können. Gleich an der Moschee geht
ein Weg zum *Dar Othman,* einem der schönsten und ältesten
Paläste der Stadt (ca. 1600). 1992 wurde das Gebäude renoviert
und soll später als Museum dienen. Heute gibt es in der Rue des
Teinturiers keine Färber mehr, es überwiegen Lebensmittelge-
schäfte und Werkstätten, aber in einigen kleinen Nebengassen
kann man noch gefärbte Wollstränge vor den Häusern trocknen
sehen.

Von der Färberstraße gleich in die nächste Straße links abbiegen
und den Wegweisern durch schmale Gäßchen folgen. So gelangt
man zur *Medersa Slimania* mit einem von Säulen getragenen
Vordach, die zu einem Komplex von drei aneinandergrenzenden
Koranschulen gehört. Eine Medersa (Mehrzahl: Medressen) diente
zum Studium des Koran und gleichzeitig zur Beherbergung der
aus dem ganzen Land stammenden Schüler. Die Slimania wurde
1756 von Ali Pascha gegründet und trägt den Namen seines Sohnes, heute dient sie wie die übrigen Medressen anderen Zwek-
ken, ein Blick in den Innenhof mit den markanten, schwarzweißen Bogen ist jedoch gestattet. Gleich um die Ecke, im Souk des
Libraires 27 (Buchhändlersouk), ist die von Ali Pascha 1752 erbaute *Medersa El-Bachia.* Das Innere enthält die Grabstätte des
Ali Pascha, überragt von einer grünen Kuppel. Im überdeckten,
mit rotgrünen Säulen geschmückten Durchgang ist die traditions-

Die Souks

reiche *Hammam Kachachine*, in der Männer neben einem Dampfbad die Möglichkeit zu einer Massage haben, und das Café Kachachine, das den besten türkischen Kaffee der ganzen Medina braut, aromatisiert mit einem Schuß Jasminblütenwasser. Im Haus Nr. 11 schließlich die kleine *Medersa du Palmier*, die ihren Namen von einer in ihrer Mitte wachsenden Palme erhielt, sie ist aber leider nicht zur Besichtigung geöffnet.

Moschee Djamaa Ez-Zitouna (8)
täglich 8 bis 12 Uhr, außer Freitag.

Der Souk des Libraires führt nun geradewegs zum Souk der Trockenfrüchte und zur *Moschee Djamaa Ez-Zitouna* (Ölbaum) (8), der Haupt- und Freitagsmoschee. Die Gründung geht auf das Jahr 732 zurück, doch wurde 864 das alte Gebäude abgerissen, um einer neuen Moschee in den heutigen Ausmaßen Platz zu machen. Das Minarett wurde erst im 19. Jh. errichtet. Die Djamaa Ez-Zitouna ist zur Besichtigung geöffnet, mehr als ein Blick in die große Säulenhalle jedoch nicht erlaubt. Viele der Säulen stammen aus Karthago. Die Ölbaummoschee war nicht allein Gebetsstätte, sondern ebenso die älteste Universität der Welt, deshalb waren Buchläden in ihrem Umkreis sehr wichtig. Heute liegt die Hochschule vor den Toren der Stadt, und es gibt nur noch wenige Läden, die Bücher mit wertvollen Ledereinbänden und Goldschrift anbieten. Die Schmuckhändler haben nun diese Ladenstraße erobert. Im Umkreis dieses wichtigen Touristenzieles finden sich viele Schlepper, die die herrliche Aussicht von den Dachterrassen der Teppichhäuser anpreisen und so Kunden gewinnen wollen.

Der touristische Rundweg läßt nun zwei Varianten zu. Die Rue Djamaa Ez-Zitouna führt direkt zur Porte de France und zum Boulevard Habib Bourguiba. Die Straße ist fest in der Hand der Souvenirhändler und Touristen. Dort wird man von jedem Händler angesprochen und in den Laden gelockt. Angeboten werden buntbestickte Kaftane, Leder-, Messing- und Holzwaren sowie Schmuck. Eine Besonderheit der Souks von Tunis sind einige Händler, die sich auf alte Stickereien und antike Fest- und Brautkleider spezialisiert haben. Selbst wenn man nicht an einem Kauf interessiert ist, sollte man sich diese feinen Stücke - teils mit winzigen Silberpailletten - einmal ansehen, heute findet man niemand mehr, der solche Handarbeiten ausführen kann, der Nachschub für diese Läden ist nicht mehr gesichert. Das Haus Nr. 14 nach Ende des gedeckten Souks ist eine ehemalige katholische Kirche aus dem 17. Jh. Die Porte de France (Bab Bhar) ist der einzige Überrest der alten Stadtmauer, die einst die Medina umschloß und von den Franzosen niedergerissen wurde. Die zweite Straße, die von dort aus die Medina kreuzt, die Rue de la Kasbah, ist mehr Einkaufsstraße der Einheimischen und führt direkt zum Kasbah-Platz.

Die zweite Möglichkeit geht zurück zum Place de la Kasbah durch den Souk Attarine mit seinen tausendundeinen Wohlgerüchen. Schon an der Moschee sind zahlreiche Parfümerien, die Händler erklären die verschiedenen Düfte, ein kleines Fläschchen dieses Rohstoffs, der noch mit Alkohol vermischt werden kann, ist nicht teuer (handeln!). Der Souk Attarine prangt in den Farben weiß, rosa und hellblau. Die Körbe und Kissen aus mit Pailletten verziertem Satin gehören zu einem Hochzeitsfest unbedingt dazu. Die Familie des Bräutigams packt in einen solchen Korb die traditionellen Schön-

Souk Attarine

Zu Festen werden Hände und Füße dekorativ mit Hennah bemalt

heitsmittel, die zur Vorbereitung der Braut notwendig sind, vor allem das glückbringende Hennah, ein grünes Farbpulver, mit dem auf Hände und Füße ein Rankenmuster aufgetragen wird, die Farbe wird nach einer mehrstündigen Einwirkzeit rot. Auf den Satinkissen wird diese Arbeit vollzogen, die Hände mit Tüchern umwickelt und in den passenden, großen Satinhandschuhen getrocknet. Die fünfarmigen Kerzen sollen dem jungen Paar Glück bringen, sie werden neben dem Brautbett plaziert. Eine wichtige Rolle bei diesen Festen spielen die Parfümextrakte.

Fortsetzung ist der Souk Et-Trouk (Türkensouk), der jedoch heute fest in der Hand der von Djerba stammenden Souvenirhändler ist. Dort ist das hübsche, arabische Café M'Rabet, schon von außen an seinen rotgrünen Säulen zu erkennen (**Tip**: Dort sauberste Toilette der Medina!). Auf Strohmatten sitzt Jung und Alt, schlürft Kaffee oder Tee und raucht Wasserpfeife. Bemerkenswert die vielen einheimischen Liebespaare. Das gleichnamige Restaurant im ersten Stock wird hauptsächlich von Touristen besucht. Täglich außer Sonntag werden bei Kerzenlicht tunesische Spezialitäten und Folkloremusik mit Tanzvorführungen geboten.

Vom Souk Et-Trouk empfiehlt sich ein kurzer Abstecher zur Rue Sidi Ben Arous mit dem *Mausoleum des Sidi Ben Arous*. Über Ben Arous, der als heilig gilt, gibt es viele Geschichten, so auch die über die Bekehrung eines Christen. Er baute - völlig allein - ein Haus und wollte die benötigten Steine mit Hilfe eines dünnen Bindfadens heraufziehen. Deshalb rief er vom Dach aus die vorbeigehenden Menschen an, ihm die Steine an den Bindfaden zu binden. Nur einer, ein Maltese, erfüllte ihm die Bitte. Er war so sehr davon beeindruckt, daß der dünne Faden das schwere Gewicht aushielt, daß er zum Islam übertrat und fortan sein Leben

Die Souks

im Dienste des Heiligen verbrachte. Nach seinem Tod wurde er auf Wunsch von Ben Arous an dessen Seite in der Grabmoschee bestattet.

Moschee
Hammouda
Pascha (9)

Gleich daneben die *Moschee Hammouda Pascha* (9) von 1655. Diese türkische Moschee hat ein achteckiges Minarett mit Rundgang und enthält das mit einem grünglasierten Pyramidendach gekrönte Mausoleum des Hammouda Pascha. Eine Besichtigung ist nicht möglich, doch kann man durch die vergitterten Fenster in den Moscheehof mit schwarzweißen Bogen blicken.

In dieser Straße werden die roten Kopfbedeckungen aus Filz verkauft, die in den gedeckten Nebengassen, dem Souk El-Chechia, hergestellt werden. Dort kann man den wenigen verbliebenen Handwerkern bei der Arbeit zusehen und die einzelnen Arbeitsgänge beobachten. Die nur vom Vater auf den Sohn übertragbare Zunft genoß großes Ansehen, bis das Gewerbe - schon in der Kolonialzeit - durch Billigimporte maschinell gefertigter Mützen schwer beeinträchtigt wurde.

Der Rückweg zur Kasbah führt durch den Souk El Bey zum Place du Gouvernement.

In den Souks sind noch **weitere Sehenswürdigkeiten** versteckt, die recht gut mit Hilfe des Medinaplanes zu finden sind:

Nationalbibliothek
Souk Attarine

Die Bibliothek enthält die alten Schriften der Universität Ez-Zitouna und der verschiedenen, heute nicht mehr betriebenen Koranschulen und ist damit die bestausgestattete und wichtigste tunesische Bibliothek. Das Gebäude wurde 1814 als Kaserne errichtet.

Tourbet Aziza
Othmana
9, Impasse Ech-
Chammaia

Die 1669 gestorbene Enkelin des Dey Othman, Prinzessin Aziza, wurde von der Bevölkerung sehr verehrt, da sie sich immer für die Ärmsten einsetzte, ihre Sklaven freigab und ein Hospital finanzierte. Das Mausoleum, in dem sie an der Seite ihres Großvaters bestattet ist, wurde zu Anfang des 18. Jh. von dem Bey Hussein Ben Ali erbaut. Nicht zur Besichtigung geöffnet.

Dar Lasram / Club
Tahar Haddad
24, Rue du Tribunal

Der *Dar Lasram* ist ein schöner alter Palast, in dem heute die Gesellschaft zur Erhaltung der Medina ihren Sitz hat. Benannt ist das Gebäude nach einem 1925 gestorbenen Schriftsteller und Lehrer.

Gleich um die Ecke ist in einem gewölbeartigen Raum der *Club Tahar Haddad.* Für Studenten ein beliebter Ort, ihre Hausarbeiten zu schreiben, daher eine gute Möglichkeit zur Kontaktaufnahme mit jungen Leuten. Häufig Gemäldeausstellungen. Das Kultur- und Begegnungszentrum trägt den Namen des 1935 im Alter von nur 36 Jahren gestorbenen Dichters und Gründungsmitglied der Destour-Partei. In seinem 1930 veröffentlichten Buch „*Notre femme dans le loi et dans la société*" trat er für die Rechte der Frauen ein, u.a. für die Abschaffung des Schleiers, und beschwor damit einen unbeschreiblichen Skandal, in dessen Verlauf sein Werk öffentlich verbrannt wurde.

Dar Hussein
4, Place du Chateau

Der ehemalige Ksar aus dem 11. Jh. wurde im 18. Jh. von dem türkischen Minister Ismail Kahia wiederaufgebaut und ist nun Sitz des Nationalen Archäologischen Instituts. Ein Blick in den Innenhof, der durch seinen italienischen Marmor und die Fayencen an den Dar Ben Abdallah erinnert, wird gestattet.

Moschee El Ksar
gegenüber Dar Hussein

Die Moschee aus dem 12. Jh. hat ein Minarett aus dem 17. Jh. und ist nicht zur Besichtigung zugelassen.

Mausoleum Sidi Boukhrissan
12, Rue Ben Mahmoud
9 - 12, 14 - 17 Uhr.

Diese Nekropole der Beni Khourassane-Dynastie (11. - 12. Jh.) gehörte einst zum ältesten Friedhof von Tunis. Doch fiel dieser der Vergrößerung der Stadt zum Opfer, nur einige Grabsteine blieben übrig. Das Schild „Museum" ist etwas übertrieben, eine Familie bewohnt das Haus, zeigt aber gerne die verbliebenen Stücke.

Dar El-Mnouchi
54, Souk Leffa.

Das Gebäude war früher eine Oukella, eine Herberge für arme Studenten. Ein unscheinbarer Eingang führt durch einen gekachelten Gang in eine von Säulen umgebene, offene Halle, von der die kleinen Zimmerchen der Studenten abgehen. Heute ist dort ein sehr landestypisches Café, in dem die Beschäftigten der Umgebung in der Mittagspause Karten spielen und dazu die Wasserpfeife rauchen. Obwohl nicht weit von der Großen Moschee entfernt, ist dieses Café vom Tourismus noch unentdeckt - zumindest bis zum Erscheinen dieses Buches.

Nationalmuseum von Bardo
9 - 18 Uhr,
Mo. und Feiertag geschlossen;
2 D + 1 D für Fotoerlaubnis.

Bardo-Museum - Dieses wichtigste Museum des Landes liegt 3 km vom Stadtzentrum in dem gleichnamigen Vorort. Anfahrt mit eigenem Fahrzeug (Parkplatz vorhanden), Taxi oder Bus Nr. 3 ab Av. H.B. (vor Excel-Hotel). An der Kasse ist ein Museumsführer in den wichtigsten Sprachen erhältlich.
Die Sammlung enthält die schönsten Fundstücke der verschiedenen tunesischen Ausgrabungsstätten und ist vor allem für seine prachtvollen römischen Bodenmosaiken berühmt, die sogar die Mosaiken des Mutterlandes überflügeln. Es gibt eine prähistorische, eine libysch-punische, römische, frühchristliche sowie eine islamische Abteilung. Den wichtigsten antiken Stätten sind jeweils eigene Säle gewidmet, die dann die schönsten Fundstücke aus allen Epochen zeigen.
Sehenswert sind nicht nur die Ausstellungsstücke, sondern ebenso das Gebäude, der ehemalige Winterpalast des Mohammed Bey aus dem 19. Jh.. Im Zuge der französischen Protektion wurde 1882 beschlossen, dort ein Museum einzurichten. Gleich daneben liegt das Gebäude des tunesischen Parlaments, zu dem eine Treppe hochführt, eingerahmt von acht Marmorlöwen.

Tunis **Notruf** **Automobilclub**	*Telefonvorwahl:* 01 *Polizeinotruf:* Tel. 197 *Pannenhilfe:* Afrique Assistance, Tel. 795922. *Touring Club Tunesien:* 15, Rue d'Allemagne, Tel. 243182 *Nationaler Automobilclub:* 28, Av. H.B., Tel. 243921
Krankenhaus	Hospital Charles Nicolle, Bab El Allouij, Bd. 9 avril, Tel. 664209. Hospital Aziza Othmana, Place du Gouvernement, Tel. 660655.
Touristen- **information**	*ONTT,* 1, Av. Mohammed V, Ecke Av. H.B., Tel. 341077, Fax 350997. *ONTT,* Außenstelle im Flughafen. *Syndicat d'Initiative:* Kiosk auf der Av. H.B., Ecke Av. de Paris. Öffnungszeiten: Mo. - Sa. 8 - 13 Uhr, Mo. - Do. 15 - 18 Uhr
Geldwechsel	Unübersehbar überall in der Stadt, in den Souks und vor allem auf der Av. H.B. zahlreiche Banken mit sehr unterschiedlichen, im Monat Ramadan eingeschränkten Öffnungszeiten. Neben dem Hotel Africa hat eine Wechselstube auch Samstag- und Sonntagvormittag geöffnet.
Hotels	In der ganzen Innenstadt großer Verkehrslärm und schlechte Parkmöglichkeiten, Hotelparkplätze nur vorhanden, falls angegeben. Die Zimmerpreise werden staatlich überwacht und sind ausgehängt. Der Preis ist incl. Frühstück (meist obligatorisch) und gilt für ein Doppelzimmer mit Bad (falls vorhanden). Die Preise in Tunis liegen deutlich über denen im übrigen Land. Es folgt eine Auswahl:

*****L Africa Meridien:* 50, Av. H.B., Tel. 347477, Fax 347432. Luxuriöses Hotel im höchsten Gebäude der Stadt (tolle Aussicht), der bewachte Parkplatz steht Nicht-Gästen zur Verfügung. 168 Zimmer, Piscine. DZ 90 D.

*****L El Hana International:* 49, Av. H.B. (Nähe Medina), Tel. 331144, Fax 341199. Moderner Betonklotz mit 228 Betten, Parkplatz. DZ 90 D.

*****L Oriental Palace:* 29, Av. Jean Jaures, Tel. 348846, Fax 350327. Neues, im orientalischen Stil mit schönen Fayencen erbautes Haus mit 400 Zimmern und jedem Komfort, Pool, Parkplatz, Kongreßzentrum. Etwas weit zur Medina, aber in dieser Preisklasse kann man sich ein Taxi leisten. DZ 74 D.

**** *Du Lac:* Nähe Place d'Afrique, Tel. 336100, Fax 338322. Markantes Gebäude in Form einer umgedrehten Pyramide. 202 Zimmer mit Bad, Parkplatz. DZ 34 D.

**** *Golf Royal:* 51-53, Rue Yougoslavie, Tel. 344311, Fax 348155. Altehrwürdiges Golferhotel mit Charme in Parallelstraße zur Av. H.B., Garage, DZ 48 D.

*** *Excel:* 35, Av. H.B., Tel. 355088, Fax 341929. 39 Zimmer **Hotels**
mit Bad und Klimaanlage, Parkplatz. DZ 40 D.

*** *Majestic:* 36, Av. de Paris, Tel. 332666, Fax 336908. Herr-
liches, altehrwürdiges Haus im Kolonialstil, Salon mit roten
Plüschsesseln, etwas heruntergekommen, daher Preisniveau
von zwei Sternen. Empfehlenswert, große Zimmer, DZ 24 D.

** *Carlton:* 31, Av. H.B., Tel. 338167. Freundlicher Empfang,
Heizung, sauber, empfehlenswert. Zimmer mit Bad möglich.
DZ 27 D.

** *Maison Dorée:* 6bis, Rue de Hollande, Tel. 240632, Fax
252401. In ruhiger Seitenstraße Nähe Bahnhof und Medina.
Schön gekachelte Eingangshalle, große Zimmer, sauber, guter Service. In der ruhigen Straße ist vielleicht noch die ehe-
ste Parkmöglichkeit, aber keine Garantie für Sicherheit.

** *Tej:* 14, Rue du Lt. Aziz Tej (hinter Hotel Africa), Tel. 342629,
Fax 342666. Evtl. Parkmöglichkeit bei Hotel Africa. Nicht be-
sonders gemütlich, wenig zentral. 36 Zimmer mit Bad, DZ 34
D.

* *Transatlantique:* 106, Rue de Suisse, Tel. 240680. Schön
gekachelte Eingangshalle, saubere Zimmer mit Bad, DZ 15
D.

* *Salammbo:* 6, Rue de Grèce, Tel. 334252. Freundlicher Empfang, sehr sauber, warme Duschen, zentral, empfehlenswert.
DZ 15 D.

* *De France:* 8, Rue Mustafa Mbarek, Tel. 242766. Nähe Porte
de France, ganz ordentlich, Unterstellmöglichkeit für Motor-
räder gegen Gebühr, Zimmer zum Garten ruhig. Der Inhaber
ist ein Meister im Verschleiern des Zimmerpreises, der sich
aus mehreren Einzelposten zusammensetzt. DZ ca. 21 D.

Capitol: 60, Av. H.B., Tel. 244997. Sehr zentral neben dem
gleichnamigen Kino, laut. Heizung, warme Duschen. Wenn
der Fahrstuhl mal wieder kaputt ist, heißt es freundlich „faire
le sport" (5 Etagen!). Weniger empfehlenswert, DZ 21 D. Im
1. Stock preiswertes Restaurant.

El Massara: 5, Bd. Bab Menara, Tel. 263734. Direkt an der
Kasbah, schönes Gebäude, leider sehr schmutzig. Bettücher
prüfen! Pro Bett 4 D.

De la Victoire: 7, Bd. Bab Menara, Tel. 261224. Neben El
Massara. Große Ölgemälde verschönern Halle und Zimmer.
Gemeinschaftsdusche, etwas besser als vorgenanntes. Pro
Bett 5 D.

Im Stadtbereich gibt es keinen Campingplatz. In der Nähe **Camping**
von Hotel Amilcar an der gleichnamigen Bucht ist ein großer,
eingeebneter Sandplatz, auf dem sich oft Wohnmobilfahrer
treffen, die auf die Fähre warten.

Jugendherberge

25, Rue Saida Ajoula. Zentral in der Medina in ehemaligem Schulgebäude. Getrennte Schlafsäle. Für 10 D kann ein internationaler Jugendherbergsausweis ausgestellt werden.

Essen und Trinken

Drei Grundrichtungen herrschen vor: tunesische, französische und italienische Küche. Wir haben die Restaurants in drei Kategorien eingeteilt. In der billigsten Klasse kostet ein Hauptgericht 1,5 - 2 D, Alkohol wird nicht serviert, die Ausstattung ist äußerst einfach, das Essen dagegen durchaus schmackhaft. Es sind nur einige besondere Tips angegeben, da diese Gaststätten leicht an jeder Ecke zu finden sind. Im mittleren Preisniveau kostet ein Menü 4 - 8 D, die Lokale sind meist sauber und nett eingerichtet, manchmal gibt es Alkohol. In der gehobenen Klasse kostet ein Hauptgericht ab ca. 5 D, die Ausstattung entspricht gehobenen Ansprüchen mit Stoffservietten und gutem Service, Alkohol gibt es immer.

Am Sonntag sind die meisten Lokale geschlossen, die Stadt ist abends wie ausgestorben. Die Einwohner gehen nach La Goulette. Dort in der Hauptstraße zahlreiche gute Speiselokale mit Fischspezialitäten.

Billige Restaurants

Carcassonne: Rue de Carthage. Menü 2,5 D. Für solch ein preiswertes Lokal recht gute Ausstattung und Essen.

Capitol: im 1. Stock des gleichnamigen Hotels. Menü incl. Tee 3 D. Etwas schmuddelige Stofftischdecken, guter Couscous.

Madhdaoui: Rue Djamaa Ez-Zitouna. Durch die zentrale Lage an der Großen Moschee viel Zulauf, auch von Touristen. Preise daher für die einfache Ausstattung etwas zu hoch. Nur mittags geöffnet.

Elwalima: 35, Rue du Liban. Die Einordnung in die billige Kategorie erfolgt nur wegen des günstigen Preises. **Der** Geheimtip abseits des Zentrums, in dem die Angestellten der umliegenden Behörden essen. Der weiteste Weg lohnt, nur mittags geöffnet. Es gibt keine Karte, jeder Gast bekommt ein ausladendes Tablett mit verschiedenen vorzüglichen Gerichten der tunesischen Küche, einschl. Dessert und Pfefferminztee. Das ganze in makellos sauberen, nett eingerichteten Räumen für nur 3,5 D.

Mittleres Preisniveau

La Gondole: Rue du Caire. Ital.-tun. Spezialitäten, Alkoholausschank.

Bec Fin: Rue Yougoslavie. Preiswert, Alkoholausschank, sehr beliebt bei den Einwohnern.

Tantonville: 96, Rue Yougoslavie (gegenüber vorigem). Sonntags geschlossen. Gut besucht, Gäste einheimischer Mittelstand, Alkohol, müder Service. Ausgezeichnet mit dem Prädikat „1 Gabel".

La Bohème: 13, Rue d'Arabie Saoudite. Abseits vom Zentrum im Lafayette-Viertel, daher von Touristen nicht besucht. Nette Einrichtung, Alkohol, große Portionen, preiswert.

Chez Nous: 5, Rue Marseille. Traditionsreiches, kleines Lokal mit winzigen Tischen ohne Abstand zueinander, intime Atmosphäre, Gäste meist Ausländer. Eines der bestbesuchten Lokale, aber dadurch auch keine Möglichkeit, nach dem Essen noch gemütlich bei einem Glas sitzenzubleiben, man bekommt diskret die Rechnung präsentiert. Dennoch lohnt ein Besuch unbedingt. Französisch-tunesische Küche, gutes Vier-Gang-Menü für 8 D, aber noch besser speist man à la carte. Ausgezeichnet mit dem Prädikat „2 Gabeln".

La Mamma: 11, Rue Marseille. Sehr gute, reichhaltige italienische Gerichte. Sonntag geschlossen. Ausgezeichnet mit dem Prädikat „2 Gabeln".

Le Palais Andalous: 13, Rue Marseille. Etwas überladene Einrichtung, aber guter Service. Tunesische Spezialitäten, manchmal Folkloredarbietungen. Sonntag geschlossen.

L'*Orient:* 7, Rue Ali Bach Hamba. Bei den Einwohnern sehr beliebtes Restaurant der besseren Klasse, das mir nicht so gefiel. Sonntag geschlossen.

Bagdad: Av. H.B. Gute tun.-internationale Küche.

Le Carthage: 10, Rue Ali Bach Hamba. Hübsch eingerichtet, tunesische und internationale Küche, Spezialität Fisch.

Strasbourg: 100, Rue Yougoslavie. Elsässer Küche, eines der besten Restaurants der Stadt, gediegen eingerichtet, gehobene Preise.

Maalouf: 108, Rue Yougoslavie. Zum Menü gibt es Darbietungen der einheimischen Maalouf-Musik (Aufpreis 2,5 D). Sonntag geschlossen.

M'Rabet: Souk Et-Trouk. Im 1. Stock des gleichnamigen Cafés. Schönes Lokal mit tunesischer Küche und Folkloredarbietungen (Aufpreis 4 D). Sehr netter Service, zivile Preise. Sonntag geschlossen.

Dar El Jeld: 5, Rue Dar El Jeld, Tel. 260916. Die Nähe zum Außenministerium und Dar El Bey läßt Rückschlüsse auf die Preise zu, **das** Nobelrestaurant der Stadt in einem wundervollen alten Palais. Ausgezeichnet mit dem Prädikat „3 Gabeln Luxus". Sonntag geschlossen, vorherige Reservierung notwendig.

Die großen Cafés, auch die in den Luxushotels, sind nicht sehr gemütlich eingerichtet. Dennoch überaus gut besucht, die besseren auch von tunesischen Frauen. Das Preisniveau ist sehr unterschiedlich, der Kaffee kostet zwischen 250 und 700 Millimes. Die berühmtesten Cafés sind das *Tunis Club* und das *de Paris,* die sich auf der Av. H.B. gegenüberliegen. Beliebt sind auch das in einem zeltartigen Pavillon untergebrachte Café des El Hana International und das des Hotels Africa. Einige der großen Cafés schenken zwischen 14 und 20 Uhr alkoholische Getränke aus. Die meisten Cafés schlie-

Cafés

ßen sehr früh. Ein Lokal, in dem man abends noch gemütlich sitzen und etwas trinken kann ohne zu essen, gibt es nicht. Kleine Cafés sind dagegen oft sehr liebevoll eingerichtet, der türkische Kaffee oder der Pfefferminztee kosten 150 - 250 Millimes. Die Männer ziehen dazu behäbig an der Wasserpfeife. Den Kellner ruft man übrigens mit „Chef". Nachfolgend sind einige der besonders hübschen Cafés aufgeführt.

M'Rabet: Souk Et-Trouk. Mitten in der Medina ist dieses traditionelle maurische Café mit lauschigem Garten. Man sitzt auf Strohmatten und raucht die Wasserpfeife zum Tee. Durch die Lage an einer Hauptstraße der Medina viele Touristen.

Rue Sidi Ben Arous: Kurz vor der Moschee Hammouda Pascha hübsches, kleines Café mit Wasserpfeifen. Ein ebenso typisches Café ist im Souk El-Chechia verborgen.

El-Mnouchi: 54, Souk Leffa. Von Touristen wenig besuchtes traditionelles Café inmitten der Medina. Kartenspieler und Wasserpfeifen.

Abu Nawas: 8, Rue Mahfoud. Schön gekacheltes Café mit Wasserpfeifen.

Rue El-Monastiri 1: Hübsches Café.

Patisserie Fayda: Rue de Marseille. Nettes kleines Café mit gutem türkischen Kaffee und Wasserpfeifen.

Botschaften

Deutschland: 1, Rue El Hamra, 1002 Mutuelleville, Tel. 786455, Fax 788242
Niederlande: 6, Rue Meycen, Belvédère, Tel. 287455
Schweiz: 12, Rue El Chenkiti, 1002 Mutuelleville, Tel. 281917
Österreich: 17, Av. de France, Tel. 249520

Autovermietung

Hertz: 29, Av. H.B., Tel. 248559. Ab 490 D/Woche.
Avis: im Hotel Africa Meridien. Ab 510 D/Woche.
Europcar: 17, Av. H.B., Tel. 714775, Fax 712285. Ab 480 D/Woche.
Intercar: Immeuble Saf-Saf, Ariana, Tel. 717921. Ab 360 D/Woche.
Rent-Tour: 24, Rue Garibaldi, Tel. 241892. Ab 490 D/Woche.
Garage Selection: 65, Av. Hedi Chaker, Tel. 282598, Fax 792133. Ab 400 D/Woche.
Zahlreiche Vertretungen haben Büros am Flughafen.

Autoersatzteile

Um die Avenue Hedi Chaker, Ecke Rue de Zaghouan, ist ein Ersatzteillager am anderen, ebenso Werkstätten sowie Reifendienste. Es finden sich viele deutsche Marken wie Mercedes, BMW, VW. Eine zweite gute Adresse, vor allem für japanische Marken und Landrover, ist die Rue de Carthage ab ca. Nr. 40. In der Avenue de Paris 53 große BMW-Vertretung. Toyota-Händler ist BSB, Tel. 353022.

Die Abfahrtszeiten von Bus und Bahn werden in den Zeitungen „La Presse" und „Le Temps" veröffentlicht, an den Abfahrtsstellen hängen Fahrpläne aus. **Verkehrsverbindung**

Bahn: Der Bahnhof liegt etwas südlich der Av. H.B., Verbindungen zur Nordküste, nach Algerien, Metlaoui sowie Sousse - Sfax - Gabes.

Bus: Vom Gare Routière Nord (am Bab Saadoun, Bd. Hedi Saidi) starten die Busse der SNT in den nördlichen Landesteil. Der Gare Routière Sud ist unweit des Friedhofs Djellaz an der Ecke Av. de Carthage/Rue Sidi El Bechir und versorgt den ganzen südlichen Landesteil bis Djerba, Ben Guerdane und Tataouine. Außerdem gibt es Busse in die übrigen Maghreb-Länder. Täglich um 7 Uhr fährt ein Bus ab Hauptbahnhof nach Libyen, Preis 36 D, Fahrzeit 8 - 12 Stunden.

Louage: Bei beiden Busstationen fahren Sammeltaxis in die gleichen Richtungen ab, es gibt jedoch noch mehr Standplätze. Am besten lassen sie sich von einem Petit Taxi zu dem Abfahrtsplatz ihres Fahrzieles fahren.

Der **Flughafen** ist an der Straße nach La Marsa, Tel. 235000. Taxifahrt zum Zentrum ca. 5 D. **Flughafen**

Tirrenia, 26, Rue de Yougoslavie, hinter der französischen Botschaft, Tel. 242775. **Fährtickets**

Während des Ramadan „Festival der Medina". Im Mai Blumenschau. Juli/August Internationales Kulturfestival in Karthago. **Feste**

Die Stadt am Bardo-Museum vorbei, Richtung Djedeida, kommt man zum Pferderennplatz Ksar Said, am Sonntagnachmittag ein sehr frequentierter Platz für Einwohner von Tunis, Pferdewetten sind trotz des islamischen Verbots des Glücksspiels äußerst beliebt. **Pferderennen**

Pferde-Rennen in Ksar Said

43

LA GOULETTE - KARTHAGO - SIDI BOU SAID - GAMMARTH

Anfahrt

Ein Besuch von Tunis ohne Abstecher in die östlichen Küstenvorstädte, die hauptsächlich den Einwohnern von Tunis als Sommerfrische dienen, und zu den Resten der antiken Weltstadt wäre unvollständig. Zu einer Besichtigung von Karthago ist wegen der weiten räumlichen Entfernung der einzelnen Ausgrabungsstätten die Fahrt mit dem eigenen Wagen praktisch, Parkplätze sind leicht zu finden.

Tunis über das östliche Ende der Av. H.B. verlassen, die Straße führt zusammen mit der TGM-Bahn über den Damm, an der Festung links abbiegen. In La Goulette die linke der beiden Parallelstraßen immer geradeaus. Nach 15 km liegt rechts abseits der Straße der Tophet.

Die Anfahrt ist aber auch mit der TGM-Schnellbahn möglich, sie fährt über Sidi Bou Said, La Marsa ist Endstation. Preis: 2. Klasse 750 M, 1. Klasse 890 M (1994).

Folgende Stationen empfehlen sich für einen Besuch der Ruinenstätten:

Carthage Salammbo:	Punische Häfen und Tophet
Carthage Byrsa:	Amphitheater, Zirkus
Carthage Hannibal:	Byrsa, Museum, Theater, Odeon, römische Villen, Thermen des Antonius
Carthage Présidence:	Basilika

قــرطــاج

CARTHAGE

La Goulette

La Goulette - Das antike *Galabras* ist heute größter Seehafen des Landes und Ankunftsort der Autofähren über das Mittelmeer mit ca. 70.000 Einwohnern. Die Festung wurde 1535 von den Spaniern begonnen, aber bald von den Türken übernommen. In der Hauptstraße reiht sich ein Speiselokal ans andere, vor allem am Sonntag, wenn die meisten Restaurants in Tunis geschlossen sind, geht „man" nach La Goulette zum Fisch essen.

Le Kram

Nahtlos geht es weiter nach **Le Kram**, einem geschäftigen, wenig sehenswerten Industrieort.

Carthage

Carthage - Die einstige Beherrscherin des Mittelmeeres ist heute eine gepflegte Villenvorstadt im Grünen mit 13.000 Einwohnern, die wenigen verbliebenen Überreste der Antike sind weit gestreut.

Hotels

*** *Reine Didon*, Tel. 733433, Fax 732599. Herrliche Lage auf dem Byrsa-Hügel mit toller Aussicht, schöne Innendekoration. Fußweg zum Museum, bewachter Parkplatz.

** *Résidence Carthage*, 16, Rue Hannibal, Tel. 731072. Beim Tophet nicht weit vom Meer ist die neue, empfehlenswerte Pension, DZ 25 D. Das Restaurant wurde mit „3 Gabeln" ausgezeichnet.

Karthago - Bei der Gründungsgeschichte sind Sage und Wahr- **Karthago**
heit eng verwoben. Schon um 1214 v. Chr. soll es an dieser Stelle **Geschichte**
eine Siedlung der sidonischen Phönizier gegeben haben. Vier-
hundert Jahre später flieht die Königstochter *Elyssa* aus Tyros im
heutigen Libanon mit einigen Getreuen vor ihrem Bruder Pygma-
lion, nachdem dieser ihren Mann wegen seines Reichtums ermorden ließ. Auf Zypern schließt sich der punische Oberpriester
der Göttin Astarte der kleinen Gruppe an, die noch durch geraub-
te, zypriotische Jungfrauen verstärkt wird. Sie erreichen um 814
v. Chr. die strategisch günstig gelegene tunesische Küste und
erhandeln dem Berberfürsten *Hiarbas* aus Tunes ein Stück
Land zur Ansiedlung von der Größe, die eine Kuhhaut umspannt.
Die listige Elyssa, die später von den Römern Dido genannt wird,
schneidet das Leder in hauchfeine Streifen und steckt damit die
Grenzen für ihre Neugründung Karthago (d.h. Neue Stadt) ab.
Hiarbas verliebt sich in die schöne Elyssa, verlangt sie zur Frau
und droht bei einer Verweigerung mit Krieg. Dido will jedoch dem
toten Gatten die Treue halten und stürzt sich in den Flammentod,
um ihr Volk zu retten.

Die im Seehandel erfahrenen Punier erlangen Macht und Reichtum, sie beherrschen den westlichen Mittelmeerraum bis nach
Malta, Sizilien und Spanien, kommen aber dadurch in Konflikt mit
den Griechen und Römern. 146 v. Chr. erobern die Römer im 3.
Punischen Krieg die Stadt und machen sie dem Erdboden gleich.

Der Römer *Augustus* erbaut 29. v. Chr. ein neues Karthago auf
den alten Grundmauern. Thermen, Theater und Wohnhäuser entstehen, eine römische Blütezeit beginnt. Sie endet jäh im Jahr
439, als der Vandale *Geiserich* mit Greueltaten, Raub und Plünderungen einfällt, 100 Jahre lang herrschen die Vandalen von hier
aus über ihr nordafrikanisches Reich. Ebenfalls ein Jahrhundert
bleiben die Byzantiner, bis die Araber 696 die von Hungersnöten
und Pest geschwächte Stadt stürmen und zerstören. Im Mittelalter wurde dieses Werk fortgesetzt, indem Säulen und Marmor-
steine zum Bau von Häusern und Moscheen verwendet wurden.
Dem Reisenden bieten sich heute nur noch wenige Überreste,
die einzig durch ihre Ausdehnung die einstige Größe ermessen
lassen.

Antike Quellen berichten, daß die ganze punische Stadt von einer starken Mauer umgeben war, die eine Länge von 38 Kilometern aufwies und an dem Damm, der entlang dem Bahira-See zum
Festland führt, 13 Meter hoch und 10 Meter dick war. Reste sind
nicht erhalten. Der Byrsa-Hügel mit seiner Festung war von einer
weiteren Mauer umgeben. Das Gebiet zwischen den punischen
Häfen und der Byrsa war der älteste Teil der Stadt, als erstes
wurde vermutlich das Heiligtum zu Ehren der Götter Baal und
Tanit angelegt.

**Karthago
Sehenswürdig-
keiten**
tägl. Som. 8 - 19 Uhr,
Winter 9 - 17 Uhr.
2 D + 1 D für Fotoer-
laubnis. Eintrittskar-
ten, die zum Besuch
aller Sehenswürdig-
keiten berechtigen,
gibt es an jedem der
Eingänge.

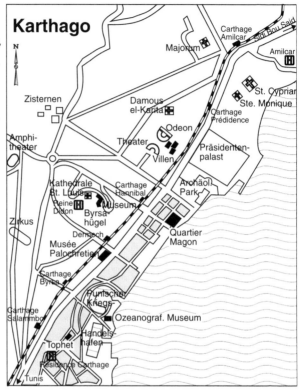

**Tophet oder
Sanctuaire
Punique**

Der erst im Jahr 1922 entdeckte **Tophet** ist die bedeutendste
punische Ausgrabungsstelle und zugleich die schrecklichste. Denn
in diesem heute so friedlichen Garten unweit des Hotels Résidence
Carthage wurden einst den wichtigsten punischen Schutzgöttern
Baal Hammon und *Tanit* Tausende erstgeborene Söhne adliger
Familien zum Opfer gebracht. Unter den Augen der Eltern wurden die Säuglinge vom Priester auf die ausgestreckten Arme einer Statue des Gottes Baal gelegt, dann rollten sie in die Flammen eines großen Feuers. Man glaubte, daß die Götter eine stän-
dige Blutzufuhr benötigten, um ihre Schutztätigkeit ausüben zu
können. Beeinflußt von der griechischen Kultur gingen viele Familien dazu über, Sklavenkinder als Opfer unterzuschieben. Als
Agathokles vor den Toren der Stadt auftauchte, sahen viele darin
einen Grund für die Katastrophe, und eilig wurden 500 adlige Knaben den Göttern geopfert.
Die Asche wurde in Urnen gesammelt und unter Stelen vergraben. Wenn die ganze Fläche ausgefüllt war, wurde eine neue

Schicht Erde aufgeschüttet, so daß der Tophet heute verschiede- **Karthago**
ne Schichten von Erde, Urnen und Grabsteinen aufweist. Ein un- **Tophet**
terirdischer Raum gibt das damalige Szenario wohl am besten
wieder. Die Stelen sind mit Inschriften und Zeichnungen versehen, sehr häufig ist der liegende Halbmond als Zeichen der Göttin
Tanit. Etwas besser erhaltene Stücke sind in einer verschlosse-
nen Hütte, fragen Sie den Wächter. Die schönsten Exemplare
befinden sich im Bardo-Museum.

Vom Tophet sind es nur wenige Schritte zu den **Punischen Häfen**.
Die Phönizier waren große Seefahrer und darin den Römern über- **Punische Häfen**
legen. Ihre Macht und ihr Reichtum beruhten auf der Seefahrt, die
Häfen waren somit lebenswichtig. Die Anlage - *Kothon* genannt -
bestand aus zwei miteinander verbundenen Becken, deren einzige Ausfahrt zum Golf von Tunis mit Ketten versperrt werden konnte. Außen lag der rechteckige Handelshafen, von ihm führte ein
Kanal zu dem kreisrunden, von einer doppelten Mauer umgebe-
nen, inneren Kriegshafen mit einer Insel in der Mitte, auf der das
Gebäude der Admiralität sowie Schiffswerften standen.

Heute sind keine Bauwerke mehr erhalten, die Ufer versumpft,
die Umrisse unregelmäßig. Aber in einem kleinen Museum ist eine
Rekonstruktion im Modell, die einen guten Eindruck von der Raf-
finiertheit und dem hohen Grad der punischen Technik gibt. Ein
zweites Modell stellt die wesentlich weniger ausgefeilte Anlage
zur Zeit der Römer dar. Ein Rundgang auf der grasbewachsenen
ehemaligen Insel, zu der heute ein Landweg führt, zeigt lediglich
ein punisches Trockendock. Die Wärter sind sehr aufdringlich und
verlangen für völlig nichtssagende Erklärungen viel Geld, bieten
außerdem angeblich echte römische Münzen und Öllämpchen
überteuert an.

Am alten Handelshafen ist das **Ozeanografische Museum**. Ein **Ozeanografisches**
Besuch ist nicht sehr interessant, u. a. sind Schiffsmodelle aus- **Museum**
gestellt. So. 10 - 12, 14.30 -
Der Weg am Hafen entlang führt wieder zurück auf die Hauptstra- 17.30 Uhr, Di. - Sa.
ße. Dort folgt links das 14.30 - 17.30 Uhr;
200 M.

Musée Palochretien - Dieses kleine Museum gibt einen guten **Musée Palochretien**
Einblick in die Arbeit der Archäologen und zeigt einige Fundstük-
ke aus der christlichen Zeit. Etwas weiter ist rechts direkt am Meer
das *Quartier Magon*. Die Ausgrabungen wurden von deutschen
Archäologen ausgeführt, zutage kamen römische Handwerker-
straßen und Wohnviertel mit Teilen der römischen Stadt-
begrenzung auf punischen Grundmauern.
Wieder zurück auf der Hauptstraße kommt man zu einer Kreuzung mit Tankstelle, dort geht es rechts zu den Thermen des Antonius, links zum Museum und zum Hotel Didon.

Die römische Stadt

Nach der Einverleibung Nordafrikas als römische Provinz nahm der Stadtstaat Rom die Gelegenheit wahr, seine nicht mehr verwendungsfähigen Veteranen unterzubringen, für die es in der Mutterstadt nicht genug Platz gab. Auf dem Reißbrett wurden regelmäßige, rechteckige Stadtanlagen entworfen, die von zwei sich kreuzenden Hauptachsen durchschnitten wurden: Von Nord nach Süd verlief der *Cardo*, von Ost nach West der *Decumanus*. Die Straßen waren wie heute in arabischen Städten gesäumt von Arkadengängen vor den Häuserreihen, die Schutz vor der Sonne boten und an denen Läden und Werkstätten lagen. Am Schnittpunkt der beiden Straßen lag meist das *Forum*, ein gepflasterter, rechteckiger Platz als Bürgertreffpunkt, an das sich das *Kapitol* mit den Tempeln für die wichtigen Götter anschloß.

Religiöse Gebäude besaßen für die Römer aber lange nicht den Stellenwert wie später für die Christen oder Araber, weit wichtiger waren Freizeiteinrichtungen für die Allgemeinheit, die Pax Romana bot den Millionen von Bürgern materielle Wohlfahrt und kollektive Annehmlichkeiten, um sie bei Laune zu halten. Selbst die kleinste Stadt der entferntesten Provinz eiferte dem Vorbild Roms mit *Theater* für die Darstellung von Schauspielen, *Zirkus* für sportliche Wettkämpfe wie Wagenrennen sowie *Amphitheater* für blutige Kämpfe um Leben und Tod nach. In jedem Stadtteil gab es *Thermen*, prunkvolle, luxuriöse Paläste für Jedermann, die weit mehr darstellten als öffentliche Badeanstalten. Vormittags trafen sich die Frauen, nachmittags die Männer zum Bad, trieben Sport, unterhielten sich mit Freunden, hörten Vorträge und lasen in den Bibliotheken.
Durch den Festungsgürtel *Limes* war die äußere Reichsgrenze gesichert und Befestigungen der Städte überflüssig, so wurden die Stadttore allmählich zu *Triumphbogen* für die siegreichen Herrscher, denen außerdem eine magische Bedeutung zukam.

**Karthago
Byrsa-Hügel**

Der **Byrsa-Hügel** war einst Zentrum des punischen wie des römischen Karthago. Von hier aus läßt sich die weite Ebene vom Meer bis zu den Bergen von Zaghouan überblicken. In punischer Zeit gab es dort eine Festung und den reich ausgeschmückten Tempel des Eschmun, zu dem 60 Stufen hinaufführten. Dieser Hügel war von einer eigenen Mauer umgeben, in deren Inneres sich die Bewohner bei Angriffen flüchten konnten.

Kathedrale St. Louis

Weithin sichtbar ist die **Kathedrale St. Louis**, 1890 als größte christliche Kirche Afrikas geweiht, aber heute nicht mehr als Gotteshaus genutzt. Das Gebäude war 1992 wegen Renovierung geschlossen. Ihren Namen erhielt sie zu Ehren des heiligen Ludwigs IX. von Frankreich, der als Kreuzfahrer nach Tunis kam und 1271 in Karthago an den Folgen der Pest starb. Angegliedert sind die ehemaligen Klöster der Weißen Schwestern und der Weißen Väter, die sich stark für die Ausgrabung der antiken Stätte eingesetzt haben. Auf dem Hügel verstreut einige Reste römischer Vil-

len auf punischen Grundmauern. Leider wurde dieser wichtigste **Karthago**
Stadtteil nahezu restlos vernichtet.

Das in einem Teil des Klosters untergebrachte **Museum** enthält **Museum von**
schöne Mosaiken, Marmorsärge, punische Grabplatten und Stelen **Karthago**
mit dem charakteristischen Halbmond.

Nordwestlich der Kathedrale an der Straße nach Tunis liegen die
Überreste des *Amphitheaters*, von dem nur die Arena erhalten **Amphitheater**
blieb. Es ist kaum noch vorstellbar, daß ähnlich wie in El Djem
50.000 Zuschauer auf fünf Rängen Platz hatten. Im Zentrum kann
man Teile der Gänge sehen, durch die die wilden Tiere in die Arena kamen, um die Christen zu zerfleischen. Nicht weit davon auf
der anderen Straßenseite liegen bei der kleinen Ortschaft La Malga
die römischen *Zisternen*. Die Grundmauern stammen wahrschein- **Zisternen**
lich noch von den Puniern. Die einst 24 parallelen Gewölbe, die
das von den Bergen Zaghouans über den Aquädukt geleitete
Wasser sammelten, wurden eine Zeitlang zu Wohnzwecken genutzt. Über Treppen konnte man zum Wasser schöpfen hinunter-
gelangen.

Neben dem Palast des Präsidenten und direkt am Meer liegt das **Archäologischer**
bedeutendste römische Ausgrabungsgebiet von Karthago. Die **Park**
Palastwächter achten eifrig darauf, daß fotografierende Touristen
nicht versehentlich ein Bild des Präsidenteneigenheims schießen.
In diesem Park ist sehr gut die typisch römische Struktur der Stadt-
planung mit regelmäßigen Straßen, die im rechten Winkel aufein-
anderstoßen, zu erkennen. Sie wurden von den Archäologen als
Cardo und Decumanus fortlaufend numeriert. Im hinteren Teil des
Geländes befinden sich eine *Basilika* mit Taufbecken und die unterirdische *Asterius-Kapelle*, die von einem anderen Platz hierher
gebracht wurde. Vom Wohnviertel sind nur noch Reste der Grundmauern vorhanden.

Zum Meer hin liegt das wichtigste Bauwerk, der in seinen Ausma- **Thermen des**
ßen gewaltige, zwischen 145 und 162 erbaute Thermenkomplex, **Antonius**
heute ist noch das Untergeschoß erhalten. Gern eiferte man
zu jener Zeit dem Vorbild Roms nach, so entsprechen die Antoni-
us-Thermen denen des Trajan und des Caracalla in Rom. Einzig
ist jedoch die herrliche Lage direkt am Meer, die auch die Anlage
einer Sonnenterrasse mit Meerwasserschwimmbecken erlaubte.
Das Gebäude war der Länge nach von einer Achse geteilt, an der
die verschiedenen Anwendungssäle lagen. Vom Umkleideraum
ging es zunächst ins *Gymnasium*, dem antiken Vorläufer unserer
Fitness-Center, dann zum offenen Turnhof, der *Palästra*. Es folgten warme bis heiße Schwimmhallen, in der Mitte lag das pracht-
voll ausgestattete, kuppelüberkrönte *Frigidarium*, das Kaltbad. Von
dort führte eine Treppe zum Meeresbecken.

Die im Jahr 389 restaurierte Anlage ist wahrscheinlich Anfang des
5. Jh. aufgrund von Baumängeln eingestürzt und wurde in späte-

Karthago
Thermen

ren Jahrhunderten als Steinbruch genutzt. Eine wiederaufgerichtete Säule zeigt die einstige Größe der Badeanstalt. Angrenzend an die Thermen waren die der Versorgung dienenden Zisternen und eine Gemeinschaftstoilette.

Römische Villen

Oberhalb der Straße und der Bahnlinie liegt ein ehemaliges römisches Villenviertel, von dem einige Straßen und Häuserreste mit schönen Mosaiken erhalten sind. Etwas weiter die Straße hinauf

Theater

ist das römische *Theater*, vor dessen eindrucksvoller Kulisse im Sommer ein sehr schönes Internationales Folklore-Festival und im Oktober ein Filmfestival stattfinden.

Sidi Bou Said

Sidi Bou Said mit seinen knapp 5.000 Einwohnern ist einer der teuersten Wohnorte und beliebtes Ausflugsziel der Tunesier wie der ausländischen Urlauber. Die verträumten Ecken und lauschigen Cafés bilden vor allem das Dorado der Verliebten. 1912 entdeckte der französische Bankier *Baron d'Erlanger* dieses reizende Dorf auf dem hohen Felsen Kap Karthago und war begeistert. Er erwirkte, daß der ganze Ort unter Denkmalschutz gestellt wurde, und bis heute müssen glücklicherweise alle Neubauten im gleichen andalusischen Stil der weißen, kubischen Häuser mit den blauen Holzveranden, Fenstergittern und Nageltüren gebaut werden.

Für einen Besuch von Sidi Bou Said besser nicht das Wochenende wählen, dann herrscht ein ziemlicher Rummel. Die Hotelkapazitäten sind begrenzt, die meisten Besucher fahren nach wenigen Stunden zurück in ihre Quartiere. Man sollte daher unbedingt versuchen, eine Nacht im Ort zu wohnen, erst dann kann man das Flair dieses Künstlerdorfes richtig in sich aufnehmen. In der Saison aber rechtzeitig vorher buchen.

Geschichte

Schon zu römischer Zeit befand sich an dieser Stelle ein mit Tempeln und Palästen geschmückter, reicher Vorort von Karthago. Doch nach der Zerstörung wurde erst wieder im 9. Jh. ein Ribat, d.h. ein befestigtes muslimisches Kloster des Sufi-Ordens, gegründet. Im 13. Jh. erlangte der Sufi *Abu Said*, ein unermeßlich reicher Chemiker, bei der Bevölkerung großes Ansehen. Er half nicht nur den Armen, sondern eine Legende erzählt, er hätte bei einem Piratenangriff vom Meer die Kanonenkugeln mit seinem Mantel aufgefangen. Eine andere Geschichte berichtet von der Bekehrung eines mit dem Heiligen befreundeten christlichen Seefahrers zum Islam. Er bat den Alten als Zeichen der Wunderkraft seines Glaubens um ein Mittel gegen Schiffbruch. Abu Said gab dem Kapitän eine Schnur aus Kamelhaar, die um seinen Turban geschlungen war. Als das Schiff eines Tages tatsächlich unterging, wurde die Schnur in so viele Teile geschnitten, wie Männer an Bord waren. Alle erreichten mit dem Stück Schnur bei sich genau zu Füßen des Dorfes Sidi Bou Said lebend das Land, ob-

wohl das Unglück weit entfernt geschehen war.
So erhielt denn auch die Ansiedlung den Namen des Heiligen.
Noch heute wird die Grabstelle des Schutzpatrons in der Moschee
von der Bevölkerung liebevoll gepflegt und besucht. Im August
wird zu seinen Ehren ein Moussem mit Musik, ekstatischen Tänzen und dem Schlachten eines Kalbes gefeiert, das Fleisch an
die Armen verteilt. Ein richtiges Dorf entstand erst im 16. Jh., als
arabische Flüchtlinge aus Andalusien ankamen und mit ihren kubischen, weißen Häusern mit blauen Veranden das Ortsbild präg-
ten. Mit sich brachten sie ihre Musik, den Maalouf.

**Sidi Bou Said
Geschichte**

Egal von welcher Richtung der Besucher kommt - auch von der
TGM-Bahn -, immer erreicht er zunächst den Platz 7. November,
das Herz des neuen Ortsteils mit Bank, Post, Supermarkt und
Cafés. Autofahrer müssen den Wagen auf dem großen, gebüh-
renpflichtigen Besucherparkplatz abstellen, der alte Kern ist für
fremde Fahrzeuge gesperrt, nur Anwohner dürfen passieren.

Stadtrundgang

Parkplatz

Die Hauptstraße in das Künstlerdorf geht steil bergan, vorbei an
einem Brunnen, dem Heilkräfte zugesprochen werden und der
zumindest ein gutes Trinkwasser liefert. Breite Stufen, gesäumt
von pittoresken weißblauen Häusern führen direkt zum beliebte-
sten Treffpunkt, dem 300 Jah-
re alten *Café des Nattes*. Dieses im traditionellen türkischen Stil eingerichtete Café
- Nattes nennen die Franzosen die Halfagrasmatten, auf
denen man sitzt - wurde schon
von dem deutschen Maler August Macke gezeichnet und ist
seitdem unverändert. Gemütlich wird es erst, wenn die Touristenbusse abgefahren sind.
Dann trifft sich die einheimische Jugend mit den wenigen
Fremden, die über Nacht bleiben. Da wird geplaudert, Wasserpfeife geraucht, der **Jasminverkäufer** bietet seine

*Jasminverkäufer
im Café des Nattes*

duftenden, Glück bringenden Sträußchen an.
Raffiniert ist die Preisgestaltung. Einheimische zahlen nur ein
Drittel des Touristenpreises (was man durchaus verstehen kann,
bei dem Andrang). Wer aber im Ort übernachtet, wird bald so halb
in den Verband aufgenommen und bekommt die niedrigen Insi-
derpreise. Um das Café die unvermeidlichen Souvenirläden, in
denen die für den Ort typischen blauweißen Vogelkäfige aus Draht
verkauft werden. Auch ohne Vogel sollen sie dem Haus Glück
bringen.

Sidi Bou Said
Stadtrundgang

Rechts vom Café führt ein Weg vorbei an den traditionellen Nougat-verkaufsständen zu einem hübschen Aussichtspunkt mit Blick aufs Meer und zum *Café Sidi Chaabane*, auf dessen in Stufen gebauten Terrassen sich eine unvergleichliche Aussicht über den Golf von Tunis und auf die Villa des Baron d'Erlanger bietet, der vor einigen Jahren starb. In dem Haus soll ein Museum eingerichtet werden. Maler und Liebespaare bevölkern die mit Halfagrasmatten gepolsterten Sitzbänke, aber auch Touristen haben schon dorthin gefunden.

Jachthafen

Zahllose Stufen den Berg hinunter führen zum Jacht- und *Fischerhafen*. Wenn am Morgen die Fischkutter vom Fang zurückkehren, warten am Kai die Einkäufer der Fischrestaurants und Hausfrauen. Die Ausbeute ist eher mager und muß doch so viele Familien ernähren.

Die Tunisreise

Im April 1914 brachen die Maler Paul Klee, August Macke und Louis Moilliet zu ihrer später legendär gewordenen Studienreise nach Tunesien auf. Die fremdartigen orientalischen Eindrücke und das einzigartige Licht Nordafrikas inspirierten Macke und Klee zu jeweils über dreißig Aquarellen und Hunderten von Zeichnungen, die in die Kunstgeschichte eingegangen sind. Sie besuchten neben Tunis mit seiner Umgebung noch Hammamet und Kairouan, doch das bekannteste Werk aus dieser Zeit dürfte August Mackes „Blick auf eine Moschee" sein, das ein unverändertes Café des Nattes, überragt vom Turm der Moschee, zeigt. Klee sagt: „Die Farbe hat mich. Ich brauche nicht nach ihr zu haschen."

Mekka der Künstler ist Sidi Bou Said bis heute. Viele Maler haben dort ihr Atelier, wer genug Zeit mitbringt, kann sie tagsüber in romantischen Winkeln beim Skizzieren beobachten und trifft sie abends auf den Terrassen der Cafés. Darunter sind Newcomer wie der junge *Zied Lasram*, der seine beachtlichen Aquarelle mit heimischen Motiven schon auf Ausstellungen in Hammamet und Tunis zeigte. Aber auch bereits zu Ruhm gekommene Künstler haben ihren Wohnsitz in dem hübschen Städtchen wie *El Mekki*, Tunesiens berühmtester Maler, der das Dekor der tunesischen Geldscheine, der Dinarmünzen und vieler Briefmarken entworfen hat, auch *Hedi Turki, Jalel Ben Abdallah, Rachid Koraichi* und viele andere.

Amilcar

Neben dem Hafen ist ein kleiner Sandstrand, und bis zur Bucht von **Amilcar** mit einem Strandhotel sind es nur wenige Schritte. Der Platz trägt den Namen mehrerer karthagischer Heerführer, dessen bekanntester im 5. Jh. mit einer Armee gegen die Griechen in Sizilien gezogen war und dort, nachdem die Niederlage drohte, den Opfertod in den Flammen suchte.

**** *Sidi Bou Said*, Tel. 740411, Fax 745129. Etwas außer- **Sidi Bou Said**
halb an der Straße nach La Marsa. Pool, Tennis, Blick aufs **Hotels**
Meer, aber nicht am Strand.

*** *Amilcar*, Tel. 740788, Fax 743139. Moderne Bettenburg
mit einfachen Zimmern, am Strand von Amilcar direkt neben
dem Präsidentenpalast, nicht weit vom Jachthafen Sidi Bou
Said.

** *Dar Zarrouk* bzw. *Dar Said*, Tel. 740471, Fax 336908. An
der Straße rechts vom Café des Nattes liegt in einem herrlichen Garten mit Blick aufs Meer das große, alte Haus mit
gekacheltem Innenhof. Am schönsten sind die Zimmer 3 - 5
zum Garten hinaus mit fayencengeschmückten Wänden. Nur
wenige Zimmer, besser vorher reservieren. Im Winter evtl.
geschlossen. DZ mit warmer Dusche und Frühstück 18 D.

Bou Fares, Tel. 740948. 100 Meter links hinter Café des Nattes.
Um einen schattigen Innenhof gruppieren sich die Zimmer
unter Tonnengewölben. Die größeren mit Dusche (warm),
sonst Sammeldusche. Nette, familiäre Atmosphäre. DZ 13 D
ohne Frühstück.

Résidence Africa, Av. de la Republique (am Jachthafen), Tel.
740600. Hübsche, kleine Anlage mit Appartements, nur wenige Geschäfte in der Nähe, Fahrzeug erforderlich. Ein Appar-
tement kostet in der Saison ca. 47 D, im Winter nur 19 D.

El Chergui, gegenüber von Café des Nattes. Tische auf der **Restaurants**
großen Terrasse mit herrlicher Aussicht, gute, dennoch preiswerte tunesische Spezialitäten. Kein Alkohol, abends geschlossen.

Dar Zarrouk, gegenüber gleichnamigem Hotel. Unvergleich-
lich die Aussicht von der großen Terrasse zum Meer. Die etwas erhöhten Preise werden durch diesen Blick und den guten Service leicht verschmerzt. Alkoholausschank, tunesische
und internationale Küche. Ausgezeichnet mit „3 Gabeln".

Gegenüber ist ein zweites Restaurant, mit ebensolchen Preisen, aber nicht so schöner Einrichtung und Aussicht.

Le Pirate, am Jachthafen. Bekanntes Fischrestaurant, ausgezeichnet mit „3 Gabeln".

Im neuen Stadtviertel um den Platz 7. November sind Ban- **Selbstversorger**
ken, Post, Supermarkt mit Weinverkauf, ein kleiner Gemüsemarkt, eine Ladengalerie mit schicken Boutiquen, Imbißbu-
den, Cafés und Restaurants.

La Marsa - (44.000 Einwohner) hieß zu punischer und römischer **La Marsa**
Zeit *Megara* und war damals wie heute Villen- und Badeort der
tunesischen Oberschicht, zeitweise hatte der Bey seine Residenz

La Marsa

dort. Nicht weit von dem Endpunkt der TGM-Bahn ist der Markt-platz mit dem traditionsreichen *Café Saf-Saf* (so heißen im Arabi-schen die mächtigen Bäume, die im Hof wachsen), in dem ein Dromedar mit verbundenen Augen im Kreisgang Wasser schöpft. Im Winter ist der Ort etwas verschlafen, doch im Sommer ist der schöne Sandstrand überfüllt.

Am Markt ist eine Markthalle mit gutem Angebot, auch Wurst und Käse. Außerdem gibt es einen Monoprix-Supermarkt.

Gammarth

Gammarth liegt am Fuße des Djebel Khaoui. Der Name bedeutet „Hohler Berg", die Bezeichnung rührt von den dort gefundenen, labyrinthartig den Hügel durchziehenden Katakomben her. Hier, am westlichen Ende von Megara, der ehemaligen römischen Vor-stadt von Karthago, lag in der christlichen Epoche der Begräbnis-platz. Heute ist auf dem Berg ein französischer Soldatenfriedhof, von dessen höchster Stelle sich ein herrlicher Ausblick ergibt.

Der schöne Sandstrand brachte den Villen- und Badeort ins An-gebot deutscher Touristikunternehmen, hat aber nicht den Vorteil der direkten Anbindung an Tunis durch die TGM-Bahn. Es gibt lediglich eine Busverbindung. Den Hang hinauf ziehen sich schö-ne Villen, am Strand liegen die Ferienhotels, Bademöglichkeit besteht aber nur im Sommerhalbjahr.

Cap Carthage

Die Straße weiter zum Cap Carthage hört die Bebauung bald auf, rechts ist herrlicher, frei zugänglicher Sandstrand, links liegt die Salzlagune Ariana. Es gibt schöne Strandrestaurants, im Som-mer viel Betrieb.

Hotels

*** *Molka*, Tel. 740630, Fax 741646. Vor einem Eukalyptus-wald direkt am Sandstrand.

** *La Noria* (Touring Club), Tel. 746348, Fax 743337. Einfa-che Bungalowanlage in hübschem Garten, direkt am Strand.

*** *Karim* , Tel. 740700, Fax 741200.

*** *Aqua Viva*, Tel. 741374, Fax 342411. Neues Haus in schö-ner Gartenanlage direkt am Sandstrand, klimat. Zimmer.

***** *Abou Nawas*, Av. Taieb Mehiri, Tel. 741444, Fax 740400.

*** *Megara*, Av. Taieb Mehiri, Tel. 740110, Fax 740916.

Tour Blanche, Av. Taieb Mehiri. Dieses erste Strandhotel in Gammarth ist heute etwas heruntergekommen.

*** *Cap Carthage*, Tel. 740064, Fax 784472. Direkt am gleich-namigen Cap in einem Eukalyptushain gelegen, 300 m zum Sandstrand. Es gibt 40 Tennishartplätze mit Tennisschule, großer Pool, aber schlechte Anbindung zur Stadt.

DER NORDEN

Der grüne Norden des Landes mit der Korallenküste ist vom Massentourismus noch nicht so geprägt wie der östliche Küstenbereich. Zwar entstanden in den letzten Jahren in Bizerte und Tabarka komfortable Touristenzentren, doch zieht es die meisten Besucher weiterhin nach Hammamet, Sousse oder Djerba. Dabei ist die malerische Steilküste, unterbrochen von kleinen Sandbuchten, vor allem für Unterwassersportler sehr reizvoll, das Hinterland infolge der winterlichen Regenfälle grün und fruchtbar. Saison ist von Mai bis September.

Das Landesinnere wird dominiert vom Tal des Medjerda, dem einzigen ganzjährig wasserführenden Fluß des Landes, dessen Quelle in Algerien liegt und dessen sumpfiges Mündungsdelta beim Golf von Utica für eine ständig mehr werdende Verlandung sorgt. Andalusische Flüchtlinge ließen sich im 17. Jh. insbesondere südöstlich von Bizerte nieder und machten die Weiden der Nomadenherden zu blühenden Gärten. Doch über Jahrhunderte hinweg war dieser Fluß der Feind der Bauern, mal herrschte große Trockenheit, dann wieder überschwemmten seine Fluten das kostbare Land.

1949 begannen die Franzosen, die sumpfige Ebene um Mateur und den Ichkeul-See trockenzulegen, den ungebärdigen Medjerda zu regulieren und seine Wasserkraft zur Stromgewinnung zu nutzen. Erst auf Protest der Bauern und vor allem nach der Unabhängigkeit wurden die Stauseen auch zur Bewässerung des Bodens genutzt, eine der fruchtbarsten Landschaften Tunesiens entstand. Unter Bourguiba wurden die Großgrundbesitzer enteignet und das Land unter genossenschaftlich organisierte Kleinbauern aufgeteilt.

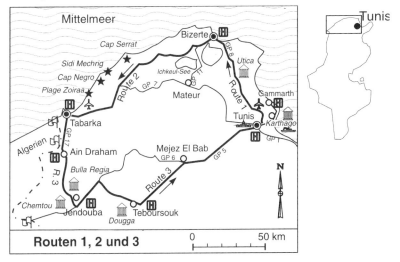

Routen 1, 2 und 3

1. TUNIS - BIZERTE
69 km GP 8.

Auf dem Streckenabschnitt Bizerte - Tabarka gehen immer wieder Stichstraßen hinab zu schönen Meeresbuchten, die erst den Reiz der Route ausmachen. Beschrieben wird im folgenden jedoch die direkte Verbindung ohne die Abstecher.

Tunis auf der Ausfallstraße Flughafen - Bizerte verlassen. Nach Ende der Stadtautobahn gute, zweispurige Straße mit regem Verkehr. Nach km 27 liegt rechts der Straße der Ort **Pont de Bizerte**.

Kalaat El Andalous

An dieser Stelle ist ein Abstecher nach **Kalaat El Andalous** möglich. Dieser einst auf einer Landzunge direkt am Meer liegende Ort ist heute infolge von Schlammablagerungen 5 km im Landesinneren. An der Küste ist ein herrlicher, sauberer Sandstrand.

Auf der Hauptstraße folgt eine Brücke über das alte Flußbett des Medjerda, parallel dazu spannt sich die siebenbogige *Eselsbrücke* aus türkischer Zeit, da der Fluß früher an dieser Stelle strömte. Nach 400 m überquert die Straße schließlich den Medjerda in seinem regulierten Bett.

Die GP 8 umgeht nach 32 km (ohne den Abstecher) **Utique**. Links zweigt eine Straße ins Dorf ab, etwas weiter auf der GP 8 rechts eine schmale Straße zu dem Ruinengelände von Utica, der ersten phönizischen Siedlung in Tunesien. Nach 2 km ist auf der

Museum von Utica

linken Seite das *Antiquarium*, in dem Fundstücke aus den verschiedenen Epochen gezeigt werden. Zum Ausgrabungsgelände geht es noch 500 m weiter.

Ruinenstätte
8 - 12, 14 - 17.30 Uhr; 1 D + 1 D für Fotoerlaubnis.

Geschichte

Utica - der Name bedeutet die alte Stadt. Heute ist der Platz infolge Verlandung gut 10 km vom Meer entfernt, doch als um 1101 v. Chr. phönizische Seefahrer aus Tyros dort ihre erste Handelsniederlassung auf tunesischem Gebiet gründeten, lag an dieser Stelle das Mündungsdelta des Medjerda. Vermutlich war der Ort sogar auf einer damals vorhandenen, vorgelagerten Insel errichtet worden. Gegenüber dem später gegründeten Karthago bewahrte Utica lange seine Unabhängigkeit und stellte sich im 3. Punischen Krieg auf die Seite der Römer. Als Belohnung erhielt Utica die Stellung einer freien Stadt und wurde zum Sitz des Gouverneurs der Provinz Africa. Der wichtige Exporthafen, in dem 200 Transportschiffe vor Anker gehen konnten, brachte Reichtum, wie Reste prächtiger Villen zeigen. Der Name der Stadt ist untrennbar mit *Cato* dem Jüngeren verbunden, der sich vor einer drohenden Kapitulation vor Caesar hier den Tod gab. Nach dem Sieg Caesars wurde der Stadt zwar eine hohe Tributzahlung auferlegt, doch sie erholte sich rasch, die Einwohner erhielten römisches Bürgerrecht.

Nach der Zerstörung durch die Araber verlandete der Hafen im-

mer mehr, ein Wiederaufbau lohnte nicht, die Gebäude wurden **Utica**
als Steinbruch genutzt. Heute ruht ein Großteil der Ruinen unter
einer 5 m dicken Schlammschicht, nur wenig wurde bisher ausgegraben, zudem alle tiefer gelegenen Stätten im Morast oder
unter der Wasseroberfläche liegen.

Für einen Rundgang sind Führer vorhanden, doch sind die se- **Besichtigung**
henswerten Bauwerke gut beschildert. Wichtige öffentliche Gebäude sind durch den Raubbau nicht erhalten. Die antike Pflasterstraße führt zu dem am besten erhaltenen römischen *Haus des
Wasserfalls*. Darin gibt es zwei mit wunderschönen farbigen
Fischermotiven geschmückte Brunnen. Die Archäologen benannten das Haus nach dem ehemals wie eine Kaskade durchfließen-
den Wasser. Die schönsten Mosaike der übrigen Gebäude wurden wie üblich in den Bardo gebracht, so gibt es im *Haus der
Jagd* und im *Haus des Schatzes* nur noch spärliche Reste.

Aus der punischen Zeit blieb eine *Totenstadt*, zu der eine 6 m tiefe
Treppe hinabführt. Dort war ein Tophet wie in Karthago, an dem
neugeborene Knaben zu Ehren der Götter Baal und Hammon den
Opfertod in den Flammen fanden.
Direkt am Meer standen einst die römischen *Thermen*, von denen
nur noch wenige Mauern stehen. Sie liegen heute inmitten eines
Sumpfes etliche Kilometer vom Meer entfernt.

Wieder zurück auf die GP 8. Bei dem Ort **Ghournata**, km 45, ist
rechts ein weiterer Abstecher nach **Raf Raf** mit den besten Wein- **Raf Raf**
trauben des Landes möglich. Der Ort ist bekannt für seine kost-
baren, mit Gold bestickten traditionellen Frauengewänder. **Ghar** **Ghar El Melh**
El Melh (d.h. Saline) - das frühere Porto Farina - hat einen reizvollen Fischerhafen, ein großer Ferienkomplex ist am Entstehen.
Hammouda Bey ließ zu Beginn des 19. Jh. einen prachtvollen,
von drei Forts beschützten Kriegshafen durch einen deutschen
Ingenieur errichten. **Rass Sidi Ali El Mekki** liegt wunderschön
auf einer Landzunge mit einem herrlichen Strand und dem Marabut
für Sidi Haded.
Auf der GP 8 taucht nach weiteren 5 km nach Überqueren eines
kleinen Bergrückens der große Binnensee von Bizerte auf, der
mit dem Mittelmeer durch einen schmalen Kanal nah bei der Stadt
verbunden ist. Der Ort **Menzel Jemil** liegt direkt am See. Vorbei
am Fischerhafen erreicht man nach insgesamt 69 km auf einer
Brücke über den Kanal Bizerte. Die Schilder zum Ozeanografischen Museum führen direkt zum Hafen, dort sind gute Parkmög-
lichkeiten und ein idealer Ausgangspunkt zur Besichtigung der
Sehenswürdigkeiten.

Bizerte - Am Ausgang des Binnensees gelegen gab dieser Platz **Bizerte**
einen natürlichen Hafen her, den schon die Phönizier erkannten, **Geschichte**

Bizerte
Geschichte

die den schmalen Landstreifen mit einem Kanal durchstachen. Sie gaben dem neuen Handelsstützpunkt den Namen *Hippo diarrhytos*, durchflossenes Flußpferd. Die Stadt gehörte zum karthagischen Reich und blieb im 3. Punischen Krieg anders als Utica auf dessen Seite. Der Rang als freie Stadt war nach der Niederlage verloren. Besondere Bedeutung erlangte sie nie und wurde im 7. Jh. von den Arabern eingenommen und *Benzert* genannt. Aus Spanien vertriebene Mauren wanderten im 15./16. Jh. ein und gründeten das Andalusierviertel, die Türken bauten die Verteidigungsanlagen weiter aus. Der geschützte Hafen war als Piratenstützpunkt gefürchtet. Die Franzosen errichteten 1882 an der strategisch günstigen Stelle an der Meerenge von Sizilien einen Flottenstützpunkt und bauten die Neustadt. Während des zweiten Weltkrieges wurde Bizerte ein halbes Jahr von den Deutschen besetzt, sein Fall bedeutete das Ende des Afrikakorps. Die Stadt erlitt schwere Bombenschäden.

Nach der Unabhängigkeit behielt sich Frankreich das Recht auf diesen NATO-Stützpunkt vor, was allerdings dem Freiheitsdrang der Tunesier nicht gefiel. Nach einer erfolglosen Gewaltanwendung 1961 erreichte Präsident Bourguiba 1963 schließlich auf dem Verhandlungsweg die Rückgabe, der 15. Oktober wird als Tag der Räumung bis heute gefeiert. Als Ausgleich für den Verlust zahlreicher mit der Marine verbundener Arbeitsplätze wurden Industriebetriebe angesiedelt. Der Hafen ist wenig bedeutend, in der Ferienzeit landet eine Autofähre aus Genua, die aber nur die heimischen Gastarbeiter ins Land bringt. Für den Tourismus ist die Linie unwichtig. Bizerte ist Hauptstadt des Gouvernorats und hat knapp 90.000 Einwohner.

Stadtrundgang

Ozeanografisches Museum
10.30 - 12, 15 - 18 Uhr; 200 M.

Die von den Franzosen angelegte Neustadt mit der Avenue Habib Bourguiba als Hauptstraße dient der Verwaltung und Versorgung der Bewohner und bietet keine Sehenswürdigkeiten. Eine Besichtigung beginnt man daher am besten am *Ozeanografischen Museum* an der Strandpromenade. Es ist in der südlichen Befestigung des Alten Hafens, dem Fort Sidi El Hani, untergebracht, außer dem Gebäude gibt es wenig Sehenswertes. Am nördlichen Eingang des Kanals erheben sich trutzig die Mauern der *Kasbah*. Der einzige Eingang ist am entgegengesetzten Ende zum Markt und der Medina hin. Die Mauern bergen ein Wohnviertel mit labyrinthartigen Gassen, in denen man sich alleine kaum zurecht findet. Gleich zu Beginn die Moschee aus dem 17. Jh. mit einem kachelverzierten Minarett.

Alter Hafen

Der idyllische *Alte Hafen*, das einstige Seeräubernest, wird heute nur noch von kleinen Fischerbooten genutzt, der moderne Fischereihafen liegt vor den Toren. Am Ende des Alten Hafens ist eine Verkaufsausstellung des ONAT in einem alten andalusischen Gebäude. In der Straße dahinter die *Rebaa-Moschee* aus dem

17. Jh. und auf dem kleinen Platz Slahedine Bouchoucha aus der **Bizerte**
gleichen Zeit der *Bey-Youssef-Brunnen*, dessen Wasser in einer
Inschrift gerühmt wird.

Am Markt vor dem Zugang zur Kasbah beginnt die *Medina* mit **Medina**
ihren Souks und Handwerkergassen. Anders als z.B. in Sousse
ist Bizerte auf angenehme Weise nicht im geringsten auf Touristen eingestellt, es gibt keine Souvenirläden. Auf einem Hügel,
der sich über die Medina erhebt, man kann zu Fuß hinaufsteigen,
liegt das *Spanische Fort*, das seinen Namen erhielt, weil es von
dem türkischen Piraten *Eudj Ali* zum Schutz gegen spanische
Vergeltungsangriffe gebaut worden war. Vor den Toren sind etliche Kanonen, die aus neuerer Zeit stammen. Von den Festungsmauern bietet sich ein hervorragender Blick auf die Stadt.

Telefonvorwahl: 02   **Bizerte**

ONTT, 1, Rue de Constantinople, Tel. 432703, Fax 438600.   **Information**

<u>in der Stadt:</u>   **Hotels**
Continental, Rue Constantinople, Tel. 431436. In der Neustadt,
laut, Zimmer ohne Dusche.
Zitouna, Place Slahedine Bouchoucha, Tel. 431447. Einfaches,
sauberes Haus am Rand der Medina.

<u>an der Corniche:</u>
*** *Résidence Ain Meriem*, Tel. 437615, Fax 439712. Direkt
am Strand, Appartements mit Kochecke für 2 - 6 Personen.
Jalta, Tel. 432250. Schöner Innenhof mit Wasserbecken, Pool.
** *Nador*, Tel. 439309, Fax 433817. Einfaches Clubhotel mit
Pavillons in weitläufiger Anlage am schmalen Sandstrand.
*** *Corniche*, Tel. 431844, Fax 431830.
** *La Petite Mousse*, Tel. 432185. Familienhotel mit gutem Re-
staurant und Garten. Zum Strand über die Straße.
El Khayem, Tel. 432120. Einfache, preiswerte Hütten ohne
Bad, Pool, Bar, Restaurant.

Die **Markthalle** ist am Place Bouchoucha, daneben **Monoprix**. **Selbstversorger**

Bizerte ist über ein Nebengleis bei Mateur an die **Bahnlinie** **Verkehrsverbin-**
Tunis - Jendouba angeschlossen. Besser ist jedoch die **Bus-** **dung**
verbindung nach Tunis (jede Stunde).

Im Juli/August findet im Spanischen Fort das Festival von **Feste**
Bizerte mit Musik- und Tanzdarbietungen statt, am 15. Oktober wird der Tag der Befreiung gefeiert.

Ausflug über die Corniche zum Djebel Nador

Die Strandpromenade Corniche, die von der Kasbah aus nach Norden führt, wird nur teilweise ihrem Namen gerecht, teils führt sie auch durch Vorstädte. An ihr liegen die Strandhotels, das Sidi Salem zu Beginn in der Nähe der Kasbah war 1993 wegen Renovierung geschlossen. Der Strand ist teilweise sehr schmal. An dieser Straße liegen gepflegte Villen, gehobene Speiserestaurants und Strandcafés auf 6 km.

Bei km 7 ist die hübsche, frei zugängliche Badebucht *Les Grottes*. Zum Cap weiter geradeaus. Die Straße führt durch einen prächtigen Pinienwald mit rotgelben Sanddünen dazwischen, kein Wunder, daß dieses Gebiet gerne für Picknicks genutzt wird. In einer Kurve kurz nach dem Schild Nadhour zweigt rechts eine Piste zum Cap Blanc ab. Die Teerstraße knickt nach 9 km nach links ab, rechts führt eine Schotterpiste nach **Ain Damous** und zum Djebel Nador. In diesem Dorf werden am Straßenrand von den Frauen gehäkelte Spitzentischdecken angeboten. Die Spitze des

schöner Ausblick

Berges ist von einem Militärposten besetzt, fotografieren verboten, aber man hat einen herrlichen Ausblick.
Zurück bis zur Abzweigung und geradeaus nach Bizerte kann man noch einmal sehr schön die Stadt mit Hafen und Binnensee von oben betrachten.

2. BIZERTE - TABARKA

128 km ohne Abstecher zu den Stränden.

Bizerte auf der Avenue Habib Bourguiba nach Westen verlassen. Nach 10 km folgt eine Straßengabelung. Tabarka ist auf der rechten, neu ausgebauten Straße ausgeschildert, es ist jedoch ebenso möglich, die GP 11 über Menzel Bourguiba und Mateur zu benutzen.

Menzel Bourguiba

Menzel Bourguiba gründeten die Franzosen unter dem Namen Ferryville als Versorgungsbasis für den Flottenstützpunkt; die Docks, Werkstätten und Lagerhäuser waren nach dem Abgang der Marine verwaist, die Menschen ohne Arbeit. Der junge Staat siedelte Industriebetriebe an, im Eisenhüttenkombinat werden die Erze des Hinterlandes mit Hilfe der über den Hafen von Bizerte eingeführten Kohle verarbeitet.

Hotel

* *Younes*, Tel. 02 - 461606.

Tindja Ichkeul-Naturreservat

Tindja liegt am Ufer des gleichnamigen Flusses, der den Binnensee von Bizerte mit dem *Ichkeul-See* verbindet. Dieser 110 qkm große See mit einer Mischung aus Salz- und Süßwasser ist außerordentlich fischreich. 1980 wurde der südliche Bereich mit dem Djebel Ichkeul zum Naturschutzgebiet erklärt, in dem die selte-

nen Wasserbüffel und Graugänse eine Überlebenschance erhal- **Ichkeul-See**
ten. Doch findet man noch viele andere Tier- und Pflanzenarten in
den Sümpfen, die unseren europäischen Zugvögeln zur Ruhepause vor dem Flug über die Sahara dienen. Von Mateur aus führt
eine Piste um den See. Leider wird durch die neu entstandenen
Talsperren zur Versorgung der Touristenhotels viel zu viel Wasser abgezogen, eine ökologische Katastrophe droht.

Im folgenden ist die neue Strecke beschrieben, eine zweispurige
Straße mit mäßigem Verkehr.

Es geht über die Mogodberge mit endlosen Getreidefeldern, dazwischen große Gutshöfe, die Kornkammer des Landes schon
seit der Römerzeit. Vom Meer ist die Straße so weit entfernt, daß
kein Blick darauf möglich ist. Bei km 20 ist eine weitere Abzweigung nach Menzel Bourguiba, weiter geradeaus. Danach folgt die
Strecke dem Nordufer des Ichkeul-Sees.
km 28 Links geht es nach Mateur, rechts weiter nach Tabarka.
Am Straßenrand verlaufen dicke Wasserrohre zur Bewässerung
der Obstgärten. **Teskraya** bei km 31 ist der Hauptort dieses fruchtbaren Gebietes. Bald danach geht es auf einer neuen, sehr guten
Straße durch die hügeligen Wälder des Mogod. In dem Dorf **Louka**
bei km 58 werden am Straßenrand von den Einwohnern gefertig-
te, bemalte Tonwaren angeboten.

Bei km 60 ist dann der erste Abstecher (13 km) zu einem der
reizvollen Strände der Korallenküste, dem *Cap Serrat*, möglich, **Cap Serrat**
diese Strandexkursion ist für Pkw-Fahrer machbar. Am Ende
wartet ein paradiesisches Fleckchen Erde, an dem sauberen Sandstrand wohnen lediglich ein paar Fischer. Es gibt keine Unterkunft und Versorgung, aber schöne, schattige Stellplätze für Camper.

Nach Tabarka geht es an dieser Abzweigung links. Bei dem Töpferdorf **Sejenane**, km 72, wurde während der französischen Pro- **Souk am**
tektoratszeit Eisen, Blei und Zinkerz entdeckt, das noch ausge- **Donnerstag**
beutet wird. Hier treffen wir auf die GP 7, die aber 1993 entgegen
der Karte keineswegs in einem guten Zustand war. Bei **Tamra**,
km 84, wird die Erde rotbraun. Auch hier gibt es Minen. Kurz nach
dem Ort geht rechts ein beschildertes Sträßchen zum Strand von
Sidi Mechrig. Zunächst führt der Weg durch einen Korkeichen- **Sidi Mechrig**
wald, der in niedere Macchia übergeht. Nach 18 km taucht nach
einer Wegbiegung die gelbe, von braunroten Felsen umschlossene Sandbucht auf. Auf einem Felsvorsprung, zu dessen Füßen
ein kleiner Naturhafen liegt, erheben sich drei mächtige *römische
Bögen*. Auch weitere Gebäudereste und Mosaike bezeugen die
frühe Besiedelung des kleinen Fischerortes. Es gibt ein einfaches
Hotel, in dessen Restaurant frische Fischgerichte und zur Jagd-
saison Wildschweinbraten serviert werden.

Cap Negro

Für Geländefahrzeuge ist es möglich, direkt zum Cap Negro weiterzufahren, Pkws müssen zurück zur GP 7. Dort geht 3,5 km hinter Tamra rechts eine rotbraune Piste zum *Cap Negro*, sie ist ausgeschildert. Diese 20 km lange Strecke wird jedoch nur Geländefahrzeugen empfohlen. Im kleinen Dorf an der Sandbucht gab es früher ein Hotel, das leider geschlossen wurde. Ein Posten der Garde nationale prüft die Papiere der Besucher, es gibt keine Versorgungsmöglichkeit.

Mittwoch Souk

Auf der GP 7 wird bei km 95 **Nefza** erreicht, ein größeres Versorgungszentrum mit Markt am Mittwoch. In der Umgebung wird Baumwolle und Tabak angepflanzt. Bei **Ouchtata**, km 103,

Plage Zoiraa

ist ein weiterer Strandausflug möglich. Der *Plage Zoiraa* hat wunderschönen Sandstrand mit Dünen, es gibt ein Café mit Umkleidekabinen. In der Nähe ist ein großer Stausee zur Trinkwasserversorgung.

Nach Ouchtata folgt eine kurvige Strecke durch die Wälder der Kroumirie mit Korkeichen und Kiefern. Der neue, internationale Flughafen von Tabarka, für den 300 ha Küstenwald weichen mußten, liegt bei dem Dorf **Ras Rajel** bei km 116, ab hier eine neue, breite Straße. Kurz vor Tabarka schließlich zweigt rechts die Route touristique zu den neuen Strandhotels ab. Geradeaus erreicht man bei km 128

Tabarka

Tabarka - wunderschön zwischen den bewaldeten Hängen der Kroumirie in der Bucht um die Mündung des Oued Kebir gelegener Fischerort mit gut 8.000 Einwohnern. Eine kleine, vorgelagerte Insel mit einer genuesischen Festung ist durch einen 400 m langen Damm mit dem Festland verbunden. Tabarka mit seiner grünen Umgebung und dem im Sommer angenehm kühlen Klima ist ein Traumziel für jeden Tunesier, beim Klang des Namens fängt er an zu schwärmen. Auch ich habe mich auf Anhieb wohlgefühlt. In den letzten Jahren wurde begonnen, das bisher ruhige Städtchen zu einem Touristenzentrum auszubauen, viele Hektar Wald mußten dem Bau der Hotels weichen, 18-Loch-Golfplatz und Jachthafen wurden angelegt und 12 km östlich der Stadt 1992 ein Flugplatz eröffnet. Für Unterwassersportler ist die felsige Korallenküste mit den kleinen Buchten ein wahres Paradies. Noch heute wird in den Monaten September bis April mit Netzen nach Korallen gefischt, die in den kleinen Betrieben der Stadt weiterverarbeitet und zum Kauf angeboten werden. Im Juli findet ein großes Korallenfest mit Musik und Tänzen statt.

Geschichte

Der geschützte Naturhafen wurde im 5. Jh. v. Chr. durch die Phönizier entdeckt, schon sie verbanden die Insel durch einen Damm mit dem Festland. Das römische *Thabraca* diente als Ausfuhrhafen für den Marmor von Chemtou, Bauholz und Landwirtschaftserzeugnisse. Die vorgelagerte Insel erhielt die genuesische Familie Lomellini 1541 als Lösegeld für den von ihnen gefangenen

Korsaren Dragut, eine mächtige Festung beschützte ihren Fischfang und Korallenhandel. Als die Insel 200 Jahre später wegen Verarmung der Korallenbänke an Frankreich verkauft werden sollte, nahm Ali Bey die italienische Mannschaft gefangen und zerstörte die Festung. Im Jahr 1881 war Tabarka wichtiger Landeplatz für die Invasion der Franzosen. Auch im 2. Weltkrieg wurde die Bucht heftig umkämpft.

Ruinen aus der Antike sind nicht erhalten, mit Ausnahme einer römischen Zisterne, die später in eine Kirche des Ordens der Weißen Väter integriert wurde. Auch von der Genuesenfestung stehen nur wenige Reste, doch bietet sich eine herrliche Aussicht von der Höhe.

Tabarka
Geschichte

Tabarka ist recht klein und übersichtlich. Hauptader ist wie immer die Avenue Habib Bourguiba, an der die *Touristeninformation* und die meisten Hotels liegen. Etliche Geschäfte bieten den handgearbeiteten Korallenschmuck an, für den die Stadt bekannt ist. In der Straße hinter dem Hotel De France ist das sehr hübsche, außen mit Kacheln verzierte Café Andalous. Der Besitzer hat die Räume liebevoll mit alten Gegenständen verschönert. Die Straße weiter hinauf ist die ehemalige Basilika der Weißen Väter, in ihr ist ein kleines *Heimatkundemuseum* untergebracht. Noch weiter hinauf liegt eine ehemalige Türkenfestung, das *Bordj Massaoud*. Eine zweite, noch höher liegende Türkenfestung ist in militärischer Hand. Schwerbewaffnete mit grimmigen Gesichtern überwachen das Fotografierverbot in einer Zeit, in der Satelliten nichts verborgen bleibt.

Stadtrundgang

Museum
9 - 12, 14.30 - 17.30
Uhr; 600 M.

Wenn man ein Stück unterhalb des Bordjs ein wenig auf der Straße nach Annaba weiterfährt, zweigt rechts eine sogenannte Route touristique ab. Von dieser in Serpentinen auf den Berg kletternden Straße, die nach 2 km endet, ergibt sich ein hervorragender Blick auf Tabarka mit seinen Sandstränden und der Insel. An diesem Hang sollen Ferienvillen gebaut werden.

Am Hafen entstand das neue Zentrum *Montazah* mit Bank, gehobenen Restaurants, Appartements, Cafés und Ladengalerien. Ein 4-Sterne-Luxus-Hotel direkt am Hafen war 1993 im Bau. Für Jachten gibt es Liegeplätze mit Stromanschluß. Hinter dem Jachthafen führt eine breite Straße hinauf zur kleinen Insel mit der *Genuesenfestung* und einem Leuchtturm, ein reizvoller Aussichtspunkt. Umweltbewußte Einwohner kämpfen dagegen, diese Insel in das Erschließungsprojekt einzubeziehen.

Genuesenfestung

Fährt man die Avenue Habib Bourguiba ganz durch, kommt man zu einer weiteren Sehenswürdigkeit von Tabarka, den *Aiguilles-Felsen,* 25 Meter nadelspitz aufragende, bizarr geformte Felsen. An der einen Seite führt ein Durchbruch zu einem Felsenstrand. Von der mit bunten Graffiti versehenen Mole hat man sehr schön die Insel mit der Festung vor Augen. Doch Vorsicht: Schauen Sie

Aiguilles-Felsen

Tabarka

hin und wieder zum Boden, sonst geraten Sie leicht in die breiten Spalten zwischen den Blöcken.

In den letzten Jahren gab es verstärkte Bemühungen, Tabarka zu einem Ferienzentrum auszubauen. Einiges wurde schon getan, wie das neue Zentrum am Hafen, doch vieles ist noch in Planung. An der neuen Hotelzone zwei bis vier Kilometer vor der Stadt entstanden in weitläufigen Parkanlagen sehr schöne Hotels mit allem Komfort bis hin zum 18-Loch-Golfplatz, aber die Besucher klagen über die bisher noch fehlende Infrastruktur. Es gibt zu wenig Möglichkeiten, auf eigene Faust etwas zu unternehmen. Und der einzige Mietwagenunternehmer drückt seine Vormachtstellung in gesalzenen Preisen aus.

Tabarka

Telefonvorwahl: 08

Information

ONTT, 32, Av. H.B., Tel. 644491, 644577.

Hotels

in der Stadt:

*** Mimosas, am Beginn der Av. H.B., Tel. 644503, 643018, Fax 643276. Älteres, wunderschön in einem Garten oberhalb der Stadt gelegenes Gebäude, ruhig, Pool. DZ 34 D. Zum Strand 2.000 m.

** Novelty, 68 Av. H.B., Tel. 643176, Fax 643008. Neues Haus im Zentrum, daher etwas laut. Aber gemütlich und sauber, schöne Zimmer mit Balkon. Parkwächter. DZ 26 D.

* De France, Av. H.B. (gegenüber der Touristeninformation), Tel. 644577. 1952 wurden Habib Bourguiba und andere Widerstandskämpfer in diesem Hotel interniert, im damaligen Zimmer Bourguibas sind Erinnerungsstücke ausgestellt. Etwas altertümlich, Restaurant mit offenem Kamin und schönem überwuchertem Hof.

Mamia, gegenüber der Polizeistation, Tel. 644058. Familienpension mit nettem Innenhof, sauber.

Corail, Av. H.B. Ecke Rue Tazerka, Tel. 644445, 643066. Einfache Zimmer, kalte Gemeinschaftsdusche, aber ganz o.k. DZ 15 D.

an der neuen Strandzone:

*** Abou Nawas Montazah, Club luxe, Tel. 644532, Fax 644530. Am Sandstrand, Tennis.

**** Mehari, Tel. 643922, 644088, Fax 643943. Es gibt auch sehr schöne Ferienhäuser mit allem Komfort zu mieten. Direkt am Strand, nahe beim Golfplatz.

*** Morjane, Tel. 644503, Fax 644107. Direkt am Strand, nahe beim Golfplatz, Tennis.

**** Royal Golf, nicht direkt am Strand

**** Paradise-Golf-Hotel, Tel. 643002, Fax 643918. Vom felsigen Strand durch Straße getrennt, Hallenbad, Tennis, Reitstall.

Magasin Générale im Zentrum, alkoholische Getränke gibt es auf der Rückseite hinter dem Office des Peches. Die **Restaurants** der Stadt sind bekannt für Meeresfrüchte, die hier in großer Zahl und guter Qualität gefangen werden, vor allem Langusten. **Souk** am Freitag.

Tabarka
Selbstversorger
Souk

Der neue **Flughafen** befindet sich etwa 12 km vor der Stadt an der Straße nach Tunis. Neben Chartermaschinen aus Deutschland und Frankreich gibt es Inlandsflüge nach Tunis, Sfax und Djerba.

Verkehrsverbindung

Busse fahren nach Ain Draham, Jendouba, Bizerte und Tunis.

Im Juli wird das Korallenfest gefeiert, im Juli/August ist Internationales Festival.

Feste

3. TABARKA - JENDOUBA - TEBOURSOUK - TUNIS

275 km ohne Abstecher zu den Sehenswürdigkeiten.

1. Etappe: Tabarka - Ain Draham - Bulla Regia - Chemtou - Jendouba, 105 km

Die GP 17 nach Ain Draham beginnt unterhalb des Hotels Mimosas. Breite, neue Straße, die nach 7 km Ebene in vielen Kurven zum dicht bewaldeten Kroumirie-Bergland ansteigt, dem niederschlagreichsten Gebiet des Landes und damit einem der grünsten. Die Wälder bestehen zum großen Teil aus Korkeichen, die oft recht nackt aussehen mit ihrem rotbraunen Stamm, von dem die Rinde abgeschält wurde. Die Korkgewinnung und -verarbeitung ist eine der wichtigen Einnahmequellen dieser Region. Der Wald ist reich an Wild, der letzte Löwe und der letzte Panther wurden allerdings vor 60 - 70 Jahren erlegt. Am Straßenrand werden Holzschnitzereien und Nüsse angeboten.

km 19 In dem Örtchen **Babouch** geht rechts eine Straße in 11 km zu dem Thermalbad **Hammam Bourguiba**, das an einem Gebirgssee unmittelbar an der algerischen Grenze liegt. Das ehemalige Ferienhaus des Staatsgründers wurde zu einem 3-Sterne-Kurhotel umgebaut, die schwefelhaltigen Thermalquellen dienen zur Heilung von Erkrankungen der Atemwege, auch Heuschnupfen.

Thermalbad
Hammam Bourguiba

*** *Hammam Bourguiba*, Tel. 08-647227, Fax 647106.

Hotel

Auf der GP 17 folgt nach 24 km der beliebte Ferienort Ain Draham auf 805 m Höhe, umgeben von einem dichten Korkeichenwald.

Die Wälder sind vor allem wegen der Wildschweinjagd beliebt.

Ain Draham

Ain Draham (Silberquelle) ist trotz seiner mit roten Schindeln gedeckten Häuser kein besonders sehenswerter Ort, schön ist nur die Lage in einem im Sommer erfrischend kühlen Waldgebiet. Im Winter kann es sogar zu Schneefall kommen, Skilauf ist aber nicht möglich. Der von Hitze geplagte Tunesier sehnt sich im Sommer anders als der Deutsche nach kühler Erfrischung, so ist ein Ferienhaus in Ain Draham ein Ziel, nach dem viele streben.
Von hier aus sind schöne Ausflüge zu Fuß oder mit Geländewagen in die Berge möglich. Südöstlich liegt der *Beni-Mtir-Stausee*, der zur Versorgung der Hauptstadt mit Trinkwasser und Elektrizität dient.

Souk am Montag

Von Tabarka kommend, trifft man auf die Kreuzung, an der rechts die Straße nach Jendouba abbiegt. Geradeaus verläuft die Hauptstraße, wie immer die Avenue Habib Bourguiba. Dort liegen alle wesentlichen Geschäfte, der Soukplatz, die *Touristeninformation*, das einzige Stadthotel und die Jugendherberge. Diese liegt fast am Ende der Straße an einem kleinen Platz, der zugleich Station für Bus und Louage ist. Vor der Jugendherberge eine Tafel mit Wanderwegen zu den Bergen der Umgebung, dort kann man Auskünfte über die Wege bekommen.
Es gibt ein öffentliches Schwimmbad, Bank, Post.

**Ain Draham
Information**

Telefonvorwahl: 08
Syndicat d'Initiative, Tel. 647115.

Hotels

Beau Sejour, Tel. 647005. Zimmer mit Bad, Heizung. Ein sympathisches Haus mit dem Charme der Kolonialzeit, Baujahr 1932. Salon mit offenem Kamin, Restaurant, Bar. DZ 32 D. Man veranstaltet im Herbst Exkursionen zum Pilzesuchen, Jagdausflüge und geführte Bergtouren sind möglich.
** *Rihana*, am Ortsende, Tel. 647391.
** *Les Chenes*, bei km 7 an der Straße nach Jendouba, Tel. 647211. Ruhig im Wald gelegen, einfach, aber mit Pool und Thermalbad, beliebt zur Wildschweinjagd.

Auf der GP 17 nach Jendouba nehmen die Kurven noch lange kein Ende, es geht hinauf und hinunter durch Korkeichenwald. Nach 4 km trifft man auf das neuangelegte Sportcenter. In den umliegenden Wäldern sind etliche Luxushotels schon im Bau oder noch in Planung. Bei km 33 ist eine Abzweigung zum Beni-Mtir-Stausee.
km 42 **Fernana**, Souk am Sonntag. Das Waldgebiet ist nun zu Ende, endlose Getreidefelder folgen. Geradeaus weiter auf sehr guter Straße.
km 58 Kreuzung, links geht die MC 59 nach Bou Salem. An dieser Straße liegt nach 2,5 km das Ruinenfeld von Bulla Regia, eine

der bedeutendsten archäologischen Stätten Tunesiens. Rechts der Straße zunächst das kleine, wenig interessante *Museum* mit zwei Räumen. Im ersten sind Funde aus der numidischen Zeit mit einem Lageplan der damaligen Stadt. Im zweiten Stücke aus der römischen Zeit mit dem entsprechenden Lageplan. Ein vorzüglicher Führer ist Mohammed, nach dem Sie im Museum fragen können. Preis vorher aushandeln.

Bulla Regia
Museum

Bulla Regia - Die punische Gründung wurde um 150 v. Chr. von dem Berberkönig Massinissa erobert und zur Hauptstadt des numidischen Reiches. Ab 50 n. Chr. kamen die Römer und statteten die Stadt, deren Wohlstand durch das fruchtbare Umland bedingt war, mit Forum, Tempeln, Thermen und Wohnhäusern aus. Das Baumaterial kam aus den nahen Bergen, der Marmor aus Chemtou und Granit aus England. Die Wohnhäuser sind besonders gut erhalten und vermitteln einen guten Eindruck von dem Leben der reichen Bürger. Zum Schutz vor der glühenden Sonne besaßen die Häuser eine ausgebaute Sommerwohnung im Kellergeschoß, einzigartig in der römischen Architektur. Die noch gut erhaltenen Thermen wurden von einer wohlhabenden Bürgerin namens Julia Memmi gestiftet.

Mit dem Einfall der Araber wurde die Stadt zerstört, nur noch wenige Menschen blieben in ihren Mauern. Nach dem Eindringen der Beni Hillal-Nomaden im 11. Jh. war der Untergang besiegelt.

Ruinenstätte
Bulla Regia
8.30 - 17.30 Uhr,
1.5. - 31.8. 7 - 19 Uhr;
1 D + 1 D für Fotoerlaubnis.

Geschichte

BULLA REGIA

1 *Zisternen*
2 *Alexander-*
   kirche
3 *Tempel der*
   Isis
4 *Aussichts-*
   hügel
5 *Jagdhaus*
6 *Neues*
   Jagdhaus

Der Eingang zum Ruinengelände ist gegenüber dem Museum, eine gute Beschilderung zeigt die wichtigen Plätze an. Geradeaus beginnt ein Weg, an dem links *Zisternen* (1) und auf dessen rechter Seite die gewaltigen *Thermen der Julia Memmi* liegen.

Rundgang

67

**Bulla Regia
Rundgang**

Von dem luxuriösen Freizeitzentrum sind Kalt- und Warmwasserbecken mit schönen Bodenmosaiken erhalten. Eine Besonderheit sind die doppelten Steinbögen über den Portalen. Dahinter verläuft der gepflasterte Decumanus, exakt von West nach Ost. Links, nach Ende der Straße, ist die gut erhaltene *byzantinische Festung*, die Fernsehantenne zeigt an, daß sie noch heute bewohnt ist. Weiter nach vorne liegen weitere *Zisternen*.

Wenn man der Straße nun zurück folgt, kommt man vorbei am Hauptportal der Thermen und kann schöne Bodenmosaiken erkennen. Die dahinter liegenden Wohnhäuser zeigen schon eine wichtige Besonderheit dieser Stadt. Die zweistöckigen Häuser hatten eine Etage zu ebener Erde, eine weitere in einem Tiefgeschoß. So erhielt man auf dieser sonnendurchfluteten Ebene natürlich klimatisierte, wunderbar kühle Wohnräume. Am Straßenrand folgt ein Säulenhalbrund, dessen ursprüngliche Bestimmung noch nicht ganz geklärt ist, evtl. handelte es sich um eine Bibliothek. Kurz danach ein schöner Fußboden mit eingelassenem Brunnen. Hinter der Straßenkreuzung folgt der *Tempel der Isis* (3) und das mächtige, noch gut erhaltene *Theater*.

An der Kreuzung nach oben liegt links der Markt, dann geht es über einige Treppenstufen zum *Forum*, die Pflasterung ist noch nicht vollständig ausgegraben. Über die Straße am *Kapitol*, vorbei an einem noch wenig freigelegten Wohnviertel, stößt man auf eine weitere Gasse. Dort hoch kommt man zum Aussichtshügel (4) und zu den schönsten Gebäuden der Stadt, in denen sehr gut die Tiefgeschosse zu besichtigen sind. Die Häuser wurden wie üblich nach den Motiven der dort gefundenen Mosaike benannt, die schönsten befinden sich im Bardo-Museum in Tunis. Das *Jagdhaus* (5) ist an seinen roten Säulenstümpfen gut erkennbar, über eine original erhaltene Treppe kommt man zum unteren Geschoß. Dort ist ein von Säulen umgebener Innenhof und schöne Bodenmosaiken. Das *Fischerhaus* ist erkennbar an seinen Bogengängen und einem halbrunden Wasserbecken. Von dort weiter bergauf gelangt man zum *Haus der Amphitrite* mit den schönsten Mosaiken.

Spätestens hier, nach einer erschöpfenden Besichtigung unter knalliger Sonne habe ich mir auch ein solch herrlich kühles Wohnhaus unter der Erde gewünscht. Die Römer verstanden zu leben, die Kultur eines solchen Hauses ist gut nachzuempfinden. In einer Ecke unweit der schönsten Mosaike ist ein Wasserloch, mit Wasser besprengt werden die Fotos noch einmal so schön. Wieder zurück auf der Straße zu den Thermen kommt man noch am *Schatzhaus* vorbei, das seinen Namen durch den dort gefundenen byzantinischen Münzschatz erhielt, der vermutlich wegen dem Einfall der Araber vergraben wurde. Etwas versetzt dahinter auf einer Anhöhe Reste einer *Basilika* aus dem 6. Jh..

Ein kühler Schluck im Museums-Café tut jetzt sicher not, auf die- **Bulla Regia**
ser Straßenseite liegen die südlichen *Thermen* und die *Alexander-
kirche* (2).

Auf der MC 59 geht es zurück zur GP 17. Die dort nach Westen
führende Straße erreicht nach 16 km eine weitere numidisch-rö-
mische Stätte, die Marmorbrüche von Chemtou. Nach 6 km an
der Gabelung links, nach 15 km geht der Teerbelag in eine für
Pkw zu fahrende Schotterpiste über. Kurz danach wieder eine
Gabelung.
Rechts sind nach 11 km die spärlichen Überreste des antiken
Thuburnica zu erreichen, gegründet im 1. Jh. v. Chr. von dem **Abstecher**
Feldherrn Marius als Kolonie für seine Veteranen. Die mühevolle **Thuburnica**
Anreise lohnt nur für wild Entschlossene, die noch den letzten
römischen Stein sehen wollen, zumal die Ruinen in einem Militär-
gelände liegen, in das man gar nicht gern Besucher einläßt.

An der Gabelung links liegt dagegen der Steinbruch von Chemtou,
eine Piste führt hinauf in den gespaltenen Berg.

Chemtou - Das ehemals karthagische *Simitthus* mit seinen frucht- **Punischer Steinbruch**
baren Weizenfeldern vor den Chemtou-Bergen wurde in den Wir- Das Gelände ist frei
ren vor dem 3. Punischen Krieg vom Numiderkönig Massinissa zugänglich.
eingenommen. Nach dem Tod des Neunzigjährigen errichtete sein
Sohn Micipsa auf der Höhe des Djebel Chemtou ein Monument **Geschichte**
für den gefallenen Vater, heute sind nur noch wenige Blöcke erhalten.
Damals entdeckte man, daß der Felsen aus wundervollem, fein
gemaserten, rötlichen Marmor besteht, den zunächst die Numider,
dann die Römer zum Bau ihrer Wohnhäuser und Tempel verwendeten und sogar über Tabarka nach Rom verschifften. Sie erweiterten die Siedlung zur römischen Stadt und bauten eine Straße
bis zum Hafen von Tabarka, dem antiken Thabraca, um den begehrten Marmor zur Verschiffung zu bringen, eine weitere Straße
verlief an der Stelle der heutigen MC 59 nach Bulla Regia und
weiter nach Karthago. Eine Wasserleitung, von der noch Reste
erhalten sind, brachte das kostbare Naß aus den 30 km entfernten Bergen.

In einem riesigen Arbeitslager waren Sklaven und Sträflinge ka-
serniert, die diese schwere Arbeit unter sengender Hitze zu verrichten hatten. Das Lager wurde erst 1968 durch Luftbildaufnah-
men entdeckt. Ein deutsch-tunesisches Expertenteam ist noch
vollauf mit Ausgrabungen beschäftigt und möchte in erster Linie
Erkenntnisse über die Arbeitsweise der antiken Marmorprodukti-
onsstätten gewinnen. Später soll mit den im Grabungshaus ge-
horteten Fundstücken ein Museum ausgestattet werden.

CHEMTOU

1 Numidisches
  Heiligtum
2 Basilika
3 Nymphäum
4 Theater
5 Trajansbrücke
6 Getreidemühle

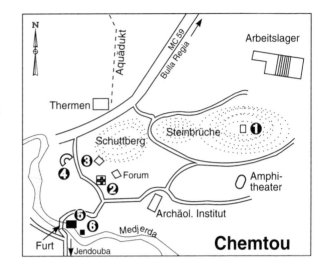

Chemtou

Rundgang

Der Anfahrtsweg brachte uns bereits mitten in die *Steinbrüche*. Auf der Höhe führt eine weitere Piste zu einer in den Fels geschlagenen Schlucht. Von dort geht ein imposanter, akkurat in den Fels getriebener Stollen in das Innere des Marmorberges. Der Steinbruch wirkt, als hätten die Römer erst gestern Feierabend gemacht. Überall liegen behauene Steine oder runde Säulenreste herum, fein säuberlich gekennzeichnet und numeriert. Doch wurde auch noch von den Franzosen Marmor geschnitten.

Massinissa-Heiligtum (1)

Links auf dem höchsten Gipfel ist das *Massinissa-Heiligtum* (1), von dem nur noch das Fundament erhalten ist. Eine Treppe führt hinauf. Von dort kann man einen guten Überblick über die Lage der verschiedenen Ruinen erhalten und erkennt nördlich des Tempelberges das ehemals von Mauern hermetisch abgeschlossene *Arbeiterlager* mit einer Fabrik, in der die Marmorblöcke bearbeitet wurden. Man wollte die Sklaven und Sträflinge, die diese schwere Arbeit verrichten mußten, nicht zu nah bei sich haben, wollte wohl auch nicht vom ewigen Hämmern gestört werden. In sechs Arbeitsstraßen durchliefen die Marmorblöcke die verschiedenen Arbeitsphasen, bis sie zuletzt fein geschliffen wurden. Es wurden nicht nur Bauteile wie Säulen und Kapitele hergestellt, sondern auch Schalen, Vasen und andere Gebrauchsgegenstände.

Arbeiterlager

Die Piste, die zwischen den Bergen hindurch führt, trifft jenseits auf den hohen *Schuttberg* mit den Abfallprodukten sowie auf die spärlichen Reste der Stadt Simitthus. Einige Bauern wohnen zwischen den Ruinen. Dort ist das *Institutshaus*, in dem die deutschtunesische Archäologengemeinschaft arbeitet; es kann nicht besichtigt werden. An diesem Haus rechts ab geht es zum *Forum* mit einer *Basilika* (2) und Resten eines *Nymphäums* (3), etwas weiter liegen das *Theater* (4) sowie die *Thermen*.

Chemtou

Zur Rückfahrt zurück auf die Piste, die wir gekommen sind. Pkw-Fahrer müssen den gleichen Weg zurück zur GP 17 nehmen, geländetüchtige Fahrzeuge können bei günstigem Wasserstand die Furt des Medjerda passieren. Dazu der Piste weiter nach Westen folgen, vor dem Theater links ab, dahinter gleich rechts und hinunter zum Fluß. Dort sind die Reste der einstigen *römischen Brücke* (5) zu sehen, die seit einem Hochwasser im 4. Jh. zerstört ist. Daneben befand sich eine vom Wasser angetriebene *Getreidemühle* (6).
Am anderen Ufer erreicht man auf guter Piste nach 3 km die von Ghardimaou kommende GP 6, links ab nach weiteren 22 km Jendouba.

Die Gouvernoratshauptstadt **Jendouba** hat knapp 40.000 Einwohner. Das erst unter den Franzosen erbaute Agrarzentrum mit breiten, geradegezogenen Alleen hat keine Sehenswürdigkeiten zu bieten. An einer imposanten Palmenallee liegt das Gouvernoratsgebäude, doch das eigentliche Geschäftsviertel ist um den Bahnhof.

Jendouba
Souk am Dienstag

> ***Atlas***, neben dem Bahnhof, Tel. 08-630566. Die zwei Sterne sind nicht gerechtfertigt, Zimmer nicht sehr gemütlich, laut, mit Dusche. Günstig ist aber die zentrale Lage. Alkoholverkauf ist gegenüber, der Supermarkt um die Ecke, vor der nahen Polizeistation parkt das Auto sicher mit allem Gepäck. Banken und Markthalle in der Nähe. DZ 18 D.

Jendouba
Hotels

> ** *Simitthus*, an der Straße nach El Kef bei der Louage-Station, Tel. 08-631695. Gleicher Besitzer, aber neueres Haus. DZ 26 D.

Jendouba liegt an der Linie der **Transmaghreb-Bahn** von Tunis über Algier nach Rabat. **Busverbindungen** gibt es in die Städte des Nordens sowie nach Makthar/Kairouan.

Verkehrsverbindung

2. Etappe Jendouba - Dougga - Mejez El Bab - Tunis, 170 km

Jendouba auf der GP 6 Richtung Beja, Tunis verlassen. Die Straße verläuft im fruchtbaren Tal des Medjerda. Nach 20 km folgt das Städtchen **Bou Salem** mit dem kleinen *Hotel Les Agriculteurs*, Tel. 08-649239. Zu Beginn des Ortes zweigt rechts die MC 75 nach Thibar und Teboursouk ab. Es geht auf schmaler Straße

Souk Donnerstag
Hotel

durch eine Ackerbaulandschaft mit kleinen Bauerndörfern.

km 37 Links am Hang liegt sehr schön im Grünen das Städtchen **Thibar**, umgeben von Obstgärten und vor allem von Weinbergen, denn für seinen Wein ist Thibar berühmt. 1895 hatten die Weißen **Domäne von** Väter hier das Kloster St. Joseph gegründet und mit dem Wein-**Thibar** bau und der Kelterei begonnen. Mit der Enteignung ausländischer Besitzer mußten sie 1974 das Land verlassen, die Domäne ist heute in staatlichem Besitz. Vielleicht begannen bereits die Römer mit dem Weinbau, denn der Feldherr Marius gründete im 1. Jh. v. Chr. *Thibaris* als Kolonie für seine Veteranen.

Domäne von Thibar

Kurz danach mündet eine von Beja kommende Straße ein, rechts beginnt ein Anstieg in Serpentinen auf die Berge von Teboursouk, deren Hänge zum Getreideanbau genutzt werden.

Teboursouk Souk Donnerstag km 56 **Teboursouk** liegt sehr reizvoll auf einem Berghang, hat eine kleine Medina, ist aber für Touristen nicht von Bedeutung. Dieser Ort bestand bereits in römischer Zeit unter dem Namen *Tubursicum Bure*, doch erinnert lediglich die byzantinische Festung am Ortseingang von Thibar her an die alten Zeiten.

Hotel ** *Thugga*, Tel. 08-465713, Fax 465800. Im Tal abseits der Umgehungsstraße in einem Olivenhain, mit Pool, empfehlenswert.

Zum Ruinengelände von Dougga, der wichtigsten archäologischen Stätte von Tunesien, geradeaus durch den Ort den Hinweisschildern folgen. Am Ortsende ist ein Brunnen, es ist sicherlich kein Fehler, vor der Besichtigung eine Trinkflasche zu füllen und auf die Tour mitzunehmen. Die herrliche, das ganze Tal beherrschende Lage der alten Stadt läßt der Sonne freien Zutritt, im Sommer ist der Rundgang auf dem weitläufigen Gelände eine schweißtreibende Angelegenheit.

Dougga Wichtigste Ruinenstätte Winter 8.30 - 17.30 Uhr, Sommer 8 - 19 Uhr; 1 D + 1 D für Fotos.

Geschichte

Dougga - Wie Bulla Regia gehörte auch das antike *Thugga* zum Reich des Berberkönigs Massinissa und lag an der strategisch wichtigen Straße von Karthago nach Tebessa. 46 n. Chr. besetzten die Römer die Stadt, lebten aber friedlich mit den Numidern und errichteten unterhalb deren Siedlung ein neues Wohnviertel. Das fruchtbare Umland brachte den Bürgern Wohlstand und ermöglichte großartige Bauten, von denen eindrucksvolle Ruinen der Phantasie reichlich Nahrung bieten. Nach einer Blütezeit im 2. Jh. n. Chr. begann im 3. Jh. der Niedergang. Die Byzantiner befestigten die nicht ummauerte Stadt, nach dem Einfall der Araber wurde sie bedeutungslos.

Rundgang Leider hat man auch hier schon Reitkamele plaziert, obwohl doch niemand für einen Kamelritt zu dieser geschichtsträchtigen Stelle kommt. Auch das Café ist mit seinen überhöhten Preisen eindeutig eine Touristenfalle.

Dougga
Rundgang

Am Eingang warten einige Führer, die recht anschaulich den Zweck der Bauwerke erklären und sogar auf die günstigsten Standpunkte für Fotos hinweisen. Das Entgelt sollte vorher abgesprochen werden. Zwar kann einem bei einer solchen Führung kein wichtiges Denkmal entgehen, doch kommt der Wunsch auf, einmal in Ruhe über die Steinbrocken zu schlendern und seiner Phantasie freien Lauf zu lassen. Ich empfehle deshalb, etwas Zeit mitzubringen, den geführten Rundgang zu machen und dann auf eigene Faust das Gelände noch einmal zu erkunden. Alle wichtigen Sehenswürdigkeiten sind mit Hinweisschildern versehen.

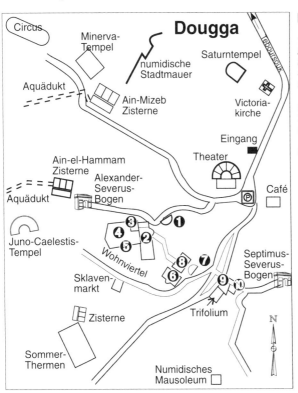

DOUGGA

1   Tempel der Pieta
2   Platz der Windrose
3   Kapitol
4   Forum
5   Byzantinische Festung
6   Licinius-Thermen
7   kleines Theater
8   Concordia-Liber-Tempel
9   Thermen der Zyklopen
10 Gemeinschaftsklo

Dem Eingang zunächst liegt das teilweise restaurierte *Theater*, das auf drei Rängen 2.500 Zuschauer faßte. Im Juli/August wird dort heute ein Theaterfestival mit klassischen Dramen veranstaltet. Von seinen oberen Stufen kann man sich ganz gut über das Gelände orientieren und sieht bis zu dem numidischen Mausoleum. Durch die Stadt führen noch die alten, gepflasterten Straßen,

Dougga

unter denen Kanäle das Zisternenwasser zu den einzelnen Häusern brachten. Die Spuren der römischen Wagenräder sind deutlich zu erkennen. Ein Rundgang gibt erstaunliche Einblicke in das römische Leben, so etwa in das wohldurchdachte Heizungssystem oder die Gemeinschaftstoilette für 12 Personen.

Zum Kapitol geht es über den Plattenweg, zunächst vorbei an dem kleinen *Tempel der Pieta Augusta* (1). Dann folgt der *Platz der Windrose* (2), benannt nach der in den Stein geritzten Windrose mit den Namen der zwölf Winde. Da-

Kapitol (3)

hinter ragt hoch die Säulenhalle des *Kapitols (3)* auf, das noch gut erhalten ist. Unterhalb davon liegt das *Forum* (4), das von den Byzantinern zur Befestigung mit einer Mauer (5) versehen wurde, es sieht dort ein wenig nach Kraut und Rüben aus.

Die hinter dem Kapitol verlaufende Pflasterstraße führt zum *Severus-Alexander-Bogen*, dahinter die große Zisterne *Ain-el-Hammam* zur Speicherung des Regenwassers. Von den Olivenbäumen aus trifft der Blick auf eine ummauerte Anlage mit Säulen in der Mitte, der *Tempel der Juno Caelestis*. Ein sehr großes Halbrund aus ursprünglich 24 Säulen hatte in der Mitte ein Heiligtum mit der Statue der Göttin, zu dem Stufen hinaufführen.

Ein Trampelpfad führt hinüber zum Wohnviertel, über Treppenstufen erreicht man wieder die gepflasterte Straße. Die Häuser sind nicht sehr gut erhalten. Ein ummauertes Gelände mit großem Tor ist der *Dar el-Acheb*, der einstige Sklavenmarkt. Weiter auf dieser Straße liegen links die gewaltigen *Licinius-Thermen* (6), die man durch einen Stollen betritt, durch den die Heizungsrohre für das Warmwasserbad verliefen. Etwas weiter führen links einige Treppenstufen zu einem kleineren *Theater* (7), sozusagen ein Vorstadtkino, 1993 war man dabei, die Ruinen freizulegen.

Rechts die Straße hinunter kommt man über einige Treppenstufen zu den kleineren *Zyklopenthermen* (9). Sie erhielten ihren

Namen durch ein wunderschönes Mosaik, das die Zyklopen **Dougga**
Brontes, Steropes und Pyracmon beim Schmieden der von Jupiter
ausgesandten Blitzstrahlen zeigt. Es ist im Bardo im Dougga-Saal
ausgestellt.
Im Haus dahinter ist die 12-sitzige Gemeinschaftstoilette (10) mit
Wasserspülung und Handwaschbecken. Nebenan, verbunden mit
den Thermen, ist das Haus *Trifolium*, die prächtig ausgestattete,
bisher größte ausgegrabene Privatvilla. Der ursprüngliche Gebrauch ist umstritten, hartnäckig hält sich aber die Theorie, daß
es sich dabei um ein Bordell handelte. Klopfen Sie einmal mit
dem dort liegenden Stein auf den weiß gescheuerten Säulenrest.
Der hohle Block erzeugt einen hellen Klang, der als Einlaßklingel
gedeutet wurde. Ein am Eingang befindliches Phallussymbol wurde
schamhaft entfernt. Unten liegt ein luftiger Säulenhof, von dem
etliche kleine Räume abgehen.

Von hier aus sind es nur einige Schritte zu dem im Tal außerhalb **numidisches**
der eigentlichen Stadt erbauten 21 m hohen numidischen *Turm-* **Turmmausoleum**
mausoleum. Eine an diesem Denkmal gefundene Inschrifttafel
wurde 1842 vom britischen Konsul entfernt und ins Britische Museum in London geschafft. Bei dieser Gelegenheit wurde das
Denkmal stark beschädigt, aber Anfang des 20. Jh. in seiner alten Form restauriert. Die Tafel enthält in phönizischer und in der
alten libyschen Sprache eine Inschrift zur Lobpreisung eines ge-
wissen Ateban, der um 200 v. Chr. starb. Damit war den Wissen-
schaftlern, die die phönizischen Lettern bereits kannten, erstmals
ein Schlüssel zur Entzifferung der untergegangenen Sprache in
die Hand gegeben. In der Nähe noch der *Bogen des Septimus
Severus*, 193 n. Chr. als erster Afrikaner zum römischen Kaiser
ernannt.

Zurück nach Teboursouk und auf die GP 17 in westlicher Richtung, hat man die Möglichkeit, Ruinen zweier weniger bedeuten-
der Städte zu sehen. Nach 11 km folgen Reste einer Zitadelle und
einige Schutthaufen, die einst die Stadt *Agbia* darstellten, ein heute
nicht mehr bewohnter Fleck. Kurz vor **El Krib** steht ein *Triumphbogen* an der Straße, danach ist das kleine Ausgrabungsgelände
von *Musti*. Spärliche Reste von *Thermen*, eines *Tempels* sowie **Ruinen von Musti**
Häuserfragmente sind geblieben. Der *Eingangsbogen* im Osten
hatte ein Gegenstück im Westen, beide waren durch eine gepflasterte Straße verbunden. Im weißen Marabut auf dem islamischen
Friedhof ist *Sidi Abd-er-Rabbi* begraben, ein in ganz Tunesien
verehrter Heiliger. Eine Wallfahrt zu seiner Grabstätte soll nicht
nur Schutz vor Krankheit, sondern auch vor Dieben bringen.

Nach Tunis weiter auf der GP 5 nach Osten über hübsche, be-
waldete Hügel. 14 km nach Teboursouk folgt **Ain Tounga**, das **Ruinen von**
von den Resten des antiken *Thignica* überragt wird. Die byzanti- **Thignica**

nisch überbaute *Festung* gehört zu den besterhaltenen ihrer Art, aus der römischen Zeit blieb ein kleiner *Triumphbogen*, Reste der *Stadtmauer*, einiger Häuser und *Tempel*.

Testour

Freitag Souk

Nach weiteren 10 km folgt das Agrarzentrum **Testour**. Der Ort bestand zu römischer Zeit unter dem Namen *Tihila*, wurde aber nach dem Einfall der Araber aufgegeben. Im 17. Jh. siedelten sich maurische Flüchtlinge aus Spanien an, das andalusische Flair ist bis heute erhalten. Schon immer gab es eine jüdische Gemeinde, das Grabmal des *Rabbi Es Saas Rebbi Fraji* ist heute noch vielbesuchter Wallfahrtsort. Sehenswert (von außen) ist die hübsche *Moschee* sowie die *Zaouia Sidi Naceur El Garouachi*, in der heute eine Grundschule untergebracht ist. Auch der Markt am Freitag ist sehr interessant. Zum Andenken an die andalusische Herkunft der Stadtgründer wird Ende Juni ein *Festival für Maalouf-Musik* abgehalten.

Testour
Hotel

Ibn Zeidoun, Tel. 08-668033. Schönes, typisch andalusisches Haus gegenüber dem Festspielplatz.

Etwas nördlich beginnt der große Stausee *Sidi Salem*, der nicht nur die Felder der Umgebung, sondern auch das Medjerda-Tal, Tunis und sogar das Cap Bon mit Wasser versorgt. Kurz vor der Abzweigung nach Beja erinnert ein sehr gepflegter Kriegsgräberfriedhof für englische Gefallene daran, daß im 2. Weltkrieg in Tunesien gekämpft wurde. In diesem Gebiet fand im November 1943 eine Schlacht zwischen den Alliierten und den Deutschen statt.

An **Mejez El Bab** (das antike *Membressa*) führt eine Umgehungsstraße vorbei. Die gute Straße geht bis Tunis durch ein landwirtschaftlich intensiv genutztes Gebiet und hat entsprechend viel Verkehr. Die Einfahrt zur Hauptstadt führt durch das Bardo-Viertel und vorbei am Nationalmuseum, eine gute Gelegenheit, gleich die Eindrücke der römischen Tour durch einen Besuch abzurunden.

4. CAP BON - RUNDFAHRT

Tunis-Hafen - Hammam Lif - El Haouaria - Kelibia - Nabeul - Hammamet, 143 km

Wer genügend Zeit mitbringt, ist mit einer Fahrt zur Halbinsel Cap Bon sicher nicht schlecht beraten. Der Garten Eden Tunesiens ist den meisten Touristen nur durch die Badeorte Hammamet und Nabeul bekannt. Doch dieses milde Fleckchen Erde, auf dessen fruchtbarem Boden Wein, Oliven, Zitrusfrüchte, Feigen, Gemüse und unzählige Obstsorten wachsen, hat eine liebliche Landschaft, antike Stätten und traumhafte, einsame Strände zu bieten. Streusiedlungen überwiegen, die Bauern wohnen inmitten ihrer Felder, nur an den Küsten sind Städte gewachsen. Der Strandurlauber braucht nicht unbedingt einen Mietwagen, Busse und Sammeltaxis erschließen die Halbinsel bis zum Cap Bon bei El Haouaria, dessen Name heute als Bezeichnung für die ganze Halbinsel dient; früher hieß sie Dachila. Eine Gebirgskette, Ausläufer der Dorsale, prägt den nordwestlichen Teil des Landvorsprungs und schützt die Südküste vor den rauhen Nordwinden.

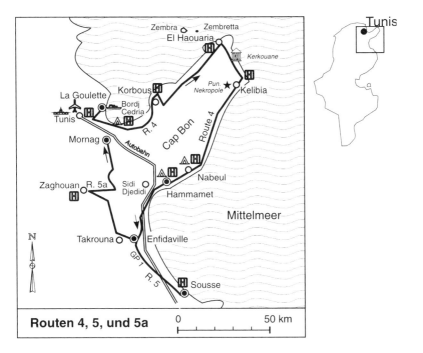

Routen 4, 5, und 5a

0   50 km

1. Etappe La Goulette - El Haouaria, 58 km ohne Abstecher

Hafenausfahrt in Richtung Tunis, nach der Zitadelle links ab Richtung Bac - Rades. Nach 2 km kommt man zur kostenlosen Fähre, sie verkehrt von 5.45 bis 21.15 Uhr laufend im Pendelverkehr. Danach immer geradeaus Richtung Tunis, nach 6 km geht die breite Straße geradeaus zur GP 1, will man durch die Orte, links abbiegen nach Rades, geradeaus durch **Rades**. Dieser Ort war schon in der Antike unter dem Namen *Maxula Prates* besiedelt. Kurz nach dem Bahnübergang am Rondell links abbiegen, kein Wegweiser.

Etwas hinter **Ez Zahra** folgt eine Kreuzung mit Ampel, dort links auf die breite, zweispurige GP 1 nach Hammam Lif abbiegen. Am

Beginn von Hammam Lif, an der Mobiltankstelle, zweigt rechts eine mit „Chalet vert" beschilderte Straße ab. Von dort ist ein schöner Ausflug auf den 576 m hohen Djebel Bou Kornine möglich, im oberen Teil nur für Geländefahrzeuge. Nach 1 km folgt das im Thuyawald gelegene Restaurant Chalet Vert mit schönem Ausblick. Noch 5 km geht es auf einer Piste durch dichten Wald, bis man von oben eine herrliche Aussicht auf den Golf von Tunis erleben kann.

Auf der GP 1 folgt 15 km ab Hafen

Hammam Lif

Hammam Lif - Der von den Römern *Gumi* genannte Ort zu Füßen des Djebel Bou Kornine war schon damals wegen seiner heißen Quellen berühmt, Ruinen aus dieser Zeit sind nicht erhalten. Die türkischen Beys entdeckten die Quellen neu und bauten einen Winterpalast, das noch betriebene Thermalbad an der von Polizisten geregelten Kreuzung war einst ihr Badehaus. Die Caféterrasse dort ist heute ein beliebter Treffpunkt. Zur Kolonialzeit schließlich entwickelte sich Hammam Lif zum eleganten Badeort mit Spielkasino und hat heute knapp 60.000 Einwohner.

An der palmengesäumten Strandpromenade sind einige Straßencafés, doch sieht man eher einheimische Feriengäste. Der schöne Strand ist leider infolge der vielen Industriebetriebe im Umkreis und der fehlenden Pflege stark verschmutzt, der Ort ist ziemlich heruntergekommen. Das ehemalige Casino im orientalischen Stil an der Strandpromenade ist völlig zerfallen.

Sonntag Souk

Am Ortsende in den Gassen rechts findet sonntags ein beliebter Markt mit Flohmarkt statt. Kurz danach, an der Totaltankstelle, zweigt links zum Hammam Plage die *Rue des Martyrs du 1er octobre 1985* ab. Ein Denkmal erinnert daran, daß das dortige PLO-Hauptquartier von den Israelis bombardiert worden ist. Der Palästinenserführer Arafat hatte das Gebäude kurz zuvor verlassen, aber 70 Zivilisten kamen ums Leben, auch der Campingplatz am Ende der Straße wurde zerstört und bis heute nicht wieder aufgebaut. Nach der Autonomie Palästinas im Frühjahr 1994 verlegte Arafat seinen Sitz nach Gaza und schloß die meisten Büros in Tunis.

**Hammam Lif
Hotels**

**** Ez Zahra, am Strand von Ez Zahra, Tel. 01-450788, Fax 354796.
Bon Repos, 14, Rue Belhassen Chedli, Tel. 01-291458.

Bordj Cedria

Auf der Hauptstraße GP 1 kurz hinter Hammam Lif ist links die Abfahrt zum **Bordj Cedria** mit einer türkischen Festung und einem Soldatenfriedhof. Hier wurden 1977 die Grabstätten von 8.600 deutschen Gefallenen des 2. Weltkrieges aus dem ganzen Land zusammengelegt.

Die am weißen Sandstrand in schönen Gärten gelegenen Hotels sind fest in der Hand deutscher Reiseunternehmen, aber völlig heruntergekommen und schlecht unterhalten. Es gibt außer der in den Hotels angebotenen Unterhaltung keine Zerstreuungsmöglichkeiten, die nächsten Orte mit Verkehrsanbindung sind mindestens 5 km entfernt. Wer mehr als schwimmen will, sollte sich eine andere Ferienregion suchen, z.B. Nabeul.

Bordj Cedria Hotels

*** *Salwa*, Tel. 01-430830, Fax 351015.
*** *Medi Sea*, Tel. 01-430013. Noch das beste hier.

Village de Vacances la Pineda. Nur im Sommer geöffnet, unter Pinien gelegen.

Camping

Hotels am 2 km entfernten Soliman Plage:
** *Solymar*, Tel. 02-290105, Fax 290155. 13 D. Sehr einfach.
* *Club Andalous*, Tel. 02-290199. 13,500 D. Äußerst einfache Bungalows, schmutzig, schlechtes Essen.

Soliman Plage Hotels

Auf der Hauptstraße GP 1 folgt bei km 22 eine Verzweigung, links nach Soliman. Die Strecke führt durch fruchtbares Ackerbaugebiet mit Olivenplantagen, Wein, Orangen. Nach 30 km folgt

Soliman - Die Stadt wurde 1616 von Sultan Suleiman für die andalusischen Flüchtlinge gegründet, was sich noch heute im Straßenbild niederschlägt. Das wichtige Marktzentrum für die landwirtschaftlichen Produkte der Region hat etwa 14.000 Einwohner. Trotz der nahen Urlauberhotels ist man kaum auf Touristen eingestellt, es gibt keine Unterhaltungsmöglichkeiten außer Cafés, Souvenirgeschäfte fehlen ganz. Die Moschee mit ihrem wuchtigen, viereckigen Minarett stammt noch aus der Gründungszeit, ebenso wie die türkische Moschee mit einem schlanken, sechseckigen Minarett. Diese und auch die Stadt wurden im 2. Weltkrieg stark beschädigt.
Hotels gibt es nur am 5 km außerhalb gelegenen Soliman Plage, siehe oben.

Soliman Freitag Souk

In Soliman auf die MC 26 nach El Haouaria abbiegen. Nach knapp 8 km ist vor dem Dorf **M'raissa** ein Hotel für Besucher des Thermalbades Korbous:

Appart-Hotel Chiraz, Tel. 02-293230. Hübsche Appartements in schönem Garten.

Hotel

Nach dem Ort geht die MC 26 weiter geradeaus nach El Haouaria, mit etwas Zeit jedoch lieber links auf die landschaftlich besonders reizvolle Straße abbiegen, die 1904 gebaute *Côte du Soleil*. Nach 3 km ist links ein Abstecher zum 300 m entfernten Strand von **Sidi Rais** möglich. Es gibt nur einige Fischerhütten und Möglich-

Côte du Soleil

keit zum wild campen, aber leider ist die hübsche Bucht sehr verschmutzt.

Thermalquelle Ain Oktor

Die schmale Straße schlängelt sich nun mit berauschenden Ausblicken den Berg hinunter und erreicht nach 7 km **Ain Oktor** (d. h. die Quelle, die nur tropft) mit einer kalten Mineralquelle mit leichtem Chlor- und Natriumgehalt. Ein supermodernes Hotel mit indianerzeltartiger Freiluftbar dient den Heilung Suchenden, daneben ist eine Abfüllstation für das Mineralwasser, das bei Erkrankungen der Harnwege helfen soll. In den Cafés des Ortes wird dieses Wasser ausgeschenkt, das aber wenig schmackhaft ist.

Hotels

*** *Les Sources*, Tel. 02-284535. Herrliche Lage mit Sicht auf die Bucht, Piscine. 19 D.

*** *Ain Oktor*, Tel. 02-284557, Fax 284574. 18 D.

Korbous Thermalbad

Korbous - Nur wenig Platz bleibt an dieser steilen Küste für die Häuser des wichtigsten tunesischen Badeortes, dessen schwarz-weiße Bogen ins Auge fallen und der bis zum Bau der Küstenstraße nur über das Meer zu erreichen war. Schon die Römer kannten die heilsame Wirkung der sieben heißen Quellen von *Aquae Calidae Carpitanae*, die bei Arthritis, Rheuma, Haut- und Atemwegserkrankungen helfen, darunter die unterirdischen Dampfbäder El Arraka, Ain Sbia und Ain Fakroum (d. h. Quelle der Schildkröte). Der türkische Pascha Ahmed Bey baute einen Sommerpalast und machte Korbous damit bekannt. In seinem an der tiefsten Stelle direkt am Meer errichteten Palast, der dringend eine Renovierung nötig hätte, ist heute das Therapiezentrum Ain Chefha untergebracht.

Fruchtbarkeits-Stein

Am Meer gleich daneben ist ein zweites Badehaus mit offenem Schwimmbecken und schöner Caféterrasse mit Blick auf die Bucht, ein drittes war 1993 im Bau. Dahinter liegt die Hammam Arraka. Sehr schön in den Berg eingepaßt ist das Hotel des Sources, doch wohnen Kurende vor allem in den vielen angebotenen Appartements. Etwas oberhalb liegt der *Stein der Zerziha*, ein Anziehungspunkt für unfruchtbare Frauen, den hinabzurutschen Kindersegen bringen soll. Er ist mittlerweile durch den so zahlreichen Besuch der Frauen abgeschliffen. Auf einem Hügel den Kurort überragend steht ein Sommerpalast des Präsidenten, zu dem das Thermalwasser hochgepumpt wird.

Hotel

*** *Les Sources*, Tel. 02-284535. Herrliche Lage mit Sicht auf die Bucht, Piscine. 19 D.

Thermalquelle

Weiter auf der Straße entlang der Steilküste folgt nach 1 km die Quelle *Ain El Atrous* (d. h. Bocksquelle), ein beliebter Badeplatz mit zahlreichen Restaurants. Die dampfend heiße, schwefelhaltige Quelle sprudelt in dickem Strahl aus dem Fels, sammelt sich in kleinen Badebecken und ergießt sich dann ins Meer.

Danach steigt die Straße in Serpentinen auf die grünen Berge an, von den Haltebuchten blickt man immer wieder bei guter Sicht bis nach Karthago. Nach 12 km, im Ort **Bir Maroua**, trifft man wieder auf die MC 26, links weiter nach El Haouaria. Die Straße führt fern der Küste durch eine abwechslungsreiche, hügelige Landschaft, fruchtbare Felder, Olivenplantagen, Wälder. Und immer wieder führen kleine Stichstraßen zu schönen Sandstränden. Am Straßenrand werden aus Halfagras geflochtene Körbe, Matten und Sonnenschirme angeboten, vor allem in dem 42 km nach Korbous gelegenen **Zaouiet El Magaitz**.

Bei km 53 geht rechts eine Piste nach **Dar Chihou**. Auf der unbefestigten, aber guten Straße kann man einen Abstecher in das Wäldchen machen und gelangt bei dem Dorf Dar Chihou zu einem Naturreservat, in dem Büffel ausgesetzt wurden. | **Naturreservat**

Auf der MC 26 folgt nach weiteren 2 km links eine Abzweigung nach **Sidi Daoud**, 3 km. Der natürliche Hafen brachte es mit sich, daß schon die Punier hier siedelten, der Ort war unter dem Namen *Missua* bekannt. Ruinen sind nicht erhalten.

Sidi Daoud ist berühmt für den jährlichen Thunfischfang. Früher konnten Touristen dem blutigen Schauspiel mit einer Sondererlaubnis beiwohnen, doch ist das heute zum Glück nicht mehr gestattet. Mit riesigen Sperrnetzen wird den zur Laichzeit passierenden Fischschwärmen der Weg abgeschnitten. Die bis zu 200 kg schweren Tiere werden so in eine Falle gelockt und bestialisch niedergemetzelt, der Fang wird gleich in der Konservenfabrik verarbeitet. Thunfisch ist ein wichtiges Nahrungsmittel in Tunesien und reichert Salate und Sandwiches an, die Hälfte des jährlichen Bedarfs kommt aus Sidi Daoud. | **Sidi Daoud Thunfischfang**

Nach weiteren 7 km folgt

El Haouaria, zu Füßen des Djebel Abiod gelegen. Als erstes fallen die vielen Mobylettes auf, die alle mit einer Transportkiste versehen sind. Aber die Entfernungen in dem mit etwa 3.000 Einwohnern eigentlich recht kleinen Ort sind beträchtlich. Besonders lohnend ist ein Besuch von El Haouaria im Juni, wenn das *Sperberfest* gefeiert wird. Neben allgemeinen Versorgungsmöglichkeiten gibt es zwei Banken. | **El Haouaria** | **Sperberfest im Juni**

Die Hauptstraße ganz durch kommt man vorbei an dem *Marabut Sidi Ben Aissa* mit einer Koranschule für die Kleinen. Jeder, der sich sehnlichst etwas wünscht, und sei es ein zu bestehendes Examen, bittet diesen Heiligen um seine Fürsprache. Nach dem Dorf liegt rechts der Club des Falconiers, der - ebenso wie die zahlreichen Wandmalereien - auf eine der Lieblingsbeschäftigun-

El Haouaria

gen der Einwohner hindeutet, die Falken- und Sperberjagd. Davor liegt das Restaurant des Grottes. Nach 3 km gelangt man zu einem Parkplatz mit dem Restaurant Daurade, dort ist der Eingang zu den **Punisch-Römischen Grotten**.

**Punisch-
Römische
Grotten**
600 M + 1 D für
Fotos.

Die Punier haben hier große Sandsteinquader aus dem Fels geschnitten und auf Schiffen nach Karthago gebracht zum Bau der Stadt. Diese schwere Arbeit wurde von Sklaven verrichtet, die sich so zugleich ihren eigenen Kerker schufen. Es entstanden sehr große, in den Stein gehauene Räume mit quadratischen Deckenlöchern fürs Licht, die auch dazu dienten, die Steine mittels Flaschenzug hinaufzuhieven. In den Grotten gibt es einen Friedhof, so verließen die Sklaven noch nicht mal nach ihrem Tod ihr Gefängnis. Gleich zu Beginn der ersten Höhle ist eine Felsformation in Gestalt eines Kamels. Der offizielle Führer ist ein richtiges Original von 87 Jahren und denkt nicht ans Aufhören. Ich will hoffen, daß ihn noch viele Leser erleben können.

In dem kleinen *Restaurant Daurade* bei den Grotten kann man vorzüglich Fisch essen, es fehlt nur der Wein dazu, den man aber im Hotel L'Epervier kaufen und mitbringen kann. Hamadi, dem Besitzer, gehört das ganze Terrain rundum, er will bald einen kleinen Hafen für Segelboote bauen. Wer gerne einmal mit dem Boot zum Fischen fahren möchte, kann das von ihm organisieren lassen, der gefangene Fisch wird anschließend im Restaurant gegrillt.

Kurz vor dem Café beginnt eine teils schlechte Piste, die entlang der Küste zu einem kleinen Pinienwäldchen führt, in dem man sehr gut zelten kann. In den nächsten Jahren soll diese Straße geteert werden, dann will Hamadi vom Café dort einen richtigen Campingplatz einrichten. Die Felsenküste an dieser Stelle ist ideal zum Tauchen.

Ausflug

Djebel Abiod und Cap Bon - In der Ortsmitte zweigt links (Wegweiser Plage an einer schön bemalten Hauswand) eine Straße ab. Nach 100 m Gabelung. Rechts ist nach 4 km die kleine Sandbucht von El Haouaria erreicht, lange nicht so schön wie die Strände an der Südküste bei Tazerka und Kelibia. Das kleine Café hat nur im Sommer geöffnet.

An der Gabelung dagegen links den Berg hoch beginnt eine zunächst gute Piste. Genau 3,3 km ab Hauptstraße geht entlang

Fledermaushöhle

der eingezäunten Schonung rechts ein Weg zur *Fledermaushöhle*, die nur wenige Schritte unterhalb liegt, überkrönt von einem Steinbruch. Meist ist ein Wächter dort, der gegen eine Gebühr von 1 D durch die Grotte führt. Unbedingt Taschenlampe mitnehmen und feste Schuhe anziehen. Der Gang durch die stockdunkle Höhle durch niedrige Gänge ist sehr glitschig, Fledermäuse fliegen um

den Kopf, der Geruch ist ziemlich eklig. In den großen Grotten **El Haouaria**
hängen tausende dieser Tiere an der Decke und pfeifen erschreckt **Fledermaushöhle**
über die•Störung.

Wieder zurück auf der Piste liegt an einer Kurve ein Platz, auf
dem das Hotel L'Epervier einen Picknickplatz eingerichtet hat. Dort
wird Mechoui mit Folklore für Touristengruppen veranstaltet. Die
weitere Piste ist sehr schlecht, nur für Geländefahrzeuge. Sie
endet nach 2 km an einer Satellitenstation fürs Fernsehen mit
einer Funkantenne für die Mannschaft der Erdgas-Pumpstation.

Von hier aus phantastische Aussicht, bei gutem Wetter kann man
das 150 km entfernte Sizilien und sogar auf der nur 63 km entfernten Insel Pantelleria Autos fahren sehen. Zwölf Kilometer vor
der Küste liegen die kleine Felseninsel *Zembretta* und *Zembra*, **Inseln Zembra und**
die größere. Sie war früher zugänglich, es gibt sogar ein Hotel, **Zembretta**
doch dann wurde ein Naturreservat mit Schutzgebiet für Mönchs-
robben eingerichtet und der Zutritt untersagt. Die Küste vor Cap
Bon ist außerordentlich fischreich. Das Klima an diesem Cap kann
sehr rauh sein, bei Sturm peitschen die Wellen meterhoch.

** L'Epervier, 3 Av. H.B., Tel. 02-297017, Fax 02-297258. Zim- **El Haouaria**
mer mit Bad und Balkon, Restaurant ausgezeichnet mit 2 **Hotels**
Gabeln. Man veranstaltet Ausflüge in die Berge mit Folklore.
22 D.
Pension Dar Toubib, nette Zimmer mit Frühstück für 7 D.

2. Etappe El Haouaria - Nabeul, 85 km ohne Abste-cher

El Haouaria auf der Straße nach Kelibia verlassen. Nach 7 km ist
links eine große Pumpstation, die Erdgas durch eine Pipeline unter dem Meer nach Italien befördert. Bei km 17 geht in einem
Waldgebiet links eine Straße in 2 km zu dem Ausgrabungsgelände Kerkouane. Dort sind die Reste der einzigen punischen Stadt,
die zwar von den Römern zerstört, aber nicht wieder überbaut
wurde und bis zur zufälligen Entdeckung im Jahr 1952 vergessen
und unverändert unter dem Sandboden ruhte. Für Archäologen
eine einzigartige Gelegenheit, punische Baukunst und Kultur zu
untersuchen.

Kerkouane wurde im 5. Jh. v. Chr. von den Phöniziern an dem **Punische Ruinenstätte**
günstigen Ankerplatz erbaut und erstreckte sich längs der Steil- 9.30 bis 16 Uhr.
küste über mehr als 500 Meter. Neben dem Fischfang bestand
die wirtschaftliche Grundlage in der Purpurgewinnung, dieser kostbare Farbstoff wurde aus einer im Meer lebenden Schneckenart
hergestellt. Die Reste ansehnlicher Häuser lassen darauf schließen, daß reiche Karthager hier ihre Landsitze hatten. Der punische

Kerkouane

Name der Siedlung ist nicht bekannt. Mit dem Niedergang Karthagos wurde auch diese Stadt zerstört und nicht wieder aufgebaut.

Museum

Das Ausgrabungsgelände ist sehr hübsch am Meer gelegen, umgeben von einem Wäldchen. Gleich beim Eingang ist ein *Museum* mit Fundstücken und Grabbeigaben, dessen Besuch durchaus lohnt. Das berühmteste Exponat ist eine lebensgroße, aus Zypressenholz geschnitzte Figur, Beigabe im Grab einer Frau.

Besichtigung

Zur Landseite hin war die Stadt von einer doppelten Mauer begrenzt, von der noch Teile erhalten sind. Ein regelmäßiges Straßennetz führt durch das Wohnviertel, die Grundrisse der einst wohl zweigeschossigen Häuser mit außerordentlich dicken Wänden lassen die Struktur gut erkennen. Der glatte Zementboden und die stuckverzierten Wände waren rot gefärbt. Im Gegensatz zu den Römern, die gesellige öffentliche Thermenanlagen bevorzugten, hat jedes Haus eigene Bäder mit Klosetts und gemauerten Sitzwannen. Das benötigte Wasser wurde durch Frisch- und Brauchwasserkanäle befördert. Auch Tempelanlagen wurden freigelegt, doch sind die Ausgrabungen noch nicht beendet.

Wieder zurück auf der Hauptstraße zweigt kurz danach rechts eine zweite unbefestigte Straße zum Naturreservat von Dar Chihou ab. Nach **Ezzara** ist der Wald zu Ende, es gehen aber nun immer wieder kleine Wege zum Meer und einem herrlich breiten, weißen Sandstrand, der mit seinen Dünen fast ein wenig an die Nordsee erinnert. Diese Strände werden nur im Juli/August von den Einheimischen genutzt und sind in der übrigen Zeit wundervoll ruhig. Einen sehr hübschen Strand mit Café und der Möglichkeit, wild zu campen, hat **Hammam Ghezez** 1 km vor Kelibia, das nach insgesamt 27 km ab El Haouaria erreicht wird.

Kelibia

Kelibia, ein moderner Marktort mit knapp 30.000 Einwohnern (einschließlich Umland) liegt landeinwärts an der Durchgangsstraße und bietet keine Sehenswürdigkeiten.

Geschichte

Der antike Vorläufer lag direkt am Meer. Die Punier legten an der strategisch wichtigen Stelle den Hafen *Aspis* an. Die kleine Siedlung wurde im Verlauf des 3. Punischen Krieges zerstört. Wichtig war der Ort deshalb, weil von hier aus Karthago angegriffen werden konnte, die Achillesferse des Reiches. Die Römer erbauten den Ort unter dem Namen *Clupea* (beides heißt übersetzt „Schild") neu, er blieb auch in der byzantinischen und arabischen Zeit bewohnt.

Stadtrundgang

Wer mit dem Bus anreist, muß zur Besichtigung des antiken Clupea zu Fuß oder mit dem Taxi zum 2 km entfernten Hafen. Die hoch auf einem Berg liegende Festung ist schon von weitem sicht-

bar, römische Fundamente wurden von den Byzantinern überbaut. **Kelibia**
In der Ortsmitte dem Schild Kelibia Plage folgen, an der Gabe- **Stadtrundgang**
lung links. Die Straße führt zum modernen und bedeutenden Fi-
scherhafen, Fischfang ist ein wesentlicher Wirtschaftsfaktor des
Ortes. Der Tourismus beschränkt sich hauptsächlich auf die Mo-
nate Juli/August, wenn die Tunesier Ferien machen. Kurz vor dem
Hafen liegen links zu Füßen der alten Festung die spärlichen
Ruinen der antiken Stadt.

Direkt am Hafen ist das hübsche Café-Restaurant Sidi El Bahri
über den Klippen, dort beginnt ein Fußweg entlang des Meeres,
der sehr schön sein könnte, wenn er nicht als Müllkippe dienen
würde. Kurz vor dem Café weist ein Schild nach El Manzourah,
der schöneren Strandzone mit luxuriösen Ferienvillen und einem
Hotel.
Gleich zu Beginn der Straße geht links eine gute Piste den Berg
hinauf zur *Festung*. Zu sehen ist hauptsächlich die grandiose Aus- **Festung**
sicht auf ein smaragdgrünes Meer, am Land weiße Villen mit Kup- 8 - 19 Uhr, 600 M.
peldächern, die restaurierten zinnengekrönten Mauern bergen
ferner ein Bethaus und einen Kerker. Auf halber Höhe des An-
fahrtsweges ist ein hübsches Café, von dem aus man, sofern
geöffnet, ebenfalls eine schöne Aussicht genießt.

Die Straße nach **El Manzourah** führt zunächst vorbei an Sommervillen in blühenden Gärten, nach knapp 2 km geht rechts ein un-
befestigter Weg zum Restaurant El Mansurah ab. Dort ist eine
Badebucht mit herrlichem, feinsandigen Strand. Auf der Teerstraße gelangt man nach einem weiteren Kilometer zu einer Kreu-
zung mit Wegweiser, links ab zur *Punischen Nekropole*. Gleich **Punische Nekropole**
hinter dem Werksgelände sind punische Gräber in die Felsen
gehauen, einige Treppenstufen führen hinab zu den Grabkammern. Zurück zu der Kreuzung und rechts ab durch das Tor Kelibia
Blanche gelangt man zum Feriendorf El Mansurah, einer wunderschön in einem reizvollen, 65 ha großen Gelände mit bizarren
Felsen gelegenen Bungalowanlage. Von Mitte Juni bis Ende September hat man hier Zugang zu einem der schönsten Strände
Tunesiens mit sauberem Wasser.

Wenn man vom Hafen aus zurück zur Stadt fährt, zweigt gleich
links eine Straße ab, vorbei an einem kleinen Vergnügungspark
und dem Sportstadion zum Hotel Mamounia. Das Meer ist auf
dieser Seite aber sehr verschmutzt, ein Badeaufenthalt dort weniger zu empfehlen.

Telefonvorwahl: 02 **Kelibia**

El Mansurah, Tel. 295992. Bungalows für 2 - 7 Personen, auch **Hotels**
mit Küche, 2 P. 28,300 D. Zimmer einfach mit landestypischen
Möbeln eingerichtet, Tennisplatz.

Kelibia
Hotels

Mamounia, Tel. 296088, Fax 296858. Zimmer mit Bad und Balkon, einfache Bungalows für 2 - 5 Personen. Ganzjährig geöffnet, Piscine, Tennis, Diskothek. DZ in der mittleren Saison 44 D.

* Florida, Tel. 296248. Das Haus wurde 1946 eröffnet.

Jugendherberge

Zu Füßen der Festung an der Straße nach El Mansurah.

Punische
Nekropole

Am Ortsende zweigt rechts bei der Esso-Tankstelle eine Straße nach Oued El Khatf ab. Auf dieser ist ein Abstecher zu weiteren *punischen Felsengräbern* möglich. Der Teerstraße genau 4,5 km folgen, dann trifft man auf eine scharfe Rechtskurve. In dieser geradeaus auf den Feldweg, dann sofort links auf die steinige Piste durch eine Öffnung in der Opuntienhecke. Wenn die Piste nach 300 m in einem felsigen Tal selbst für Geländewagen unpassierbar wird, liegen rechts in den Felsen die akkurat in den Stein gehauenen punischen Grabkammern mit bis zu drei aufeinanderfolgenden Räumen. Die Nekropole ist größer und lohnender als die bei El Manzourah.

Kelibia auf der MC 27 Richtung Nabeul verlassen. Zum Meer hin liegen zwei kleine Orte mit herrlichen Sandstränden, die Straße verläuft jedoch im Landesinneren. Dort sind die Berge sichtbar, die die Halbinsel in zwei Teile teilen. Nach 14 km folgt **Menzel**

Menzel Temime
Souk Dienstag

Temime, ein wenig interessanter Ort mit Supermarkt, Tankstellen und Markt am Dienstag. Das ***-Hotel Temime*, Tel. 298266, in der Ortsmitte war 1993 geschlossen. Am Ortseingang liegt malerisch auf einem Friedhofshügel der *Marabut des Sidi Bou Salem*.
Zwischen Menzel Temime und Korba liegen an der Mündung des Flusses *Lebna* die Ruinen der alten, gleichnamigen Römerstadt und der Marabut Sidi Othman. Das Meer ist nun wieder in Sichtweite, in einer langgestreckten Lagune tummeln sich zahlreiche Wasservögel.

Nach 18 km folgt **Korba**, das römische *Curubis*, während der Christenverfolgung Verbannungsort des heiligen Cyprian, Bischof von Karthago. Doch von der antiken Stadt sind keine Ruinen erhalten. Die kleine Marktstadt ist wenig interessant, der Club Mediterranée am Ortsausgang wurde inzwischen geschlossen.

Tazerka
herrlicher
Sandstrand

Nach 2 km geht kurz vor **Tazerka** rechts eine Straße in den Ort, links in 1 km an den Strand. Es ist ein feiner, weißer Sandstrand, der nur im Juli/August von den Einheimischen genutzt wird, ansonsten herrscht himmlische Ruhe. Ein kleines Strandcafé und einfache Bungalows sind nur im Sommer geöffnet. Ein idealer Platz für Zelte oder Wohnmobile, die kostenlos und unbehelligt stehen können. In Tazerka gibt es Lebensmittel zu kaufen, aber kein Hotel und nur ein einfaches Restaurant, Versorgung ist in Korba möglich. Es gab schon mal Versuche, Touristenhotels zu bauen, die Gemeinde hat jedoch bisher zum Glück abgelehnt. Ein solches traumhaftes Plätzchen sollte erhalten werden.

Der Ackerbau wird wesentlich intensiver. In mit Opuntienhecken eingefaßten Gärten wachsen Oliven, Feigen, Obstbäume, Zitrusfrüchte und Gemüse. Die Felder werden mit Ochsen oder Kamelen gepflügt. **Beni Khiar** gehört schon zum Gemeindeverband von Nabeul, die Einwohner leben von der Weberei und der Fischerei. Der nahegelegene Strand **Maamoura Plage** ist ziemlich schmutzig und lohnt keinen Abstecher. Entlang der Straße kündigen einige Steinmetzbetriebe die Nähe von **Dar Chaabane** an, dem Zentrum der Steinmetzarbeiten, das nach insgesamt 58 km ab Kelibia erreicht wird.

Nabeul ist die Provinzhauptstadt des Cap Bon mit knapp 50.000 Einwohnern und bildet zusammen mit Dar Chaabane, Beni Khiar und Maamoura ein einheitliches Ganzes. Die Stadt zählt zu den wichtigsten Handwerkszentren des Landes und war schon in der Antike als *Neapolis* für seine Töpferwaren bekannt. **Nabeul**

Die direkt am Meer gelegene Siedlung war in punischer Zeit eine mächtige karthagische Stadt mit Hafen, von der aus eine Straße quer über die Halbinsel zur Kapitale führte. Sie wurde im 5. Jh. v. Chr. von Agathokles aus Syracus kurzzeitig besetzt, im 8. Jh. durch die Araber zerstört und erst spät landeinwärts neu gegründet. **Geschichte**

Bei einem Bummel durch die Gassen kann man zusehen, wie Matten aus Halfagras geflochten werden, die berühmten handgemalten Fliesen kommen von hier, in den Keramikwerkstätten werden sowohl bemalte und glasierte Gefäße als auch unglasierte, durchbrochene Tonwaren hergestellt, die sich besonders schön als Windlichte eignen. Der Stadtteil Dar Chaabane ist für seine Steinmetze bekannt, die Säulen, Kapitelle und sonstige Verzierungen aus den in den nahegelegenen Bergen gefundenen weißen Kalksandstein herstellen. Bis spät am Abend sitzen die Männer am Boden und schnitzen traditionelle Muster in den weichen Stein. **Rundgang**

Die Avenue Ferhat Hached ist geprägt von Souvenirgeschäften, sehr versteckt bei einigen Cafés beginnt der kleine *gedeckte Souk*. Die stillen Wohnstraßen um die sehr schön restaurierte *Große Moschee* hinter den Souks oder die Geschäftsstraßen Richtung Bahnhof lassen vergessen, daß Nabeul eine Touristenmetropole ist, hierhin verirren sich nur selten Fremde. In der Verlängerung der „Souvenirstraße" nach Westen befindet sich ein Laden des staatlichen ONAT-Artisanats, dort gelten Festpreise, man erhält eine gute Preisvorstellung, um später mit den Händlern zu feilschen. Nordöstlich endet die Avenue Ferhat Hached am Place

Nabeul

des Martyrs mit einer Taxistation. Etwas oberhalb davon ist die Markthalle mit einem großen Angebot an frischem Fleisch, Obst und Gemüse. In der gleichen Straße werden Fensterrahmen und -läden hergestellt.

**Freitag Kamel-
markt**

Besondere Attraktion ist der *Kamelmarkt* am Freitagvormittag in Dar Chaabane auf einem ummauerten Gelände, zu dem Busse hunderte von Touristen bringen. Die Straße vom Place des Martyrs nach Dar Chaabane ist freitags für den Autoverkehr gesperrt. Die Ursprünglichkeit ist jedoch leider verloren gegangen. Die Kamele, die dem Markt seinen Namen gegeben haben, werden dort nicht mehr gehandelt, nur noch als Touristenanziehung sind einige Tiere dort. Ehemals ein Markt wie jeder andere, wird heute ein albernes Touristenspektakel mit Musik veranstaltet und sogar ein Eintrittsgeld von 300 M verlangt. Dabei gibt es außer Teppichen, Keramiken und sonstigen auf Touristen abgestimmten Waren nichts zu kaufen. Der eigentliche Viehmarkt liegt dahinter, es werden hauptsächlich Schafe und Ziegen gehandelt. Hinter der Markthalle nahe beim Place des Martyrs ist der auf den Bedarf der Bewohner ausgerichtete Wochenmarkt.

In der Stadt gibt es mehrere *maurische Bäder*, z.B. in der Straße zum Hotel Riadh. Es ist sehr interessant, einmal ein solches Bad zu besuchen. Entweder gibt es getrennte Bäder für Männer und Frauen oder unterschiedliche Öffnungszeiten. Gegen einen Aufpreis wird eine Massage verabreicht.
Nabeul ist in den letzten Jahren erheblich gewachsen, sicher auch eine Folge des Tourismus. In der Straße zum Hotel Lido, in der es noch vor zehn Jahren nur ein oder zwei Häuser gab, stehen heute viele phantasievolle Luxusvillen, neue Geschäfte wurden eingerichtet. Viele Einwohner von Tunis haben hier ihre Sommerhäuser.

Neapolis

Vor der Stadt in Richtung Hammamet nahe beim Club Aquarius sind spärliche Reste des antiken *Neapolis* in einem eingezäunten Areal. Nebenan ist ein schöner, frei zugänglicher Sandstrand.
In der Avenue Habib Bourguiba gegenüber dem Bahnhof ist das

**Archäologisches
Museum**
9 -16.30 Uhr, 600 M

kleine *Archäologische Museum* mit punischen und römischen Funden des alten Neapolis. Auf dem Bahnhofsvorplatz das Wahrzeichen der Stadt, eine riesige Araukarie in einem Keramikkübel aus Nabeuls Werkstätten.

Nabeul

Telefonvorwahl: 02

Information

ONTT, Av. Taieb M'hiri, Tel. 286800
Syndicat d'Initiative, gegenüber dem Bahnhof

Hotels

Nabeul hat im Vergleich zu Hammamet nur eine kleine Hotelzone. Der Vorteil eines Aufenthalts in Nabeul liegt darin, daß

man von allen Hotels zu Fuß oder preiswert mit dem Taxi die **Nabeul**
Stadt erreichen kann, die weniger touristischen Rummel auf- **Hotels**
weist als Hammamet. Wer allerdings ein Nachtleben sucht,
kann dies nur in den Hotels finden, die ein Animations-
programm bieten. Die Preise sind je nach Saison sehr unterschiedlich, angegeben ist der Preis für eine Person mit Vollpension im DZ in der mittleren Saison.

Es folgt eine Auswahl der Hotels von West nach Ost:

***Aquarius*, Tel. 285777, Fax 285682. Streng abgeschirmter
Privatclub.

**** *Le Prince*, Tel. 285470, Fax 287001. Sehr angenehmes
Haus mit schönem Pool, eigener Strand mit Rasen, Zimmer
mit Balkon. 28 D.

*** *Saf-Saf*, Tel. 286044, Fax 286198. Ein wirklich guter Tip für
den, der auf der Durchreise Ruhe, Sauberkeit, aber nicht zu
großen Luxus sucht. Es gibt keinen Pool, aber einen hübschen Garten und schöne Zimmer mit Bad und TV, eigener
Strand in kurzer Entfernung. Neue Gäste werden auf einer
kostenlosen Rundfahrt mit allen wichtigen Tips versorgt. Halbpension 20 D.

**** *Kheops*, Tel. 286555, Fax 286024. Zweifellos das ruhig-
ste und luxuriöseste Hotel der Stadt. Es gibt 5 Restaurants
und 5 Bars, gutes Buffet. Klimat. Zimmer mit Bad, Fön, TV
und Minibar, Hallenbad, Whirlpool, Außenpool mit olympischen
Ausmaßen, weitläufiges Gelände, 500 m zur Stadt, 150 m
zum eigenen Strand mit Rasen, 4-Loch-Golfplatz. 55 D.

*** *Les Pyramides*, Tel. 285442, Fax 287461. Laut eigener
Aussage mit der besten Animation, daher entsprechend lebhaft. Nichts für den, der Ruhe sucht. Neben Zimmern besonders zu empfehlende Appartements in einem weitläufigen
Gelände, doch am Pool ist es sehr eng. 34 D.

*** *Imene*, Tel. 286222, Fax 272380. Zentral und ruhig, neben
Supermarkt, 300 m zur Stadt und zum eigenen Strand, kleiner Pool, preiswert. Die 3 Sterne bestehen nicht mehr zurecht, die Sauberkeit läßt zu wünschen übrig. 21,500 D.

*** *Nabeul Plage*, Tel. 286111, Fax 286429. Zimmer mit einfacher Ausstattung und Balkon, kleiner Garten mit Pool, zum
Strand muß eine kleine Straße überquert werden. 24 D.

*** *Riadh*, Tel. 285744, Fax 285057. Direkt am Strand, 25 D.
Alle Sportmöglichkeiten inklusive.

** *Club Ramses*, Tel. 286363, Fax 286166. Bungalowanlage,
Massenabfertigung mit Animation, Kakerlaken im Bad sind
möglich, aber gutes Essen, Wein inklusive. 23 D.

*** *Lido*, Tel. 285104, Fax 285487. Das Haus steht unter deutscher Leitung, wer wenig Veränderung zu heimischen Verhältnissen sucht, ist dort gut aufgehoben. Schöne, sehr weitläufige Anlage mit Hotelzimmern und Bungalows, auch mit

Nabeul **Hotels**	Küche. 26 D. in der Stadt: *Les Yasmins*, Av. Habib Thameur (Straße nach Hammamet), Tel. 285343, Fax 285073. Alle Zimmer mit Bad und Balkon. * *El Ons*, Tel. 286129. *Dar Toubib*, Tel. 297763.
Jugendherberge	Neben Hotel Riadh in der Nähe des Strandes, Tel. 285547. Ganzjährig geöffnet, gutes Essen.
Camping	Das Hotel Les Yasmins hat einen kleinen, bei Geländewagenfahrern sehr beliebten Zeltplatz.
Restaurants	Im Gegensatz zu Hammamet gibt es in dem weniger touristischen Nabeul eine überschaubare Zahl von Restaurants. Mit „2 Gabeln" ausgezeichnet wurden *Au Bon Kif* und *L'Olivier*, mit „1 Gabel" *Rotande* und *Karim*.
Selbstversorger **Souk**	**Magasin Générale** in der Av. H.B. und Habib Thameur, mit Alkoholverkauf. **Markthalle** am Place des Martyrs. **Souk** am Freitag.
Verkehrsverbindung	Vom **Bahnhof** aus Zugverbindung mit Tunis, umsteigen in Bir Bou Rekba. Die Fahrt dauert aber gut 2 Stunden, besser (und häufiger) ist eine Fahrt mit **Louage** oder **Bus**. Der Standplatz ist in der gleichen Straße wie das ONAT-Artisanat, kurz nach dem Krankenhaus. Fahrt mit der Louage nach Tunis pro Person 7 D. Von Nabeul führt eine verkehrsreiche Straße in 13 km nach Hammamet. Autolose Urlauber können sehr preiswert mit der Bahn oder mit dem Sammeltaxi fahren, das Einzeltaxi ist teurer. Von der Hauptstraße zweigen immer wieder „Route touristique" genannte Wege zu den Hotelzonen ab, die sich fast durchgehend zwischen den beiden Städten hinziehen.
Feste	März/April Orangenblütenfest, April/Mai Blumenfest, Juli/August Sommerfestival.
Hammamet	**Hammamet** - Das einstige Seeräubernest - eine arabische Gründung aus dem 16. Jh. um die schon vorher existierende Festung - mit seiner noch vollständig umwallten Medina wurde schon in den 20er Jahren von Künstlern und Intellektuellen für den Fremdenverkehr entdeckt. Besonders der rumänische Millionär Sebastian, dessen einstige Villa vom Staat aufgekauft wurde und heute als Kulturzentrum dient, machte den Ort bekannt. Der Boom des heutigen Massentourismus begann zu Beginn der 60er Jah-

re, als die ersten Strandhotels Miramar und Fourati gebaut wur- **Hammamet**
den, hübsch in eine Gartenlandschaft eingepaßte, weitläufige
Bungalowanlagen. Das Ortsbild wurde den Bedürfnissen der Urlauber angepaßt, vor den trutzigen Mauern der Altstadt entstand
ein viel größerer, moderner Ort mit 20.000 Einwohnern. Im neu-
en, gepflegten Geschäftszentrum gegenüber der Kasbah gibt es
chice Boutiquen, Cafés und Restaurants - „man spricht deutsch".
Der Feriengast findet in Hammamet reichlich Unterhaltungs- und
Sportmöglichkeiten, die überfüllten Promenaden zeigen am Abend
ein sonst für islamische Länder ungewöhnliches Leben.

Sehenswert ist die kleine, ummauerte Medina, die auf einer Fels- **Medina**
zunge am Meer liegt, von beiden Seiten umgeben von herrlichen
Sandstränden. Zu Füßen der alten Kasbah dümpelt in einer hübschen Sandbucht ein kleiner, verträumter Fischerhafen. Bereits
die Römer hatten hier einen bescheidenen Hafen namens *Pupput*.

Leider ist ein geruhsamer Bummel durch die engen Gassen nicht
möglich. Wer als Fremder über den großen Vorplatz auf eines der
Stadttore zugeht, wird sofort von einem der Einheimischen mit
den Worten „Für Christen verboten, heute geschlossen" usw. auf-
gehalten. Das entspricht natürlich nicht der Wahrheit, der Betref-
fende will sich lediglich als Führer anbieten, der nach einem ha-
stigen Rundgang ein gesalzenes Trinkgeld verlangt und die Besucher überdies noch zu einem Teppichladen führt, um dort seine
Provision zu verdienen. Da hilft nur energisches Abschütteln. Ta-
schendiebstähle kommen im Umkreis der Altstadt leider vor, besonders von Kindern, die sich ausländische Münzen umwech-
seln lassen wollen und dann geschickt und unbemerkt Scheine
aus der Geldbörse stibitzen.

Gleich zu Beginn der Medina ist die *Kasbah*, die zur Verteidigung **Kasbah**
des kleinen Fischerdorfes errichtet worden war. Das Eintrittsgeld
kann man sich sparen, es ist nur wenig zu sehen, das Hübsche-
ste ist der Blick von der hohen Mauer über Stadt, Bucht und Fischerhafen. Dort befindet sich ein reizendes, aber überlaufenes
maurisches Café.
Um die Kasbah herum sind etliche Souvenirläden. Wer durch die
engen Gassen der Wohnstraßen schlendert, kann viele schön
verzierte Haustüren sehen, die zur Abwehr von bösen Geistern
mit Glückssymbolen wie Fischen oder der Hand der Fatima versehen sind. Am äußersten Ende steigen Treppenstufen zur Umfassungsmauer hoch, von dort hat man den Blick auf einen islamischen und einen alten christlichen Friedhof.

Die ehemalige Villa des Hammamet-Entdeckers Sebastian ist **Centre Culturel**
heute in Staatsbesitz und wird als Kulturzentrum genutzt. Im herr- **International**
lichen, weitläufigen Park befindet sich ein den antiken Vorbildern Mo. - Sa. 8 - 18 Uhr.
nachgebautes Theater, dort findet jährlich im Juli/August das In-

Hammamet

ternationale Festival von Hammamet statt. Die prachtvolle Villa ist mit kostbarem Mobiliar ausgestattet und hat ein wunderschönes Marmorschwimmbecken. Das Gelände ist häufig geschlossen, dann ist es möglich, vom Strand aus in den Park zu gelangen. Der Komplex liegt in der südwestlichen Strandzone neben dem Hotel Continental.

Hammamet

Telefonvorwahl: 02

Information

ONTT, 1, Av. H.B., Tel. 280423.

Hotels

Die Strandhotels dieser Region sind seit dem Golfkrieg wieder sehr überlaufen, seit der deutschen Wiedervereinigung auch viele Urlauber aus den neuen Ländern. Im Sommer ist ohne Vorbestellung kein freies Bett zu bekommen. Das bedeutet - vor allem in den Hotels mit bis zu zwei Sternen - zur Essenszeit die Schlacht ums kalte Buffet, das Domizil für einen längeren Aufenthalt sollte daher gründlich ausgesucht und eher ein Stern mehr gewählt werden.

Die zahlreichen Hotels dieser Stadt alle zu kennen ist unmöglich, daher hier nur die Namen. Im Ort selbst sind einige preiswerte Stadthotels, die Strandhotels befinden sich in der südwestlichen Zone Richtung Sousse und im Nordosten bis nach Nabeul und sind oft harmonisch in parkähnlichen Gärten angelegt. Zwar ist in diesen Zonen eine touristische Infrastruktur entstanden mit Restaurants, Cafés, Supermärkten, Artisanats, Banken und 18-Loch-Golfplatz, doch bis zur eigentlichen Stadt sind es bis zu 8 km. Als Verkehrsmittel gibt es Taxis, Pferdedroschken und in der Hauptsaison ein Bimmelbähnchen. Noch immer herrscht eine rege Bautätigkeit, inzwischen entstehen schon Hotels in zweiter Reihe, die keinen direkten Zugang zum Strand haben.

in der Stadt:
*** *Yasmina*, Tel. 280222.
*** *Résidence Hammamet*, Tel. 280622.
** *Alya*, Tel. 280218. An der Küstenstraße nahe am Zentrum mit Blick auf die Kasbah gelegenes preiswertes Familienhotel.
** *Sahbi*, Tel. 280807.
** *Olympia*, Tel. 280622.
** *Khella*, Tel. 283900, Fax 283704.

ab Hammamet Richtung Sousse:
***** *Sindbad*, Tel. 280122, Fax 280004.
** *Aladin*, Tel. 280611. Mit Bungalows im Orangenhain.
*** *Parc Plage*, Tel. 280111, Fax 281667.
*** *Continental*, Tel. 280220, Fax 281667.
* *Bennila,* Tel. 280356. Unweit des Meeres am Beginn der Hotelzone gelegen und damit zentral. Empfehlenswert.

*** *Hammamet,* Tel. 280160, Fax 282105. Zum Strand 200 m, über die Straße.

*** *Hammamet-Beach,* Tel. 280210, Fax 280434. Schöne Anlage zwischen Meer und Olivenhain, gutes Restaurant.

*** *Hammamet Club,* Tel. 281882, Fax 281670.

** *Les Citronniers,* Tel. 281650.

*** *Miramar,* Tel. 280019, Fax 280586.

*** *Fourati,* Tel. 280388, Fax 280508. In sehr schönem Garten, beliebt bei Deutschen.

*** *Les Orangers,* Tel. 280144, Fax 281077.

**** *Phenicia,* Tel. 226533, Fax 226337.

**** *Sheraton,* Tel. 226271, Fax 227301.

** *El Bousten,* Tel. 280444.

*** *Kerkouane,* Tel. 226291, Fax 282860. Nicht am Strand.

** *Tanit,* Tel. 226148, Fax 227299.

** *El Pacha*, Tel. 226077, Fax 226031. Einfache Zimmer.

* *Samira-Club,* Tel. 226185. Einfache Bungalowanlage.

** *Tanfous,* Tel. 226313. Einfache Zimmer.

*** *Paradis,* Tel. 226338, Fax 226860. Nicht am Strand.

*** *Venus,* Tel. 226422, 227600.

Salammbo, Tel. 226341, Fax 226084. Feriendorf.

*** *Saphir,* Tel. 226944, Fax 227426. Nicht am Strand.

** *Garsaa,* Tel. 226251. An der Straße nach Sousse, nicht am Strand.

* *Samaris,* Tel. 226353. An der Autobahnabfahrt an der GP 1, mit Campingplatz.

ab Hammamet Richtung Nabeul:

La Baie du Soleil, Tel. 280298. Feriendorf.

*** *Bel Azur,* Tel. 280544, Fax 280275.

*** *Grand Hotel,* Tel. 280177, Fax 282995.

**** *Aziza,* Tel. 283666, Fax 283099. Neu, mit Hallenbad, komfortable Zimmer mit TV.

** *Mediterranée,* Tel. 280433.

**** *Palm Beach,* Tel. 280556, Fax 281357.

*** *Le Sultan,* Tel. 280705, Fax 280373.

**** *Abou Nawas,* Tel. 281344, Fax 281089.

*** *El Fell,* Tel. 280744, Fax 280838.

*** *Nozha Beach,* Tel. 280594, Fax 280157.

** *Omar Khayam,* Tel. 280355.

*** *Dar Khayam,* Tel. 280439, Fax 283212.

*** *Les Colombes*, Tel. 280049, Fax 280899.

*** *Le Président,* Tel. 280211.

***** *El Manar,* Tel. 281333, Fax 280772.

Der Platz *Ideal* mit Restaurant und Café ist im Stadtzentrum an der Avenue de la République, der zweite, preiswertere beim

Hammamet Camping

Hotel *Samaris* an der Hauptstraße Tunis - Sousse ist eher für Durchgangsgäste geeignet. Er wird viel genutzt von Geländefahrern am Abend der Fährenankunft auf dem Weg zum Süden.

Restaurants

Hammamet hat eine unvergleichliche Zahl von Restaurants, die mit dem Prädikat „3 Gabeln" ausgezeichnet wurden, z.B. *Dar Essultan, Le Berbère, Pomo-Doro, Perle du Golfe, Pergola, Coupole, Arabesque* usw. Es empfiehlt sich daher, auf eigene Faust sein Lieblingslokal auszukosten. Das *Arabesque* mit internationaler Küche bringt zum Wochenende Maalouf-Musik, das *Lotos* (2 Gabeln) beim Hotel Manar Folkloredarbietungen.

Selbstversorger Souk

Magasin Générale in der Av. de la République mit Alkoholverkauf, **Souk** am Mittwoch und Donnerstag.

Verkehrsverbindung

Die **Bus- und Louage-Station** ist in der Avenue de la République gegenüber der Hauptpost. Von dort Verbindung nach Nabeul, Tunis und Sousse. Nach Nabeul und Bir Bou Rekba fährt die **Bahn** sechsmal täglich, für Fernziele muß man an der Station Bir Bou Rekba in die Hauptstrecke umsteigen. In der Hauptsaison fährt eine **Bimmelbahn** die Touristenzonen bis nach Nabeul an, außerdem warten vor den Hotels Kutschen und Taxis.

Fest

Im Juli/August Musik- und Theaterfestival.

Ausflüge

Zwar hat auch diese fruchtbare Region eine historische Vergangenheit, Ruinen sind aber kaum erhalten, da der Boden über die Jahrhunderte hinweg landwirtschaftlich genutzt und umgepflügt wurde. An der Stelle des heutigen Hammamet hatten die Römer eine Siedlung mit Namen *Pupput*, die spärlichen Reste sind in der Nähe des Hotel Samaris zu besichtigen.

das antike Siagua

Bei Bir Bou Reqba zweigt von der MC 129 ein Weg nach **Ksar Ez Zit** ab, dem antiken *Siagua*, von dem nur einige byzantinische Festungsmauern in den Gärten vor der Kaserne den Raubbau der späteren Jahrhunderte überlebt haben. In der Nähe fand man das der Göttin Tanit geweihte Heiligtum *Thinissut*, dessen reiche Opfergaben im Bardo einen eigenen Saal erhielten. Lohnenswert ist ein Ausflug nach Ksar Ez Zit nur, weil man von den Bergen hinter der Kaserne einen herrlichen Blick über das Cap Bon hat.

Wesentlich interessanter ist eine Fahrt nach **Sidi Djedidi**. Nur wenige Kilometer abseits der Touristenmetropole trifft man hier äußerst nette, zurückhaltende, aber gastfreundliche Menschen, ein starker Kontrast zu den oft aggressiven Erlebnissen in Hammamet. Und außerdem eine herrliche Berglandschaft. Wer kein eigenes Fahrzeug besitzt, kann diese Fahrt preiswert (ca. 1 D) mit dem öffentlichen Bus machen, er fährt ab Busbahnhof oder ab Autobahnauffahrt. Die Hotels verlangen für den organisierten Ausflug mindestens 20 D.

An der Autobahnauffahrt nach Tunis (Hotel Samaris) auf die Stra- **Sidi Djedidi**
ße nach Hammam Djedidi abbiegen. Nach 10 km folgt **Sidi Djedidi**, sehr schön gelegen, flankiert von zerklüfteten Bergspitzen, zu deren Füßen sich ein See ausbreitet. Auf der Höhe rechts des Dorfes sind die Reste einer *Römerstadt*, viele Häuser noch mit **antike Ruinenstätte** Mosaiken. Am schönsten erhalten ist ein mosaikverziertes, byzantinisches Taufbecken, die Inschrift eines Bodenmosaiks verrät, daß dort ein Kirchenvorstand namens Cyprianus begraben wurde. Wenn Sie die Ruinen nicht auf Anhieb finden, fragen Sie nach Moncef (Spitzname Tayara, d.h. Flugzeug) im *Café Berber* in der Ortsmitte. Die netten Jungs sprechen deutsch und bringen Sie gerne zu den schönsten Stellen.

Dienstags findet ein sehenswerter Markt statt, zu dem die Bauern **Souk am Dienstag** der Umgebung kommen, die Frauen in ihren farbenprächtigen Gewändern und dem schweren Silberschmuck. Als Individualtourist kommt man allerdings besser nicht am Dienstag, da ist die Hölle los. Busse aus Hammamet bringen Touristen in Scharen, Plüschkamele und Keramiken werden rechtzeitig aufgebaut.
Ein großes Gebäude am Ortsanfang stellt einen touristischen Komplex dar, Ausflugsziel für die Urlauber aus Hammamet, die hier tunesisches Brauchtum kennenlernen sollen.

Im 8 km entfernten Badeort **Hammam Djedidi** helfen heiße Ther- **Thermalbad** malquellen bei Hautkrankheiten und Rheuma.

Mosaikfußboden in Sidi Djedidi

DER SAHEL - VON HAMMAMET NACH GABES

Die fruchtbare Sahel-Region zieht sich vom Golf von Hammamet bis zum Golf von Gabes und geht im Landesinnern unmerklich in die zentraltunesische Steppe über. Dieses Gebiet war schon zu punischer Zeit bedeutend, wie zahlreiche Ruinenstätten bezeugen, mit Sousse, dem alten Hadrumetum, als Mittelpunkt. Während im nördlichen Küstenbereich ausreichend Grundwasser den intensiven Anbau von Zitrusfrüchten, Wein, Aprikosen, Äpfeln und Gemüse ermöglicht, dominieren im trockenen Süden und weiter im Land Olivenkulturen. In Reih und Glied und genau festgelegtem Abstand sind die Bäume gepflanzt, am Boden ist manchmal noch etwas Ackerbau möglich. Mit günstigen Krediten subventioniert der Staat jungen Bauern den Brunnenbau und die Anlage neuer Felder, um so der Landflucht entgegenzuwirken.

Die Hauptverkehrsstrecke GP 1 spiegelt den landwirtschaftlichen Charakter der Region wider. Verkaufsbuden für Obst und Gemüse locken den Autofahrer, an Metzgerständen kann man sich zur Mittagsrast sein Fleisch gleich grillen lassen kann. Hochbeladene Pick-up's bringen die Gartenerzeugnisse in die Hauptstadt, das Verkehrsaufkommen ist das höchste auf Tunesiens Landstraßen. Aus diesem Grund wurde die schon lange bestehende Autobahn Tunis - Hammamet bis nach Sousse/M'Saken verlängert.

5. HAMMAMET - SOUSSE

80 km Asphaltstraße GP 1 bzw. Autobahn, lebhafter Verkehr. Für eine schnelle Fahrt in den Süden empfiehlt sich die Autobahn, da die Landschaft keine Besonderheiten bietet und der Verkehr auf der GP 1 dicht ist.

Hotel, Camping

An der Autobahnabfahrt bei Hammamet ist das *Hotel* und *Camping Samaris*, dessen hübsche und gepflegte Anlage gut für einen Zwischenstop geeignet ist. Auf der GP 1 folgt nach 15 km Bou Ficha mit einigen Restaurants, nach 24 km ist ein lohnenswerter Abstecher möglich.

Ruinenstätte Pheradi Majus

Dazu rechts abbiegen nach **Sidi Khalifa**. Der durch seinen Marabut berühmte Ort taucht nach 4 km auf. Die Überraschung bildet jedoch das gut erhaltene römische Portal auf den Hängen links vom Ort, zu dem eine Piste führt. Beim Näherkommen entdeckt man das weitläufige, eingezäunte Ausgrabungsgelände der antiken Stadt *Pheradi Majus*. Eine imposante Stadt muß sie gewesen sein, in herrlicher Lage mit Blick zum Meer. Das riesige, gepflasterte Forum läßt die Größe ahnen, der Reichtum kam sicher von den noch heute dort wachsenden Oliven, wie Reste von Ölmühlen bezeugen. Die Stätte ist jederzeit ohne Eintritt zugänglich.

Zaouia Sidi Bou Makhlouf, El Kef

Hauseingang im andalusischen Stil,
Sidi Bou Said

Sousse: Blick vom Ribat auf Große Moschee und Hafen

Viehmarkt in Douz

Teilnehmer am Kamelmarathon, Douz

Douz: Typische Folklore des Südens

Von Dornenhecke geschütztes Nomadenzelt bei Douz

Das Amphitheater von El Djem

Bourguiba-Mausoleum in Monastir

Eingangstor des antiken Mactaris

Dachterrasse des Palais d'Orient, Tunis-Medina

Frau beim Weben eines Burnus, Oudref

Herstellung von Couscous-Sieben in Kairouan

Feine Djellabahs werden noch immer von Hand genäht

Weiter auf der GP 1 zweigt nach 7 km die Straße nach Enfida und Kairouan ab. Dort ist gleich nach dem Bahnübergang das Dorf **Chegarnia** mit den Ruinen des römischen *Upenna*, von den Arabern Henschir Fraga genannt. Durch den Ort liegen nach etwa 700 m links die Ruinen auf einer ebenen Fläche, darunter die Apsis einer Basilika mit Mosaiken. Danach geht es rechts weiter zu einem Hügel, dort sind Reste einer auf römischen Grundmauern errichteten byzantinischen Festung. Die Fundstücke dieser Ruinenstätte sind im Museum von Enfida ausgestellt.

Ruinenstätte Upenna

Enfidaville war einst landwirtschaftliche Domäne im Besitz des Bey und wurde 1841 an eine französische Gesellschaft verkauft, die einen riesigen Musterbetrieb mit künstlicher Bewässerung anlegte. Auf den nicht bebauten Flächen entstanden Landarbeitersiedlungen. Erst unter den Franzosen wuchs Enfida als Zentrum, viele Gebäude zeugen von dieser Zeit. Heute ist die ganze Domäne in Staatsbesitz und verfügt allein über 20 ha Anbaufläche in Treibhäusern.

Enfidaville

Die Bedeutung als Marktzentrum zeigt sich in dem ausgedehnten Sonntagsmarkt am südlichen Ortsausgang, der auf die Bedürfnisse der Bauern ausgerichtet ist. Plüschkamele sucht man glücklicherweise vergebens, auf dem Viehmarkt werden vor allem Schafe angeboten, der Wollieferant ist das wichtigste Tier der Region. Anders als im Süden, wo der Viehhandel absolute Männerdomäne ist, sieht man hier vereinzelt traditionell gekleidete Bauersfrauen.

Sonntag Souk

In der ehemaligen Kirche nahe bei der Straßenabzweigung nach Zaghouan ist ein kleines *Museum* mit römischen Mosaiken aus *Upenna* und der nahegelegenen *Basilika von Sidi Abiche*, ferner Keramiken aus **Ain Garci** an der Straße nach El Fahs. An der Straße nach Zaghouan ist ein Soldatenfriedhof aus dem 2. Weltkrieg.

Museum
8 - 12, 15 - 19 Uhr,
600 M.

Von Enfida führt eine landschaftlich sehr reizvolle Straße mit etlichen Sehenswürdigkeiten nach Mornag, diese Tour ist ganz besonders geeignet für Urlauber in den Strandhotels von Hammamet oder Sousse, die nur einen Tagesausflug, evtl. mit dem Taxi, machen wollen. Schon wenige Kilometer von den Badeorten entfernt beginnt (abgesehen von Takrouna) eine andere Welt, mit freundlichen Menschen, die einmal nichts verkaufen wollen, und eine erholsam grüne, wasserreiche Landschaft.

Empfehlenswerter Abstecher

5a. ENFIDAVILLE - MORNAG
92 km ohne Abstecher, schmale Asphaltstraße.

Enfida auf der Straße MC 133 nach Zaghouan verlassen. Nach 5 km ist in Neu-Takrouna ein hübscher Ausflug zu dem alten

Takrouna
altes Berberdorf

Takrouna möglich. Das Berberdörfchen liegt sehr schön auf der Kuppe eines Hügels und ist eine der wenigen Stätten, an denen sich aufgrund der abgeschlossenen Lage die Berberkultur erhalten hat. Die Straße endet bei einem kleinen Parkplatz, auf dem man schon von Führern erwartet wird, die leider in diesem Ort besonders lästig sind. Sie wollen ganz und gar nichts verdienen, bedrängen die Besucher aber dann recht aggressiv. Dabei wäre es so schön, geruhsam durch die stillen Gassen zu schlendern und die herrliche Aussicht zu genießen. Verständnis kann man ja aufbringen, es gibt nur wenige und schlecht bezahlte Arbeitsplätze in der Landwirtschaft und eine Zementfabrik in der Nähe. Aber mit etwas mehr Freundlichkeit und Zurückhaltung wäre vielleicht ein besseres Geschäft zu machen.

Das alte Dorf wird nur noch von drei Familien bewohnt, die die Grabstelle des Marabut *Sidi Abd El Kader* betreuen. Die übrigen Häuser stehen leer und verfallen langsam, zu Füßen des Hügels breitet sich ein modernes Dorf mit einfachen Betongebäuden aus. Die Frauen tragen die malerischen rotkarierten Berbergewänder und schmücken sich mit dem traditionellen Silberschmuck. Sie stellen sich bereitwillig zu Fotos auf, verlangen aber ein saftiges Trinkgeld, geben Sie möglichst nicht mehr als 1 Dinar. Es gibt keinerlei Café oder sonstige Versorgungsmöglichkeit.

Weitere km-Angaben ohne den Abstecher.
Die Fahrt geht zunächst vorbei an der qualmenden Zementfabrik, führt dann über ein anmutiges Hügelland mit einigen Bäumen. Auf dieser Strecke gibt es nur wenige Restaurants zur Versorgung. Nach 29 km ist **Zriba Village** erreicht. In dieses neue Dorf wurden die Bewohner des hoch oben in den Bergen gelegenen alten Zriba umgesiedelt. Zu einem Besuch dieses interessanten Örtchens bei km 33 links abbiegen, vorbei an dem gewaltigen Fluorit-Bergwerk kommt man zum Badeort **Hammam Zriba**. Die Straße

Thermalbad

endet nach 2 km direkt vor dem neuen, schön gekachelten Thermalbad zu Füßen des Berges, dessen schwefeliges Wasser bei Rheumatismus hilft. Außer dem Bad gibt es eine Moschee, einige Restaurants und Geschäfte, die sich auf den Bedarf der Badenden eingestellt haben, wie Massagehandschuhe, Eimer und Gießbecher. Der Polizeiposten ist Touristen nicht gewohnt und fragt schon aus Neugier nach dem Woher und Wohin.

Noch vor Hammam Zriba geht in einer Kurve eine Piste durch das Gelände der Mine. Dort ist ein Abstecher zu dem alten Zriba Tunisien möglich. Immer geradeaus bis zu einer Gabelung nach 2.000 m. Auf der Piste rechts bergan sowie 800 m danach links kommt man nach einem nur kurzen, steinigen Stück zu einer wunderbaren Hochfläche, die wegen der kargen Vegetation trotz einer Höhe von nur 300 m wie Hochgebirge wirkt und sich sehr gut zum Campen eignet. Zum alten Dorf geht es aber vorher bei

km 2 links talwärts durch ein betoniertes Oued. Danach sieht man
schon die felsigen Bergspitzen, zwischen denen **Zriba Tunisien** **Zriba Tuniesien**
liegt. Eine schlechte, wenig befahrene Piste führt in Serpentinen **schönes Bergdorf**
hinauf. Was zunächst auffällt und für die ganze weitere Strecke
gilt, ist die Freundlichkeit und Zurückhaltung der Menschen. Auf-
dringlichkeit wie in Takrouna gibt es hier nicht mehr. Nur wenige
Bauern wohnen noch in den Tonnendachhäusern, die meisten sind
in das neue Dorf im Tal umgezogen. Der Ort war schon zu römischer Zeit bewohnt, wie Teile der heutigen Fundamente bezeugen. Von der Höhe des Berges bietet sich eine wahrhaft grandiose Aussicht.

Wieder zurück an die Abzweigung von der MC 133, nach weiteren 8 km erreicht man Zaghouan. Gleich zu Beginn zweigt rechts
eine Straße nach Hammam Djedidi ab, die Fortsetzung unserer
Route. Weiter auf der Hauptstraße folgt malerisch auf einer Berg-
kuppe die Altstadt, gekrönt von zwei Minaretts. Eines im viereckigen, arabischen Stil, das andere achteckig im schlanken türkischen Stil mit Rundgang.

Zaghouan - Auf einem Felsplateau, über dem der zerklüftete **Zaghouan**
Djebel Zaghouan (1.295 m) steil aufragt, und umgeben von fruchtbaren Gärten liegt das von den Römern teils mit punischem Material erbaute gleichnamige Städtchen, das alte *Zigua*. Zu phönizischer Zeit war der mächtige Berg dem Gott Baal-Hammon geweiht. Aus den zahlreichen Quellen wurde die mächtige Wasserleitung gespeist, der Zufluß von einem offenen *Nymphäum* be- **Nymphäum**
wacht, das dem Gott Neptun und den Quellnymphen geweiht war.
Die dreizehn Nischen der mächtigen, halbrunden Bogenhalle
waren Standort für Statuen von Flußgöttern, die nicht erhalten
sind. Die Quelle speiste nur einen Abzweig des Aquädukts, ein
zweiter Arm kam vom Djebel Jougar, siehe Route 14a. Heute ist
dieser Punkt ein beliebtes Ausflugsziel, die römische Tradition setzt
eine Pizzeria fort. Statt Wasser sammelt sich nun leider Unrat im
Quellbecken. Unterhalb des Temple des Eaux ist der hier ebener-
dige Beginn der Wasserleitung zu sehen.

Zaghouan ist seit alters her für die Färbung der Chechia bekannt.
Die in Tunis gestrickten Rohmützen aus Schafwolle wurden traditionell in Tebourba so lange gewalkt, bis sie ihre eigentliche Form
erhielten und dann in dem reinen Quellwasser des Djebel rot gefärbt. Im Souk von Tunis erhielt diese würdevolle Kopfbedeckung
den letzten Schliff vor dem Verkauf. Schutzpatron des Ortes ist
der aus Andalusien stammende *Sidi Azouz*, in dessen Marabut
jeden Donnerstag zu seinem Andenken Maalouf-Musik gespielt
wird.
Aus der spätrömischen Zeit stammt der *Triumphbogen* am Nord- **Medina**
ende der Altstadt. Ein Bummel durch die hübschen Gassen ist
sehr reizvoll. Zu Beginn liegt das nett aufgemachte Restaurant La

Zaghouan
Medina

Source, das weniger von europäischen Besuchern, als vielmehr von Ausflüglern der nahen Hauptstadt genutzt wird. Das reizvolle Zaghouan mit seinem grünen Hinterland ist ein vielbesuchtes Ziel für Sonntagstouren.
Die Medinagassen führen bergauf, es gibt immer wieder Aussichtsterrassen mit einem herrlichen Blick über die fruchtbare Ebene. Am höchsten Punkt ist ein kleiner Platz mit fayencengeschmücktem Brunnen und Café. Dort weist eine beschilderte Abzweigung zum Temple des Eaux, dem römischen Nymphäum. Die gut 2 km sind jedoch nur für kleine Fahrzeuge geeignet. Am Ortsausgang Richtung Tunis ist eine bessere Auffahrt. An dieser Straße liegt das Maison des Jeunes mit der *Jugendherberge*. Der Gipfel ist beliebtes Ziel für Bergwanderer, ein geteerter, aber dennoch schlechter Fahrweg führt bis zum Fernsehsender in 1.000 m Höhe.

Zaghouan
Hotel

** *Des Nymphes*, Tel. 02-675094. Angenehm ruhig und kühl im Wald oberhalb dem Nymphäum. Unterkunft in abseits gelegenen Familienbungalows mit TV, Bad, daher keine Belästigung durch die gut besuchte Bar. Netter Empfang, im Sommer Reservierung nötig. HP 16 D pro Person.

Jugendherberge

An der Straße zum Temple des Eaux, Tel. 02-675265.

Wieder zurück zur Straße nach Hammam Djedidi. Es geht über die fruchtbare Ebene. Hinter dem Dorf **Beni Daraj** ist rechts im Feld ein antiker Gebäuderest. Nach 13 km links auf die Straße nach Mornag abbiegen. Nach 2 km folgt das Bauerndorf **Oued Ez Zid**, 17,5 km nach Zaghouan ist auf der rechten Seite ein verlassener Gutshof aus der Zeit des französischen Protektorats. Das verfallene Herrschaftshaus auf der Höhe hat einen säulenumstandenen Eingangsbogen, überkrönt von einer Kuppel. Auf die französische Herkunft weisen die Kamine in jedem Raum hin. Während des zweiten Weltkrieges wurden hier deutsche Kriegsgefangene beschäftigt.

römische Ruinen

Eine Überraschung bilden aber die *römischen Ruinen* daneben, die in keiner Karte verzeichnet sind. Die Stelle heißt laut Auskunft der Einheimischen Gazza Sudän. Ein mächtiges Gebäude aus Steinquadern mit unterirdischem Gewölbe, zu dem eine breite, bogenüberspannte Treppe hinab führt. Zahlreiche herumliegende Säulenreste lassen darauf schließen, daß hier unter der Erde noch manche Überraschung wartet. Eine dänische Archäologin überwachte eine Zeitlang die Ausgrabungen, doch im Jahr 1993 wurde nicht mehr gearbeitet. Auf den umliegenden Hügeln soll es noch viele römische Steine geben.

Die weitere Strecke geht nun kurvenreich auf die bewaldeten Berghänge, zwischen denen immer wieder tiefe Schluchten sind, der reizvollste Abschnitt der Tour folgt. Camper finden hier mühelos ruhige Stellplätze, infolge des Wasserreichtums gibt es zahl-

reiche Brunnen. Nach 29 km folgt ein Forsthaus auf der Berghöhe, damit ist der Gipfel überschritten. Nun ist es nicht mehr
weit zu der fruchtbaren Mornag-Ebene, deren Gärten schon im
15. Jh. von den aus Andalusien geflüchteten Mauren angelegt
wurden, die so den staunenden Nomaden ihre in Spanien erwor-
benen Kenntnisse vorführten. Noch heute wachsen im sonnendurchfluteten und reich bewässerten Tal Obst, Gemüse, Oliven
und vor allem der berühmte Mornag-Wein.

42 km nach Zaghouan geht rechts eine Straße zu dem schon von
weitem sichtbaren, zerklüfteten, fast 800 m hohen Felsenberg
Djebel Ressas ab. Der Name bedeutet Bleiberg, das Bleibergwerk
am Fuß des Berges ist jedoch bereits ausgebeutet. Der Abstecher lohnt nur für Bergkletterer, denn die Zufahrtsstraße ist von
einem gewaltigen Steinbruch versperrt. Davor ist ein stillgelegter
Militärflugplatz. Nach weiteren 9 km erreicht man **Mornag**, das
Zentrum dieser Landwirtschaftszone.

Mornag

Fortsetzung Route 5

Wieder zurück auf der Hauptstraße GP 1 bzw. der Autobahn zweigt
gut 10 km hinter Enfidaville links eine kleine Straße in 8 km nach
Hergla ab.

Hergla - Schon die Römer hatten hier die Ansiedlung *Horrea*
Caelia, Horrea bedeutet Speicher oder Magazin, die Bezeichnung
findet sich in der römischen Welt meist in Nähe eines Hafens und
läßt darauf schließen, daß sich hier ein Ausfuhrhafen für Nahrungsmittel befand. Das malerische Städtchen mit kleiner Medina
auf einem Kalkplateau über dem Meer wurde von den Byzantinern befestigt, von den Arabern aber wieder zerstört, die antiken
Steine über Jahrhunderte hinweg zum Hausbau verwendet. Die
Moschee wurde im 18. Jh. zu Ehren des im 10. Jh. lebenden Heiligen *Sidi Bou Mendil* erbaut, von dem erzählt wird, er sei auf einem zum fliegenden Teppich umgewandelten Taschentuch nach
Mekka gepilgert.

Hergla
Geschichte

Die Einwohner stellen Behältnisse aus Halfagras zum Auspres-
sen des Olivenöls her sowie andere Flechtwaren aus diesem
Material. Vor dem kleinen Fischerhafen ragt das Heck eines im 2.
Weltkrieg gesunkenen Kriegsschiffs aus dem Meer hervor.

Am südlichen Strand greifen langsam die Hotelzonen von Port El
Kantaoui auf das ruhige Örtchen über. Eine Nebenstraße führt
direkt zur Hotelzone, stellenweise sehr reizvoll auf einem schmalen Damm zwischen Meer und dem Binnensee Sebket Kalk El
Menzel. Diese Straße wurde Ende des 19. Jh. mit den alten Steinen der bis dahin erhaltenen byzantinischen Festung von Hergla
angelegt. Dieser ruhige Abschnitt ist noch nicht vom Tourismus
zerstört, man sieht Fischer und findet noch ein ruhiges Plätzchen

am Meer. Über Chott Meriem mit den Hotels Tergui und Tennis Beach erreicht man Port El Kantaoui.

Auf der GP 1 folgt **Sidi Bou Ali**, nicht viel mehr als eine Lkw-Raststätte mit Tankstellen, Werkstätten und Restaurants, die mit brutzelnden Grills zu einem schnellen und preiswerten Mahl einladen. Nach 80 km liegt die Hauptstadt des Sahel vor uns.

Sousse

Sousse - Die Gouvernoratshauptstadt ist mit 104.000 Einwohnern nach dem Großraum Tunis und Sfax die drittgrößte Stadt des Landes, was sich im starken Verkehr und im Mangel an Parkplätzen bemerkbar macht. Eine malerische Altstadt und ausgedehnte Sandstrände machen Sousse zur wichtigen Station jeder Rundreise und zu einem idealen Standquartier. Die zentrale Lage ist ein guter Ausgangspunkt für Ausflüge ins ganze Land. Im nördlichen Strandbereich wurden riesige Hotelkomplexe gebaut, in Port El Kantaoui entstand eine ganz auf den Tourismus ausgerichtete Stadt mit Jachthafen und Golfplatz.

Geschichte

Durch den schon in der Antike wichtigen Hafen wurde die Stadt von allen Eroberern berührt, die im Laufe der Jahre in das Mittelmeerland einfielen. Im 9. Jh. v. Chr. von Phöniziern gegründet, geriet *Hadrumetum* im 6. Jh. in Abhängigkeit von Karthago. Im 3. Punischen Krieg stellten sich die Bewohner auf die Seite der Römer und erhielten dadurch den Rang einer freien Stadt. Dieses Privileg verloren sie jedoch, als sie Pompeius unterstützten, der von Caesar geschlagen wurde und ihnen dieses Recht nahm. Dennoch erlebte die Stadt aufgrund ihrer fruchtbaren Landwirtschaft mit wichtigem Ölausfuhrhafen unter Trajan eine Blütezeit, zahlreiche Gebäude wurden errichtet.

Die Vandalen übernahmen die Stadt und nannten sie *Hunericopolis*, als wichtiger byzantinischer Hafen hieß sie *Justinianopolis*. 675 wurde sie von Okba ibn Nafi zerstört und die Trümmer zum Bau von Kairouan verwendet. Doch als wichtiger Hafen für die arabische Metropole im Landesinnern erbauten die Aghlabiden im 9. Jh. Sousse neu im arabischen Stil über den alten römischen Resten. Im 12. Jh. fielen die Normannen ein und blieben elf Jahre. Später nutzten die Türken den Hafen als Piratennest, die Spanier griffen im 16. Jh. an, die Franzosen lagen im 18. Jh. vor der Stadt. Im 2. Weltkrieg wurde die nordöstliche Stadtmauer durch einen Luftangriff zerstört.

Heute lebt Sousse nicht nur vom Tourismus, in zahlreichen Ölmühlen werden die Oliven des Hinterlandes verarbeitet, in Konservenfabriken am südlichen Stadtausgang die Produkte von Landwirtschaft und Fischerei. In der Stadt und im Hinterland entstanden moderne Textilfabriken, die vielen jungen Frauen eine - gering bezahlte - Arbeit bieten.

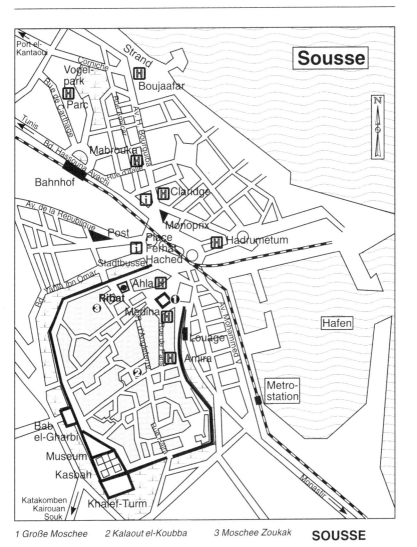

1 Große Moschee   2 Kalaout el-Koubba   3 Moschee Zoukak

SOUSSE

Sehenswürdigkeiten bietet einzig die stark befestigte Altstadt, die sich vom Hafen aus malerisch den Hügel hinanzieht. An der tiefsten Stelle, dem Platz Ferhat Hached, ist der Mauerring während des letzten Krieges zerstört worden. In der verkehrsreichen Innenstadt ist noch am ehesten bei der Metro-Station ein Parkplatz zu finden, an der Kasbah ist ein gebührenpflichtiger Parkplatz. Am zentralen Platz Ferhat Hached ist der Haupteingang zur Medina.

Medina-Rundgang

Sousse
Große Moschee
(1)
8 - 13 Uhr, 300 M.

Gleich zu Beginn fällt die imposante *Große Moschee* (1) ins Auge, die im 9. Jh. unter den Aghlabiden nach dem Vorbild der Okba-ibn-Nafi-Moschee in Kairouan erbaut wurde. Wie immer kann der Besucher nur den Innenhof betreten, der an drei Seiten von einer Galerie mit in Stein gehauenen Koransuren umgeben ist. Die beiden Ecktürme wurden in kriegerischen Zeiten als Beobachtungsposten genutzt. Wer nur leicht bekleidet kommt, muß eine Djellabah für 200 M ausleihen.

Ribat
Sommer 8 - 19 Uhr,
Winter 8.30 - 17.30
Uhr; 1 D + 1 D für
Fotoerlaubnis.

Gegenüber ist der *Ribat* vom Ende des 8. Jh.. Als Kloster und Festung zugleich diente er den frühen Glaubenskämpfern zur Verteidigung ihres eroberten Gebietes. Im Jahr 821 wurde der hohe, runde Wachtturm hinzugefügt, der eine Sichtverbindung und Nachrichtenaustausch mit Monastir ermöglichte. Auch in Hergla gab es einen solchen Signalturm, von dem heute nichts mehr übrig ist. Als 859 auf der höchsten Stelle der alten Stadt die Kasbah gebaut wurde, verlor der Ribat seine Bestimmung und wurde als Gebetsraum genutzt, er verfiel immer mehr. Ab dem frühen 18. Jh. fanden umfangreiche Renovierungen statt, doch im 2. Weltkrieg wurde er schwer zerstört. Noch unter den Franzosen wurde der Ribat in seinem ursprünglichen Aussehen wiederhergestellt. Vom Signalturm aus hat man einen hervorragenden Blick über die Stadt. Vom Turm in Blickrichtung Kasbah kann man das

Zaouia Zoukak (3)

fayencengeschmückte Minarett der türkischen *Zaouia Zoukak* (3) erkennen. Die ehemalige Koranschule aus dem 18. Jh. wird heute nur noch als Moschee genutzt und ist über die Straße gleich vor dem Ribat zu erreichen. In den kleinen Gassen hinter dem Ribat sind einige einfache Hotels und gute Restaurants.

Die Souks

Oberhalb der Großen Moschee beginnen die *Souks*. Als Mittelpunkt eines Fremdenverkehrszentrums kann man nicht erwarten, eine unberührte orientalische Medina zu finden. Die Rue de l'Angleterre ist in ihrem unteren Teil noch auf den Bedarf der Einwohner ausgerichtet. Erst der gedeckte Souk mit einem Kaffeehaus zu Beginn und die parallel verlaufende Rue de Paris sind angefüllt mit Souvenirläden. Und doch ist ein Bummel durch die Gassen sehr reizvoll. Beide Hauptadern kreuzt der Souk El Reba, das Viertel der Juweliere, die Schmuckhändler bieten Goldketten mit dem Namenszug in Arabisch für wenige Dinar an. Ein Weg-

Kalaout el-Koubba
(2)

weiser zeigt zur *Kalaout el-Koubba* (2), einem tiefer liegenden, massigen Steingebäude mit gerippter Kuppel und ungeklärter Bestimmung.

Die Orientierung ist relativ einfach, da alle ansteigenden Wege zur oberen Stadtmauer führen und die absteigenden zum Ausgangspunkt zurück. Die Rue Souk el Caid führt mit vielen Treppenstufen direkt zum Bab el-Gharbi. Dort innerhalb der Mauer nach links liegt im Gelände der Kasbah ein Gefängnis, vor dessen Toren am Morgen Scharen von Frauen warten, um die dort einsitzenden Angehörigen zu sehen und ihnen etwas zu essen zu bringen; davor eine Großbäckerei. Zum Museum geht es jedoch außerhalb der Stadtmauer nach links.

Sousse
Die Souks

Die *Kasbah* entstand 859 zur besseren Verteidigung der Hafenstadt, erhalten ist nur der Eingang mit den Mauern und ein Turm. Das Gebäude wird noch immer militärisch genutzt und ist bis auf das Museum im Erdgeschoß nicht zugänglich. Im *Museum* werden Funde aus punischer, römischer und christlicher Zeit ausgestellt. Die Phönizier hatten auf dem Gelände der heutigen Moschee einen Tophet wie in Karthago, auf dem Kinder als Opfer für die Schutzgöttin Tanit verbrannt wurden. Ab dem 4. Jh. wurden hier im Gegensatz zu Karthago aber fast nur noch Tieropfer dargebracht. Ein eigener Saal ist den gefundenen Grabstelen und Urnen gewidmet. Die römischen Mosaike sind ebenso bedeutend wie die im Bardo aufbewahrten.

Archäol. Museum
Som. 9 - 12, 15 - 18.30 Uhr, Winter 14 - 17.30 Uhr, Mo. + Fr. geschlossen. 1 D + 1 D für Fotoerlaubnis.

Zu den *Katakomben* geht es vorbei an dem Kasbah-Eingang etwa 1 km auf der Straße nach Sfax bis zum Kreisverkehr, dann rechts ab noch etwa 500 m bergauf. Der Eingang ist bei einem kleinen Park. Es handelt sich um eine christliche Gräberanlage aus dem 2. bis 4. Jh., die erst 1888 von den Franzosen entdeckt wurde. Das Stollensystem hat eine Länge von 5,5 km, aber nur ein kleiner Teil ist begehbar. Die in Tücher gewickelten Toten wurden in Wandnischen beigesetzt, die mit Steinplatten verschlossen wurden. Die Katakomben waren 1994 wegen Einsturzgefahr geschlossen, fragen Sie vor einer Besichtigung im Museum nach.

Katakomben

Während am Tage in der Medina ein lebhaftes Gewimmel herrscht, zieht es Einwohner und Fremde abends in die Neustadt. Am zentralen Platz Ferhat Hached, über den die Schienen der Eisenbahn verlaufen, die laut pfeifend mehrmals am Tag ungesichert über den belebten Platz fährt, liegt das Büro des *Syndicat d'Initiative*, das allerdings nur wenige Informationen bietet. Ausländische Zeitungen gibt es gleich daneben. Die hier beginnende Avenue

Neustadt

Eisenbahn auf dem Place Ferhat Hached

Habib Bourguiba ist die Hauptgeschäfts- und Amüsierstraße mit Banken, Post, Kinos, Straßencafés und Geschäften. Eine geruhsame Rast ist in den Terrassencafés allerdings nicht möglich, Straßenhändler bieten unaufhörlich Ketten und Kamele, Zigaretten und Nüsse an.

Sousse
Neustadt

Gleich zu Beginn der Habib Bourguiba ist links das *ONTT-Büro*, das einen Plan von Sousse mit Lage der Hotels anbietet. Die Hotelzone beginnt schon in der Innenstadt. Besonders schön gelegen ist das Abou Nawas Boujaafar. Über eine breite Treppe erreicht man die erste Etage und findet dort einen herrlichen Swimmingpool, von dem aus man eine kleine Badebucht erreicht. Gegenüber dem Hotel ist der *Vogelpark*, ein kleines Freizeitgelände mit vielen Tieren, Café und Kinderspielplatz.

Nach Norden setzt sich die Corniche nahtlos über Hammam Sousse bis nach Port El Kantaoui und Chott Meriem fort. Während die Bebauung in Sousse noch dicht an dicht ist, die Promenade vollgestopft mit Hotels, Restaurants und Boutiquen, wird es bei **Hammam Sousse** schon wesentlich aufgelockerter. Hier wurde 1936 Zine Al-Abidine Ben Ali geboren, der heutige Staatschef.

Port El Kantaoui

Port El Kantaoui (d.h. Hafengarten) ist eine Ende der 70er Jahre angelegte, mondäne, durchgestylte Ferienstadt, deren Architektur Sidi Bou Said nachempfunden ist, mit vorzüglichem 27-Loch-Golfplatz auf 103 Hektar. Um einen exklusiven Jachthafen mit 360 voll versorgten Liegeplätzen gruppiert sich ein hübsches, arabischen Medinas nachempfundenes Zentrum mit Touristeninformation, Restaurants und Cafés.

Die Hotels liegen in großzügigen Parklandschaften, die meisten haben ein Hallenbad für Wintergäste. Besonders schön sind die im maurischen Stil gebauten Ferienwohnungen. Geschäfte, Reisebüros und Sportmöglichkeiten decken jedes Bedürfnis der Urlauber ab, die zum großen Teil das luxuriöse Getto nur verlassen, um einen Bummel durch die Souvenirgeschäfte der Medina zu machen. Erst eine Fahrt ins Hinterland, wo die Felder noch mit Kamelen gepflügt werden, wo bunte Märkte der Versorgung der Bewohner dienen und nicht als Touristenattraktion, zeigt das wirkliche Tunesien.

Chott Meriem

Weiter auf dem Strandboulevard Richtung **Chott Meriem** wird es wesentlich ruhiger, Sommervillen stehen in blühenden Gärten, noch gibt es hier nur die beiden Hotels Tennis Beach und Tergui.

Sousse

Telefonvorwahl: 03

Information

Syndicat d'Initiative, Place Ferhat Hached.
ONTT, 1, Av. Habib Bourguiba, Tel. 225157, Fax 224262.
ONTT, Port El Kantaoui, Tel. 241799.

Hotels

Die Verkehrsanbindung der weit auseinandergezogenen Hotelzone an die Stadt ist sehr gut, eine Bimmelbahn, Pferdekutschen und Taxis halten die Verbindung aufrecht. Nur die beiden Hotels in Chott Meriem liegen sehr weit außerhalb und sind das richtige für Leute, die Ruhe statt Rummel suchen. Von dort gibt es eine regelmäßige Busverbindung nach Sousse.

zentral in der Stadt:
* *El Medina*, 15, Rue Othman Osman (hinter der Moschee am Eingang zur Medina), Tel. 221722. Düsteres andalusisches Gebäude, zentral, DZ 17 D. Als Durchreisequartier zu empfehlen, für einen längeren Aufenthalt sind jedoch die Zimmer zu klein und bieten keine Abstellmöglichkeiten. Anfahrt für Pkw möglich.

* *Amira*, 52, Rue de France (Medina), Tel. 226325. Dachterrasse, DZ 30 D.

* *Ahla*, Tel. 220570. DZ 24 D. Vor der Großen Moschee.

** *Parc*, Rue de Carthage Nähe Bahnhof und Vogelpark, Tel. 220434, Fax 229211. Gut, oft ausgebucht. DZ 20 D.

Hadrumete, etwas abseits vom Platz Ferhat Hached, Tel. 226291. Sehr laut. DZ 21 D.

** *Claridge*, 10, Av. H.B., Tel. 224759. Zentral beim Platz Ferhat Hached. DZ 39 D.

Mabrouka, Rue d'Italie (Seitenstraße der Av. H.B.), Tel. 225883. Recht einfach.

an der Corniche:
**** *Abou Nawas Boujaafar*, Tel. 226030, Fax 226595. DZ 68 D.

*** *Justinia*, Tel. 226382. DZ 29 D.

*** *Said*, Tel. 228900. DZ 27 D.

*** *Karawan*, Tel. 225388, Fax 225307. Mit Pool, zum Strand über Promenade. DZ 40 D.

Appart-Hotel Okba, Tel. 225522, Fax 229316. Gut ausgestattete, klimat. Appartements mit TV und Küche, 30 - 61 D.

** *Ennassim*, Tel. 227100, Fax 224488. DZ 21 D.

**** *Abou Nawas Nejma*, Tel. 226811, Fax 226776. Appartements, mit Pool, zum Strand über Promenade, DZ 40 D.

*** *El Hana Beach*, Tel. 226900. DZ 43 D. Zum Strand über die Promenade, Hallenbad, 1.290 Betten!

**** *Chems El Hana*, Tel. 228190, Fax 226076. DZ 58 D.

**** *Riadh Palms*, Tel. 225700, Fax 228347. DZ 62 D. Direkt am Strand.

** *El Kaiser*, Av. Taieb M'hiri, Tel. 228030. Das Stadthotel in der Nähe des Busbahnhofs ist empfehlenswert, aber laut. DZ 25 D.

** *Soussana*, Av. Taieb M'hiri, Tel. 223287. Ordentliches Stadthotel nahe beim Busbahnhof. DZ 23 D.

** *Essada*, Av. Leopold Senghor, Tel. 220115. Stadthotel. DZ 20 D.

** *Riadh*, Tel. 226143. DZ 34 D. Direkt am Strand.

** *Jawhara*, Tel. 225611. DZ 18 D. Direkt am Strand.

**** *Tej Marhaba*, Tel. 229800, Fax 229615. Direkt am Strand.

*** *Marabut*, Tel. 226245. DZ 44 D. Direkt am Strand.

Sousse **Hotels**	**** Marhaba Club*, Tel. 242170. DZ 37 D. 1.350 Betten! Direkt am Strand. **** Tour Khalef,* Tel. 241844. DZ 42 D, 1.171 Betten. Direkt am Strand. *** El Ksar,* Tel. 241822. DZ 42 D. Direkt am Strand. **** Hill Diar,* Tel. 241811. DZ 53 D. Direkt am Strand. **** Sheherazade,* Tel. 241433. Direkt am Strand. *** Salem,* Tel. 241966. DZ 35 D. Direkt am Strand. ****** Orient Palace,* Tel. 242888, Fax 243345. DZ 86 D. Direkt am Strand. *** Alyssa*, Tel. 240713. DZ 34 D. Direkt am Strand.
Hammam Sousse	Hammam Sousse (nur Appartements): *Club Menchia,* Tel. 242777, Fax 242778. *La Roseraie,* Tel. 241533. *Ines,* Tel. 243211. *Sindbad Center,* Tel. 243655.
Port El Kantaoui	Port El Kantaoui: ***** Hasdrubal,* Tel. 241944, Fax 241969. DZ 76 D. **** Bulla Regia,* Tel. 240924, 240922, Fax 240925. DZ 33 D. ****** El Hana Palace,* Tel. 243000, Fax 340280. DZ 170 D. Mit Spielkasino. ****** Hannibal Palace,* Tel. 241577, Fax 242321. DZ 76 D. ***** El Kanta*, Tel. 240466, Fax 241456. DZ 62 D. ***** Marhaba Palace,* Tel. 243633, Fax 243639. DZ 63 D. ***** Green Park,* Tel. 243277, Fax 243355. Direkt am Strand, mit Golfplatz, DZ 72 D. *Abou Nawas El Hambra,* Tel. 246400, Fax 246448. Nicht direkt am Strand, DZ 72 D mit Vollpension. ****** Diar El Andalous,* Tel. 246200, Fax 246348. DZ 74 D. **** Abou Soufiane,* Tel. 246444, 242844, Fax 246422. DZ 47 D. **** El Mouradi,* Tel. 246355, Fax 246431. DZ 54 D. *** Club El Kantaoui,* Tel. 246011, Fax 246014. Einfache Bungalows, DZ 54 D mit Vollpension. *Selima Club,* Tel. 246120, 240080. DZ 55 D mit Vollpension. **** Soviva,* Tel. 246145.
Chott Meriem	Chott Meriem, direkt am Strand: **** Tennis Beach,* Tel. 248055, Fax 248065. DZ 42 D. *** Tergui,* Tel. 248488, Fax 248494. DZ 36 D.
Sousse **Jugendherberge**	Av. Taieb M'hiri gegenüber Hotel Soussana, 600 m vom Busbahnhof, Tel. 227548. Von 8.30 - 17 Uhr geschlossen.
Restaurants	Das *Le Rempart* hinter dem Ribat bietet tunesische Speziali-

täten, untermalt mit Folkloredarbietungen, es erhielt das Prädikat „1 Gabel". Das *Le Gourmet* in der Rue Amilcar (2 Gabeln) ist empfehlenswert. Das *Baraka* (2 Gabeln) in der Nähe des Hotels El Hana bietet preiswert vorzügliche Spezialitäten, auch das *L'Olivier* in der gleichen Straße ist gut. Gegenüber dem Cinema Nejma an der Corniche beginnt eine kleine Straße mit preiswerten Restaurants.

In Port El Kantaoui wurden die Restaurants *Les Emirs, La Mediterranée* und *L'Escale* mit „3 Gabeln" ausgezeichnet.

Sousse Restaurants

Monoprix (6) am Beginn der Av. H.B., **Magasin Générale** an der Corniche bei Cinema Nejma, beides mit Alkoholverkauf. An der Straße nach Kairouan ist sonntags **Souk**, die Buden werden bereits am Samstag aufgebaut. Nicht nur wegen der vielen Touristenbusse ist dort die Hölle los, Parkplätze sind kaum zu bekommen. Der Markt ist neben einigen Souvenirständen voll auf die Bedürfnisse der Bauern ausgerichtet; daß es sich um einen Kamelmarkt handeln soll, ist aber ein reines Märchen der Tourmanager.

Selbstversorger Souk

Der **Flughafen** (Tel. 460300) im 15 km entfernten Skanes bei Monastir ist wichtiger Charterlandeplatz, bietet aber auch Flüge zu den übrigen Inlands-Airports. Verbindung zur Stadt mit Bus 52 oder der Metro. Sousse liegt an der wichtigen Bahnverbindung Tunis - Sfax - Gabes, der **Bahnhof** ist am Boulevard Hassouna Ayachi unweit des Platzes Ferhat Hached, die Metro-Station in der Av. Mohammed V am Hafen in der Nähe der Medina, die Gleise führen mitten über den belebten Platz Ferhat Hached. Auf dem Weg nach Süden hält der Zug in El Djem und ermöglicht die Besichtigung des Kolosseums.

Verkehrsverbindung

Von der **Metro-Station** sind der Flughafen sowie Monastir und Mahdia zu erreichen. Ebenfalls in diese Richtung sowie nach Tunis fahren die **Louages** am Standplatz vor dem Medina-Eingang. Die **Busse** am Platz nahe der Metro-Station dagegen bedienen den Süden und Kairouan. Busse nach Norden starten vom großen Busparkplatz an der Av. Leopold Senghor nördlich der Innenstadt.

Juli/August Internationales Festival, im Juli in Hammam Sousse Festival Sidi el-Kantaoui.

Feste

Von jedem Hotel werden Ein- und Mehrtagesausflüge angeboten, nach Tunis, Kairouan oder in den Süden des Landes. Schöner - und billiger - ist jedoch allemal ein Ausflug auf eigene Faust. Dazu gibt es zahlreiche Möglichkeiten. Zum einen die oben beschriebenen öffentlichen Verkehrsmittel; man kann auch ein Taxi für den ganzen Tag mieten, muß aber den Preis vorher genau aushandeln. Unweit der Hotels werden überall Fahrräder ausgeliehen,

Ausflüge

**Sousse
Ausflüge**

damit kann man einen sehr schönen Ausflug nach Hergla machen, siehe Route 5. Von Sousse bis Hergla sind es 25 km, die Entfernung richtet sich jedoch nach der Lage des Hotels. Dazu der Küstenstraße nach Norden folgen. Hinter Chott Meriem verläuft die Straße auf einem Damm zwischen dem Meer und der Sebket Halk El Menzel, einem Dorado der Wasservögel. Hier kann man geruhsam Anglern zusehen, der Strand weist noch einsame Buchten auf.

Für einen Tagesausflug mit Taxi oder Mietwagen eignet sich hervorragend die Route 5a.

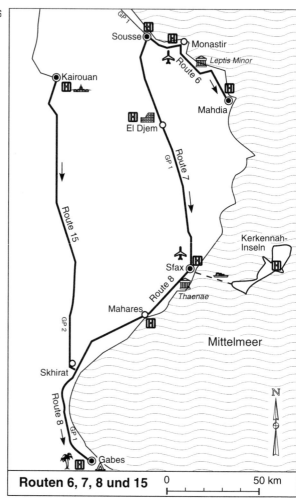

Routen 6, 7, 8 und 15

6. SOUSSE - MONASTIR - MAHDIA

70 km Asphaltstraße, lebhafter Verkehr.

Nur 24 km sind es nach Monastir, für Nichtmotorisierte ist die Fahrt leicht mit der Metro oder dem Taxi zu machen. Die Stadt entlang der Stadtmauer nach Süden verlassen, an der Ampel links abbiegen. Hinter dem Stadtgebiet vierspurig durch Industrieanlagen. Nach gut 7 km zweigt die Route touristique zu der Hotelzone von Skanes ab, nach Monastir weiter geradeaus.

In **Skanes** Herbergen vorwiegend der gehobenen Kategorie direkt am Strand, es herrscht rege Bautätigkeit. Sportangebote, Geschäfte und Cafés befriedigen jedes Urlauberbedürfnis, können jedoch in der Exklusivität mit Port El Kantaoui nicht konkurrieren, zur Stadt ist es weit. Es gibt einen 18-Loch-Golfplatz. Die Nähe zum Flughafen, der nach 15 km passiert wird, bringt entsprechende Belästigung, die Anbindung nach Sousse und Monastir ist jedoch durch die Metro gut. Zwischen Hotel Kuriat und Bourguiba-Palast ist noch ein öffentlich zugänglicher Strand, aber es wird viel gebaut. Der Strand ist von Algen überwuchert, nur bei den Hotels wird er gepflegt. 4 km nach dem Flughafen liegt hinter einem Rondell der von zinnengeschmückten, mit Clematis überwucherten Mauern umschlossene Sommerpalast Bourguibas, heute sein bewachter Alterssitz. **Skanes**

Am Rondell geht die rechte Straße direkt nach Monastir, die linke *Route de la Falaise* folgt der Steilküste bis zum Cap Monastir. Das eigentliche Skanes, ein Villenort, folgt bei km 20, weiter auf der Route de la Falaise erreicht man nach insgesamt 24 km das neue Ferienzentrum um den Jachthafen von Monastir, *Marina Plaisance*. Eine vorgelagerte Felseninsel enthält nicht nur die Sportanlagen des Club Med, sondern vor allem die neu ausgegrabenen, aber recht spärlichen Reste des alten Ruspina. **Bourguiba-Palast**

Monastir - Schon zu punischer Zeit gab es eine Siedlung; Caesar verstärkte *Ruspina*, so der antike Name, mit einem dreifachen Mauerring. Doch davon blieb wenig; aus der Zeit der arabischen Eroberung hat der Ribat überdauert, der in Verbindung mit einer ganzen Reihe von Wachttürmen Nachrichten austauschen konnte. Der heutige Name leitet sich aus dem griechischen „monasterion" ab, das auf den militanten islamischen Charakter der damaligen Zeit Bezug nimmt. Zur Zeit der Türkenherrschaft wurden die Befestigungen verstärkt und eine kleine, von einer Mauer umschlossene Medina angelegt. **Monastir Geschichte**

Habib Bourguiba hat seine Geburtsstadt während seiner Regierungszeit stark ausgebaut und modernisiert, sie erhielt eine Universität, eine neue Medina mit breiten, geraden Straßen wurde angelegt. Ein aufwendiges Mausoleum mit goldenen Kuppeln sollte

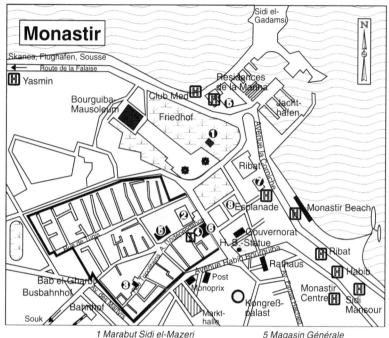

MONASTIR

1 Marabut Sidi el-Mazeri
2 Moschee Habib Bourguiba
3 Geburtshaus von Habib Bourguiba
4 Museum für traditionelle Kleidung
5 Magasin Générale
6 ONAT-Artisanat
7 Große Moschee
8 Kleiner Ribat

seine letzte Ruhestätte werden. Doch mit der Absetzung des Vaters der Republik fiel die Stadt in Ungnade, der große Platz vor der zukünftigen Grabstätte, die täglich von Tausenden besucht wurde, wo Kameltreiber und Postkartenverkäufer auf Touristen warteten, liegt verwaist. Trotz der vielen Urlauberhotels ist Monastir mit etwa 50.000 Einwohnern, wenigstens außerhalb der Sommersaison, ruhig und beschaulich, hier bekommt man noch Parkplätze.

Stadtrundgang

Die neu angelegte, hübsche *Marina* verfügt über einen komplett ausgestatteten Jachthafen, voll belegt von europäischen Booten. Darum herum reizvoll gruppierte Ferienwohnungen, kleiner Souk, Restaurants, Bank und Post. Im Tauchclub können auch Unsportliche im Aquamat, einer Art Tauchglocke, untertauchen, um die vielfältige Welt im Meer zu betrachten.

Ribat
8 - 19 Uhr, 1 D.

Von der Marina sind es nur wenige hundert Meter zu dem direkt am Meer gelegenen *Ribat*, der im Gegensatz zu dem von Sousse lange Zeit seine Position als wichtige Verteidigungsanlage bewahrt

hat. Er wurde 796 als Wehrkloster erbaut und diente der Unter- **Monastir**
bringung der islamischen Kämpfer mit Gebetsraum und Beobachtungsposten. Im Laufe der Zeit sind immer neue Um- und Anbau-
ten erfolgt, so daß die schön restaurierte Anlage sehr verzwickt
erscheint.

Im ehemaligen Betsaal im ersten Stock ist heute ein kleines *Mu-* **Museum**
seum mit Kufihandschriften, alten Münzen sowie Glas- und Ton-
arbeiten. Der mühevolle Aufstieg auf den Ribat wird mit einer herrlichen Aussicht auf Stadt und Cap Monastir belohnt. Schon häufig
wurden die alten Mauern als Filmkulisse genutzt, so 1976 zu „Das
Leben Christi" und später zu „Das Leben des Brian".

Zu Füßen des Ribat die dagegen klein wirkende *Große Moschee* **Große Moschee (7)**
(7) aus dem 9. Jh., gleich dahinter sind die weniger eindrucksvollen Mauern des *Ribat Sidi Douib* (8), eines weiteren befestigten
Wehrklosters. Vor dem Hotel Esplanade ragen die Grundmauern
eines dritten Ribat aus der Erde.

Westlich dehnt sich ein alter, weitläufiger Friedhof mit weißen Stei- **Islamischer Friedhof**
nen aus. Viele kleine Koubbas zeigen die Grabstätten von Heili-
gen an, der Grabbau des Schutzpatrons der Stadt, *Sidi el-Mezzeri*
(1) ist besonders schön gestaltet. Er lebte im 12. Jh. und wird
besonders von Frauen verehrt. Viele Gläubige wollen in der Nähe
der Heiligen begraben werden. Über einen weiten Platz kommt
man zum protzigen, goldglänzenden, von einem Gitterzaun um-
schlossenen *Bourguiba-Mausoleum*. Es wurde Anfang der 60er **Bourguiba-Mausoleum**
Jahre errichtet. Im rechten Eingangspavillon sind Gräber von tunesischen Freiheitskämpfern.

Schräg gegenüber dem Mausoleum in der Rue de l'Indépendance **Medina**
entstand 1963 eine *Moschee* (2) zu Ehren des berühmten Sohnes der Stadt. Sie ist dem Stil der Hammouda-Pascha-Moschee
in Tunis nachempfunden und aufwendig mit Marmor, Onyx, Teak-
holz und Goldmosaiken geschmückt. Auf der anderen Straßen-
seite ist das Gebäude des staatlichen ONAT-Artisanats (6). Dann **Museum für tradi-**
folgt das kleine *Museum* für traditionelle, tunesische Brautkleidung **tionelle Kleidung (4)**
(4). Gleich daneben die Touristeninformation. Dahinter beginnen Wint. 9 - 12, 15 - 18,
die modernen Souks mit einer Reihe von Souvenirgeschäften. Som. 9 - 13, 16 - 19 Uhr;
600 M + 1 D für Fotos.

Die Rue de l'Indépendance setzt sich fort in der Rue des Tripoli-
tains (arab. Trabelsia), so genannt, weil sie früher von Einwande-
rern aus Libyen bewohnt war. Dort ist am Place 3 septembre 1934
das Geburtshaus (3) Habib Bourguibas. Das stattliche Gebäude
am Durchgang ist sehr gepflegt, trägt aber keine Hinweistafel.

Unterhalb des Ribat führt die palmengesäumte Avenue la Corniche **Corniche**
zu der Hotelzone am schmalen Sandstrand. Das Zimmer des Hotel
Monastir Beach sind sehr reizvoll unter die Strandpromenade
gebaut, es ist damit das einzige Hotel in Monastir-Stadt direkt am

Habib Bourguiba

Der Vater der Unabhängigkeit wurde am 3. Juli 1903 in der Rue Trabelsia in Monastir als Sohn eines Leutnants in der Armee des Bey geboren. Nach dem Besuch des berühmten Sadiki-Collegs bekam er ein Stipendium in Paris zum Studium der Rechtswissenschaften. Er heiratete eine Französin und kam 1927 nach Tunis zurück. Zunächst ließ er sich als Rechtsanwalt nieder, wechselte aber bald schon ins journalistische Fach und gründete eine eigene Zeitung, *L'Action tunisienne*. In politischen Artikeln griff er die Destour-Partei an, die in seinen Augen zu traditionalistisch war. Am 2.3.1934 gründete er deshalb die Neo-Destour, die Tunesien zu einem unabhängigen, modernen, westlich orientierten Land machen sollte. Die Partei fand unter den jungen Intellektuellen sowie in breiten Bevölkerungskreisen rasch zahlreiche Anhänger.

Noch im gleichen Jahr wurde Bourguiba verhaftet und in Verbannung geschickt. Zwar erlangte er 1936 wieder die Freiheit, wurde aber schon 1938 nach blutigen Unruhen erneut verhaftet und eingesperrt, zunächst in Tunesien, dann in Frankreich. Von dort befreiten ihn 1942 die Deutschen, er ging zurück in sein Heimatland. In der Endphase des tunesischen Freiheitskampfes 1952 wird der Kämpfer erneut verhaftet und nach Tabarka deportiert.

Aber der Unabhängigkeitswillen des Volkes ist nicht mehr aufzuhalten. Nach dem 20.3.1956 wird Habib Bourguiba Chef der neuen Regierung und nach der Absetzung des Bey im Jahr 1957 Präsident der Republik. 30 Jahre führt er das Land in kleinen Schritten in die moderne Zeit, gibt den Frauen die Gleichberechtigung und bemüht sich unentwegt um die Ausbildung seiner Landsleute. Doch mit fortgeschrittenem Alter wird er unter dem Einfluß einer schweren Arteriosklerose geistig immer unbeweglicher, und als am 7. November 1987 Zine Al-Abidine Ben Ali überraschend und unblutig den greisen Staatschef absetzt, stößt dieser Schritt auf Erleichterung und große Zustimmung in der Bevölkerung sowie im Ausland. Seitdem lebt der heute Neunzigjährige in seinem Palast in Monastir.

Monastir Corniche

Strand. Die Gäste der übrigen Häuser müssen die Straße überqueren.

Zu den winzigen Tauberninseln vor dem Hotel Ribat führt ein Damm. Die Landzunge daneben begrenzt den alten Fischerhafen und trägt einen weißen Marabut, von hier ergibt sich ein guter Blick auf Bucht und Jachthafen. Das futuristisch wirkende Restaurant El Farik im Meer an der äußersten Spitze des Cap bot einst touristische Folklore, ist aber nun zur üblen Bar heruntergekommen.

Telefonvorwahl: 03

ONTT, Rue de l'Indépendance (gegenüber der Bourguiba-Moschee), Tel. 461960.
ONTT, am Flughafen, Tel. 463016.

Die Hotels von Monastir liegen meist nicht direkt am schmalen, außerhalb der Saison wenig gepflegten Sandstrand, haben aber den Vorteil, daß Monastir zu Fuß erreicht werden kann. Die Hotelzone von Skanes verfügt über einen schöneren Strand und weitläufige Anlagen, aber der Weg zur Metro ist je nach Lage weit.

ab Flughafen Richtung Mahdia:

** *Les Palmiers,* Tel. 460152, Fax 460150. Einfache Ferienanlage am Strand von Skanes, DZ 31 D.

* *Yasmin,* Route de la Falaise, Tel. 462511. Gemütliche maurische Villa 2 km vor der Marina, mit kleinem Garten, netter Empfang, gutes Essen. Durch den Alkoholausschank abends etwas laut. Zum Meer über die Straße, eine Treppe führt die Steilküste hinunter zu einer winzigen Sandbucht. Sauber, 10 Zimmer mit und ohne Bad, DZ 27 D. Sichere Parkmöglichkeit im Hof.

***** *Club Mediterranée,* am Jachthafen, Tel. 460033, Fax 460727. Schön und zentral gelegen, DZ 116 D.

Résidences de la Marina, am Jachthafen, Tel. 462305, Fax 464999. Die reizvollste Art, in Monastir seine Ferien zu verbringen. Rund um den neuen Jachthafen wurde eine hübsche Siedlung gebaut, die den Eindruck erweckt, in einer kleinen Stadt zu leben, statt in einer Hotelanlage. Und dabei sind die Wohnungen mit Küche, Telefon und Satellitenfernseher nicht teuer, 230 D pro Woche für ein Zwei-Zimmer-Appartement in der mittleren Saison. Der Hafen, Restaurants und Geschäfte liegen vor der Tür, Stadt und Strand sind nicht weit.

*** *Esplanade,* neben der Großen Moschee, Tel. 460148, Fax 460050. Zimmer mit Bad und Balkon, schöne Aussicht, aber sehr heruntergekommen.

Monastir Beach, Tel. 464766, Fax 463594. Raffiniert unter die Strandpromenade gebaut, direkt am schmalen Sandstrand. Restaurant, Bar. Große Zimmer mit funktionierendem Bad, für Leute mit schmalem Budget die witzigste Adresse, DZ 20 D. Parkmöglichkeit auf der Corniche.

*** *Ribat,* Tel. 461222, Fax 460214. Das gut eingerichtete Hotel arbeitet vorwiegend mit der Agentur Fram zusammen und hat selten Zimmer frei. VP 41 D pro Person. Zum schmalen Sandstrand über die Straße, von dort Damm auf die Taubeninseln.

**** *Habib,* Tel. 462944, Fax 460214. Ist vorwiegend von der Agentur Fram belegt.

Monastir Hotels

*** *Sidi Mansour,* Tel. 461311, Fax 460980. Zum Strand über die Promenade, 500 m vom Zentrum, klimat. Zimmer, etwas alt, DZ 46 D.

*** *Monastir Centre,* Av. H.B., Tel. 467800, Fax 467809. Das erst 1994 eröffnete, sehr schön eingerichtete Haus hat den Standard von vier Sternen, abträglich ist nur der ungünstige Weg zum Strand. 150 klimat. Zimmer, Pool, Hallenbad, Hammam, Sauna, Massage. DZ 52 D.

Skanes Hotels

Skanes (ab Flughafen nach Norden):

**** *Kuriat Palace,* Tel. 461369, Fax 460049. Direkt am Flughafen, dadurch Lärmbelästigung.

**** *Helya Beach,* Tel. 464411. Direkt am Flughafen.

**** *Festival,* Tel. 467555, Fax 467477. Direkt am Flughafen. Mit Hallenbad, schöne Zimmer mit TV.

**** *Skanes Palace,* Tel. 461350, Fax 460294.

**** *Jockey-Club,* Tel. 461833, Fax 460980. In einem Palmenhain am Sandstrand, schöne, klimat. Zimmer.

*** *Ruspina,* Tel. 460360, Fax 460364.

**** *El Hana,* Tel. 460666, Fax 462709.

*** *Sahara Beach,* Tel. 461088, Fax 460466.

*** *Tropicana Club,* Tel. 460444, Fax 460553.

** *Tanit,* Tel. 464790, Fax 462769.

*** *Garden Beach,* Tel. 466393, Fax 466382.

** *Club Calimera,* Tel. 466600, Fax 630867.

** *Résidence Chems,* Tel. 466290, Fax 462218.

*** *Abou Nawas Sunrise,* Tel. 466644, Fax 466282.

**** *Robinson Club,* Tel. 427515, Fax 427522.

** *Club Sangho Farah,* Tel. 466190, Fax 466475.

*** *Houda,* Tel. 466800, Fax 466333.

*** *Palm Inn.* Neues Haus direkt am Strand gegenüber dem Golfplatz mit klimat. Zimmern, Hallenbad, Tennis.

*** *Eden Club,* Tel. 466610, Fax 466616.

Monastir Jugendherberge

Rue d'Alger Nähe Busbahnhof, Tel. 461216. Etwas schmutzig, keine Campingmöglichkeit.

Restaurants

Monastir ist infolge des Tourismus für tunesische Verhältnisse ein teures Pflaster. Die mit Gabeln ausgezeichneten Restaurants bieten ein gemütliches Intérieur und Alkoholausschank, die einfachen ohne Wein und Klassifizierung aber oft das bessere Essen. Ein Fleischgericht in einem Lokal mit Alkohol kostet ab ca. 5 D, eine Flasche Wein 5 - 7 D. Lokale ohne Alkohollizenz sind gut die Hälfte billiger. In der Marina sind etliche mit Prädikat versehene Lokale, von denen das *Marina The Captain* (3 Gabeln) am meisten gelobt wird. Es gibt tunesische und internationale Küche, besonders Fischspezialitäten. Hinter der Bourguiba-Moschee bekommt man in dem preiswerten und sauberen *El Baraka* einen Couscous für 3 D.

Ein guter Italiener ist *Chez Piero* im Stadtteil Zone Stade, zu erkennen am großen Eiffelturm. Ab Hotel Yasmin Richtung Zentrum kommt man daran vorbei.

Magasin Générale (5) in der Rue de l'Indépendance (Medina) und in der Marina, **Monoprix** in der Av. H.B., jeweils mit Alkoholverkauf (wegen der vielen Touristen auch am Freitag). Die **Markthalle** ist an der südlichen Stadtmauer in der Nähe der Kongreßhalle und bietet am Vormittag neben Fleisch und Gemüse preiswert frischen Fisch. Freitagnachmittag und Samstagmorgen ist an der Straße nach Kairouan entlang den Eisenbahngleisen ein Gemüse- und Kleidermarkt.

Der **Bahnhof** unweit des Bab el-Gharbi ist von der Hotelzone mit einer Bimmelbahn zu erreichen. Viermal täglich startet ein Zug nach Tunis (Preis zwischen 5,400 D und 8,550 D), Verbindungen in den Süden über Sousse. Die **Metro du Sahel** startet vom gleichen Bahnhof, zwischen 6 und 19 Uhr geht mehr als stündlich ein Zug nach Sousse mit Halt am Flughafen, Mahdia ist in der gleichen Zeit achtmal zu erreichen, Moknine um 12.25 und 17.25 Uhr. Außerdem fahren am **Louage-Halteplatz** in der Rue Trimeche Wagen in alle Richtungen. Der Gare Routière ist unweit des Bab el-Gharbi. Der **Flughafen** ist bei Skanes 10 km außerhalb, Tel. 460300.

Monastir Richtung Mahdia verlassen. Die Küstenstraße weiter nach Mahdia ist äußerst verkehrsreich, wo der eine Ort aufhört, beginnt der nächste. Der fruchtbare Boden begünstigt eine intensive Landwirtschaft, daneben gibt es etliche Produktionsbetriebe. Zahlreiche Ruinen zeugen von der Bedeutsamkeit der Region zu römischer Zeit. Der vierspurige Ausbau wurde 1994 begonnen. Es ist ebenso möglich, die Corniche entlang des alten und des modernen Fischerhafens zu fahren, doch sind die Gerüche, nur wenige Kilometer von dem Strandbetrieb entfernt, hier alles andere als angenehm.

Nach 8 km liegt **Khniss** rechts der Straße. In **Ksibet el-Mediouni**, km 11, ist ein schöner Souk am Donnerstag. Einst war Kairouan die unbestrittene Metropole der Teppichknüpferei, bis vor etwa 40 Jahren eine junge Frau nach Ksibet heiratete und diese Kunst mitbrachte. Heute steht die ganze Stadt unter dem Zeichen der Wollverarbeitung, haben die Teppiche von Ksibet die von Kairouan an Menge und Qualität überrundet, fast jedes Haus hat einen Knüpfstuhl. Am Souktag ist von 15 - 16 Uhr in einem Gebäude beim Markt eine Teppichversteigerung, zuvor werden die Teppiche geprüft und mit einem Kontrolletikett versehen. Kunden sind die Einkäufer der Teppichhäuser. An den Markttagen sieht man vielfach noch Frauen mit den traditionellen Haiks der Region, schweren Umhängetüchern aus Schafwolle mit mehreren Reihen dicker Wollfransen.

Leptis Minor Museum
9 - 13, 14 - 18 Uhr, 600 M + 1 D für Fotoserlaubnis.

Am Ortseingang von **Lamta** ist direkt am Meer das 1992 eröffnete *Museum* inmitten der Ruinenstätte des römischen *Leptis Minor*, das erstmals im 4. Jh. v. Chr. als befestigte, libysch-phönizische Siedlung genannt wird. Hier ging Hannibal an Land, als er im 2. Punischen Krieg aus Italien zurückkehrte. Im 3. Punischen Krieg auf der Seite Roms gehörte es zu den sieben punischen Städten, die ihre Freiheit bewahrten, seine Bürger bekannten sich 46 v. Chr. als erste zu Caesar. In der Kirchengeschichte wird Leptis von 256 bis 641 erwähnt, ein byzantinischer Kommandant residierte hier.

Eine amerikanische Archäologengruppe kümmert sich seit 1991 um die alte Stadt; ein Raum mit römischen, ein zweiter mit punischen Fundstücken - darunter ein Holzsarg mit Skelett - wurden bereits hergerichtet, die Geschichte dokumentiert. Zu Anfang des Geländes die schon freigelegten Thermen mit schönen Mosaiken von Löwe und Tiger, von der einstigen Hafenmole sind noch Reste zu sehen.

Ksar Hellal
Souk Dienstag

Hotel

Mittelpunkt der Textilindustrie ist **Ksar Hellal** mit 30.000 Einwohnern. Von Männern werden die buntkarierten Stoffe für die Melias der Berberfrauen gewebt, die jungen Frauen arbeiten in ausländischen Textilfabriken, die ihre Stoffe unter Zollausschluß zu billigen Löhnen nähen lassen. In dieser Stadt wurde 1934 die Neo-Destour-Partei gegründet. Unterkunft in dem kleinen *Hotel El Yamama*, Tel. 03-472810, DZ 14 D.

Moknine
Souk Mittwoch

Moknine mit etwa 35.000 Einwohnern liegt am Rand des gleichnamigen Salzsees und ist für seine Keramiken und seinen Goldschmuck bekannt, der auf einem viereckigen Platz inmitten der Altstadt verkauft wird. Außerhalb des Markttages sind die meisten Läden allerdings zu. Das Museum in der ehemaligen Moschee Sidi Bebana aus dem 13. Jh. wurde geschlossen, ein Neubau ist geplant.

Teboulba hat ein malerisches Zentrum mit herrlichen Moscheen, der große Fischerhafen liegt 3 km entfernt. In dem Dorf **Bekalta** führt am Ortsanfang an der Post eine Teerstraße in 6 km zu dem römischen *Thapsus*, wo Caesar 46 v. Chr. König Juba schlug. Dieser ehemals punische Ort bestand schon seit dem 4. Jh. v. Chr.. Die kärglichen Ruinen und die Hafenmole sind in der Nähe des neuen Hafens.

Nach 45 km ist Mahdia erreicht.

Mahdia - Die Gouvernoratshauptstadt mit 36.000 Einwohnern liegt **Mahdia**
reizvoll auf der felsigen Halbinsel Cap d'Afrique am Meer und hat
einen bedeutenden Fischerhafen. Die Fangergebnisse werden am
Ort zu Konserven verarbeitet. Nur wenige Touristen bleiben in der
hübschen Stadt, die Hotelzone liegt an der nördlichen Küste an
einem herrlichen Sandstrand. Die malerische Uferstraße führt um
den Rand der Landzunge vorbei an Stadtzentrum, Festung und
Leuchtturm zu den Hotels.

Schon die Phönizier erkannten die strategisch günstige Lage und **Geschichte**
gruben ein Hafenbecken, das noch heute genutzt wird. Weitere
Überreste sind jedoch weder aus punischer noch aus römischer
Zeit erhalten. Im Jahr 1907 wurde vor der Küste ein 86 v. Chr.
gesunkenes Schiff mit Ladung gefunden, es ist im Bardo in Tunis
ausgestellt.
Bedeutung erhielt der Ort erst, als 921 der Fatimide *Obayed Allah
El Mahdi* seine Residenz von Kairouan in die von 912 bis 920
errichtete und nach ihm benannte Stadt verlegte. Auf der Halbinsel lag die riesige, nahezu uneinnehmbare Festung, zur Landseite gesichert mit einer elf Meter dicken Mauer. Nur der ängstli-
che Pascha, seine Familie und Soldaten hatten Zugang, die Bürger lebten in der westlich gelegenen Vorstadt Souila. Nach dem
Weggang der Fatimiden nach Ägypten bekam Mahdia nie mehr
einen Rang als Residenzstadt. Im 12. Jh. nahmen die Normannen die Stadt ein, später die Spanier. Unter ihnen verkam Mahdia
von einer blühenden Handelsstadt zu einem Gefängnis für spanische Sträflinge. Als die Spanier 1554 abzogen, sprengten sie die
Festung, nur wenige Mauern überlebten die totale Zerstörung.

Das Stadtzentrum liegt am Beginn der Halbinsel nicht weit vom **Stadtrundgang**
modernen Fischerhafen. Der Zugang zur Altstadt führt durch die
Skifa El Kahla (d.h. schwarzes Tor), dem einzig verbliebenen Tor- **Skifa El Kahla**
bau der Stadtmauer. Er wurde erst nach der Zerstörung durch die
Spanier mit den alten Steinquadern erbaut, gibt aber mit einer
Tiefe von 44 Metern eine Vorstellung von der einstigen Stärke.
Vom Dach erschließt sich ein herrlicher Blick über die ganze Halb-
insel, doch ist der Aufgang seit einiger Zeit wegen Baufälligkeit
gesperrt.
Gleich hinter dem Tor liegt das Informationsbüro des ONTT. Die
Altstadt hat für eine arabische Medina unübliche breite, gerade,
gepflasterte Gassen, in der Hauptgasse Rue Obayed Allah el
Mahdi sind einige Souvenirgeschäfte, aber auch noch zahlreiche
Läden für den Bedarf der Einheimischen. Die Stadt ist für ihre
Goldschmiede berühmt. Nur wenig abseits hört man das Klap-
pern der Webstühle, noch bekannter sind die hier gefertigten Dek-
ken und Stoffe für traditionelle Frauenkleidung. Die Hochzeits-
Melias sind aus Seide mit Gold- und Silberfäden. Hierhin verirren
sich nur wenige Touristen, die Weber lassen sich gerne über die
Schulter schauen und ein Foto ist gegen ein Lächeln und ein Lob

Mahdia

ihrer Arbeit möglich. Etwas weiter ist auf dem kleinen, baumbestandenen Platz Du Caire ein lauschiges Straßencafé vor den fayencengeschmückten Toren der *Mustapha-Hamza-Moschee.*

**Freitag
schöner Souk**

Besonders schön ist der *Souk* am Freitag. Neben alltäglichen Dingen bietet vor allem der lange Tordurchgang eine Fülle von Schätzen. Frauen verkaufen handgearbeitete kostbare, golddurchwirkte Westen, Kopfhauben, Kleider und Tücher für die traditionelle Hochzeit. In der Gasse hinter dem Torbogen breiten Juweliere auf kleinen Tischen pfundschwere Arm- und Fußringe aus Gold und Silber aus - unverzichtbare Geschenke für die künftige Ehefrau und Vermögensanlage. Die reiche Auswahl zeigt, daß Mahdia kein armer Ort ist. Außerdem werden die in den Werkstätten hergestellten Seidenstoffe, Burnusse und Wolldecken angeboten. Weiter zum Hafen zu ist die ausgedehnte Textilabteilung und der libysche Markt, die Stände werden schon am Vorabend aufgebaut.

Bordj El Kebir
9 - 13, 15 - 18 Uhr,
600 M.

Direkt am Meer ist die mächtige, in den 60er Jahren nach alten Grundrissen neu erbaute Moschee des Mahdi. Sie hat kein Minarett und wirkt eher wie eine Festung. Vom Hafen aus auf der Uferstraße nach Westen folgt das *Bordj El Kebir*, wie die Skifa 1595 erbaut. Eine Besichtigung ermöglicht vor allem einen herrlichen Blick auf die Landzunge. Um den Hügel schmiegen sich malerisch die weißen Grabsteine eines islamischen Friedhofs, in der Tiefe sind das alte punische Hafenbecken und spärliche Ruinen zu sehen. Die Straße rund um das Cap führt direkt über den Friedhof.

**Mahdia
Information**

Telefonvorwahl: 03

ONTT, Tel. 681098. In der Altstadt bei Skifa.

Hotels

Die *Hotelzone* liegt an der nördlichen Küste am breiten Sandstrand. Es gibt noch zahlreiche freie Strände, die leider nicht sehr gepflegt und mit Algen und Pflanzenresten überhäuft sind. Zum Stadtzentrum sind es 3 - 8 km.

* *Sable d'Or,* Tel. 681137, Fax 681431. Preiswertes Haus am schönen Sandstrand, das dennoch alles bietet mit maurischem Café, Tennis, Boutiquen. Bungalows mit Terrasse, ruhig gelegen. DZ 27 D.

*** *El Mehdi,* Tel. 681300, Fax 680309. Mit Hallenbad, sehr kinderfreundlich. DZ 40,800 D.

*** *Abou Nawas El Bordj,* Tel. 694677, Fax 696632. DZ 72 D mit VP.

*** *Club Cap Mahdia,* Tel. 680300, 681725, Fax 680405. DZ 68 mit VP.

*** *Cap Serai.* Kleine, neuerbaute Anlage mit klimat. Zimmern, Pool, Tennis.

*** *Thapsus,* Tel. 694495, Fax 694476. DZ 44,800 D.

in der Stadt:
Grand Hotel Panorama, Tel. 680039. Schönes Haus mit palmenbestandenem Vorgarten, zentral in der Stadt, nur wenige 100 Meter bis zur Skifa. Zimmer mit Balkon und Bad, DZ 18 D.

El Jazira, unweit der Skifa direkt am Meer. Tel. 681629. Einfach, aber beliebt, DZ 11 D

Rand, etwas außerhalb, Tel. 680525. Für ein einfaches Haus empfehlenswert. DZ 11 D.

Jugendherberge im Maison des Jeunes, 150 m vom Hafen. **Jugendherberge**

Magasin Générale in der Av. H.B., Alkohol nur in der Av. Ferhat **Selbstversorger**
Hached (Strandpromenade) im kleinen Laden neben Restau- **Souk**
rant Lido. Die **Markthalle** ist am Hafen vor der Großen Moschee. **Souk** am Freitag.

Der **Metro-Bahnhof** ist am westlichen Ende des Hafens an **Verkehrsverbindung**
der Straße nach Sfax, sie fährt nach Sousse und Monastir.
Von der **Louage-Station** direkt gegenüber kann El Djem erreicht werden. Der **Busbahnhof** ist am Place 1 mai gegenüber der Markthalle.

Im Juli/August werden die Nächte von Mahdia gefeiert mit **Fest**
Musik, Tanz, Theater- und Filmvorführungen, Festung und Hafen sind illuminiert.

7. SOUSSE - EL DJEM - SFAX
127 km Asphaltstraße GP 1.

Zwischen Sousse und M'Saken ist durchgehende Bebauung und viel Verkehr, doch dann folgt eine gute, zweispurige, von Alleebäumen beschattete Straße mit geringer Besiedelung. Schon lange vor dem Ziel taucht auf der weiten, mit Olivenplantagen bewachsenen Ebene ein ockerfarbiger Klotz auf, ein Amphitheater aus römischer Zeit.

El Djem, das nach 60 km bescheiden zu Füßen des Monumentalbaus liegt, hat heute etwa 12.000 Einwohner und läßt nicht die Vorstellung zu, daß seine Bewohner jemals das gewaltige Theater füllen konnten. Im Juni nutzt man die alten Mauern für ein sehenswertes Folklore-Festival, am Montag findet in den Gassen vor den Arkaden ein malerischer Wochenmarkt statt.

*Julius, am Ortseingang von Sousse, Tel. 03 - 690044. Net- **El Djem**
tes Haus mit Innenhof, großer Parkplatz, DZ 13 D. **Hotel**

El Djem
Verkehrsverbin-
dung

Anschluß an die Bahnlinie Tunis - Gabes, vom Gare routière
Busse und Louages nach Sousse, Mahdia und Sfax.

Römisches
Kolosseum
tägl. 7 - 18.30 Uhr,
2 D + 1 D für Fotos.

Geschichte

Thysdrus, wie El Djem in römischer Zeit hieß, produzierte das
kostbare Olivenöl für Rom, das zur Ernährung, als Brennstoff für
die Öllampen und zur Seifenherstellung gebraucht wurde. Schon
zu punischer Zeit besiedelt, erreichte Thysdrus zur Römerzeit eine
Einwohnerzahl von 20.000 bis 30.000, noch weit jenseits der heutigen Stadtgrenze stieß man auf Überreste von Straßen, die mit
prächtigen Villen gesäumt waren. Das Amphitheater wurde erst
um 200 n. Chr. begonnen und sollte mit den ungeheuren Ausmaßen den Reichtum der Stadt darstellen. Die Einwohner rebellier-
ten 238 n. Chr. gegen die Einführung einer Olivenölsteuer, die
ihnen nach dem Tod des aus Afrika stammenden Kaisers Alexan-
der Severus auferlegt werden sollte, und riefen den 80jährigen
Proconsul Gordianus zum Kaiser aus. Doch das Heer marschier-
te gegen Thysdrus und zerstörte die Stadt, der Wohlstand
schwand, der Bürgerkrieg dauerte noch bis zum Jahr 253.

Das Amphitheater ist mit einer Länge von 148 Metern das viert-
größte Kolosseum der römischen Welt und bot 60.000 Zuschauern Platz, die sich an den grausamen Kämpfen um Leben und
Tod ergötzten. Die breiten Sandstein-Mauern zwischen den Arkaden bewirken den wuchtigen Gesamteindruck. Der Boden unter
der ellipsenförmigen Arena ist von zwei sich im rechten Winkel
schneidenden Gängen sowie von gewölbten Räumen durchzo-
gen, die zur Unterbringung von wilden Tieren und den zum Tod
Verurteilten dienten. Im 7. Jh., als die arabischen Eroberer ins
Land drängten, wurde das Gebäude von den Berberstämmen als
Festung genutzt, aus dieser Zeit ist besonders *Kahina* bekannt,
die sagenhafte Königin eines Kabylenstammes, die entschlossen
gegen die Araber kämpfte. 1695 ließ Bey Mohammed eine Bre-
sche in die Außenmauer sprengen, da Nomaden und Bauern sich
jedesmal in dem alten Gemäuer verschanzten, wenn die unermeßlich hohen Steuern eingetrieben werden sollten.

Zum Bau der neuen Siedlung verwendeten die Einwohner einen
Teil der Quadern und sorgten so für noch größere Zerstörung,
doch wurden in jüngster Zeit umfangreiche Restaurierungsarbeiten
vorgenommen. Meist früh am Morgen laden Unmengen von Bus-
sen Touristenscharen aus, die eine Besichtigung nicht zum reinen Vergnügen machen.

Archäol. Museum
geöffnet wie
Kolosseum,
gleiches Ticket.

Zum *Archäologischen Museum* vom Amphitheater aus zum Platz
mit der Uhr, dort rechts auf die Straße nach Sfax. Ausgestellt sind
Skulpturen und andere Funde aus Thysdrus, die schönsten Stük-
ke befinden sich jedoch im Bardo. Auf dem Gelände hinter dem
Museum wird die alte römische Stadt ausgegraben, das Gelände

Kahina - die Berberkönigin

Als die Araber im 7. Jh. auf nordafrikanisches Gebiet eindrangen, um die Lehre Mohammeds mit Waffengewalt zu verkünden, wurden sie von den eingesessenen Berbern nicht gerade mit offenen Armen aufgenommen. Doch die Uneinigkeit und Rivalität der Stämme untereinander begünstigte die Araber.

Einzig Damia, die Königin des kabylischen Stammes der Djoraoua, der zum Judentum übergetreten war, verstand es der Legende nach meisterhaft, die Stämme zu versöhnen und gemeinsam gegen die Eindringlinge vorzugehen. Die von ihren Anhängern Kahina - die Prophetin - genannte Damia schlug 688 das Heer Hassan ben Nomans vernichtend.

Doch gleich darauf gab es wieder Querelen, die Hassan durch einen von Kahina an Sohnes Statt angenommenen jungen Araber hinterbracht wurden. Hassan verstärkte seine Truppe und erschien 693 vor dem damals uneinnehmbaren Kolosseum, in dem sich Kahina mit dem Rest ihrer Leute verschanzt hatte. Sie starb in einer offenen Entscheidungsschlacht den Heldentod, der arabischen Islamisierung war damit das letzte Hindernis genommen.

---

ist nur auf Nachfrage zu besichtigen. Freigelegt wurden bisher Grundmauern von drei Villen.

Die 64 km von El Djem nach Sfax führen zunächst vorbei an einem Salzsumpf, dann beginnt das weite Olivenanbaugebiet des südlichen Sahel.

Sfax - Die Gouvernoratshauptstadt ist mit 227.000 Einwohnern **Sfax** zweitgrößte Stadt des Landes mit Universität und wichtiger Industriestandort im Mittelpunkt des Olivenanbaues. Die Früchte der gut acht Millionen Bäume im Umland werden in den über 400 Ölmühlen weiter verarbeitet, an der Olivenbörse verkauft und zu einem großen Teil exportiert. Doch wachsen in den fruchtbaren Gärten vor der Stadt auch viele andere Obst- und Gemüsesorten, und jeder bessergestellte Sfaxi hat neben der Stadtwohnung ein Landhaus inmitten seiner Gärten. Es gibt viele Wohlhabende, die ihren Reichtum nach außen jedoch nicht zeigen.

Von Metlaoui werden per Bahn Phosphate herantransportiert, die in zwei Fabriken verarbeitet und in dem bedeutenden Hafen verschifft werden. Chemiebetriebe, die Fischfangflotte und Konservenfabriken bieten weitere wichtige Arbeitsplätze und ziehen die Landbevölkerung an.

Sfax wurde im 9. Jh. an der Stelle des unbedeutenden römischen **Geschichte** *Taparura* gegründet und erlebte schon bald aufgrund der großen Nachfrage nach Olivenöl eine Blütezeit. Dem wurde durch die Verwüstungen der Beni Hillal-Nomaden ein Ende gesetzt, später fielen die Normannen ein. Unter den Almohaden erholte sich die Stadt wieder, wurde aber 1881 bei der Eroberung durch die Fran-

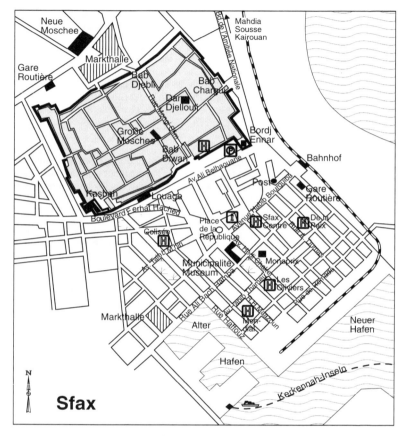

Sfax

Sfax

zosen sowie im 2. Weltkrieg schwer geschädigt. Die Medina blieb von diesen Angriffen zum Glück weitgehend verschont.

Medina

Kraß ist der Gegensatz zwischen der modernen, zur Protektoratszeit entstandenen Neustadt mit Banken, guten Hotels, schicken Cafés und breiten Boulevards und der traditionellen, rechteckig umwallten Medina mit ihren engen Handwerkergassen, versteckten Palästen und Moscheen.

Auf dem breiten Boulevard Ferhat Hached kommt der Autofahrer direkt zur Kasbah an der westlichen Ecke der Medina. Sie wurde im 17. Jh. von den Türken zur Verstärkung der aghlabidischen Stadtmauer aus dem 9. Jh. gebaut und dient heute als Freilichtbühne beim Internationalen Festival von Sfax. Dort beginnt die Hauptverkehrsader, die vierspurige Avenue Ali Belhaouane. Am Ende, vor dem Bordj Ennar aus dem 12. Jh., ist ein bewachter,

gebührenpflichtiger Parkplatz, der sich gut als Ausgangspunkt für **Sfax**
eine Stadtbesichtigung eignet. Haupteingang zur Altstadt ist das
1306 errichtete *Bab Diwan*. Es wurde im 2. Weltkrieg völlig zer- **Bab Diwan**
stört, aber originalgetreu wieder aufgebaut. Gleich in der ersten
Straße rechts sind mehrere einfache Hotels und billige Restaurants. Geradeaus führt die Rue Mongi Slim von Süd nach Nord
quer durch die Medina. Über die dritte Seitenstraße rechts, die
Rue de la Driba, gelangt man zum *Volkskundemuseum* in dem **Dar Djellouli**
Palast *Dar Djellouli* aus dem 17. Jh.. Zu sehen sind die Innenein- 9.30 - 16.30 Uhr,
richtung eines vornehmen Hauses und alte Kleidungsstücke. 600 M + 1 D für Fotos.

Die kleine Rue de la Grande Mosquée führt parallel zur Mongi
Slim zur *Großen Moschee*, die aus der Gründungszeit der arabi- **Große Moschee**
schen Stadt stammt und eine genaue Kopie der Kairouaner Okba-
Moschee darstellte, später aber mehrfach umgebaut wurde. Der
Gebetsaal ist mit Säulen des antiken Taparura geschmückt, ein
Besuch ist nicht möglich. Dann folgt der Souk des Etoffes, die
einzige touristische Straße der Altstadt. Die Rue des Teinturiers
als Fortsetzung endet am Bab Djebli, dort ist links noch vor der
Stadtmauer die kleine *Zaouia Abd el Kader* mit einem prächtigen
Eingangsportal, auch sie nicht zu betreten. Jenseits der Mauern
schließt sich die große Markthalle mit dem Fischmarkt an. Jeden
Morgen werden hier die reichhaltigen Fänge der Fischer versteigert. Gegenüber steht die neue Moschee.

Gegenüber dem Bab Diwan führt die Avenue Hedi Chaker direkt **Neustadt**
zum Platz der Republik, dem Herzen der modernen Neustadt.
Dort ist in einem der wenigen aus der Kolonialzeit erhaltenen **Archäol. Museum**
Gebäude die Municipalité, in deren Erdgeschoß ein *Stadtmuseum* 8.30 - 13, 15 - 18 Uhr,
mit archäologischen Funden aus der Umgebung eingerichtet wur- 600 M + 1 D für Fotos.
de. Am Abend sind die Straßencafés der weitläufigen Alleen gut
besucht.

Sehenswert ist der neue, moderne Fischer- und Industriehafen, **Hafen**
in dessen Umgebung ein großer libyscher Souk die Einwohner
mit allen denkbaren westlichen Waren vom Werkzeug über Autoersatzteile bis hin zum Kinder-Überraschungs-Ei versorgt. Der
Staat duldet diesen zollfreien Handel, um die Arbeitslosigkeit des
Landes nicht noch zu vergrößern. Markenzigaretten kosten dort
nur die Hälfte. Die Kerkennah-Fähre startet vom alten Fischerhafen, der vom Place de la République über die Avenue Habib
Bourguiba und dann links über die Rue Haffouz zu erreichen ist.
Dort ist eine zweite, kleinere Markthalle mit Fischverkauf.

Telefonvorwahl: 04 **Sfax**

ONTT, gegenüber Hotel Sfax Centre in der Av. H.B., Tel. **Information**
224606.

Sfax
Hotels

***** *Abou Nawas Sfax Centre*, Av. H.B., Tel. 225700, Fax 225521. Klimatisierte Zimmer mit allem Komfort, kein Pool, zentral. DZ 65 D.

**** *Syphax*, Tel. 243333, Fax 245226. Außerhalb der Innenstadt. DZ 65 D.

*** *Les Oliviers*, Av. Habib Thameur, Tel. 225188. Das Haus von 1923 ist immer noch empfehlenswert, Zimmer mit Bad, Pool. DZ 32 D.

*** *El Andalous*, Tel. 299100, Fax 299425. DZ 42 D.

** *Mondial*, 46, Av. Habib Maazoun, Tel. 226620. Zentral in der Neustadt. DZ 27 D.

** *La Colisée*, Rue Taieb M'hiri, Tel. 227800, Fax 299350. Zentral in der Neustadt, klimatisiert. DZ 25 D.

* *El Kitab*, Medina. Einfache Zimmer mit Toilette, Sammeldusche. 8 D.

De la Paix, 15, Rue Alexandre Dumas, Tel. 221436.

Maghreb, Medina, Tel. 220057. Einfache Zimmer mit Waschbecken, Sammeldusche. Die Bettwäsche ist nicht sehr sauber, die Zimmer sind hellhörig, aber ganz hübsch. DZ 8 D. Im Zimmer bereit stehen hier die traditionellen Kabkab, hohe Holzsandalen, die es nur in Sfax schon seit frühester Zeit gibt.

Ennasr, 100, Rue des Notaires, Tel. 222501. Erst 1992 eröffnet.

Jugendherberge

Route de l'Aérodrome (Straße nach Gafsa), Tel. 243207.

Restaurants

Am Hafen ist das Restaurant *La Sirene*, ein zwar einfaches, bei den Einwohnern jedoch recht beliebtes Fischrestaurant, das Alkohol ausschenkt. Eines der besten tunesischen Restaurants ist das *L'Olivier* in der Rue Habib Maazoun, das *Le Corail* trägt das Prädikat „3 Gabeln".

Selbstversorger

Modernes **Monoprix**-Warenhaus in der Av. Hedi Chaker (Neustadt), dort alkoholische Getränke. **Markthalle** am Ende der Medina außerhalb der Stadtmauer.

Verkehrsverbindung

Der **Flughafen** ist 8 km außerhalb an der Straße nach Gafsa. Bahn, Busse und Sammeltaxis halten die Verbindung zu allen Landesteilen. Der **Louageplatz** liegt vor der Stadtmauer in der Nähe des Bab Diwan. Der **Bahnhof** ist am Ende der Av. H.B., schräg gegenüber der **SNT-Busbahnho**f, ein zweiter Gare Routière ist unweit des Bab Djebli.

Fest

Internationales Festival im Juli.

Ausflüge

Vor der Stadt bieten zwei Hügel eine herrliche Aussicht auf die Olivenhaine und die Stadt, ein eigenes Fahrzeug ist jedoch notwendig. Auf der GP 81 nach Kairouan liegt nach 17 km ein 113 m hoher Hügel mit einem minarettähnlichen Aussichtsturm. Der zweite ist der bei km 15 an der GP 13 nach Sbeitla liegende, noch höhere Felsen „Signal de Cheridi" mit einem kleinen Pavillon.

Die Abfahrtsstelle ist im alten Fischerhafen nahe dem Zentrum, dazu am Bahnhof vorbei in die nächste Straße rechts. Tickets für Autofahrer direkt bei der Einfahrt. Die Fähre startet ab Sfax 7.30, 11.30, 15.00, 18.00 Uhr, ab Kerkennah 6.00, 9.00, 13.00, 17.00 Uhr (im Sommer häufiger) und befördert auch Fahrzeuge, Fahrzeit 75 Minuten. Es gibt leider viel zu wenige Fähren, so daß man damit rechnen muß, mehrere Schiffe abzuwarten, bis man einen Platz bekommt. Selbstversorger decken sich besser vorher in Sfax ein.

Kerkennah-Inseln
Anfahrt

Kerkennah-Inseln - Das reizvolle Archipel besteht aus den durch einen Damm verbundenen, bewohnten Inseln Chergui (d.h. die Westliche) und Gharbi (d.h. die Östliche) sowie fünf kleinen, unbewohnten Inseln. Sowohl Punier als auch Römer kannten die Inselgruppe, der geschlagene Hannibal wählte die seinerzeit *Cercina* und *Cercinitis* genannten Eilande zu seinem Verbannungsort. Schon damals gab es eine später zerstörte Brücke als Verbindung. Antike Überreste finden sich nicht mehr.

Die etwa 15.000 Bewohner des trockenen, kargen Archipels leben hauptsächlich vom Fischfang. Die vielen Dattelpalmen tragen infolge der hohen Luftfeuchtigkeit keine oder nur minderwertige Früchte, die Palmwedel werden zur Herstellung von Fischreusen verwendet. Ein Ferienaufenthalt ist - bedingt durch nur einige kleine Hotels - zum Glück noch ruhig und erholsam, nur ein englisches Unternehmen bringt wenige Pauschaltouristen. Die Sandstrände sind besonders bei Tauchern beliebt. Gegen eine Gebühr ist es möglich, die Fischer auf einer Fahrt zu begleiten. Vom Fährhafen Sidi Youssef im Südwesten von Gharbi bringt ein Bus die Reisenden zu den verschiedenen Dörfern, ein Hotelbus bedient den Ferienkomplex von Sidi Fredj bei Ouled Kacem. Wildes Campen ist verboten.

Telefonvorwahl: 04

Kerkennah

** *Farhat*, Tel. 281236, Fax 281237. Geräumige Zimmer mit Bad in Bungalows. Mit Pool, Tennis, Fahrradverleih, Nachtclub. DZ 34 D.

Hotels am Strand
von Sidi Fredj

** *Grand Hotel*, Tel. 281266, Fax 298496. Schöne, große Zimmer mit Bad, Pool, Tennis, Surfen. DZ 36 D.

Cercina, Tel. 281228, Fax 281262. Kleine, einfache Zimmer und Bungalows mit Bad, preiswert. Campingmöglichkeit auf der Wiese. DZ 22 D.

El Jazira, Tel. 281058. DZ 14 D.

Kerkennah
Hotels

El Kastil, Tel. 281212. Einfache Hütten ohne fließend Wasser, gutes, preiswertes Restaurant. DZ 16 D.

Fest

Im Juli findet ein sehenswertes Folklore-Festival statt.

8. SFAX - GABES

137 km Asphaltstraße GP 1, lebhafter Verkehr.

Nach Verlassen der Stadt erinnert ein Kriegsgräberfriedhof wieder einmal daran, daß im 2. Weltkrieg die alliierten Truppen in Tunesien gekämpft haben. Bei km 11, im Pinienwald nach den letzten Häusern der Vorstädte, erhebt sich an der Küste der Leuchtturm von **Thyna**. Dort lag in der Antike die wichtige punische Hafenstadt *Thaenae*, die später von Massinissa annektiert wurde. Nach dem 3. Punischen Krieg endete hier am Meer der eigens gezogene Grenzgraben zwischen dem numidischen Reich und der römischen Provinz Africa, bis die Römer auch Numidien übernahmen und den Hafen ausbauten.

Ruinenstätte
Thaenae

Zur Ruinenstätte nach dem Leuchtturm rechts abbiegen. Das Gelände ist Militärgebiet, fotografieren streng verboten. 1994 waren Ausgrabungen im Gange, auch ein Wächterhaus wurde gebaut. Zum Meer hin liegt ein Thermenkomplex mit drei mosaikverzierten Becken. Teile von Häusern, Zisternen und eines Dionysostempels wurden freigelegt, im Pferdestall wurde eine leider zerbrochene Pferdefigur aus Marmor gefunden. Die zum Teil gut erhaltenen Bodenmosaiken sind zum Schutz mit Sand abgedeckt, sollen aber später zu besichtigen sein. Teilweise wurden die römischen Mosaike von den Byzantinern mit neuen Bildern überlagert.

Kurz nach **Nakta**, 25 km nach Sfax, geht eine Straße in 5 km zum *Plage de Chaffar*, dem beliebten Badestrand der Bewohner von Sfax, die dort schöne Sommerhäuser errichtet haben. Der Fischerort **Mahares** liegt bei km 33 direkt am Meer, hat jedoch keinen Sandstrand. Der langgezogene Straßenort veranstaltet jährlich im August ein Festival der Bildhauerkunst, viele der Skulpturen sind an der Uferpromenade ausgestellt.

Mahares
Hotels

*Marzoug, Tel. 04-290261, DZ 24 D und *Younga*, Tel. 04-290334, 290098, DZ 12 D. Beide Hotels links der Hauptstraße in Strandnähe.

Weiter geht es vorbei an endlosen Olivenhainen. Bei km 44 weist das Schild „Younga" auf eine Piste, die in 3,5 km zu einer aghlabidischen Festung auf byzantinischen Grundmauern führt. Nach 81 km passiert die Straße den Ölausfuhrhafen **Skhirat**, zu dem eine Pipeline saharisches Öl über viele 100 km heranschafft und bei km 105 wird **Akarit** passiert, ein wichtiger Kampfplatz des 2.

Weltkrieges. Für Teppichliebhaber ganz besonders zu empfehlen ist bei km 120 ein Abstecher nach Oudref, bevor nach weiteren 16 km Gabes erreicht wird.

Oudref mit seinen 12.000 Einwohnern ist auf den ersten Blick ein unscheinbarer Ort. Aber seine Entwicklung in den letzten Jahren ist typisch für die Aufwärtsentwicklung des jungen tunesischen Staates. Noch zur Kolonialzeit Marktzentrum eines Beduinenstammes mit wenigen festen Häusern, haben heute die meisten Einwohner mittleren Alters eine solide Ausbildung genossen und arbeiten in qualifizierten Berufen. Viele neue, von außen unscheinbare Häuser entstanden, innen aber modern mit Küche und Bad ausgestattet.

Oudref
Stadt der Mergoum-
Teppiche

Souk am Samstag

Die Frauen sind berühmt für ihre handgewebten *Mergoum-Teppiche* aus Schafwolle mit geometrischen Formen. Nahezu jede Frau übt diese Heimarbeit aus, deren Kenntnis von der Mutter auf die Tochter vererbt wird. Während früher als „Diplom" für die Heiratsfähigkeit der jungen Mädchen vor allem die Kunst des Mergoumwebens gefragt war, suchen die jungen Männer heute eine Braut, die noch dazu einen Beruf ausübt. Genau wie in Europa arbeiten die meisten Ehefrauen in Büros, Schulen oder Krankenhäusern und kümmern sich nebenbei um Haushalt und Familie, tatkräftig unterstützt von ihren Männern. Bemerkenswert für einen Ort so weit im Süden. Doch auch die berufstätigen Frauen sitzen jede freie Minute am Webstuhl.

Die *Société de Tapis* kümmert sich um den Verkauf der Teppiche, die mit einem Kontrolletikett versehen werden. Angeschlossen ist eine große Spinnerei, die Wolle auch in andere Landesteile verkauft. Jedes Jahr Ende Juli findet das *Festival der Mergoum-Teppiche* statt. In der Grundschule werden die besten Arbeiten ausgestellt, die Muster erklärt und der Webstuhl vorgeführt, aber auch die Tradition des Stammes gezeigt, z.B. der Ablauf einer Hochzeit. Für die Weberinnen sind diese zehn Tage ein besonderes Fest, ist es doch die einzige freie Zeit des Jahres.

Société de Tapis
8 - 12, 15 - 19.30 Uhr.

Festival im Juni

Zur Genossenschaft an der Tankstelle am Ortseingang rechts abbiegen. Auskunft gibt auch der Beauftragte für das Festival, *Zribi Fakhri*, bei der Municipalité. Wer schon einmal in einem Teppichladen über Preise verhandelt hat, wird erstaunt sein, wie preiswert hier Teppiche und die schönen Satteldecken angeboten werden, man rechnet mit etwa 32 D pro qm.
Unterkunft im nahen Gabes.

Gabes - Diese einzige Meeresoase Nordafrikas mit rund einer halben Million Dattelpalmen gibt einen ersten Vorgeschmack auf den großen Süden mit seiner Wüste, den Salzseen und Palmenhainen und ist eine Zwischenstation wert. Die Stadteinfahrt ist gesäumt von Verkaufsständen mit Datteln, Keramik und Korbwaren. Durch das feuchte Meeresklima ist die Qualität der Datteln

Gabes

Lakhmi - Wein aus Palmsaft

Eine Spezialität der Palmenoase Gabes ist der Lakhmi. Alten oder zu eng stehenden Palmen schlägt man die Krone ab und befestigt Gefäße am oberen Stammende, um die austretende Flüssigkeit aufzufangen. Zunächst treten pro Tag 2 - 3 Liter aus, dann aber bis zu 10 Liter, bis die Palme nach etwa drei Monaten tot ist. Der Geschmack ist ähnlich wie Federweißer, zunächst süßlich, später vergoren mehr herb und alkoholhaltig. Die Wirkung ist ebenso durchschlagend.

Die Verkaufsstände am Straßenrand vor Gabes bieten den süßen, frisch gewonnenen Palmsaft an, das schon gegorene, alkoholhaltige Getränk zu verkaufen ist ihnen verboten.

Gabes

nicht so gut wie z.b. in dem heißen Tozeur. In den Gärten wird daher unter dem schattenspendenden Dach der Palmen eine Vielzahl von Obstsorten angebaut sowie Gemüse, Tabak und ein wenig Wein. Für den organisierten Tourismus ist Gabes mehr eine Etappenstation, eine Kutschfahrt durch die Oase gehört zu jeder Rundreise.

Die früher bis ans Meer reichenden Palmengärten sind heute von Bauten etwas zurückgedrängt worden, im Vorort **Gannouche**, einst ein Oasenbauerndorf, fristen die Bäume ein kümmerliches Dasein aufgrund der Nähe des Zementwerkes, das ungeheure Mengen Staub in die Luft pustet und den Himmel verdüstert. Zwischen Gabes und Gannouche ist ein bedeutendes Industriezentrum entstanden, das ein Baden in der einst reizvollen Meeresbucht unmöglich macht.

Geschichte von Gabes

Die günstige Lage am Meer zwischen Wüste und Steppe erkannten schon die Phönizier, die Römer bauten den Karawanenknotenpunkt als *Tacapae* weiter aus. Der aus dem 6. Jh. bekannte Namen *Gadabis* zeigt Verwandtschaft mit dem heutigen Gabes. Die gute Verkehrslage brachte jedoch auch Räuber und Eroberer mit sich, so daß aus dieser Zeit keine Bauwerke erhalten sind.

Im 7. Jh. kam *Sidi Boulbaba*, der Barbier Mohammeds, an diesen Ort. Er baute eine Moschee und gilt als Begründer des islamischen Gabes. Im zweiten Weltkrieg wurde die von Deutschen und Italienern besetzte Stadt von den Alliierten heftig bombardiert und stark zerstört. Einen regelrechten Aufschwung erlebte Gabes nach dem Krieg durch die Ansiedlung von Industriebetrieben (Chemie, Phosphatverarbeitung, Zementwerk, Raffinerie) und hat heute gut 75.000 Einwohner. Das Stadtgebiet ist vom Palmenhain durch das breite Oued Gabes getrennt, das bei Regenfällen bedeutendes Hochwasser führen kann und schon schwere Schäden verursachte. Deshalb hat man 1969 einen Kanal gebaut, der das Wasser unter Umgehung des Ortes direkt zum Meer ableitet.

Von Norden her ist am Ortsanfang auf der linken Seite die Station für die Pferdekutschen, mit denen man eine Oasenrundfahrt machen kann. An der Station beginnt geradeaus die Avenue Ferhat Hached, eine der beiden Hauptgeschäftsstraßen. Links parallel dazu verläuft die Avenue Habib Bourguiba, an deren Beginn auf der linken Seite ein kleiner Souk mit Gewürzen, Datteln, Früchten und Flechtwaren ist. Dort an der Agil-Tankstelle links ab kommt man nach wenigen 100 Metern zu der Jugendherberge mit Campingplatz. In der Avenue Ferhat Hached gegenüber dem großen Gebäude der Post ist ein ONAT-Artisanat.

Gabes

Stadtrundgang

In der Avenue Habib Bourguiba folgen mehrere preiswerte Hotels, die Post, Banken und Restaurants. Am Ende, dem Place de la Libération, mündet die Avenue Ferhat Hached ein, ferner der Boulevard Mohammed Ali. Dort sind die beiden Hotels Atlantic und Nejib, ein schönes Gartencafé und das *Syndicat d'Initiative*. Noch etwas vorher, in einem Verbindungsweg der Straßen, ist das reizende, mit Kacheln verzierte maurische Café El Chicha. Nach Vereinigung der drei Straßen in die Avenue Habib Thameur führt diese zum Fischerhafen und danebenliegenden Sandstrand. Das ehemalige Casino am Strand wird heute als maurisches Café genutzt. Dort sind die beiden einzigen Strandhotels der Stadt, die vorwiegend als Rundreisequartier genutzt werden. Gabes ist schon wegen seiner Industriezone als längerfristiger Aufenthaltsort nicht geeignet.

An der Straße nach Matmata ist das kleine *Museum* für traditionelle Kleidungsstücke und Gegenstände des täglichen Lebens, die Anfahrt ist gut beschildert. Das Museum ist in einer ehemaligen Medersa, d. h. eine Schule zum Studium des Koran, untergebracht, erbaut im Jahr 1692 durch Mohammed Bey. In den ehemaligen Schülerklausuren hat man einen Rundkurs zu den Schaustücken gebildet. Nebenan ist das Grab von Sidi Boulbaba, dem Freund und Barbier Mohammeds, der um 680 an diesen Ort kam und die erste Moschee erbaute. Der Innenhof des Gebäudes ist frei zugänglich, ein Blick in die Gebetsräume gestattet. Die *Moschee Sidi Boulbaba* auf der gegenüberliegenden Seite ist dagegen wie üblich für Nicht-Muslime geschlossen.

Volkskundemuseum
Winter 9.30 - 16.30 Uhr,
Sommer 8 - 12,
15 - 19 Uhr;
600 M, 1 D Fotos.

Oasenrundfahrt - Schön und erholsam im Gegensatz zur belebten Stadt ist eine Fahrt mit der Pferdekutsche in die blühenden Oasengärten. Vor allem in das 4 km außerhalb gelegene Chenini, das unter seinen schattigen Palmen das Hotel Chela-Club birgt. Am Ortseingang von Gabes stehen auf der linken Seite Kaleschen. Eine gut einstündige Fahrt nach Chenini im Wagen für bis zu vier Personen kostet 10 Dinar, wenn man mehr verlangt, weisen Sie daraufhin, daß es vom Tourismusbüro kontrollierte Festpreise gibt.

Oasenrundfahrt

Die Fahrt ist auch mit dem eigenen Wagen möglich, der Weg in

Gabes
Oasenrundfahrt

die Oase beginnt rechts vorbei an der neuen Busstation. Pferde-äpfel zeigen die Route des touristischen Rundkurses. Nach dem Busbahnhof rechts den Weg in die Oase einschlagen. Gleich danach kommt eine Gabelung, rechts ab. Nach 2 km erneut Gabelung, diesmal links weiter.

Nach 500 m kommt man nach **Chenini**. Der Name ist übrigens nicht zufällig gleichlautend mit dem südlich von Tataouine gelegenen Berberdorf. Vor vielen hundert Jahren war ein Teil der dortigen Einwohner in die fruchtbare Oase ausgewandert. In der Dorfmitte rechts abbiegen. Am weißen Marabut vorbei geht es wieder in den Palmenhain und bald darauf zum Café des Cascades, schön schattig unter Palmen. Danach folgt ein nur 2,35 m hoher Torbogen. Wenig danach - an der Gabelung rechts halten - liegt ein großer, von Souvenirständen flankierter Parkplatz, Ziel jeder Oasenrundfahrt. Dort ist ein kleiner *Zoo* mit Krokodilfarm sowie einigen anderen Tieren, natürlich auch Schlangen und Skorpionen. Die kümmerlichen Steinbrocken vor der Zisterne nebenan weisen darauf hin, daß hier schon zur römischen Zeit ein Damm Wasser zur Bewässerung der Oase staute.

Zoo
Eintritt 500 M.

Von hier führen Wege in die Palmengärten, viel frequentiert von Reisegruppen, doch ist es für den Einzeltourist sicher schöner, etwas abseits seinen eigenen Weg zu finden. Wer mit Ruhe durch den schattigen Hain schlendert, kann leicht eine Einladung zu einem Tee in den Gärten erhalten und das gerade reife Obst kosten. Vielleicht haben Sie sogar Glück und ein Oasenbauer lädt Sie ein, vom Lakhmi, dem Palmenwein, zu probieren.

Vom Parkplatz weiter auf der Straße kommt man wieder nach Chenini. Wenn man an der Abzweigung links fährt, dann am Rondell rechts dem Wegweiser Hotel Chela Club folgt, ist nach 1 km ein kleiner Parkplatz, von dem sich ein hübscher Blick auf die tiefer liegende Oase bietet. Kurz danach das sehr attraktiv und ruhig unter Palmen liegende Hotel. Auch von dort sind erholsame Spaziergänge in die Gärten möglich. In der Nähe des Hotels sind noch zahlreiche Bunker und Kommandostände aus dem zweiten Weltkrieg.
Wieder zurück nach Chenini, an der Abzweigung geradeaus folgt ein Rondell, dort rechts in die Gärten. In dem kleinen Dorf danach am Stopschild rechts kommt man wieder durch den Palmenhain und zum Ausgangspunkt der Tour am Busbahnhof.

Gabes

Telefonvorwahl: 05

Information

Syndicat d'Initiative gegenüber Hotel Nejib, Tel. 270254.
ONTT, Av. Ferhat Hached, Tel. 270254.

*** *Oasis,* 159, Bd. Ferhat Hached, Tel. 271381, Fax 271749. Am Sandstrand, DZ 36 D.

** *Chems,* neben Oasis, Tel. 270547. Am Sandstrand, DZ 36 D.

** *Nejib,* Av. H.B., Tel. 271686. Die Fenster zur gegenüberliegenden Kaserne sind mit Hinweisen verklebt, daß Fotografieren nicht gestattet ist.

** *Tacapes,* Av. H.B., Tel. 270700.

* *Atlantic,* Am Ende der Av. H.B., Tel. 272417, Tel. 270034. Stilvolles Haus aus der Kolonialzeit, schöne Terrasse, Restaurant, Bar. Netter Empfang, empfehlenswert. DZ 23 D. Hier hat General Rommel während des Krieges gewohnt.

Keilani, Av. H.B., Tel. 270320. DZ mit Bad 10 D. Empfehlenswert für Reisende mit wenig Geld.

Regina, Av. H.B., Tel. 272095. DZ mit Bad, 14 D. Empfehlenswert.

De la Poste, Nebenstraße der Av. H.B., Tel. 270718. DZ 7 D. Sehr einfach.

Mourad, Av. H.B., Tel. 270513. 9 D.

Chela Club, Oase Chenini, Tel. 224446, 270442. Bungalows mit Bad inmitten eines blühenden Gartens im ruhigen, schattigen Palmenhain, preiswert, sehr empfehlenswert. Leider unfreundliches Personal und schlechtes Essen. DZ 24 D.

Gabes Hotels

Campingplatz und *Jugendherberge* in der Rue de l'Oasis (siehe Ortsbeschreibung).

Camping Jugendherberge

Gegenüber dem Hotel Nejib sind die recht vornehmen und entsprechend teuren Restaurants *El Mazar* (2 Gabeln) und *L'Oasis* (1 Gabel) mit Alkoholausschank. Preiswerter und ebenfalls gemütlich ist das Restaurant *Du Pacha* in der Avenue Ferhat Hached, das Alkohol ausschenkt. Sehr preiswert, dabei nett und gemütlich ist *La grande Bouffe* in der Av. H.B.

Restaurants

Marktviertel am Beginn der Av. H.B., **Magasin Générale** in der Av. Bechir Jazira und Mongi Slim, dort wird kein Alkohol verkauft, aber in der Av. H.B. nicht weit vom Hotel Tacapes in der Epicerie ist ein kleiner Weinladen.

Selbstversorger

Gabes ist Endpunkt der von Tunis kommenden **Bahnlinie** und hat so gute Verbindung. **Busse** fahren vom neuen Gare routière am Ortsanfang nach Tunis, Tataouine, Medenine und Tozeur. Die **Louage-Station** liegt an der Durchgangsstraße GP 1. Siebenmal täglich fährt ein Bus nach Matmata.

Verkehrsverbindung

Ausflug nach Matmata

Eine Fahrt zu dem Berberdorf **Matmata**, dessen Bewohner noch in Wohnhöhlen, den sogenannten Troglodyten, leben, sollte auf keinen Fall versäumt werden. Die gute Asphaltstraße MC 107 führt in 43 km dorthin, sie beginnt in Gabes am Rondell am Ortsanfang.

Nach 25 km erreicht man **Matmata Nouvelle**, das Dorf wurde von der Regierung angelegt, um die Bewohner aus den Wohnhöhlen herauszuholen in moderne Häuser mit Wasser und Stromanschluß. Hier noch einmal volltanken, denn im alten Dorf (siehe Route 28) gibt es keine Tankstelle, dort beginnen die Pisten nach Beni Kheddache, Ksar Rhilane und Douz, für die ein großer Treibstoffvorrat notwendig ist.

Einige Kilometer vor Erreichen des Bergdorfes ist am linken Straßenrand die Wohnhöhle einer Berberfamilie, die schon seit vielen Jahren ihre Räume Reisegruppen zur Besichtigung freigibt. Ihre Fotos findet man in vielen Prospekten und Zeitungsberichten. Sogar der Hund hat seine eigene Höhle. Man sagt, daß es die Familie inzwischen durch die vielen Touristen zu einem solchen Reichtum gebracht hat, daß in einer etwas versteckten Höhle ein Mercedes steht.

Hof einer Höhlenwohnung in Techine

DJERBA

Die 5 km vor dem Festland in der Bucht von Gabes gelegene und
mit 514 qkm größte Insel Nordafrikas ist neben Hammamet und
Sousse das dritte Zentrum des tunesischen Tourismus. Die Verbindung zum Land wird durch die Fähre bei Djorf, den Damm von
El Kantara sowie den Flughafen bei Houmt Souk ermöglicht. Ein
breiter Sandstrand, wenig Niederschläge und milde Winter sowie
komfortable Hotels ziehen Fremde, vor allem Deutsche, in Massen an und veranlassen die Souvenirhändler zu einem babyloni-
schen Sprachgewirr. Mit intuitiver Sicherheit erkennen sie die
Nationalität des Besuchers und sprechen ihn in seiner Mutter-
sprache an.

Ruhe, Abgeschiedenheit und Ursprünglichkeit sind höchstens
noch an der unbebauten Nordküste zu finden. Die flache Insel
bietet eine reizvolle Landschaft, im Innern dominieren Ackerbau
und Olivenhaine, an der Küste Dattelpalmen. Der Djerbi hat einen
ausgesprochenen Sinn für Schönheit, wie man schon an den zahlreichen Villen sieht, die verstreut auf der Insel in großen, blumengeschmückten Gärten stehen. Wer außer einem Badeaufenthalt
noch die Möglichkeit zu interessanten Ausflügen ins Land wünscht,
hat mit Djerba einen günstigen Standort gewählt, das reizvolle
Dahar-Bergland mit seinen Höhlenwohnungen, die althergebrachten Getreidespeicher von Medenine und Umgebung, der sagen-
umwobene Salzsee Chott-el-Djerid sowie das unermeßliche Sandmeer des Erg Oriental sind in Ein- oder Mehrtagesausflügen zu
erreichen.

Djerba bezeichnet sich gerne als die homerische Insel der Lotos- **Geschichte**
Esser, die Odysseus auf seiner Irrfahrt erreichte. Sicher ist, daß **Djerbas**
schon die Phönizier Handelsstützpunkte errichteten und Hannibal nach dem 2. Punischen Krieg auf die Insel verbannt wurde.
Die Römer schließlich gründeten den Ort *Meninx* an der Stelle
des heutigen El Kantara, bauten den Hafen aus und schütteten
den 7 km langen Damm zum Festland auf, der Meeresspiegel lag
zu dieser Zeit eineinhalb Meter unter heutigem Niveau. Karawanen aus dem inneren Afrika brachten Gold und Elfenbein zur Verschiffung, der Sklavenhandel blühte.
Damit machte der Einfall der Vandalen im 5. Jh. ein vorläufiges
Ende, in der Folge erlebte das Eiland viele Eroberer und war im
15./16. Jh. in der Hand türkischer Piraten. Bekannt wurde der
Korsarenführer *Dragut*, der sich grausame Schlachten mit den
Spaniern lieferte. Im Zuge des französischen Protektorats gerät
auch Djerba 1881 unter Kolonialherrschaft.

Die selbstbewußten Bewohner haben sich durch die Jahrhunderte hindurch von den Leuten des Festlandes abgegrenzt und bildeten einen Hort für kleinere Religionsgemeinschaften. Schon seit

**Jüdische
Gemeinde**

dem 6. Jh. v. Chr. gab es eine jüdische Gemeinde, die sich in Hara Seghira und Hara Kebira (das kleine und das große Getto) zusammenfand. Neben dem Handel lebte sie vor allem von der Schmuckherstellung. Mit der Gründung des Staates Israel wanderten die meisten Juden aus, heute bewahrt nur noch eine Minderheit die Synagoge und richtet Ende Mai ein bedeutendes Pilgerfest aus, zu dem Glaubensbrüder aus ganz Nordafrika kommen.

Während auf dem Festland der sunnitische Islam dominiert, gibt es auf Djerba eine Gruppe von Ibaditen, die sich im 7. Jh. als dritte Gruppe neben den Sunniten und den Schiiten aufgrund von Streitigkeiten über die Nachfolge des Propheten abspalteten und auf der Insel einen Zufluchtsort fanden. Sonst gibt es nur noch unter den algerischen Mozabiten und in Oman wenige Anhänger dieser Glaubensrichtung.

Wohnform

Als Wohnform wählten die berberisch sprechenden Inselbewohner inmitten weiter Gärten gelegene Einzelgehöfte, *Menzel* genannt, da eine Befestigung wegen der Insellage nicht notwendig war. Diese Farmen werden durch Opuntienhecken abgegrenzt, das notwendige Wasser durch Ziehbrunnen beschafft. Kleine Siedlungen - abgesehen von den jüdischen Dörfern - entstanden lediglich um die beiden Häfen Houmt Souk und Adjim bzw. um die für die Versorgung und den Handel wichtigen Wochenmarktplätze Midoun, El May und Mahboubine. So ist es zu erklären, daß die ganze Insel übersät ist mit einer Vielzahl kleiner, weißer, kup-

pelgekrönter Moscheen. Ibaditische Gotteshäuser sind an dem fehlenden bzw. vierkantigen Minarett zu erkennen, maliktitische Minarette laufen spitz zu.

*Türkenmoschee in
Houmt Souk*

Aufgrund des Wassermangels konnte die Insel nicht alle Bewohner ernähren, so daß schon seit Jahrhunderten viele Djerbi die Heimat verlassen, sich im Norden und im Ausland - vorwiegend als Händler - niederlassen und im Alter wohlhabend zurückkehren. Heute leben etwa 70.000 Menschen auf Djerba, das Hotelpersonal stammt häufig vom Festland. Ebenfalls von dort kommt das Trinkwasser für die so zahlreich entstandenen Hotels. Über den Damm bei El Kantara verlaufen breite Rohre zur Deckung des erhöhten Wasserbedarfs.

9. GABES - HOUMT SOUK

116 km Asphaltstraße, nach Verlassen der GP 1 wenig
Verkehr.

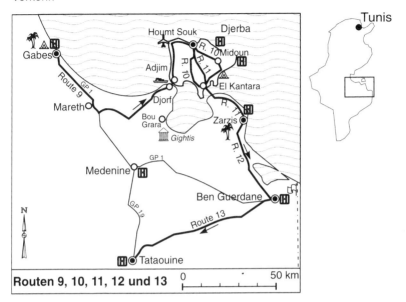

Tunis

Routen 9, 10, 11, 12 und 13   0 ⌐ 50 km

Die GP 1 ist in gutem Zustand, hat aber als direkte Verbindung
zum Grenzübergang nach Libyen viel Verkehr. Zunächst sind am
Straßenrand noch zahlreiche Korbwaren- und Keramikverkaufs-
stände.

Nach 34 km beginnt das Straßendorf **Mareth** mit mehreren Tankstellen, Werkstätten und Restaurants. Hinter diesem Ort hatten
die Franzosen nach dem 1. Weltkrieg die sog. *Mareth-Stellung*
errichtet, eine Bunkerlinie zwischen Meer und Matmata-Gebirge.
Sie diente als Bollwerk gegen Angriffe der Libyen unter Kontrolle
haltenden Italiener. Hierhin zog sich Rommel 1943 bei seinem
Rückmarsch von El Alamein zurück und kämpfte verzweifelt gegen die übermächtigen Briten. Mareth wurde infolge der Kämpfe
stark zerstört.

Bei km 40 zweigt von der GP 1 eine schmale Teerstraße nach
Djerba ab, der Wegweiser ist nur von der anderen Seite aus les-
bar. Der Weg führt durch einsame Wüstensteppe mit Streusied-
lungen und erreicht nach 90 km den **Fährhafen Djorf**. Die Fähre   **Autofähre**
nach Adjim verkehrt zwischen 6.30 und 21 Uhr jede halbe Stun-   6.30 - 21 Uhr.
de. Die Überfahrt dauert 12 Minuten und kostet pro Fahrzeug 600
M, Personen fahren kostenlos. In der Saison sind alle vier Fähren

137

eingesetzt, trotzdem kann es zu langen Warteschlangen kommen. An der Anlegestelle sind ein kleines Restaurant mit einfachen Zimmern und etliche Erfrischungsstände. Sowohl hier wie im gegenüberliegenden Adjim warten Louages auf Fahrgäste.

Von Djorf aus führt eine Straße in 19 km zu den Ruinen von Gightis. Wenn man von Medenine aus nach Djerba fährt, liegt das Ruinengelände direkt am Weg. Die von Medenine kommende MC 108 umgeht den Fischerort **Bou Grara**, eine kleine Straße führt zum Hafen. An dieser Stelle zweigt ein Feldweg Richtung Meer ab, gleich dahinter liegen die Ruinen. Das Gelände ist nicht eingezäunt, doch ein Wächter kassiert den Eintrittspreis. In der Nähe des Meeres steht eine nette Palmengruppe, bei der sich campen läßt. Zum Baden ist der verschlickte Strand allerdings nicht geeignet.

Ruinenstätte Gightis
600 M + 1 D für die Fotoerlaubnis.

Gightis - Der geschützte Hafenplatz war bereits den Phöniziern bekannt und fiel nach dem Untergang Karthagos an Massinissa. Die römische Periode ab 46 v. Chr. brachte einen Aufschwung aufgrund des Olivenanbaus. Gightis wurde beim Einfall der Vandalen zerstört und erlangte nie mehr Bedeutung.
Die bescheidenen Überreste haben nicht die Ausdehnung eines Dougga, doch die schöne Lage am Hang über dem Meer lohnt einen Ausflug. Gleich zu Beginn Reste der *Thermen* mit der *Palästra*. Am besten erhalten ist das plattenbedeckte *Forum* aus der Zeit Hadrians, dessen Nordseite mit Tempeln bestanden war. Alle Fundstücke von Bedeutung sowie ein Modell der Stadtanlage werden im Bardo gezeigt.

Adjim Mittwoch Souk

Adjim - das phönizische *Tipasa* - der Ankunftshafen auf Djerba, ist ein kleines Fischerdorf, das für seine Schwammtaucher bekannt ist, die minutenlang unter Wasser bleiben können. Doch werden die Schwämme, die in den Läden der Insel angeboten werden, heutzutage immer weniger. Von Adjim führt eine Asphaltstraße in 20 km nach Houmt Souk, viel schöner ist jedoch eine Fahrt entlang der wenig besuchten Westküste, die bei gutem Wetter für Pkw problemlos ist.
(Nach Osten geht entlang des unbebauten Strandes eine sehr schöne Piste zu dem kleinen Töpferdorf Guellala).

Dazu in Adjim links auf die Piste nach Bordj Jiliji abbiegen. Der Weg ist oft sehr holprig, geht aber direkt an dem bildschönen, blaugrünen Meer entlang, von Palmen gesäumt. Es gibt herrliche Badeplätze am Felsstrand, die wilde, einsame Küste ist zum freien Campen gut geeignet. Nach 4 km liegt der weiße *Marabut Sidi Djemour* malerisch auf den Klippen, davor eine kleine Sandbucht. Nach insgesamt 106 km trifft man auf eine Teerstraße, weiter geradeaus geht es zum **Bordj Jiliji** mit einem Leuchtturm, Fort aus dem 18. Jh. und Fischerhafen. Die Piste führt weiter nach Houmt

Souk, jetzt nicht mehr am Meer entlang. Kurz vor dem Ort ist leider eine häßliche Müllkippe. Nach 116 km ist die Inselhauptstadt erreicht.

Houmt Souk - Schon die Römer erkannten die günstige Lage des Hafens und nannten den Platz *Girba*, daraus leitet sich das heutige Djerba ab. Im Jahr 1284 errichtete König Jaime I von Aragonien die Festung. Schauerliche Bedeutung erhielt Girba um 1550, als der Korsarenführer Dragut das Fort verstärkte, um sich gegen die Angriffe der Spanier besser verteidigen zu können. 1560 nahmen die Spanier das Fort dennoch ein, wurden aber auf dem Rückweg von Dragut angegriffen. Er tötete 18.000 Mann und schloß die restlichen 5.000 in der Festung ein. Als sie sich schließlich ergaben, wurden alle geköpft und die Knochen und Schädel zur Abschreckung zu einer Pyramide aufgerichtet. Erst 1837 wurde das schauerliche Mahnmal auf Druck der europäischen Konsuln durch den steinernen Obelisk *Bordj El Rouss* ersetzt.

Houmt Souk Geschichte

Heute erleben die etwa 20.000 Einwohner von Houmt Souk die friedliche Invasion der Urlauber. Die malerischen, weißgetünchten Gassen und die gedeckten Souks mit ihren unzähligen Teppich-, Schmuck- und Kaftanläden ergeben das orientalische Flair, das der Tourist sucht, blumenbepflanzte Plätze mit einladenden Straßencafés verlocken zu einer Rast. Im kleinen Fischerhafen liegen Berge von Tonkrügen zum Fang von Tintenfischen, die man in netten Restaurants essen kann. Am Vormittag werden auf einem kleinen, ummauerten Platz in der Markthalle die Fänge der Fischer versteigert, ein sehenswertes Spektakel.

Djerba mit seinem geschützten Hafen war einst eine wichtige Station für Karawanenkaufleute, davon zeugen noch die vielen vorhandenen Karawansereien oder Foundouks, die es in Houmt Souk gibt. Es waren Herbergen, in denen früher ganze Karawanen abstiegen. In den unteren Räumen um einen arkadengeschmückten Innenhof konnten Tiere und Waren untergebracht werden, die oberen, recht einfachen Zimmer beherbergten die Kaufleute. Einige davon dienen heute Handwerkern als Werkstätten oder werden zu Wohnzwecken genutzt, andere hat man renoviert und ihrer eigentlichen Funktion als Gasthof wieder zugeführt. Wer nicht direkt am Strand wohnen möchte, hat in einem solchen alten Foundouk eine originelle und preiswerte Übernachtungsmöglichkeit. Der Inselhauptort ist für einen Badeaufenthalt weniger geeignet, der nächste Strand liegt 10 km entfernt.

Foundouks

Hauptader ist die Avenue Habib Bourguiba mit Banken, Post und Touristeninformation. Östlich davon beginnen die kleinen Soukgassen, die immer wieder von hübschen Plätzen mit Straßencafés unterbrochen werden. Am Tage strömen die Touristen durch diese mit Andenkenläden gepflasterten Straßen, doch am Abend

Stadtrundgang

**Houmt Souk
Stadtrundgang**

sind die Einwohner unter sich. Dann sind die Cafés dicht besetzt von Männern, die Karten oder Domino spielen, dazu Tee oder Kaffee trinken. Das urtümliche, geruhsame Houmt Souk existiert noch. Nur wenig abseits der Hauptrouten sind stille Nebenstraßen, in denen Handwerker ihrer Arbeit nachgehen, Geschäfte den Bedarf der Einheimischen decken. Die jüdische Tradition der Schmuckherstellung wird von den Muselmanen aufrecht erhalten, zahlreiche Silber- und Goldschmiede bieten die Erzeugnisse ihrer Arbeit an.

Schön ist ein Bummel durch die blumengeschmückten Gassen der Altstadt mit ihren kleinen Plätzen und Cafés. Dabei entdeckt man auch die zu Hotels umgebauten Foundouks. Bei einem davon, dem Hotel Marhala, liegt auf der Rückseite der kleine Platz d'Algerie. Dort steht die *Türkenmoschee* aus dem 17. Jh. mit ihrem kleinen, runden Minarett und einer mit zahlreichen Kuppeln gedeckten Gebetshalle. Wer genau hinschaut, kann von diesem Platz die spitzen Türme der *katholischen Kirche* erkennen, die einst von den Franzosen gebaut wurde. Das Innere wurde zu einem Sportstudio umfunktioniert, ein Teil ist bewohnt, doch in einem Raum finden Sonn- und Feiertags um 10 Uhr Gottesdienste für die Touristen statt.

Gegenüber dieser Kirche ist der Laden eines der Originale von Houmt Souk. *Hachemi Missaoui* in seinem *Fil d'Or* verkauft handgewebte Decken, die in sechs Werkstätten gefertigt werden. Wer sich ein bißchen Zeit nimmt, kann herrliche Geschichten aus alter Zeit hören, das Geschäft hatte schon sein Vater, Großvater und Urgroßvater. Er selbst war 25 Jahre im Dienst der Polizei. Schade nur, daß keiner seiner Söhne Interesse für das Geschäft hat, so wird dieser originelle Laden einst nicht mehr sein oder zu einem der üblichen Touristenläden umgewandelt werden. An der Ecke vor der Kirche ist ein Wasserpfeifengroßhandel, erkennbar an den vielen vor der Tür hängenden Mundstücken. Nur einen Steinwurf entfernt ist das Hotel Arisha in einer alten Karawanserei.

Wenn man die Altstadtgassen vorbei am Restaurant du Sud verläßt, kommt man zu einem kleinen Platz mit Taxistation. Dort ist links ein traditionelles maurisches Bad, vormittags für Männer, nachmittags für Frauen. Im Gebäude dahinter ist die *Zaouia Sidi Brahim* aus dem 17. Jh., deren Kuppel mit grünen Schindeln gedeckt ist. Am Ende des Platzes die *Fremdenmoschee*, das viereckige Minarett mit Koransuren verziert. Einen Besuch wert ist das *Volkskundemuseum* in der Avenue Abdelhamid El Cadhi. In den mit bemalten Holzkuppeln geschmückten Räumen der Zaouia Koubt El Khial werden traditionelle Kleidungsstücke der Insel, jüdischer Schmuck und Tonwaren gezeigt.

Volkskundemuseum
9 - 12, 15 - 18 Uhr,
Fr. geschlossen.

Souk

Montag und Donnerstag wird auf den Plätzen der Innenstadt ein

Markt abgehalten, der allerdings nicht sehr ursprünglich ist. An diesen Tagen wird lediglich in der Markthalle am Beginn der Avenue Bourguiba mehr als sonst Obst, Gemüse, Gewürze und Fleisch verkauft. Ansonsten breiten Händler ihre typischen Angebote für Touristen aus, Teppiche, Keramik- und Lederwaren, Kamele und T-Shirts, als gäbe es nicht schon genug Läden mit diesem Sortiment.

Houmt Souk

Direkt am Meer, in der Nähe des hübschen Fischerhafens, liegt die alte, restaurierte Piratenfestung *Bordj Ghazi Mustapha*, in deren Räumen alte Fundstücke und Dokumente ausgestellt sind. In dem ummauerten Gelände westlich daneben findet an den Markttagen ein sogenannter libyscher Markt statt, dort werden viele aus dem Westen stammende Importwaren, auch Zigaretten, preiswert verkauft. Dahinter in Richtung Hafen erhebt sich der schlichte Obelisk, der an den Schädelturm des Piraten Dragut erinnert.

Bordj Ghazi Mustapha
8 - 18 Uhr.

Telefonvorwahl: 05

Houmt Souk

ONTT, Av. H.B., Tel. 650016, Fax 650581.
Syndicat d'Initiative, Av. H.B., Tel. 650915.

Information

* Dar Faiza, Nähe Hafen, Tel. 650083, Fax 651763. Gemütliches, zentrales Hotel mit kleinem Pool und Tennisplatz, Zimmer mit Bad. Essen nicht sehr gut.

Hotels

Lotos, neben Dar Faiza, Tel. 650026, Fax 651763. Gleicher Besitzer, aber einfacher und billiger als Dar Faiza, dessen Pool benutzt werden kann.
* Nozha, Straße nach Er Riadh, Tel. 650381.
* Hadji, Av. Mohammed Badra, Tel. 650630, Fax 652220. Im Zentrum, ordentlich und preiswert. DZ 22 D.
Essada, Av. Abdel Hamid El Kadhi, Tel. 650026. DZ 25 D.
Sables d'Or, im Souk, Tel. 650423. Sehr ordentlich, sauber, alle Zimmer mit Bad, DZ 15 D. Keine Parkmöglichkeit.
Essalem, bei Busbahnhof, Tel. 651029. DZ 10 D.
Motel Lokanda, Place 7 novembre, Tel. 651513. DZ 7 D.
<u>in ehemaligen Karawansereien:</u>
Erriadh, 10, Rue Mohammed El Ferjani (im Souk), Tel. 650756, Fax 650487. Das schönste von allen Foundouk-Hotels, kachelgeschmückter Innenhof, klimat. Zimmer mit Bad. DZ 21 D. Keine Parkmöglichkeit.
Arisha, im Souk nahe bei der kath. Kirche, Tel. 650388. Blumenumrankter Hof mit kleinem Pool, Bar. Restaurant spezialisiert auf Meeresfrüchte. DZ 10 D.
Marhala Touring Club, im Souk, Tel. 650146. Einfache Zimmer mit fl. Wasser, Gemeinschaftsduschen. DZ 12 D.
Sindbad, hinter kleinem Park an der Av. H.B., Tel. 650047. Warme Sammelduschen. DZ 10 D o. Fr. (keine EZ).

Houmt Souk
Jugendherberge

Im alten Foundouk neben Hotel Marhala, Tel. 650619. Neu renoviert, sehr empfehlenswert, keine Campingmöglichkeit.

Restaurants

Haroun im Hafen ist angeblich das beste Gasthaus der Insel, ausgezeichnet mit 3 Gabeln. Folklore und Bauchtanz, häufig von Gruppen frequentiert. *Baccar* und *Blue Moon* (jeweils 2 Gabeln) in der Altstadt sind nicht ganz billig, doch gutes Essen und angenehme Atmosphäre. Mit Alkoholausschank. *Berbère*, am großen Platz im Zentrum, ohne Alkoholausschank, aber nett eingerichtet und preiswert. *Aladin*, Av. Mohammed Badra (neben Hotel Hadji). Gemütlich, sauber und preiswert.

Selbstversorger

Markthalle am Beginn der Av. H.B. Eine **Bäckerei** ist im 1. Haus in der Av. Mohammed Badra Nähe Hotel Hadji. Das **Magasin Générale** ist in der Av. H.B. in der Nähe des Busbahnhofs. Alkoholverkauf in der Straße, die beim Taxiphone in der Av. H.B. beginnt, auf der rechten Seite ist in einem Durchgang der Laden.

Verkehrsverbindung

Der **Busbahnhof** ist in der Av. H.B., Direktverbindung nach Tunis und in den Süden. Der Inselbus Nr. 10 fährt zur Hotelzone und nach Midoun, die Nr. 14 nach Er Riadh und zum Töpferdorf Guellala. Praktisch sind die kleinen, recht preiswerten **Taxis**. Darüber hinaus gibt es in der Hauptsaison ein **Bimmelbähnchen** zu den Strandhotels.

Fest

Im Juli/August findet das Odysseus-Fest mit Folkloredarbietungen statt.

Strand

Vom Hafen aus führt die Route touristique entlang des Meeres zur Hotelzone. Noch vor den ersten Hotels, bei km 8, geht eine befestigte Piste auf einem kleinen Damm mitten durch ein Sumpfgebiet zur Landzunge *Ras R'mel* oder Flamingoinsel. Die Lagunen sind ein beliebter Aufenthaltsort für Wasservögel, auch Flamingos wurden schon gesichtet. Nach 1.500 m folgt ein schöner Sandstrand, der abgesehen von den Wochenenden und Juli/August menschenleer ist. Vom Hafen aus gibt es Luftkissenboote, die diese Flamingoinsel anlaufen.
Eine zweite Möglichkeit besteht darin, sich mit dem Bus Nr. 10 zu einem der Hotels bringen zu lassen und den dortigen Strand zu benutzen. Das ist z.B. beim Dar Jerba leicht möglich. Besonders schön ist die Lagune beim Hotel Tanit, die noch nicht völlig mit Hotels zugebaut ist.

Hotelzone

Die Hotelzone an der Ostküste: Weitab von den Dörfern, doch durch eine gute Straße mit Linienbussen und Taxis angeschlossen, zieht sich der breite Strand mit den Hotelbauten hin. Zum

Hotelzone

Glück hat man nicht den Fehler begangen, seelenlose Betten-burgen zu schaffen, vielmehr ist die Architektur der Landschaft und der djerbischen Bauweise angepaßt und die Gebäude, die nicht höher als die Palmen sein sollen, durch weitläufige Gelände voneinander abgegrenzt. Und doch wäre ein bißchen weniger sicher mehr. Jahr für Jahr entstehen neue Hotelpaläste und pflastern das freie Land langsam zu, inzwischen schon in zweiter Reihe ohne direkten Strandzugang. Im Jahr 1994 war in der Zone Sidi Mahres ein großer 27-Loch-Golfplatz im Bau.

Sidi Mahres

Der schönste Abschnitt ist der Strand von *Sidi Mahres*, der sich von der sumpfigen Flamingoinsel im Norden mit einem himmlischen, unbebauten Sandstrand bis zu dem südlichen *Ras Tourgueness* mit einem 54 m hohen Leuchtturm erstreckt und stellenweise bis zu 50 m breit ist. Den Leuchtturm mit einem Restaurant kann man besteigen und hat einen wunderbaren Ausblick über die Insel.

Seguia

Seguia im Südosten hat felsige Abschnitte, der Sandstrand ist schmal und muß täglich neu aufgeschüttet werden. Houmt Souk ist mehr als 30 km entfernt, Midoun liegt näher. Das Trinkwasser zur Versorgung der Touristen wird mittels einer Pipeline über den Damm von El Kantara vom Festland herangeschafft, in einigen Hotels gibt es Bäder mit Thermalwasser aus artesischen Brunnen. Trotz der unermeßlichen Zahl von Pauschalreisenden findet der Individualtourist außerhalb der Hochsaison immer noch ein Plätzchen. Das Essen der meisten Hotels ist auf europäische Gewohnheiten ausgerichtet, echte tunesische Küche gibt es selten.

Ausflugsmöglichkeiten

Von allen Hotels werden ein- bis fünftägige Ausflüge angeboten, die sich trotz hoher Preise großer Beliebtheit erfreuen. Nicht ganz so bequem, aber viel interessanter ist es jedoch, das Land auf eigene Faust zu erkunden. Die Djerbi sind überaus freundlich und zurückhaltend, die unangenehmen Aufreißer in den Touristenstraßen stammen vom Festland. Fast überall kann man Fahrräder ausleihen, die für die Entdeckung der nur 28 km langen und 22 km breiten Insel völlig ausreichen. Die Verkehrsdichte auf den ebenen, gut ausgebauten Straßen ist gering und macht eine Fahrt zum Vergnügen, die Höchstgeschwindigkeit auf Djerba ist auf 70 km/h begrenzt. Mietwagen sind teuer und lohnen sich nur für eine größere Fahrt zum Festland, doch kann man auch mit dem Bus ab Houmt Souk viele Ziele erreichen oder ein Taxi für den ganzen Tag mieten.

Haltestellen-Schild auf Djerba

An der Route touristique in Reichweite der Hotels sind überall Stationen, an denen man *Fahrräder* und *Mopeds* ausleihen kann. Schöne *Araberpferde* stehen bereit, eine Stunde Reiten kostet etwa 8 D. Holiday Bike in der Nähe von Hotel Penelope bietet

Geländemotorräder und *Rikschas* an. *Kutschen* und *Taxis* warten auf Fahrgäste, zwischen 6.30 und 18.30 Uhr verkehrt stündlich ein *Linienbus* zwischen Hotelzone und Houmt Souk. Eine neue *Bimmelbahn* verkehrt von der Hotelzone nach Houmt Souk und Midoun, ist mit 2 D aber wesentlich teurer als der Bus.

Sidi Mahres
Hotels

von West nach Ost:
**** *Ulysse Palace*, Tel. 657422, Fax 657850.
Appartements Mimosas, Tel. 657085.
* *Dar Ali*, Tel. 657187. Nicht am Strand.
** *Al Jazira*, Tel. 657300, Fax 657015.
*** *Orient*, nicht am Strand, Tel. 657440, Fax 657440.
Le Beau Rivage, Tel. 651130. Familienpension, nicht am Strand.
* *Strand*, Tel. 657430, Fax 657014.
** *Le Medina*, Tel. 657233, Fax 657385.
*** *Les Sirenes*, Tel. 657266, Fax 657267. Unter deutscher Leitung, sauber, gutes Essen. Mit Thermalbad; beliebt bei älteren Gästen.
*** *Le Petit Palais*, Tel. 658234, Fax 658056. Nicht am Strand.
**** *Abou Nawas*, Tel. 657022, Fax 657700.
**** *Palm Beach*, Tel. 657350, Fax 657780. Empfehlenswert.
** *Toumana Club*, Tel. 657009, Fax 657159. Nicht am Strand.
** *Jasmina*, Tel. 657740, Fax 657747. Klimatisierte Bungalows, zum Strand über die Straße.
** *Club Penelope*, Tel. 657055. Zum Strand 200 m über die Straße.
*** *Quatre Saisons*, Tel. 658580, Fax 658590. Zum Strand 150 m über die Straße.
***** *Royal Garden Palace*. Das luxuriöse Haus neben dem Golfplatz war 1994 noch im Bau.
**** *Dar Midoun*, Tel. 658168, Fax 658169. Klimat. Zimmer mit Bad, WC, TV, Loggia.
*** *Djerba Beach*, Tel. 657200, Fax 657357.
*** *Le Ksar*, nicht am Strand.
*** *Nereides*, nicht am Strand, Tel. 658014.
***** *Hasdrubal*, Tel. 657657, Fax 657730. Mit Pferderanch, empfehlenswert.
*** *Cedria*, nicht am Strand.
*** *Robinson Club*, Tel. 657622, Fax 657619.
** *Meninx*, Tel. 657051, Fax 657167. Mit großem Reitstall.
**** *Plaza*, Tel. 657756, Fax 658229. Mit Pferderanch, zum Strand über Straße.
*** *Yadis*, Tel. 658235. Zum Strand über Straße.
*** *Mehari* , Tel. 657238, Fax 657952. Mit Hallenbad, 200 m vom Strand.
** und *** *Dar Jerba*, Tel. 657191, Fax 657111. Der Riesen-

komplex umfaßt vier Hotels verschiedener Kategorien mit je- **Sidi Mahres**
weils gut 1.000 Betten, bietet mehrere Pools - auch Thermal- **Hotels**
wasser -, Restaurants, Einkaufszentren, Cafés. Unterbringung
in Zimmern oder Bungalows. Hauptsächlich Deutsche, von
tunesischer Kultur bekommt man ebenso viel mit wie in einer
deutschen Großstadt, das Essen erinnert an schlechte
Kantinenverpflegung.

*** *Meridiana*, Tel. 657970, Fax 657969.
*** *Rym Beach*, Tel. 657614, Fax 658070.
** *Yati*, Tel. 657016.
*** *Club Aldiana*, Tel. 658500, Fax 658518.
*** *Iliade*, Tel. 658013.
** *Tanit*, Tel. 657132, Fax 657033. Schöne Lage an der äu-
ßersten Spitze der Landzunge Ras Torgueness, doch dadurch
abseits von allem.

La Fidèle *Club Méditerranée*, Tel. 657027. **Seguia**
**** *Djerba Menzel*, Tel. 657070, Fax 657124. **Hotels**
La Douce *Club Méditerranée*, Tel. 657129.
** *Hari Club*, Tel. 657597.
** *Sidi Slim* mit *Sidi Ali*, Tel. 657021, Fax 657002. Einfache
Bungalows, Thermalbad, Disco. Der schmale Sandstrand wird
täglich neu aufgefüllt. Das Lieblingshotel der Djerbi auf Heimat-
besuch und der Besucher aus Libyen.
Aladin, Tel. 658180, Fax 658184. Streng abgeschirmter Privat-
club.
*** *Sina*, Tel. 658300. Nicht direkt am Strand.
*** *Palmariva*, Tel. 657830, Fax 657833. Bungalows, der
Strand ist etwas felsig.
Centre jeunesse Aghir, Tel. 657366. Jugendcamp mit einfa-
chen Rundhütten.

Es gibt einfache Plätze beim Hotel Sidi Slim und dem Club **Camping**
Aghir, schöner ist jedoch freies Campen an der Westküste.

10. INSELRUNDFAHRT

62 km, davon 6 km gute Piste.

Auf der Ausfallstraße MC 117 von Houmt Souk nach El Kantara
liegt am Stadtrand Hara Kebira, eine der beiden ehemaligen jüdischen Siedlungen. Zur zweiten bei km 6 rechts abbiegen. Nach 1
km links dem Wegweiser zur Synagoge folgen. Das alte Hara
Seghira oder heute **Er Riadh** beherbergt die eindrucksvolle jüdische Synagoge *La Ghriba*, zu der heute noch zum alljährlichen **La Ghriba**
Pilgertreffen 33 Tage nach dem Passahfest Tausende Glaubens- **Jüdische Synagoge**
brüder kommen. Die Besichtigung des Gotteshauses mit seinen

La Ghriba

wundervollen blauen Holztäfelungen, das 1920 auf Grundmauern aus dem 6. Jh. v. Chr. neu errichtet wurde, und den zweitausend Jahre alten Thorarollen ist gegen einen kleinen Obolus möglich, der Besucher erhält ein Tuch zur Kopfbedeckung und läßt die

Schuhe vor dem Eingang. Gegenüber des Gebäudes ist die Pilgerherberge.

Von Er Riadh führt eine direkte Straße in 11 km zu dem Töpferdorf. Gleich am Anfang mündet rechts die von Adjim (10 km) kommende Piste ein. An dieser

Synagoge La Ghriba

Straße liegen einige schöne Töpferwerkstätten.

Guellala Töpferdorf

Guellala war schon zu römischer Zeit als *Haribus* für seine Tongefäße bekannt. Fast jedes Haus beherbergt einen Ausstellungsraum mit einer Töpferei, wo man den Kunsthandwerkern bei der Arbeit zusehen kann. Das Material kommt aus den Lehmgruben des nahen Cedouikech. Außer den herkömmlichen, unglasierten Tongefäßen, in denen Trinkwasser schön kühl bleibt oder Oliven und Getreide aufbewahrt werden, bietet man heute buntbemalte und glasierte, auf den Geschmack der Fremden abgestimmte Keramiken an.

Souk Mittwoch und Sonntag

Kommt man als Einzelreisender an, liegt der Ort wie ausgestorben. Erst wenn ein Bus mit Touristen eintrifft, setzen sich die Töpfer an ihre Scheiben. Die eigentlichen Werkstätten und Brennöfen liegen in den kleinen Seitengassen. Es gibt einige Restaurants und eine Bank.

Am Ortsende nicht auf der Straße nach Cedouikech weiterfahren, sondern rechts abbiegen nach El Kantara. In dieser Straße ist rechts das *Office National de l'Artisanat*, eine Teppichknüpfschule für junge Mädchen. Danach kommen eine Reihe von Töpferwerkstätten.

Besonders empfehlen kann ich das 1 km nach der Abzweigung liegende Atelier von *Younes Sagal*, der wirklich nett sein Handwerk vorführt und die Arbeitsweise genau erklärt. Seine Brennöfen sind schon 200 Jahre alt, sie werden beim Brennvorgang auf 1.000 bzw. 1.500 Grad erhitzt. Als Preis für die Vorführung freut er sich, wenn man ihm lediglich sein magisches Kamel für 2 Dinar abkauft. Was das ist? Lassen Sie es sich vorführen! Auf Wunsch zeigt er die in der Nähe liegenden Lehmgruben, wo das Material für seine Arbeit gewonnen wird.

Nach 2 km auf dieser Straße hört der Asphalt bei einer der vielen schönen Moscheen von Djerba auf. Die Piste ist bei langsamer Fahrt für Pkw möglich. Sie führt durch eine schöne Landschaft mit Olivenhainen und Palmen und zweigt nach 6 km direkt zum Meer ab. Nach 8 km ist **El Kantara** mit dem Damm zum Festland erreicht. Schon die Römer schütteten den Verbindungsweg für die Karawanen auf, er wurde später vom Meer überflutet und konnte nur noch bei Niedrigwasser als Furt genutzt werden. Der Korsarenführer Dragut durchbrach den Damm, als er 1551 von dem italienischen Admiral Andrea Doria in der Bucht von Bou Grara eingeschlossen worden war. Das heutige Bauwerk entstand 1953 und trägt auch die Süßwasserleitung vom Festland. El Kantara ist kein richtiger Ort, es gibt nur eine Polizeistation, wenige Häuser und einen Fischerhafen. Von hier ist das wunderschön auf einer Landzunge im Meer gelegene *Bordj Kastil* aus dem 13. Jh. zu sehen.

Römerdamm

Von der direkt nach Midoun führenden Straße zweigt kurz nach dem Damm rechts die Straße nach Aghir ab. Etwa 400 m danach sind auf der rechten Seite die äußerst spärlichen Reste des römischen *Meninx*, einige Säulenstümpfe, der Fußboden eines Hauses mit Brunnen zu sehen. Weiter entlang des Meeres folgt einer der noch unbebauten Abschnitte, da es hier keinen Sandstrand gibt. Doch dringen die Neubauten immer mehr vor, werden immer neue Hotelburgen gebaut, der Sand künstlich herbeigeschafft, als wäre ein Ende des Touristen-Booms nie abzusehen. Gut 1 km vor den ersten Bauten geht rechts eine Piste auf der sandigen Landzunge in 8 km zum Bordj Kastil. Diese Strecke ist nur bei großer Trockenheit befahrbar, der Untergrund äußerst tückisch.

Römerstadt Meninx

Anschließend beginnt die Hotelzone von Seguia. Kurz vor Aghir, auch das kein richtiger Ort, sondern ein Jugendcamp mit Rundhütten und Campingplatz, zweigt links die Straße (6 km) nach Midoun ab, das man insgesamt 45 km erreicht.

Midoun - Der zweitgrößte Inselort erlangte seine Bedeutung durch den althergebrachten *Wochenmarkt* am Freitag, zu dem die Bewohner der Einzelgehöfte heranreisten, um landwirtschaftliche Überschüsse zu verkaufen und notwendige Fremdwaren einzutauschen. Heute ist der Markt inmitten der pittoresken Medina Anziehungspunkt für die Touristen der südlichen Hotelzone, dennoch hat er seine Ursprünglichkeit bewahrt. Die üblichen Plüschkamele und Kaftane werden zum Glück noch nicht angeboten. Anders als auf vielen Märkten des Südens sieht man hier beim Einkauf viele Frauen, zumeist in den traditionellen weißen Umhang mit roten Bordüren gehüllt, gekrönt von einem Strohhut. Das Fotografieren

Midoun
Freitag schöner
Souk

Midoun

der Touristen nehmen sie gelassen hin.

traditionelle
Hochzeit

Das weißgekalkte Städtchen mit seinen etwa 7.000 Einwohnern bietet in der Ferienzeit als Attraktion für die Fremden jeden Dienstag die Darstellung einer traditionellen Hochzeit. Unter den Bewohnern auffallend viele dunkelhäutige Menschen, Nachfahren der schwarzen Sklaven.

In der Stadtmitte trifft man auf ein Rondell mit Taxistandplatz. Dort beginnt die Fußgängerzone. Gleich rechts das Postamt, links das

Information

Syndicat d'Initiative, Tel. 05-657413. Gegenüber eine Caféterrasse unter zwei herrlichen alten Bäumen, die einen wundervoll kühlen Schatten spenden. Die Tische sind fest in der Hand der männlichen Jugend von Midoun. In den Straßen dahinter die üblichen Touristenläden mit Kaftanen, Kamelen, Keramiken, Lederwaren und Teppichen. Der für Djerba so typische Schmuck ist nur mit einem Laden neben dem Syndicat vertreten. Das *Restaurant Zitouna* bietet tunesische Küche, gleich dahinter das einzige *Stadt*

Hotel

hotel Jawhara, Tel. 657363.

Am Rondell auf die Straße nach Mahboubine abbiegen. Diese schmale Teerstraße führt durch eine sehr reizvolle Landschaft, die fruchtbaren Gärten sind mit Agaven eingefaßt. In den Olivenhainen immer wieder herrliche, kuppelgekrönte Villen. Nach 3 km

Montag Souk

wird **Mahboubine** erreicht, mit der besonders schönen, der Hagia Sofia in Istanbul nachempfundenen Moschee El Kateb. Nach weiteren 4 km liegt im Olivenhain eine weitere, kuppelreiche Moschee. In **El May** (11 km nach Midoun) geht rechts die Straße nach Houmt Souk ab, 9 km.

11. HOUMT SOUK - ZARZIS

55 km Asphaltstraße MC 117.

Sonntag Souk

Houmt Souk auf der Ausfallstraße nach El Kantara verlassen. Bei km 9 passiert man **El May** mit seiner wuchtigen weißen, ibaditischen Moschee aus dem 16. Jh., die wie eine Festung wirkt und die in ihrer Bauweise an die sudanesische Architektur erinnert. Sie darf wie alle Bethäuser der Insel nicht betreten werden.

In **Cedouikech** (16 km nach H. S.) werden wie in Guellala Töpferwaren aus dem in der Nähe gewonnenen Ton hergestellt, die jedoch nicht im Ort selbst verkauft werden. Hier gibt es zwei schö

Dienstag Souk

ne, kuppelreiche Moscheen. Der ländliche *Markt am Dienstag* wird von Touristen wenig besucht.

Über den 6,5 km langen Römerdamm geht es zum Festland. Dort Kreuzung. Rechts beginnt eine nagelneue Asphaltstraße, die in den Karten noch nicht verzeichnet ist, zum 65 km entfernten Medenine, die in den Karten vorhandene Piste nach Tataouine existiert dagegen nicht. Geradeaus geht die MC 117 in südöstlicher

Richtung in 20 km direkt nach Zarzis, die etwas längere Route touristique führt entlang des Meeres zur Hotelzone.

Zarzis war schon in punischer Zeit besiedelt und berühmt für seinen gesalzenen Fisch und die Purpurherstellung. Doch sowohl daran wie an das römische *Gergis* erinnert kein Überrest mehr.

Zarzis

Das Touristikgebiet Zarzis wird in Reisekatalogen unter Djerba angeboten. Smaragdgrünes Meer und palmengesäumte Sandstrände erfüllen Urlauberträume, doch ist sowohl das Hinterland wie auch der Ort Zarzis sehr öde, Djerba ist zweifellos die attraktivere Ferienstation, es gibt außer in den Hotels keine Freizeitangebote und kaum Gelegenheiten für einen Bummel. Der stadtnahe Strand könnte wunderschön sein, wäre er nicht mit Unrat übersät. Gepflegt wird er nur bei den Hotels.

Der südlichste Badeort Tunesiens ist geprägt durch den großen Hafen mit den Ölsilos und seine Nähe zu Libyen. Montags und freitags findet in den Straßen um den Platz 7. November mit einer schönen, fayencengeschmückten Moschee ein *sehenswerter Markt* statt. Die Frauen dieser Region sind wieder ganz anders als in den übrigen Landesteilen in dunkelgeblümte Haiks gehüllt. Ein kleines *Museum* zeigt folkloristische Gegenstände aus der Region.

Souk Montag und Freitag

Museum

Telefonvorwahl: 05

Zarzis

ONTT, Nähe Hotel Sangho, Tel. 680445.

Information

Afif, Av. Mohammed V (im Zentrum), Tel. 681639. Einfache Zimmer mit Etagendusche, sauber. DZ 8 D ohne Frühstück. *Medina*, Tel. 681861.

Hotels im Zentrum

Die Tourismuszone befindet sich im langgestreckten Straßendorf Soujhel, die Hotels Sangho und Omarit liegen etwas einsam außerhalb, die angegebenen km bezeichnen die Entfernung zur Innenstadt. Da man bei Brunnenbohrungen in der Umgebung auf Thermalwasser stieß, sind die großen Hotels mit einem Thermalschwimmbad ausgestattet. Es gibt nur wenig Unterschiede unter den fünf, alle haben vielfältige Sportmöglichkeiten, maurische Cafés und einen kleinen Zoo für Kinder.

Hotels am Strand

Amira, an der Corniche von Zarzis, Tel. 680188. Kleines, einfaches Haus, ungepflegt, lautes Restaurant, warmes Wasser, DZ 12 - 14 D, bew. Parkplatz.
*** *Zephyr* (4 km, 388 Betten), Tel. 681027, Fax 681026.
*** *Zarzis* (5 km, 450 Betten), Tel. 680160, Fax 680292.
** *Zita* (6 km, 1012 Betten), Tel. 680246, Fax 680292. Beliebt

Zarzis
Hotels am Strand

bei Familien mit Kindern. Restaurant am Strand, aber Abwasserleitung ins Meer.
*** *Club Sangho* (11 km, 722 Betten), Tel. 680124, Fax 680715. Sehr schöne Bungalowanlage, Sportangebote gratis.
*** *Omarit* (13 km, 844 Betten), Tel. 680770, Fax 680685.

Restaurants

Besonders empfehlenswert ist das *La République* in der Hotelzone. Die holländische Ehefrau des Besitzers achtet sehr auf Sauberkeit. Gut sind auch *Le Pacha* und *L'Oasis*.

Fest

Im August findet das Fest der Schwammtaucher statt.

Verkehrsverbindung

Der Gare de routière ist an der Avenue Ferhat Hached. Mehrmals täglich **Bus** nach Houmt Souk, täglich nach Tunis, Stadtbusse zu den Hotels. Von der **Louage-Station** nach Medenine, Houmt Souk und Ben Guerdane.

12. ZARZIS - BEN GUERDANE

48 km schmale, gute Teerstraße, kaum Verkehr.

Die Strecke entlang des Meeres ist durchaus reizvoll, wird aber von Touristen nur selten befahren.

Zunächst gibt es noch Felder und Olivenpflanzungen. Nach 18 km zweigt links eine breite Teerstraße zur schmalen, weit ins Meer hineinreichenden Lagune **El Bibane** ab, sie endet nach 21 km bei dem *Marabut Sidi Ahmed Chaoucha* und dem kleinen Fischernest **Jdaria**.
Auf der Hauptstraße folgt nach 25 km ein Polizeiposten, die Grenze zu Libyen ist nicht weit. Die Straße verläuft nun auf einem Damm durch die Salzsümpfe, einem richtigen Paradies für Seevögel. Stellenweise hat die Salzsenke eine glatte, trockene Oberfläche, doch ist Vorsicht beim Befahren geboten. Unvermutet können tückische Wasserlöcher auftreten. Nach 48 km folgt

Ben Guerdane

Ben Guerdane - Einst nur ein Nomadenstützpunkt, wurde die heutige Stadt 1892 von den Franzosen gegründet und hat ihre Bedeutung durch die 33 km entfernte Grenze zu Libyen. Auffallend sind die buntbemalten Häuser, deren Motive den jeweiligen Geschäftszweig symbolisieren.

Doch mit dem Fotografieren beginnen die Probleme. Touristen sind eher unerwünscht, die wenigen Reisenden mit Fotoapparat hält man schnell für einen der hier unbeliebten Journalisten. Ich selbst wurde im Mai 1992 eine gute Stunde auf der Polizeiwache festgehalten und genau verhört, nur weil ich über den Souk schlenderte, Fotos machte und nach den Hotels fragte.

Der *Markt* findet täglich statt und bietet eine große Auswahl von **Ben Guerdane**
zollfreien Waren aus Libyen.

Es gibt nur einige einfache Hotels, die nicht auf Touristen ein- **Hotel**
gestellt sind, empfehlenswert ist das *Hotel Pavillon vert* an
der Straße nach Libyen, Tel. 05 - 665103.

Hausbemalung in
Ben Guerdane

13. BEN GUERDANE - TATAOUINE

85 km gute Teerstraße.

Von Ben Guerdane führt eine neue, in den Karten nicht zutreffend
eingezeichnete Asphaltstraße nach Tataouine. Es geht über eine
eintönige Ebene, zunächst folgen von kleinen Sanddünen durch-
setzte Olivenplantagen, dann spärlich besiedelte Steppe.

Ben Guerdane auf der GP 1 nach Medenine verlassen. Nach 3
km links die neue MC 111 abbiegen.
km 34 **Gherriani**, kleiner Ort mit einzelnen Gehöften.
km 42 **Smar**. Die große Militärsiedlung liegt etwas abseits der
Straße, besser nicht fotografieren. Tankstelle.
km 47 **Kirchaou**, kleiner Ort ohne Versorgungsmöglichkeiten.
Neben der Moschee befindet sich der alte Ksar mit bis zu zweistöckigen Ghorfas.
km 55 Rechts Brunnen, dann folgt **Maouna**, die Häuser haben
Tonnendächer.
km 71 Dorf **Oued El Ghar.**
km 82 Rechts ist der Platz für das Festival des Ksour.
km 85 **Tataouine**, siehe Route 30.

MITTELTUNESIEN - Auf den Spuren der Römer

Während die meisten Touristen der Sonne und der schönen Strände wegen ins Land kommen, zog es mich anfangs nur auf die Pisten der Sahara und zu den grünen Oasen. Doch bei meiner Recherche für dieses Buch entdeckte ich meine Liebe zu der weitgehend unbekannten Mitte. Der Norden mit Tabarka und Dougga ist für den Tourismus bereits entdeckt, doch das Herz Tunesiens mit seinen sanften Hügeln ist ein ruhiges Bauernland, schon zu römischer Zeit dicht besiedelt und landwirtschaftlich genutzt. Für kaum 100 km brauchte ich einen halben Tag, immer wieder gab es Neues zu entdecken und zu fotografieren. Dort, mitten im Feld, ein Trümmerhaufen - arabisch Henschir genannt, unverkennbar die Quadersteine römischen Ursprungs, ringsum zerbrochene Tonscherben mit alten Mustern. Der Platz ist in keinem Reiseführer vermerkt, man kann sich leicht wie ein Forschungsreisender des 19. Jh. fühlen, auf dessen Spuren man wandelt. Bekannt sind nur die großen Ruinenstätten, aber auf Schritt und Tritt gibt es kleinere, von der Bevölkerung jahrhundertelang als Steinbruch genutzt. Und die Straßen sind gut und leer, ideal für eine Fahrt mit dem Mietwagen. Noch besser ist natürlich ein Wohnmobil, denn Hotels sind dünn gesät.

Unglaublich schön ist es im Frühjahr, wenn die Getreidefelder noch grün und zur Freude des Auges und Leid der Bauern mit bunten Blumen durchsetzt sind. Hier auf den weiten Hügeln kann man noch heute die einstige Kornkammer Roms ahnen. Schafherden ziehen über das Land, das einen wunderbaren Frieden ausstrahlt, dazwischen immer wieder die weiße Kuppel eines Marabut.

Ich wünsche diesem friedlichen Landstrich, daß er so bleibt, wie er ist. Gegen landwirtschaftlichen Fortschritt ist nichts einzuwenden, aber keinesfalls mehr Tourismus. Zu übel sind die Veränderungen in der Mentalität, die der massenhafte Fremdenverkehr den Menschen gebracht hat, Hammamet, Sousse oder Douz wecken da böse Erinnerungen. Deshalb sind im folgenden nur die Routen zu den wichtigen Sehenswürdigkeiten beschrieben. Die wenigen, die es reizt, mehr kennenzulernen, finden anhand der Landkarte leicht hübsche Strecken, die Straßen sind besser als verzeichnet, der Verkehr gering.
Und vielleicht werden Sie genau wie ich einmal eingeladen, eine einheimische Familie zu besuchen, in der die Frauen noch den wunderschönen Silberschmuck tragen, der sonst nur im Museum (sehr schön: El Kef) zu bewundern ist. Obwohl ich nur eine Stunde bleiben konnte, wurde sofort ein Huhn geschlachtet, und ich bekam noch gekochte Eier auf die Reise mit. Und das, obwohl der Hausherr als einziger Verdiener der Großfamilie gerade 75 Dinar im Monat bekommt. Gut, wenn da ein paar passende Gastgeschenke zur Hand sind.

14. TUNIS - EL FAHS - KAIROUAN
155 km Asphaltstraße GP 3, auf der zweispurigen, guten Straße herrscht - abgesehen vom Einzugsgebiet der Hauptstadt - mäßiger Verkehr.

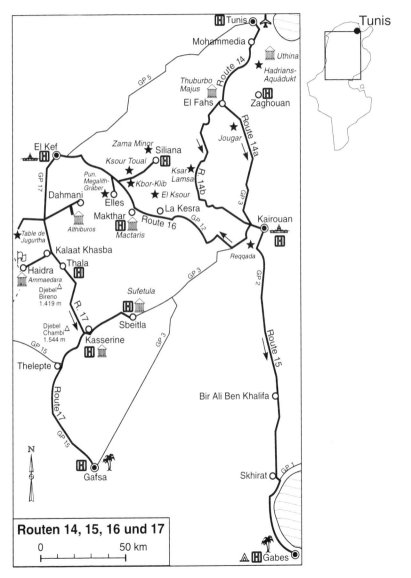

Routen 14, 15, 16 und 17

0   50 km

Tunis auf der Ausfallstraße nach Sousse verlassen, nach 8 km auf die GP 3 nach Kairouan abbiegen.

Mohammedia
Souk Mittwoch
und Donnerstag

Nach 16 km passiert die Straße **Mohammedia**, in der Ortsmitte liegen rechts der Straße Ruinen aus der Türkenzeit. Erbaut schon Mitte des 18. Jh. von Bey Mohammed, lag die Blütezeit dieses Ortes in der Mitte des 19. Jh., als Ahmed Bey (1837 - 1855) seine Residenz im Stil eines afrikanischen Versailles mit Palästen, Moscheen und Gärten errichten ließ. Als nach seinem Tod Nachfolger Mohammed Bey Bardo als Sitz wählte, wurden die Gebäude von Hofbeamten wie von Einwohnern geplündert und verfielen. Heute zeugen nur noch wenige Ruinen von der einstigen Größe, ein Besuch lohnt nur als Zwischenstop. Mittwoch und Donnerstag wird bei den Ruinen ein *Wochenmarkt* abgehalten.

Hadrians-
Aquädukt

Kurz nach Mohammedia tauchen entlang der Straße die imposanten Bogen des *Hadrians-Aquäduktes* auf, der unter dem römischen Kaiser Hadrian um 120 n. Chr. begonnenen, ehemals 90 km langen Wasserleitung, mit deren Hilfe das frische Quellwasser aus den Bergen Zaghouans zur Hauptstadt Karthago transportiert wurde. Das durch eine überdeckte Rinne fließende Wasser wurde durch sein eigenes Gewicht angetrieben, die Leitung mußte daher so angelegt werden, daß Bodenerhebungen abgetragen und Senken durch Trassen aufgefüllt wurden. Nur zur Überbrückung von Tälern waren Arkaden nötig, die natürlich viel eher ins Auge fallen als der oft unterirdische Mörtelgußkanal.

Die aus mächtigen Steinquadern gefügten Bogen erreichen eine Höhe bis zu 30 Metern und eine Spannweite von 5 Metern und sind teilweise noch gut erhalten. Der Aquädukt wurde bis zur arabischen Eroberung genutzt, verfiel aber später. Unter Mohammed es-Sadok Bey restaurierte eine französische Gesellschaft die Wasserleitung, die noch bis zum Anfang des 20. Jh. Tunis versorgte.

Bei km 22 führt die Wasserleitung weg von der Hauptstraße GP 3 zu den wasserspendenden Bergen. Auf diesem Sträßchen gelangt man nach **Oudna**. Die berberische Gründung wurde von

Kaiser Augustus im 1. Jh. n. Chr. als *Uthina Colonia* für seine Kriegsveteranen ausgebaut und später von den Vandalen zerstört. Die Ruinen lohnten bisher keinen Abstecher. Doch seit kurzem wird verstärkt ausgegraben. Auf der Höhe des Berges, unter dem heutigen Oudna, das nur aus wenigen Häusern, ehemals ein französisches Gut, besteht, wurden gewaltige, gut erhaltene *Thermen* freigelegt. Die weite Verstreutheit der Trümmer zeigt die Größe der Stadt. Das mächtige Rund eines *Kolosseums*, das als Erdvertiefung zu erkennen ist, läßt auf interessante Funde hoffen. Das Gelände war 1994 noch nicht für die Öffentlichkeit freigegeben, die netten Bauarbeiter erlaubten aber einen Blick. Es gibt Reste eines von den nahen Bergen kommenden *Aquäduktes*, dessen Wasser in einem unterirdischen Gewölbe gesammelt und mit dem die Thermen gespeist wurden. Erhalten sind ferner Ruinen einer byzantinischen Festung.

Ruinenstätte Uthina Colonia

Auf dieser Strecke ist ein lohnender Abstecher nach Zaghouan, siehe Route 5a, möglich.

30 km nach Tunis liegt etwas abseits der GP 3 das Thermalbad **Djebel Oust**. Aufgrund der heilsamen Wirkung der Chlor-Schwefel-haltigen Quellen werden in einer modernen Kuranlage Behandlungen von Rheuma und Gelenkschmerzen durchgeführt. Das eingezäunte Gelände umfaßt Thermalbäder, Kliniken, Sporteinrichtungen und Einkaufszentrum, ein richtiger Ort ist nicht vorhanden. Zwei Hotels und eine Appartementanlage dienen der Unterbringung der Patienten.

Thermalbad Djebel Oust

Schon die Römer kannten die gesundheitsfördernde Wirkung der Quellen und bauten die Bäderstadt *Cheylus*. Auf dem heutigen Kurgelände befindet sich ein frei zugängliches Ruinenfeld, Reste der Grundmauern und Mosaikfußböden lassen den einstigen Grundriß erkennen.

*** *Djebel Oust,* Tel. 02-679740.
** *Cheylus,* Tel. 02-677160, Fax 677074.

Hotels

Bei km 58, kurz vor El Fahs, abbiegen auf die Straße nach Mejez El Bab. Dort liegt nach 2 km eine der bedeutendsten Ruinenstätten.

Thuburbo Majus - Es bestand schon eine numidische Siedlung, als 27 v. Chr. Octavian Augustus hier eine Kolonie für Kriegsveteranen mit ausgedehnten Thermenanlagen, Forum und Kapitol anlegen ließ. Die Stadt stieg zur Colonia auf und wurde recht bedeutend, bis sie im 5. Jh. von den Vandalen völlig zerstört wurde. Anfang des 20. Jh. begannen Ausgrabungsarbeiten, ein großer Teil der römischen Bäderstadt ruht noch unberührt unter der Erde. Die Thermen waren in eine Sommer- und eine Winteranlage unterteilt, außerdem gibt es Reste mehrerer Tempel. Die schönsten Fundstücke werden im Bardo-Museum aufbewahrt.

Ruinenstätte Thuburbo Majus Winter 8.30 - 17.30, Sommer 8 - 19 Uhr; 1 D + 1 D für Fotoerlaubnis.

Thuburbo Majus
Geschichte

Neben Thuburbo Majus gab es im Altertum noch eine zweite Stadt gleichen Namens, die zur Unterscheidung das Anhängsel „minus", die Kleine, trug. Diese wenig bedeutende Siedlung stand an Stelle des heutigen **Tebourba**, ca. 40 km westlich von Tunis.

Besichtigung

Es sind keine Hinweisschilder aufgestellt, am Eingang bieten sich Führer äußerst aufdringlich an, ohne daß sie ein großes Wissen aufweisen können. Man versucht, angeblich echte Fundstücke wie Münzen u.dgl. zu verkaufen. Es gibt kein Café.

Vom Eingang zunächst in Richtung *Kapitol*, das an seinen hoch aufragenden Säulen zu erkennen ist. In den Hausruinen davor befinden sich Ölpressen und der kleine *Diana-Tempel*. Hinter dem Kapitol der große *Forumsplatz*, breite Stufen führen von dort zum *Kapitoltempel*, der den Göttern Jupiter, Juno und Minerva geweiht war. Zur rechten Seite der *Tempel des Merkur* mit einem Säulenrund, zur Linken der *Friedenstempel* mit dem Zeichen des Pegasus. Vom Merkurtempel geht es zum Marktplatz, hinter dem die recht massigen *Winterthermen* liegen. Im Inneren drei rote Säulen auf schwarzweißem Mosaikboden.

Auf einer kleinen Anhöhe ragen hinter einem Tor die grauen Säulen eines den Göttern Baal und Saturn geweihten *Tempels* auf, der später in eine christliche Basilika umgewandelt wurde, aus dieser Zeit stammt das im Boden eingelassene Taufbecken. Auf dem Hügel bei den Resten des dritten Stadttors war ein weiteres Saturn-Heiligtum, das zu einer byzantinischen Festung umgebaut wurde. Von dort ergibt sich ein guter Ausblick.

Unterhalb der Winterthermen ist ein großer, rechteckiger, mit Säulen eingefaßter Platz, die *Palästra*. Wie eine Inschrift besagt, wurde diese Sportstätte im Jahr 225 n. Chr. von Petronius Felix und seinen Söhnen zur sportlichen Betätigung der Jugend gestiftet. Am rechten Ende der gut erhaltenen Säulenreihe ist auf einem Stein im Boden das Spiel der 36 Buchstaben eingeritzt, eine antike Version von Scrabble. Dort ist der Durchgang zu den *Sommerthermen*. Diese, größer noch als die Winterthermen, besaßen schöne Bodenmosaike, die im Bardo ausgestellt werden.

Auf dem weiteren Weg fällt der Torbogen vor dem *Baal-Caelestis-Tempel* ins Auge. Treppenstufen führen zu dem Heiligtum, von dem zwei graue Säulen blieben. Von oben hat man den Blick auf das in einer Vertiefung liegende und noch nicht vollständig aus-gegrabene *Amphitheater.*

El Fahs (62 km ab Tunis) ist Landwirtschaftszentrum mit allen Versorgungsmöglichkeiten, bietet jedoch keine Sehenswürdigkei-ten oder Unterkunft.

**El Fahs
Samstag Souk**

Der Bus Tunis - Kairouan hält in El Fahs, so daß auch für nichtmotorisierte Reisende der Besuch von Thuburbo Majus möglich ist. Die Ruinenstätte liegt etwa 4 km vor der Stadt, so daß man am besten mit dem Fahrer ein vorheriges Aussteigen vereinbart. Die Weiterfahrt ist ab Busstation im Zentrum mit Bus oder Louage nach Tunis, Sousse, Kairouan und Zaghouan möglich.

**Verkehrsverbin-
dung**

Variante a: El Fahs - Kairouan direkt, 91 km.

Die GP 3 als nor-male Strecke nach Kairouan führt über das Hü-gelland der Dor-sale, eine hüb-sche, weite Land-schaft, in der Ge-treidefelder domi-nieren, nur gele-gentlich unterbro-chen von Oliven-pflanzungen. Kilo-meterweit beglei-

Kaktusfeigen

ten Opuntienhecken die Straße. Die rötlichen Früchte, Kaktusfei-gen genannt, sind eßbar. Doch Vorsicht beim Pflücken, die feinen Härchen bohren sich in die Finger und gehen so schnell nicht wieder heraus. Abwaschen der Früchte unter fließendem Wasser entfernt die Härchen.
Alle paar Kilometer stehen außerhalb der Ortschaften rosa Häus-chen am Straßenrand. Die Verwendung als Schlachterei ist an aufgehängten Schaffellen zu erkennen, meist wird das Fleisch an Ort und Stelle auch dem hungrigen Reisenden gegrillt angeboten.

Bei km 8 ist ein Abstecher für Fans antiker Steine möglich. Dazu rechts ab zu dem 7 km entfernten **Bint Saidane**. Die weitläufige

Bint Saidane

Bint Saidane

Siedlung weist mehrere Marabuts auf, unter denen das für *Fatma Bint Saidane* das berühmteste ist. Der Legende nach half die Heilige im 18. Jh. Ali Bey gegen algerische Eindringlinge. Zum Dank für ihre Hilfe baute der Bey eine kleine Moschee und schenkte Bint Saidane sieben Landgüter.

Der deutsche Reisende *Freiherr von Maltzan* besuchte 1868 diese Siedlung sowie das bergaufwärts gelegene **Jougar** und fand

Nymphäum von Zuccara

in dem in der Antike *Zuccara* genannten Ort ein Nymphäum wie in Zaghouan. Überlieferungen sind leider nicht erhalten. Das Quellwasser wurde in einem von Nymphen bewachten Becken gesammelt und über einen hier noch ebenerdigen Aquädukt nach Mograne geleitet, wo es sich mit dem von Zaghouan kommenden Arm vereinigte.

Wer Genaueres wissen möchte, fragt nach dem Lehrer *Taieb Hedhili* in Bint Saidane. Das unterirdische Nymphäum ist verschlossen, zur Besichtigung ist eine Erlaubnis des ONTT notwendig (bereits in Tunis besorgen!). Die Wasserleitung, die von den Franzosen instandgesetzt wurde, ist noch heute in Betrieb. Zum Reinigen der Kanäle wurden neue Einstiegslöcher gebaut, die Kette der alten ist daneben zu erkennen.

Wieder zurück auf der GP 3 kreuzt nach weiteren 5 km die zur Bewässerung dienende Leitung. Nach gut 30 km beginnt die ausgedehnte Steppe, inmitten der nach 91 km (ohne Abstecher) Kairouan liegt.

Variante b: El Fahs - Ksar Lamsa - Ain Jloula - Kairouan, 124 km.

Wer genug Zeit mitbringt, dem sei diese wesentlich reizvollere Variante empfohlen.

Am Ortsende von El Fahs auf die Straße nach Siliana abbiegen. Zunächst geht es über die mit Getreidefeldern und Ölbäumen bewachsene Ebene, doch schon bald steigt die Straße auf die lieblichen Kiefernwälder der Dorsale an. Nach 25 km zweigt bei einem Schulzentrum links ein gutes Sträßchen nach Ouesslatia ab. Vor allem im ersten Teil der Strecke finden sich herrliche Picknickplätze im Wald. Schon bald tauchen linkerhand die beiden Triumphbogen des römischen *Saressi* auf mit spärlichen Resten von Tempel, Basilika und Theater, bisher wurde kaum etwas freigelegt.

Ruinenstätte Saressi

Byzantinische Festung

Nach 53 km, die Hügel werden merklich kahler, liegt das imposante byzantinische *Kastell Limisa*, kurz vor den wenigen Häusern der Siedlung **Ksar Lamsa**. Das Bauwerk gehört zu den besterhaltenen byzantinischen Festungen in Tunesien, Limisa wurde

bereits im 2. Jh. v. Chr. als urbane Siedlung erwähnt. Das Baumaterial mußte nicht von weither herangebracht werden, der Steinbruch liegt gleich dahinter. Auf der linken Straßenseite das Haus
des Wächters, in dessen Hof etliche Kapitelle und sonstige Reste
gesammelt wurden.

Die Straße hat nun auf 20 km Bodenwellen und Schlaglöcher, ist
aber gut befahrbar. Nach 73 km an der Gabelung links nach
Kairouan. Nach wenigen Kilometern erinnert ein Obelisk an den
2. Weltkrieg, bei km 88 liegt rechts der Straße **Ain Jloula** mit **Ain Jloula, das**
einer Tankstelle. Rechts am Straßenrand weitläufiges Ruinenfeld. **antike oppidum**
Maltzan erkannte 1868 eine von einem doppelten Mauerkreis **Usalitanum**
umgebene *byzantinische Zitadelle* und hielt die Stelle für das römische *oppidum Usalitanum*. Die Steine der alten Stadt wurden
zum Bau der neuen Siedlung verwendet, die im 11. Jh. von dem
Historiker el Bakry als wasserreich und blühend beschrieben
wurde. Heute findet sich ein kleines Agrarzentrum.

Auf der Hauptstraße folgt nach 124 km die alte arabische Stadt.

Kairouan - Als religiöses Zentrum ist die Stadt mit 300 Moscheen, **Kairouan**
Zaouias und Marabuts wichtiger Anziehungspunkt der Fremden
wie der Tunesier und Tagesstation jeder Rundreise. Die malerische Medina ist vollständig von einer 3,5 km langen Wehrmauer
aus braunen Lehmziegeln umschlossen, die 1052 erbaut und
Anfang des 18. Jh. nach der Zerstörung durch die Türken in wesentlich geringerem Umfang neu aufgebaut worden war. Vor den
Toren breitet sich die moderne Neustadt aus. Dort liegen - mit
Ausnahme des Marhala - die Hotels.

Okba ibn Nafi dringt 670/71 mit seinen Kämpfern in den Maghreb **Geschichte**
vor, um den wahren Glauben weit über die Grenzen der arabischen Halbinsel zu verbreiten und errichtet an strategisch günstiger Stelle ein Feldlager auf der weiten Steppe, die damals aus
Urwald mit wilden Tieren bestand. Der Legende nach soll er einen Speer in den Boden gerammt haben, aus dem daraufhin die
Quelle Bir Barouta entsprang, die mit dem heiligen Brunnen Sem
Sem in Mekka in Verbindung stehen soll. Dies erschien ihm als
göttliches Zeichen, Kairouan bedeutet Lager und ist die älteste
islamische Stadt in Afrika, 140 Jahre mehr als Fes und 300 mehr
als Kairo.

Der Ausbau der kleinen Ansiedlung mit Moschee und der Aufstieg
zum geistig-religiösen Zentrum erfolgte erst im 9. Jh. durch die
Aghlabiden, deren Residenzen El Abbasiya und Reqqada in der
Nähe lagen. Aus dieser Zeit sind die nach dieser Dynastie be-
nannten riesigen Wasserbecken erhalten. Die nachfolgenden
Fatimiden verlegten schon bald ihren Sitz nach Mahdia, doch
Kairouan blieb religiöser Mittelpunkt, bis die Beni Hillal-Nomaden

Kairouan
Geschichte

1057 die Stadt in Trümmer legten. Die meisten Bewohner flohen ins marokkanische Fes und erweiterten die damals von andalusischen Flüchtlingen bewohnte Stadt um das Karaouine-Viertel. Von den Hafsiden wieder aufgebaut, erreichte Kairouan zwar nie mehr seine einstige Bedeutung, blieb jedoch religiöses Zentrum und ist nach Mekka, Medina und Jerusalem die vierte heilige Stadt des Islam. Bis zum Einmarsch der Franzosen im Jahr 1881 durfte kein Ungläubiger die Schwelle übertreten.

Heute hat Kairouan zusammen mit der Neustadt knapp 100.000 Einwohner. Neben der Landwirtschaft ist der Tourismus ein wichtiger Wirtschaftszweig, täglich kommen einige tausend Besucher. Das ermöglicht zusammen mit den traditionellen Gewerben Seiden- und Deckenweberei, Lederherstellung sowie Teppichknüpferei einen bescheidenen Wohlstand. Vor den Toren ist eine Zigarettenfabrik, in einer modernen Textilfabrikation haben 110 junge Frauen Arbeit gefunden. Dennoch ist die Arbeitslosigkeit bei den jungen Leuten ein großes Problem, das dazu führt, daß Touristen sehr belästigt und zu einer Stadtführung überredet werden, die dann im Teppichladen endet.

Kairouan
Besichtigung

ONTT
8 - 17.30 Uhr,
Sammelticket 2 D +
1 D für Fotos.

Vor der Einfahrt in die Stadt zunächst zur Touristeninformation (Tel. 220452); nur hier ist das Sammelticket zur Besichtigung aller Sehenswürdigkeiten erhältlich. Das neue Gebäude liegt neben den Aghlabiden-Becken bzw. gegenüber dem Hotel Continental. Der Besucher muß zunächst ein Formular mit der schriftlichen Bitte um eine Besuchsgenehmigung ausfüllen und sich darin verpflichten, sich beim Besichtigen der religiösen Bauwerke angemessen zu kleiden und zu verhalten. Die Vermittlung eines offiziellen Führers ist möglich, das zeitweise aggressive illegale Führerunwesen hat sich durch eine strenge Polizeiaufsicht etwas gebessert. Aber auch die offizielle Tour wird mit Sicherheit in einem Teppichladen enden, mit etwas Zeit sind die Sehenswürdigkeiten gut allein zu finden. Einen Tag sollte man sich für einen Besuch Zeit nehmen.

Parkplatz
Gebühr 100 M.

Souk am Montag

Die Zufahrtsstraße führt direkt zu dem großen Parkplatz am Bab El Jeladin. Hinter dem Tor beginnt die Straße des 7. November mit unzähligen Souvenir- und Teppichläden, Patisserien und Straßenständen, die quer durch die Medina zum Bab Tunis führt. Oft wirkt es wie im Karneval, wenn Busladungen voller Touristen mit Kaftan und Turban verkleidet durch die Straßen spazieren. Wieviel eindrucksvoller sind da doch die Berberfrauen in ihrer weiten, rotkarierten Melia und dem traditionellen Silberschmuck, die von weither aus den Dörfern zum Einkauf kommen. Besonders malerisch ist das Bild am Montag, dem Tag des Wochenmarktes.

Nach dem großen Tor ist gleich in der ersten Nebenstraße rechts

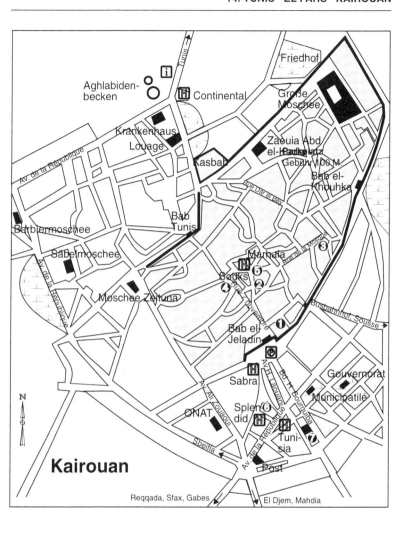

Kairouan

1 Zaouia Sidi Abid El Ghariana
2 Bir Barouta
3 Moschee der drei Tore

4 Moschee des Bey
5 Handwerkerschule
6 Polizei

7 Magasin Générale

**Kairouan
Besichtigung**

*Zaouia Sidi Abid El
Ghariana (1)*

die *Zaouia des Sidi Abid El Ghariana* (1), ein wunderschönes Gebäude aus dem 14. Jh. mit herrlicher Holzdecke. Der Eintritt ist mit dem Sammelticket möglich. Viele Gelehrte und heilige Männer, die Marabuts, gründeten Zaouias, religiöse Sekten, und widmeten sich mit ihren Gefolgsleuten der Anbetung Gottes, oft verbunden mit dem Mittel der Ekstase. Kairouan hat zahlreiche solcher Heiligtümer. Gegenüber ist der prachtvolle, ehemalige Palast des Bey, in dem sich nun ein weiterer Teppichladen befindet.

Weiter auf der Hauptstraße kommt man vorbei an einigen Konditoreien, die Makroud, mit Dattelpaste gefüllte Plätzchen aus Grieß, anbieten, die vor allem während des Ramadan gerne gegessen werden. Dann gelangt man zum ehemals charakteristischen Café Halfaouine, in dem einmal eine spanische Schule untergebracht war und in dem ich nun zu meinem Entsetzen einen weiteren Teppichladen fand. Rechts davon führt eine kleine Straße zum legendären Brunnen *Bir Barouta* (2), das braune Backsteinhaus ist von einer mächtigen Kuppel gekrönt. Gegen ein Trinkgeld kann man zusehen, wie im 1. Stock ein armes Kamel mit verbundenen Augen acht Stunden täglich im Kreis läuft, um das Wasser zu schöpfen, dem Heilkräfte zugeschrieben werden. Auf jeden Fall ist es sauber, schön kühl und schmeckt köstlich.

Bir Barouta (2)

Vor dem Brunnen rechts (Blick zum Gebäude) in die alte Wohnstraße einbiegen. Kurz danach rechts des Hauses geradeaus weiter, links durch einen Bogen, hinter dem Fotogeschäft rechts ab. In dieser Straße sieht man einen kuppelgekrönten Marabut, noch vorher rechts ist die Tleta Bibane oder *Moschee der drei Tore* (3), erbaut 866 als Stiftung eines in Kairouan unterrichtenden Gelehrten aus Cordoba. Besonders schön die steinernen Schriftbänder über den Türen, die einzig zugängliche Sehenswürdigkeit des alten Gotteshauses.

**Moschee der drei
Tore (3)**

Links vom ehemaligen Café in der Rue 7 Novembre ist die alte *Moschee des Bey* (4). Rechts beginnen die gedeckten Souks mit einer Markthalle im Herzen, in den engen Gassen lädt das traditionelle Marhala-Hotel zu einem erfrischenden Tee ein. Das Ende der Straße bildet das Bab Tunis, wo vormittags die Bauern aus der Umgebung ihre Erzeugnisse anbieten. Doch lohnt es sich, ein wenig durch die ruhigen Gassen hinter dem Bir Barouta zu bummeln, immer wieder warten neue Überraschungen. Überall kann man in den etwa 300 Webereien durch die offenen Türen den Handwerkern bei der Arbeit zusehen und einen Plausch halten. Weben ist Männersache, Teppichknüpfen dagegen den Frauen und Mädchen vorbehalten.

Kairouan
Besichtigung

In einer ehemaligen *Medersa* (5) in der schmalen Gasse hinter dem Bir Barouta können junge Handwerker ihr Metier erlernen, sie freuen sich über einen Besuch. Beachtenswert sind die Hauseingänge, die mit besonderen Ornamenten geschmückt sind. Das weist darauf hin, daß ihr Besitzer eine Wallfahrt nach Mekka unternommen hat und sich nun Hadji nennen darf.

Etwas verwirrend ist der Weg durch labyrinthartige Gassen zur Großen Moschee des Stadtgründers. Autofahrer nehmen besser den eigenen Wagen und können dann gleich zu den übrigen Sehenswürdigkeiten, die außerhalb der Medina liegen, weiterfahren. Vom Bab El Jeladin entlang der Stadtmauer nach Nordosten kommt man zu einem kleinen Friedhof mit weißen Steinen. Diese Ruhestätte ist ganz den Mitgliedern des Sidi Aissa - Ordens vorbehalten. Sidi Aissa, Nachkomme der Idrissiden und damit des Propheten, begründete im 16. Jh. in Meknes/Marokko eine Sekte, die sich der Anbetung Gottes widmete. Sultan Moulay Ismail, neidisch auf die Abstammung von Mohammed und Gefahr für seine Stellung befürchtend, verbannte den Ordensführer. Der zog, gefolgt von seinen Anhängern, in die Wüste und kam schließlich nach Kairouan. Sidi Aissa bewahrte seine Jünger vor dem Hungertod, indem er sie Schlangen, Skorpione und allerlei Getier essen ließ, ohne daß sie zu Schaden kamen. Zum Andenken daran versenken sich die Mitglieder mit Gebeten und Tänzen derart in Gott, daß sie keinerlei Schmerzen fühlen, wenn sie Nägel, Glasscherben und Skorpione verschlucken.

Gleich hinter dem Friedhof liegt die mächtige *Okba ibn Nafi - Moschee*, das bedeutendste Bauwerk der Stadt, wie die Stadtmauer aus braunen Ziegelsteinen gemauert. Aus der Zeit Okbas stammt lediglich ein Teil der Gebetsnische, die monumentale Anlage wurde im 9. Jh. von den Aghlabiden errichtet und später häufig erneuert. Zum Bau wurde viel Material aus römischen Ruinenfeldern verwendet. Sie war nicht nur Gebetshaus, sondern auch berühmte Universität und Wohnheim der Studenten. Der Besucher darf - in angemessener Kleidung - nur den riesigen Innenhof betreten, von dort ist ein Blick in den imposanten Gebetssaal mit über 400 Marmorsäulen und gewaltigen Lüstern erlaubt. Kostbarstes Stück ist der *Mimbar*, eine geschnitzte Holztreppe mit einem Sessel, von dem aus das geistige Oberhaupt zu seinen Untertanen sprach.

Große Moschee
8 - 15 Uhr, Freitag
bis 12 Uhr.

Kairouan-Teppiche

Die Stadt ist vor allem für ihre Knüpfteppiche, *Zarbia* genannt, bekannt, die in alle Welt exportiert werden. Die Qualität richtet sich nach der Knotenzahl, die von 10.000 - 250.000 Knoten pro qm bis zu 500.000 Knoten bei Seidenteppichen betragen kann. Das staatliche Büro für das Artisanat (ONAT) prüft jeden einzelnen Teppich und versieht ihn mit einem Kontrolletikett, auf dem Qualitätsstufe (Supérieur, Premier Choix usw.) sowie die Knotenzahl vermerkt sind. Die Farben und Muster wurden stark durch die osmanische Herrschaft beeinflußt, richten sich heute aber auch sehr nach dem Geschmack der Touristen.

Geknüpft werden die Teppiche nur von Frauen. In Manufakturen arbeiten junge Mädchen fast 50 Stunden in der Woche für gut 100 Dinar im Monat. Ehefrauen bevorzugen Heimarbeit. Sie kaufen die Wolle bei den zahlreichen kleinen Wollhändlern in der Medina, jede freie Minute wird gearbeitet unter Mithilfe aller weiblichen Familienmitglieder. Montag-, Mittwoch- und Samstagnachmittag ist Teppichversteigerung im kleinen, überdeckten Souk direkt hinter dem Bir Barouta. Dort haben die Teppichgroßhändler ihre Magazine - vollgestopft mit Waren -, die in der übrigen Zeit verschlossen sind. Hier ist nur das Zwischenlager, von hier wird verkauft an Teppichhäuser, selten an Privatkunden. Vor der Versteigerung werden die Teppiche im ONAT-Büro hinter dem Bab El Jeladin mit dem Qualitätssiegel versehen. Dann zieht eine richtige Karawane von Frauen, jede mit einer Teppichrolle auf dem Kopf, zum Souk.

Die kleine Gasse ist gesäumt von Zuschauern und Interessenten, dazwischen sitzen geruhsam die Großhändler vor ihren Magazinen. Von den Frauen beauftragte Verkäufer laden sich die Teppiche auf ihre Schultern und drehen nun ihre Kreise in der kleinen Gasse, so schnell wie möglich, denn je mehr Teppiche sie verkaufen, um so höher wird die Provision. Hat einer Interesse, wird der Teppich ausgerollt, die Qualität geprüft und der Einstiegspreis um einige Dinar erhöht. Das geht alles rennend und schreiend vor sich, ein wahrhaftes Spektakel, das die Rundreisetouristen noch nicht entdeckt haben. Wird der Preis nicht mehr erhöht, fragt der Träger die Knüpferin, ob sie den Betrag akzeptiert und zahlt ihr dann die Summe abzüglich der Provision aus. Wer einmal in einem Teppichladen hart verhandelt hat, wird erstaunt sein, wie niedrig hier die Preise sind, die Frauen bekommen noch das wenigste für ihre wochenlange Arbeit. Eine ähnliche Versteigerung findet donnerstags in Ksibet el-Mediouni bei Monastir statt.
Geht man vom Bab Jeladin außen nicht die Straße an der Stadtmauer entlang, sondern entgegengesetzt, kommt man zum *ONAT-Teppichmuseum* in der Avenue Ali Zouaoui. Es handelt sich um keinen Verkaufsladen, sondern um eine Ausstellung alter Teppiche und Haushaltsgeräte in einem schönen, großen Backsteingebäude. Der Eintritt ist frei, geöffnet 8.30 - 13, 15 - 17.35 Uhr.

Er stammt aus Bagdad und ist der älteste erhaltene Gebetsstuhl der islamischen Welt. Auf einer Plattform im Hof ist ein Observatorium mit Sonnenuhr, mit dessen Hilfe die Gebetszeiten bestimmt wurden.

Kairouan Besichtigung

Zu den weiteren Sehenswürdigkeiten wieder zurück zum Friedhof, dort links weiter auf der Hauptstraße. An deren Ende neben der neuen Touristeninformation liegen die *aghlabidischen Wassersammelbecken*. Die größere der scheinbar kreisrunden Zisternen hat bei näherem Hinsehen 48 Ecken, einen Durchmesser von 128 Metern und konnte mit einem Fassungsvermögen von 62.000 Kubikmeter die Bewohner der auf einer trockenen Steppe liegenden Stadt mit Hilfe einer 36 km langen Wasserleitung versorgen. Das kleinere hat einen Durchmesser von 38 Metern und diente zur Klärung des Trinkwassers.

Aghlabiden-Becken

Weiter auf der Ringstraße folgt die Zaouia des Sidi Sahab oder *Barbiermoschee*. Sidi Sahab (Gefährte) war Freund und Kampfgenosse Mohammeds und trug ständig drei Barthaare des Propheten bei sich, war aber nicht sein Barbier. Er fiel im Eroberungskrieg und fand seine letzte Ruhestätte in dem vielleicht schönsten Bauwerk der Stadt. Es wurde erst im 17. Jh. um das Grabmal errichtet und enthält eine mit herrlichen Fayencen geschmückte Medersa und Wohnräume für die Studenten. Viele Gläubige kommen von weither, um hier ihre Söhne beschneiden zu lassen.

Barbiermoschee 8 - 15 Uhr, Freitag bis 12 Uhr.

Auf dem Rückweg in die Stadt kann man noch die *Säbelmoschee* oder Zaouia Sidi Amor Abbada aus dem 19. Jh. besuchen, leicht erkennbar an ihren fünf gerippten Kuppeln. Als Anspielung auf den Beruf des Gründers, eines Schmieds, werden verschiedene Gegenstände aus seiner Werkstatt aufbewahrt, wie die beiden schweren Säbel, die der Moschee ihren Namen gaben.

Säbelmoschee

Telefonvorwahl: 07

ONTT, bei den Aghlabiden-Becken, Tel. 220452, 221797.

Kairouan Information

In Kairouan ist immer Saison, deshalb sind die Preise das ganze Jahr über gleich:
*** *Continental*, gegenüber den Wasserbecken, Tel. 221135. Komfort, Pool, bewachter Parkplatz. DZ 42 D.
*** *Splendid*, Rue 9 avril (kleine Gasse gegenüber Tunisia), Tel. 220041, 220522. Nicht weit vom Bab El Jeladin in der Neustadt, sicherer Parkplatz durch Polizeiposten. Schöne Zimmer, viele Gruppen, DZ 28,500 D.
** *Tunisia*, Av. de la République, Tel. 221855. DZ mit Bad 20 D, sehr empfehlenswert.
El Menema, Rue Moez ibn Badis, Tel. 220182. Etwas abseits, aber sauber, DZ 20 D.

Hotels

Kairouan **Hotels**	*Sabra*, Bab El Jeladin, Tel. 220260. Sehr zentral neben der Touristeninformation, gute Parkmöglichkeit. Ein einfaches Haus, aber sauber, warme Gemeinschaftsduschen. Sehr beliebt bei Rucksackreisenden, DZ 10 D mit Frühstück. *Marhala*, in einem alten Foundouk im Souk, Tel. 220736. Keine Parkmöglichkeit. Sehr einfach, aber ursprünglich und liebenswert, von der Dachterrasse schöner Blick über das Dächermeer. Warme Gemeinschaftsduschen, DZ 11 D. *Sidi-Belhassem*, Bd. Sadikia, Tel. 220351.
Jugendherberge	*Jugendherberge* in der Av. de Fes (Neustadt), Tel. 220309.
Restaurants	In der Av. de la République ab dem Rondell mit der Post sind einige einfache Restaurants. Außerdem werden am Straßenrand gegrillte Hähnchen, Brik, Fricassée (gefülltes Fettgebäck) und Cassecroute angeboten. Das einzige Restaurant mit Alkoholausschank (abgesehen von den Touristenhotels) ist das *Roi du Couscous* neben der Post. Dort ist auch die einzige Bar, stark frequentiert von jungen Kairouanern.
Selbstversorger **Souk**	**Magasin Générale** am Bd. H.B., ohne Alkoholverkauf. Lebensmittelmarkt hinter dem Bab Tunis. An der Straße nach Gabes ist am Montag Markt.
Verkehrsverbin- **dung**	Zur **Louage-Station** am Bab Tunis rechts 100 m, neben dem Krankenhaus. Die Wagen fahren Richtung Tunis, Sousse, Gafsa und Gabes. Der **Busbahnhof** ist in der Straße nach Sousse, ein Wegweiser ist am Mauertor westlich des Bab El Jeladin. Gute Verbindung nach Tunis sowie in alle Landesteile, es gibt z.B. einen direkten Bus nach Douz. Mit dem Bus Richtung El Kef ist die Ausgrabungsstätte von Makthar zu erreichen. Kairouan ist nicht an die Personenzüge der Bahn angeschlossen.
Fest	Mouloud, der Geburtstag des Propheten, wird besonders feierlich begangen, die Häuser werden mit Teppichen und Girlanden verziert, die Souks sind auch nachts beleuchtet, es kommen viele Besucher aus dem ganzen Land.

15. KAIROUAN - GABES

213 km Asphaltstraße GP 2. Die gute Straße mit wenig Verkehr bildet die schnellste Verbindung in den Süden. Sie führt auf ebener Strecke vorbei an ausgedehnten Salzsenken durch ein landwirtschaftlich genutztes Gebiet und bietet keine Besonderheiten.

km 10 *Reqqada*. Der Aghlabidenherrscher Ibrahim II erbaute 947 **Reqqada**
hier eine orientalische Palaststadt mit Lustschlösschen, Moscheen, Kasernen, blühenden Gärten und Wasserbecken nach
dem Vorbild der Bagdader Kalifenresidenz.
Erhalten blieb lediglich ein Brunnenbecken, das der Bewässerung der weitläufigen Gärten diente. In einem neuen Gebäude ist
ein *Museum* mit der berühmten Kairouaner Sammlung alter Koran- **Museum**
handschriften untergebracht. Sehenswert sind die Stücke mit gol- geöffnet ab 10 Uhr.
dener Schrift auf blaugefärbtem, hauchfeinem Gazellenleder.

km 17 Rechts das nette *Restaurant Zaafrana Center*, Halt von
Reisegruppen.

km 34 **Bou Hajla**, größerer Ort mit Versorgungsmöglichkeit. Gleich **Dienstag Souk**
das erste *Restaurant* auf der linken Seite gehört einem Tunesier,
der 22 Jahre in Deutschland in guten Restaurants gearbeitet hat.
Seine Erfahrung zeigt sich in der gemütlichen Einrichtung mit
Tischdecken und vielen Bildern sowie der großen Sauberkeit.

km 110 **Bir Ali Ben Khalifa** an der Kreuzung Gafsa - Sfax, Tank- **Dienstag Souk**
stelle.
km 160 Bei dem Ölverladehafen **Skhirat** trifft die GP 2 auf die von
Tunis kommende GP 1, an der Kreuzung Lkw-Haltepunkt mit zahlreichen Restaurants.

Das letzte Stück vor Gabes führt schon durch den ausgedehnten
Palmenhain und ist geprägt von Straßenständen aus Palmwedeln,
an denen Keramik und Korbwaren angeboten werden. Aus kühlen Tonkrügen wird der frische Palmsaft ausgeschenkt. Nach insgesamt 213 km erreicht man die Meeresoase **Gabes**, siehe Route 8.

16. KAIROUAN - MAKTHAR - EL KEF

175 km gute Asphaltstraße GP 12, ohne Abstecher zu
den Sehenswürdigkeiten.

Kairouan auf der Straße nach Gafsa, El Kef verlassen. Nach 10
km links ab auf die GP 3 nach Gafsa, bei km 29 zweigt rechts die
schmale GP 12 nach Makthar ab, eine der schönsten Strecken
durch den Hohen Tell im Herzen Tunesiens. Ein wundervoller
Aufstieg entlang eines sandigen Oueds bringt uns zu einer sehr
abwechslungsreichen Landschaft.

Haffouz bei km 50 ist ein großes Dorf mit Versorgungsmöglichkeiten. Bei km 69 mündet von rechts eine Straße von Ouesslatia
ein. Gleich danach kommt eine eigenartige Landschaft mit glatten

Felsen, über die Herkunft der eingeschliffenen Rillen gibt es keine Gewißheit. Waren es Kinder, die den Berg hinabrutschten oder handelt es sich um prähistorische Opfersteine? Nach gut 10 km wieder eine völlig andere Landschaftsform, bizarr geformte Felsen riegeln das Tal ab, die Straße führt mit einem Tunnel hindurch.

Kesra

Nach 89 km zweigt rechts eine steile, löchrige Teerpiste nach **Kesra** ab, ein Abstecher in dieses malerische, noch wenig besuchte Berberdorf auf dem Rand eines Hochplateaus lohnt sich. Diese Bergregion war bereits in römischer Zeit unter dem Namen *Cusura* besiedelt, die Byzantiner unter Justinian errichteten eine Festung. Später war Cusura nicht mehr bewohnt, die wilden Berge wurden Rückzugsgebiet der Berberstämme vor den anrückenden Arabern.

Im Ort den Wagen abstellen und zu Fuß durch die schmalen Gassen auf die Höhe des Berges laufen. Dort sind Reste der *byzantinischen Festung*, auf dem Plateau noch mehrere *Hünengräber*.

Hotel

Die Zufahrtsstraße weiter durch den Ort hindurch führt am Ende auf einer etwas besseren Straße den Berg hinunter und trifft im neuen Ortsteil wieder die GP 12. Am Ortsende war 1993 das *Hotel des Chasseur* im Bau, zu dem schon Hinweisschilder führen, Tel. 08-892528. 1994 soll es fertig sein.

km 101 Makthar.

**Makthar
Souk Montag**

Das heutige **Makthar** wurde erst 1887 von den Franzosen gegründet und ist der Marktort des umliegenden, fruchtbaren Landwirtschaftsgebietes. Von einer Übernachtung im einzigen Hotel der Stadt kann ich nur abraten, vor allem alleinreisende Frauen nicht. Unzumutbare Sanitäranlagen, ausgeleierte Betten, in der Bar im Erdgeschoß ist abends die Hölle los. Nur das Personal ist sehr nett und das Essen preiswert.

Hotel

Mactaris, Av. H.B. (beim Busbahnhof), Tel. 08 - 876465. DZ 8 D. Kein Frühstück, keine Dusche.

Verkehrsverbindung

Der **Busbahnhof** ist gleich an der Hauptstraße nicht weit vom Triumphbogen beim Hotel. Es gibt Busse nach El Kef, Kairouan, Tunis und Kasserine. **Louages** in die gleiche Richtung.

Gleich zu Beginn von Makthar ist ein Rondell mit einer Säule, dort ist links der Eingang zum Ausgrabungsgelände und das Museum. Etwas weiter an der Straße in den Ort steht der Triumphbogen, einst nördliches Eingangstor von Mactaris. Das Ruinenfeld liegt auf einer weiten Hochebene, das antike Mactaris gehört mit Dougga und Bulla Regia zu den bedeutendsten Ausgrabungsstätten des Landes.

Mactaris wurde von den Numidern um 200 v. Chr. als wichtige
Festung zur Überwachung der Karawanenwege gegründet und
gehörte zum Reich des legendären Massinissa. Nach dem Untergang Karthagos kamen viele punische Flüchtlinge in die Stadt,
die der Kultur wichtige Impulse gaben, noch bis ins 2. Jh. wurde
punisch gesprochen; sie bauten Tempel und einen Tophet für den
Gott Baal-Hammon. Erst ab dem 1. Jh. n. Chr. wurde Mactaris
von den Römern ausgebaut, erhielt eine Wasserleitung, Thermen,
Wohnhäuser und Tempel. Aufgrund der üppigen Landwirtschaft
im Umland gelangte die Stadt zu großem Wohlstand, der jedoch
mit dem Niedergang des römischen Reiches schwand. Vandalen
wie Byzantiner besetzten die Stadt, der Einfall der räuberischen
Beni Hillal im 11. Jh. brachte den endgültigen Untergang.

**Ruinenstätte
Mactaris**
9 - 12, 14.30 - 18.30
Uhr; 1 D + 1 D für
Fotoerlaubnis.
Geschichte

Auf dem Gelände gleich hinter dem Eingangstor ist das *Museum*,
in dem viele schöne punische Grabsteine gezeigt werden, die nicht
wie andernorts sämtlich in den Bardo kamen. Der punische Tophet
ist nicht mehr erhalten. Der Rundgang führt über römische Pfla-
stersteine zunächst zu einem kleinen *Amphitheater* und steigt dann
zum *römischen Forum* mit dem Bogen zu Ehren des Kaisers Trajan an. Dieser wurde unter den Byzantinern Bestandteil der Festung.
Vom Marktplatz am Forum führt ein Weg östlich zum punischen
Hathor Miscar-Tempel, der im 4. Jh. mit einer christlichen Kirche
überbaut wurde. Südlich des Forums liegt ein etwas unübersicht-
liches Ruinenfeld mit Resten der Grabbasilika des Vandalenführers
Hildeguns, von dort führt ein Weg weiter zu dem mächtigen
Thermenkomplex mit wunderschönen Mosaikböden, der zu den
besterhaltenen in Nordafrika gehört; er wurde mittels einer 9 km
langen Wasserleitung gespeist.

**Museum
Besichtigung**

Über eine Wiese parallel zur Mauer gelangt man zur *Schola der
Juvenes*, einer Art militärischer Ausbildungsstelle für Jugendliche.
Dahinter liegen numidische Dolmengräber aus schweren Steinplatten und ein kleiner christlicher Friedhof. Nun auf der römischen
Straße wieder zurück Richtung Ausgang stößt man auf das
punische Forum, eine kleine Treppe führt zu den Resten des *Bac-
chus-Tempels* mit unterirdischen Kammern. Die Pflasterstraße
geht weiter zu den weniger eindrucksvollen Resten der Nord- und
Westthermen, von dort sieht man außerhalb des eingezäunten
Geländes das in numidischem Stil erbaute *Turmmausoleum* der
römischen Familie Julius Maximus.

Das Gebiet um Makthar ist übersät mit Ruinen, die weniger bedeutend und nur für besonders Interessierte den mühevollen Anfahrtsweg lohnen. Wegen der Vielzahl hier nur einige ausgewählte:

das antike Tigimma

Auf der GP 4 nach Westen und dann Richtung El Jemaa gelangt man zu dem Ruinenfeld von **Hammam Zoukra**. Das Schönste an diesem Abstecher ist die reizvolle Berglandschaft, denn von der alten Römersiedlung *Tigimma* blieben nur dürftige Reste. In der Antike scheint es sich um eine zwar bevölkerungsreiche Stadt gehandelt zu haben, in der es aber nur wenige kunstvolle Bauten gab.

Auf der GP 12 kurz nach Makthar geht rechts eine üble Piste nach **El Ksour** *(Uzappa)*. Dort finden sich ein römischer Triumphbogen und byzantinische Ruinen.

22 km nach Makthar zweigt bei einem winzigen Dorf rechts eine schlechte Straße nach Siliana ab. Auf den weiten Höhen vermutet man das bisher unentdeckte *Zama Regia*, bekannt aus dem 2. Punischen Krieg. Der römische Feldherr Scipio besiegte dort im Verband mit dem Berberfürsten Massinissa das armselige Heer von Hannibal, es war die den Krieg entscheidende Schlacht.

Kbor Klib

Nach 9,5 km kurz vor Erreichen einer kleinen Paßhöhe zweigt rechts eine Piste zu *Kbor-Klib* ab. Das riesige Steindenkmal war ursprünglich 45 m lang, 15 m breit und 6 m hoch. Es wurde errichtet zum Andenken an den Sieg Caesars über den Numiderkönig Juba I 46 v. Chr., doch ist die Anlage sehr zerfallen. Zurück auf der Straße taucht 1 km weiter links im Feld ein Steinklotz mit Tür auf, *Ksar Touar,* ein ehemals dreistöckiges römisches Mausoleum. Im Innern befinden sich kleine Wandnischen.

Ksar Toual

Siliana

Bei dem modernen Provinzstädtchen **Siliana** liegen die Reste des zunächst numidischen und später römischen *Zama Minor* mit einer alten Quelle. Aber der Umweg auf dieser schlechten Straße bringt großen Zeitverlust und wenig Sehenswertes, die antiken Steine wurden über Jahrhunderte hinweg zum Bau der Häuser verwendet.

Siliana Hotel

** Zama, am nördlichen Ortsausgang, Tel. 08-870751. Ordentlich, beliebt zur Wildschweinjagd, Bar, Restaurant. Zimmer mit Bad, DZ 28 D.

Fortsetzung Route 16

Makthar auf der Straße nach El Kef, Tunis verlassen. Die schmale Teerstraße überquert die Berge der Dorsale und ermöglicht eine großartige, kilometerweite Sicht über die Bergrücken. Nach 22 km zweigt rechts die Straße nach Siliana und Kbor-Klib ab, siehe oben. Nach weiteren 4 km kommt das Dorf **Vieux Sers**, auf dem dort am Schild Le Kef 40 links ohne Wegweiser abzweigenden Sträßchen sind zwei Abstecher möglich:

Nach 3 km auf dieser Straße ist rechts eine weitere Abzweigung ohne Wegweiser. Dort liegt nach etwa 6 km **Zannfour**, das antike *Assuras*, in dem sich noch Reste einer römischen *Stadtmauer*, einer *Zitadelle* und dreier *Stadttore* finden, die alle von den Byzantinern überbaut wurden, sie lohnen kaum die Anfahrt. Interessanter ist der Weg an der Abzweigung geradeaus nach Elles (9 km), bringt er doch einen Ausflug zu megalithischen Dolmengräbern.

Elles ist heute ein beschaulicher Ort, in dem der Esel das Hauptverkehrsmittel ist. Die Stelle war infolge ihres Quellenreichtums schon in der Vorgeschichte und zu Zeiten der Römer besiedelt. Der historische Name ist nicht überliefert, manche halten ihn für *Cerbica* oder *Thigibba*. Aus letzterer Epoche blieben nur spärliche Reste. Durch den Ort, dann geradeaus weiter auf einer Piste zu einem ummauerten Platz, in dessen Innern die römischen Funde aufbewahrt werden. Rechts an der Mauer vorbei führt eine Piste zu den *Megalithgräbern*. Diese gewaltigen Steinbauten aus aufrecht stehenden, mehreren Tonnen schweren Felsblöcken, überkrönt von einer Deckplatte, waren Grabkammern der numidischen Urbevölkerung, die sich ähnlich an mehreren Stellen Nordafrikas finden.

Elles

Megalithgräber

Zurück auf die GP 12 und weiter Richtung El Kef. Die von einer mächtigen Kasbah dominierte Stadt wird 69 km nach Makthar erreicht.

El Kef - Die Gouvernoratshauptstadt mit 42.000 Einwohnern liegt sehr malerisch auf einem Hang des Hohen Tell und überblickt die weite Ebene. Bisher vom Tourismus wenig beleckt, erwacht Kef nun aus seinem Dornröschenschlaf. Der Präsident persönlich hat dafür gesorgt, daß ein Budget von 300.000 Dinar bereitgestellt wurde, um die antiken Monumente und die reizvolle Altstadt zu konservieren. Und so wird nun schon seit Jahren an jeder Ecke gehämmert, Beachtliches wurde bereits erreicht.

El Kef

Prähistorische Funde und neolithische Zeichnungen zeigen die frühe Besiedelung der Region. Geschichtlich erwähnt wird sie erstmals im 3. Jh. v. Chr. unter dem Namen *Sicca* aus Anlaß des Söldneraufstands. Die karthagische Siedlung wurde nach dem 1. Punischen Krieg Verbannungsort für die unzufriedenen Söldner, die um ihren Lohn betrogen worden waren. Der Söldneraufstand brach dennoch aus. Berühmt war Sicca wegen der Verehrung der Göttin *Astarte*, von den Römern Venus genannt, die deshalb der Stadt den Beinamen Veneria gaben. Junge Priesterinnen versahen das heilige Amt der Tempelprostitution.

Geschichte

Nach dem 2. Punischen Krieg okupierte der Berberfürst Massinissa den Ort und machte ihn zu seinem Sitz, bis Caesar Numidi-

El Kef
Geschichte

en der römischen Provinz einverleibte; Sicca erhielt vermutlich den Namen Cirta Nova. Unter den Byzantinern war es wichtige Bastion der Christen und Sitz eines Bischofs, drei Basiliken stammen aus jener Epoche, aus der Vandalenzeit blieb eine Kapelle. 688 fielen die Araber ein, sie verballhornten den Namen zu Shaqbanaria, die Bedeutung nahm ab. Zu Beginn des 17. Jh. erhielt die Stadt unter dem heutigen Namen - Kef bedeutet Felsen - neue Bedeutung als Bastion gegen Algerien, die Türken errichteten 1601 das kleine Fort auf altem Mauerwerk. Die wichtige militärische Stellung behielt Kef auch nach dem Einmarsch der Franzosen 1881.

Stadtrundgang

Wenn man gleich am Ortsanfang die bergan kletternde Straße nimmt, kommt man zum einstigen Palast Bourguibas; er entdeckte bei einem Erholungsaufenthalt seine Liebe zu der verträumten Stadt. Auf der anderen Straßenseite ist die wunderschöne *Moschee Sidi Kadouch*. Nur wenig danach folgt der kleine, kanonenbestückte andalusische Platz, der ideale Parkplatz zur Besichtigung. Aber Vorsicht, nicht an der rotgeränderten Seite mit der Bushaltestelle, dort warten schon die Parkkrallen! Das Café Andalous ist (noch ?) wegen der niedrigen Preise zu empfehlen.

Volkskunde-
museum
Sommer 9 - 13, 16 -
19 Uhr, Winter 9.30
- 16.30 Uhr; 600 M.

In der weißkupplingen *Zaouia Sidi Ben Aissa* aus dem Jahr 1784 ist ein sehenswertes kleines *Volkskundemuseum*. Das Gebäude gehörte der aus der Kabylei stammenden, bedeutenden Bruderschaft der Rahmanias. Der prachtvollste Raum hat eine mächtige, stuckverzierte Kuppel in den Farben weiß und blau, verziert mit dem hundertfachen Namen Allahs. In vier Sälen sind traditionelle Kleidungsstücke und Schmuck sowie Gerätschaften ausgestellt.

Kasbah

Weiter auf der kleinen Straße liegt links die malerische Zaouia Sidi Bou Makhlouf, aber der dominierende Bau ist die mächtige *Kasbah*. Bereits die Punier hatten an dieser Stelle eine Zitadelle, die von den nachfolgenden Völkern genutzt und erweitert wurde, die Grundmauern bestehen aus römischen Quadern. Um 1600 wurde das kleine Fort erbaut, Mitte des 17. Jh. das große Fort, später erweitert, vor allem die Mauer wurde erhöht. Nach dem Abzug des Militärs 1986 wird die schönste und am besten erhaltene Kasbah des Landes nun eifrig restauriert und soll bald ein kleines Hotel, ein Restaurant und ein Kulturzentrum beherbergen, ein lohnenswertes Unternehmen. Vorläufig bietet sich zumindest eine herrliche Aussicht auf Stadt und Umland, die roten Ziegeldächer der Häuser stammen noch aus der Franzosenzeit.

Basilika

Von der Kasbah führen nur wenige Stufen hinab zur christlichen *Basilika* aus dem 4. Jh, in der einige punische und römische Fundstücke ausgestellt sind. Der Besuch gegen ein kleines Trinkgeld lohnt schon wegen des original restaurierten Gebäudes. Es wur-

de vorübergehend durch Anfügung eines Minaretts als Große **El Kef**
Moschee genutzt, der Turm wurde aber wieder entfernt. **Stadtrundgang**

Direkt daneben, am romantischsten Plätzchen der Stadt, führen
einige Stufen zur *Zaouia Sidi Bou Makhlouf* mit gerippten Kup- **Zaouia Sidi Bou**
peln. In dem Gebäude vom Anfang des 17. Jh. mit Erweiterungen **Makhlouf**
im 19. Jh. liegen der aus Fes in Marokko eingewanderte Schutzpatron der Stadt und seine Familie begraben. Der wunderschöne
Kuppelraum lohnt eine Besichtigung (gratis), selbst das Minarett
ist zu besteigen. In dem Gebäude davor, einer alten Pilgerherberge, wurde im Sommer 1994 das entzückende *Hotel Bou
Makhlouf* eingerichtet, gegenüber ein maurisches Café. Es ist
wirklich ein Geheimtip, 45 hübsche Zimmer mit Wasser, warme
Duschen außerhalb. Pkw-Zufahrt von Kasbah möglich.
Auf der Rückseite der Zaouia wurde 1994 eine Medersa renoviert, die Handwerkern als Lehrwerkstatt dienen soll.

Wieder zurück zum Tor des unbewohnten Präsidentenpalastes, **Jüdischer**
dort auf die Piste. Gleich nach der Schranke liegt links am Hang **Friedhof**
der *jüdische Friedhof*, die Grabplatten sind erst zu sehen, wenn
man den Hang hinaufsteigt. Von der in Kef lebenden jüdischen
Kolonie, die ein Viertel der Einwohner betrug, wurden recht unbe-
kümmert römische Grabsteine zu eigenen Zwecken umgenutzt.
Zum großen Teil blieb die alte Schrift bestehen, nur manchmal
wurde sie durch den Namen des tatsächlich dort Bestatteten ersetzt. Viele der Inschriftsteine wurden zum Ausgrabungsgelände
in der Innenstadt gebracht. Die beiden Vertiefungen in den Grabplatten sind jüdischen Ursprungs, dort sollte sich Wasser für die
Vögel sammeln.

Weiter auf der Piste, nach 1 km links durch ein schattiges Wäldchen (guter Rastplatz), kommt man zu einem vielgenutzten Brunnen, oberhalb dem der islamische Friedhof liegt. Unterhalb ist der
alte christliche Friedhof, schon vor dem Protektorat lebten viele
Europäer in der Stadt, vornehmlich Italiener und Malteser. Die
Gräber sind arg verschandelt.

Zu Füßen dieses Friedhofes liegen die Reste einer byzantinischen
Basilika. Deutlich zu erkennen ist das Halbrund der Apsis. Diese
Kirche war möglicherweise der Aufbewahrungsort für den magischen Spiegel, von dem die Sage berichtet, er zeige dem betro-
genen Ehemann das Bild seines Nebenbuhlers. Bis ein junger,
christlicher Numider, der in eine schöne Römerin verliebt war,
dadurch erwischt wurde und zur Strafe die Nase abgeschlagen
bekam. Sein erzürnter Stamm stürmte die Kirche und zerschlug
den Spiegel.

Der sich dem Friedhof anschließende Hügel war der *Venushügel*, **Venushügel**
das Zentrum des punischen Sicca. Deutlich auszumachen sind

El Kef
Venushügel

die Fundamente des Venustempels, außerdem die Spuren einer Festung. Auch auf diesem Hügel sind einige islamische Gräber, hier werden allerdings nur die Angehörigen der zahlreichen Zaouias von Kef bestattet. Da diese Kuppe die Kasbah dominiert, wurden deren Mauern später höhergesetzt.

Vom Hügel aus ist eine schroffe Berghöhe zu erkennen, auf deren flacher Kuppe haarscharf am Rand ein Dorf sitzt. Diese Falaise besaß schon in prähistorischer Zeit große Bedeutung. In der senkrechten Wand sind helle Quadrate neolithischen Ursprungs zu erkennen, in denen sich drei rote Punkte befinden. Noch heute wird dort ein Kult abgehalten, bei dem Hühner geschlachtet werden. Vor der Felswand sind die Reste der einstigen *Zisternen*, die Piste endet beim Bab Ghdar (d.h. Geheimtor), das nur zu Fuß zu passieren ist, die Stadtmauer ist hier noch gut erhalten.

Medina

Wieder zurück zu der Gabelung am Ortsanfang und auf die bergabwärts ins Zentrum führende Straße. Zu Füßen der Kasbah schmiegt sich eine pittoreske Altstadt mit engen Gassen und Treppenstufen an, begrenzt von der Avenue Habib Bourguiba. Im Herzen der Stadt sprudelt eine Quelle, hübsch eingefaßt mit nettem Café, überragt von einem weißen Minarett.

Am besten beginnt man den Rundgang beim gemütlichen *ONTT-Informationsbüro* gegenüber dem Hotel Sicca Veneria, dort bekommt man nicht nur jede Menge Hilfe, sondern vor allem den Mann mit dem Schlüssel für die Basilika Dar el Kouss. Über die schmale Gasse neben dem ONTT erreicht man das Ausgrabungs-

Thermen

gelände mit Resten der mächtigen *Thermen*. Die reiche Quelle wurde schon von den Römern genutzt, wie üblich bewacht von einem *Nymphäum*. Auf dem Gelände ist eine kleine *Vandalenkapelle* aus dem 5. Jh., außerdem sind die römisch-jüdischen Grabsteine aufgestellt. Gegenüber den Thermen führen Stufen zu den weitläufigen, unterirdischen *Zisternen* aus dem 3. Jh. mit einem Mosaikbecken, wirklich beeindruckende Bauwerke, nachdem der Schutt der Jahrhunderte nun weggeräumt wird.

Basilika Dar el Kouss

Die byzantinische Basilika *Dar el Kouss*, ehemals dem Petrus geweiht, gehört wegen ihrer guterhaltenen, noch überkuppelten Apsis zu den bedeutendsten byzantinischen Basiliken. Der vordere Teil wurde in französischer Zeit als Kirche genutzt, im rotgedeckten Haus vor dem Tor wohnte die Geistlichkeit. Die Kirche ist in friedlicher Nachbarschaft mit zwei Moscheen vereint, dahinter beginnt die Mellah, das ehemalige jüdische Viertel.

Breite Treppenstufen, an denen Goldschmiede ihre Läden haben,

Synagoge

führen zur *Synagoge* aus dem 18. Jh.. Sie wurde 1967 verlassen, als die letzten Juden nach Israel gegangen waren, doch hat sich eine jüdische Gesellschaft nun für die Restaurierung eingesetzt. Das ständig geöffnete Gebäude beinhaltet alte Dokumente und

Votivtafeln, Gebetsstuhl und Thorarollen und ist kostenlos zu besichtigen.

El Kef
Medina

Nur wenige Treppen höher wird der *Marabut von Sidi Bou Loufaa* restauriert, etwas danach ist das *Mausoleum Sidi Mlaihi*. Dort ist Ali Turki bestattet, der Vater von Hussein ben Ali, der Anfang des 18. Jh. die Husseinidendynastie begründet hat. Vor dem Haus ein noch wasserführender Brunnen, in dessen weichen Sandstein die Seile der Eimer tiefe Rillen gegraben haben. Nur wenige Stufen noch, und wir stehen wieder vor der Kasbah.

El Kef hat eine reiche Geschichte. Wer ganz speziell weiteres wissen will, kann sich an *Mohammed Tlili* wenden; der Historiker und Archäologe hat seine Studien in Europa abgeschlossen. Er ist zu erreichen in der Buchhandlung gegenüber dem Monoprix in der Unterstadt. Zwar hat er nicht die Zeit, für jeden den Fremdenführer zu spielen, wirklich Interessierte sind aber gern gesehen.

Telefonvorwahl: 08

El Kef

ONTT, Av. H.B., gegenüber Hotel Sicca Veneria.

Information

*** *Sicca Veneria*, Av. H.B., Tel. 221561. Das 1989 eröffnete Haus ist leider bereits völlig heruntergekommen. DZ 20 D.
Résidence Venus, Rue Oued Smida (gut ausgeschildert Nähe Zentrum, erreichbar über den Durchgang hinter dem weißen Minarett), Tel. 224695. Die Familienpension ist die beste Adresse der Stadt, sauber, schöne Zimmer mit Bad, ruhig. DZ ab 24 D. Parkplatz.
La Source, Place de la Source, Tel. 224397. Recht hübsch und preiswert, zentral, netter Empfang. Zimmer mit Dusche (kalt), WC außerhalb, DZ 7 D. Etwas Besonderes ist das Zimmer 9, der Salon des ehemaligen Patrizierhauses hat eine stuckverzierte Decke und fayencengeschmückte Wände. Es kostet 14 D und hat 4 Betten.
L'Auberge, gegenüber La Source, Tel. 220036. Restaurant, Bar. Einfache Zimmer, kalte Etagendusche, DZ 6 D.
Medina, mitten in der Medina, mit kleinem Parkplatz, Tel. 223214. DZ 8 D, warme Etagendusche.
Bou Makhlouf (s.o.) wurde im Sommer 1994 eröffnet.

Hotels

Rue Gamoudy (Neustadt), Tel. 220307.

Jugendherberge

Monoprix in der unteren Neustadt, **Souk** am Donnerstag.

Selbstversorger

Die Bahn dient nur dem Güterverkehr. Mit dem **Bus** nach Kairouan ist die Ruinenstätte Mactaris zu erreichen, mit dem

Verkehrsverbindung

El Kef
Verkehrsverbin-
dung

Bus nach Tunis Dougga, Bulla Regia über Jendouba und Althiburos mit dem Bus nach Dahmani. Da für letztere Stätte aber noch etliche Kilometer Fußweg verbleiben, ist dieser Ausflug weniger zu empfehlen.

Fest

Im Juli wird einen Monat lang das Festival Bou Makhlouf mit internationalen Künstlern der Maalouf-Musik und vielen anderen Veranstaltungen gefeiert.

17. EL KEF - KASSERINE - SBEITLA - GAFSA

224 km Asphaltstraße GP 17 und GP 15, ohne Abstecher zu den Sehenswürdigkeiten.

Die knapp zweispurige Straße mit mäßigem Verkehr führt über eine mit Halfagras bewachsene Ebene durch ein wichtiges Phosphatabbaugebiet parallel zur algerischen Grenze. Dadurch gibt es reichlich Polizeikontrollen, sogar die Durchsuchung des Fahrzeuges nach Waffen ist möglich.

El Kef Richtung Tajerouine verlassen. Nach 11 km folgt eine Gabelung mit Polizeiposten, links auf die GP 17 nach Gafsa abbiegen. Bei km 37 liegt das Verwaltungszentrum **Tajerouine** mit Tankstelle, Bank und einfachen Unterkunftsmöglichkeiten.

Medeino

Nach dem Ort kommt bei km 43 ein Rondell. Auf der Straße nach Osten ist ein Abstecher zu dem antiken Althiburos möglich. Vorbei an Phosphatwerken biegt nach 22 km rechts eine Piste mit Wegweiser nach **Medeino** mit der Ruinenstätte ab. Auf breiter Hauptpiste bleiben, nach 2 km geradeaus. Bei km 3,6 ist eine für Pkw nicht einfache Furt, dahinter taucht das weder eingezäunte noch bewachte Ruinengelände auf, zu dem nur selten Besucher finden. Parken auf einer kleinen Wiese.

An keinem anderen Ausgrabungsplatz Tunesiens habe ich mich so wohl gefühlt wie hier. Keine aufdringlichen Führer, nur wenige, sehr zurückhaltende Bewohner in der Nähe. Man kann nur hoffen, daß der Massentourismus diesen Ort noch nicht so schnell erreicht und verdirbt. Auf der kleinen Parkwiese läßt sich wunderbar ruhig campen, in den alten Mauern ein Picknick halten, der Abfall wird selbstverständlich mitgenommen.

Ruinenstätte
Althiburos
Geschichte

Althiburos wurde wie El Kef von den Numidern gegründet und diente nach dem 3. Punischen Krieg vielen Flüchtlingen aus Karthago als Zuflucht. Sie beeinflußten für lange Zeit die Kultur mit ihrer Sprache und Religion. Erst nach dem Sieg Caesars kam die Stadt zu Rom. Bedeutung erlangte sie durch ein fruchtbares

Hinterland und die Lage am Karawanenweg zum algerischen Tebessa. Die Siedlung erholte sich nicht mehr vom Einfall der Vandalen.

Rundgang

Am Parkplatz beginnt die Pflasterstraße, die zwischen dem *Kapitol* auf der rechten Seite - schöner blütenberankter Stein - und dem *Forum* links durchgeht. Der Forumsplatz ist mit Platten belegt und war ehemals mit Säulen geschmückt, von denen nur noch die Kapitelle stehen. Die Straße stößt sodann auf das *Haus der Brunnen* mit verschiedenen Wasserbecken. Weiter geradeaus über ein paar Stufen ragt die halbrunde Bogenwand des *Amphitheaters* auf.

Wenn man vom Parkplatz aus nicht hinein zum Forum, sondern links zum Flußbett geht - der Weg ist mit Tonscherben übersät -, kommt man zu einem Wohnviertel, in dem ähnlich wie in Bulla Regia Wohnräume unter der Erde zum Schutz vor der Sonne waren. In dem oben vor einem Olivenhain gelegenen, geräumigen *Haus des Aeskulap* sind noch Mosaikfußböden und Wasserbecken erhalten. Die schönsten Mosaike sind in dem nach diesem Ort benannten Saal des Bardo-Museums ausgestellt.

Außer den beschriebenen sind noch eine Unzahl von Ruinen in dem weitläufigen Gelände vorhanden, so der vom Fluß vor den Wohnhäusern sichtbare *Hadriansbogen* in einem Olivengarten. Vieles wurde noch nicht ausgegraben.

Zurück an der Abzweigung der GP 17 ist in westlicher Richtung für gute Wanderer ein weiterer Ausflug möglich, der diesmal keine römischen, sondern natürliche Steine zeigt. Auf der Straße ca. 24 km bis zu dem Grenzort **Kalaat Es Senan** fahren, dann hinter der Moschee links dem beschilderten Sträßchen bis Ain Senan (3,5 km) folgen. Von dort links auf Piste den Berg hinauf abbiegen, die schwierige Strecke ist nur mit Geländewagen oder zu Fuß (ca. 2 Stunden) zu bewältigen.

Table de Jugurtha

Der 1.270 m hohe *Table de Jugurtha* ist ein sich schroff aus dem Hügelland erhebender Tafelberg, den man schon von der GP 17 erblicken konnte. Seinen Namen erhielt er nach dem numidischen König Jugurtha (siehe unter Thala), der hier angeblich vor Caesars Soldaten Unterschlupf fand. Sicher ist allerdings, daß der Berberhäuptling *Senan*, ein Karawanenräuber, dort sein befestigtes Quartier hatte. Die Piste endet zu Füßen des Felstisches. 150 in den Stein gehauene Stufen führen hinauf zum Plateau mit Resten Senans in byzantinischem Stil gebauter Festung und dem Marabut Sidi Abd El Jouad mit einer grandiose Aussicht. Senans Leute hausten in primitiven Höhlenwohnungen.

Wieder zurück auf der Hauptstraße folgt bei km 61 ab El Kef abseits der Route **Kalaat Khasba** mit einer Tankstelle und großen Phosphatwerken. Auf der GP 4 nach Algerien ist nach 16 km bei dem Grenzübergang **Haidra** eine weitere Ausgrabungsstätte auf 900 m Höhe, die Straße verläuft mitten durch das Ruinenfeld.

Ruinenstätte
Ammaedara

Ammaedara war im 1. Jh. n. Chr. wichtiger Standort der 3. Legion des Augustus und überwachte wie Althiburos die wichtige Karawanenstraße Karthago - Tebessa, eine weitere führte über Sbeitla nach Hadrumetum, dem heutigen Sousse. Das Gebiet muß vor zweitausend Jahren wesentlich grüner und fruchtbarer gewesen sein. Die meisten römischen Gebäude wurden in der christlichen Epoche überbaut, die Stadt später von den Vandalen zerstört. Das schönste dieser Bauwerke ist eine *Kirche*, deren drei Schiffe von Reihen antiker Säulen getrennt wurden, die offenbar römischen Tempeln entnommen wurden.

Die Ausgrabungen wurden 1883 sehr unfachmännisch begonnen und sind noch nicht abgeschlossen. Parallel zur heutigen GP 4 führte der *Decumanus*, die antike Hauptstraße der Militärsiedlung, deren Eingang der *Septimus-Severus-Bogen* überspannt. Zum Oued Haidra hin liegt die *byzantinische Festung* und die *christliche Basilika*, das Wohnviertel mit *Forum* und *Tempel* befindet sich oberhalb der Straße. Der Zweck vieler Gebäude, wie des Hauses mit den Trögen, ist noch ungeklärt.

Thala

Der Rückweg ist sowohl auf der gleichen Strecke wie auch über eine Abkürzung, die direkt nach **Thala** führt, möglich. Der Ort (75 km ab El Kef) mit 4.000 Einwohnern liegt auf einer Höhe von 1.017 m in der Dorsale, dem mitteltunesischen Gebirgsrücken mit den höchsten Erhebungen des Landes. Doch ist Thala keineswegs ein Ferienort in den Bergen, sondern geprägt von einer riesigen Phosphatfabrik. Es gibt Tankstellen, Werkstätten und das kleine *Hotel Bou Telja,* Tel. 07-480057.

Hotel

Berberkönig
Jugurtha

Das antike *Thalae* war Festung des numidischen Königs *Jugurtha*, dem Enkel des großen Massinissa. Ihm paßte die römische Vorherrschaft nicht, und er führte einen Guerillakampf gegen die Römer. Als der Feldherr *Metellus* im Jahr 108 v. Chr. die Stadt belagerte, in die sich Jugurtha mit seinen Söhnen zurückgezogen hatte, flüchtete dieser mit seinen Kindern. Zahlreiche vorher zu ihm geflohene römische Deserteure verbrannten sich und die Schätze der Stadt in der Königsburg beim Einfall der Römer. Bis Anfang des 7. Jh. werden die Bischöfe von Thala in der Kirchengeschichte erwähnt. Die Stadt war auch in arabischer Zeit besiedelt, römische Baufragmente wurden zum Bau der Häuser verwendet, so daß heute nur einige wenige Reste am Ortseingang erhalten sind.

Die weitere Strecke verläuft zu Füßen des 1.419 m hohen *Djebel*

Bireno. Bei km 110 liegt ein Wintersportgebiet um den *Djebel* **Wintersportgebiet**
Semmama (1.314 m) mit Skiliften. Auf der bei km 118 nach rechts
abzweigenden Straße GP 13 gelangt man über eine Piste zum
Dorf **Chambi** und dem 1980 eingerichteten *Nationalpark* um den **Chambi-National-**
höchsten Berg des Landes, den *Djebel Chambi* mit 1.544 m. In **park**
dem Aleppokiefernwald haben Berggazellen, Mähnenschafe, Hyä-
nen und Raubvögel ein Überlebensreservoir gefunden.
121 km nach El Kef folgt

Kasserine - Die Gouvernoratshauptstadt hat 25.000 Einwohner **Kasserine**
und liegt in 570 m Höhe am Beginn des zentraltunesischen
Steppenhochlandes, im Norden eingerahmt von hohen Bergen. **Souk am Dienstag**
Erst nach dem Bau der Bahnlinie durch die Franzosen entstand
um das Marktzentrum der nomadischen Bevölkerung eine moderne Neustadt. Die Bahn zum Phosphatgebiet bei Moulares dient
lediglich dem Gütertransport.
Im zweiten Weltkrieg fand hier die Schlacht von Kasserine statt.
Nach der Niederlage von El Alamein traf das Afrika-Korps am
14.2.1943 auf eine im Kasserine-Paß verschanzte amerikanische
Panzerdivision, es war Rommels letzter Sieg vor der endgültigen
Kapitulation. Einen bescheidenen Aufschwung nahm der Ort, als
1963 die erste tunesische Fabrik gebaut wurde, die das auf den
weiten Ebenen wachsende Halfagras zu Zellulose und Papier verarbeitet. Früher war der Rohstoff von Nomaden gesammelt und
über Sousse nach England zur Papierherstellung exportiert worden.

Unweit der heutigen Stadt lag in der Antike *Cillium,* der Name
Kasserine leitet sich von den beiden *römischen Mausoleen* ab, **römische**
die sich am westlichen Ortsausgang befinden, er bedeutet „die **Mausoleen**
beiden Schlösser". Das besser erhaltene wurde für die Mitglieder
der Familie Flavius Secundus erbaut. Auf einer Seite des Turms
sind die Namen der Bestatteten aufgeführt, die anderen drei Seiten enthalten eine 110-zeilige Inschrift zum Lobe dieser ersten
Familie der römischen Stadt. Das zweite Mausoleum für Petronius
Fortunatus, Centurio in der 3. Legion Augustus, enthält einen Be-
richt über dessen militärische Laufbahn.

Cillium wurde durch die Römer gegründet und im 3. Jh. zur **Ruinenstätte Cillium**
Colonia erhoben. Nach dem Untergang Roms verlor es seine
Bedeutung.
Die Ruinen liegen etwas außerhalb an der Straße nach Gafsa
neben dem gleichnamigen Hotel. Das Gelände ist noch wenig
erforscht, es ist zwar eingezäunt, aber jederzeit ohne Eintritt zugänglich. Auf den verstreut liegenden Resten weiden heute Schafe und Ziegen. Am besten erhalten sind der im 4. Jh. n. Chr. auf
der Höhe erbaute *Triumphbogen* mit einem schönen Fries und
einer Inschrift sowie das *Theater,* dem die Rückwand fehlt.

Kasserine	*Telefonvorwahl:* 07
Hotels	*** *Cillium,* an der Straße nach Gafsa neben dem Ausgrabungsgelände, Tel. 474682, 471601, Fax 474406. Schöner Rundbau, das Schwimmbecken hat nur im Sommer Wasser. DZ 33 D.

Pinus, an der Straße nach Sbeitla, Tel. 470164. DZ 14 D.

De La Paix, gegenüber der Busstation, Tel. 471465. Recht einfach, DZ 9 D.

Jugendherberge   *Jugendherberge* an der Straße nach Gafsa, Tel. 470053.

Verkehrsverbindung   Die Eisenbahnlinie dient nur dem Gütertransport. Der **Busbahnhof** ist im Stadtzentrum, Busse nach Tunis, El Kef, Gafsa, Gabes. Die Fahrt zur Ruinenstätte in Sbeitla ist mit der **Louage** möglich.

Ausflug   Von Kasserine aus sollte man unbedingt einen Abstecher ins 30 km entfernte Marktstädtchen Sbeitla machen, das antike Sufetula. Dort liegt gleich am Ortsanfang ein wesentlich interessanteres Ruinengelände.

Sbeitla
Mittwoch Souk   **Sbeitla** ist ein modernes Städtchen aus der französischen Protektoratszeit ohne bauliche Sehenswürdigkeiten, hat aber gute Übernachtungs- und Versorgungsmöglichkeiten.

Sbeitla   *Telefonvorwahl:* 07

Hotels   ** *Sufetula,* Tel. 465074, Fax 465582. Am Ortsanfang links, noch vor dem Ruinengelände. Schöner Pool, DZ 36 D. Auf dem Gelände Campingmöglichkeit.

** *Bakini,* an der Straße nach Sfax, Tel. 465244. Der kleine Pool im blühenden Garten hat nur Wasser, wenn Gruppen kommen. Gutes Restaurant, Bar, ruhige Zimmer mit Bad, DZ 28 D.

Motel, am Bahnhof, Tel. 465025. Sehr einfache, schmutzige Zimmer mit fl. Wasser um Innenhof. DZ 10 D.

Die Eisenbahnlinie dient nur dem Gütertransport, vor allem für das in der Nähe abgebaute Phosphat. Die **Bus**- und **Louage-Station** ist auf dem Bahnhofsplatz, Verbindungen nach Kairouan, Tunis, Gafsa, Kasserine. Zur Ruinenstätte an der Straße nach Kasserine sind es knapp 2 km zu Fuß.

Sufetula   *Sufetula* wurde Ende des 1. Jh. n. Chr. als Militärstützpunkt gegründet und in den Rang einer Colonia erhoben, Wohlstand brachten die Getreide- und Ölbaumkulturen. Ab dem 3. Jh. wurden die

Bewohner christlich, wie sieben Kirchenbauten zeigen. Anders als die meisten Städte überstand sie den Vandaleneinfall unversehrt, wurde aber von den Byzantinern überbaut, die 646 ihre Hauptstadt dorthin verlegten. Die Araber eroberten deshalb Sufetula schon 647 vor allen anderen tunesischen Städten und töteten Gregor, den letzten byzantinischen Herrscher. Der Ort wurde bedeutungslos, die Häuser verfielen oder wurden als Steinbruch genutzt. Noch ist nicht alles freigelegt, doch gibt ein Rundgang durch das eingezäunte Gelände einen guten Einblick in römisches Stadtleben.

Ruinenstätte Sufetula
täglich von 8.30 Uhr (Sommer 7.00 Uhr) bis Sonnenuntergang; 1 D + 1 D für Fotos.

Geschichte

Sufetula

- H Sufetula
- Brücke
- Amphitheater
- Stadttor
- Tempel
- Haus der Jahreszeiten
- Brunnenhaus
- Vitalis
- Jucundus
- Bellator
- Wohnviertel
- St. Severus
- Decumanus
- Brunnen
- Zisterne
- Theater
- St. Gervais
- Nekropole
- Eingang
- Byzant. Kirche
- Museum
- Mausoleum
- Kasserine
- Oued Sbeitla
- GP 13
- Sbeitla
- N

1 Bogen des Diokletian
2 Byzantinische Festungen
3 Kleine Thermen
4 Ölmühle
5 Winterthermen mit Palästra
6 Forum und Kapitoltempel

Der Eingang ist gegenüber dem kleinen *Museum* mit schönen Mosaiken, Keramiken, Münzen und Grabstelen. Im ersten Raum eine Übersichtskarte der römischen Fernstraßen. Beim Museum kleines Café und Souvenirladen. Das Gelände ist gut beschildert, Mittwoch, Samstag und Sonntag werden die Ruinen am Abend farbig angestrahlt, ein hübscher Anblick. Vor und auf dem Gelände werden angeblich echte Skulpturen angeboten, Ärger mit dem

Museum

Sufetula

Zoll ist nicht zu befürchten bei diesen Fälschungen.

Rundgang

Der mächtige *Triumphbogen für Diokletian* (1) bildete ehemals das südliche Eingangstor. Der Rundgang führt auf der alten, platten-belegten Straße zunächst vorbei an den *byzantinischen Festungs-anlagen* (2). Wie Kraut und Rüben wurden die römischen Steine von den Byzantinern aufgerichtet, um die eroberten Stellungen so bald als möglich zu befestigen. Vorbei an kleinen *Thermen* (3) und der *Gervais-Kirche* stößt man direkt auf die mitten in der Stra-ße liegende *Ölmühle* (4), die an den einstigen Reichtum der Stadt - ausgedehnte Olivenplantagen - erinnert.

Winterthermen (5)

Rechts weiter auf der Pflasterstraße und vorbei an einer großen *Zisterne* gelangt man zu den *Winterthermen* (5), dem größten der vielen Badehäuser mit der *Palästra* daneben. Die unterirdischen Warmwasserleitungen sind noch gut zu erkennen. Vor einem Brun-nen biegt rechts ein Weg ab zum *Theater*, das malerisch haar-scharf am Rande der vom Oued Sbeitla gebildeten Schlucht liegt und von den Wassern des Oued stark beschädigt wurde. Teile der Sitzreihen und Säulen der Bühne sind noch vorhanden.

Forum (6) mit
Kapitol-Tempeln

Bei den Thermen beginnt der *Decumanus*, einst Flanier- und Ein-kaufsboulevard mit unterirdischer Kanalisation. Er führt direkt zum eindrucksvollsten Bauwerk, dem gut erhaltenen, mit Fliesen aus-gelegten *Forum* (6) und den drei nebeneinander liegenden *Kapitol-tempeln* für die Götter Jupiter, Juno und Minerva. Das sich daran anschließende Wohnviertel wurde noch wenig ausgegraben, in-teressanter sind die drei christlichen Kirchen. Durch den Gang

Byzantinische
Kirchen

bei den Kapitoltempeln, dann rechts, liegt die *Bellator-Kirche* mit der angebauten *Jucundus-Kapelle*. Dort gibt es ein Taufbecken, doch noch viel schöner ist das mosaikverzierte Taufbecken der anschließenden *Vitalis-Kirche*, auf dessen Mosaik der Name er-halten ist. Im hinteren Gebetsraum noch mehrere Mosaikreste und ein mit Fischen dekoriertes Becken. Von dort geht ein Weg hinunter zum Oued, in der Ferne ist die gut erhaltene *römische Brücke* zu erkennen.

Die Hauptstraße führt ab Vitalis-Kirche zum nordwestlichen Stadt-tor, das nur in den Grundrissen zu erkennen ist. Auf dem Weg dorthin wenig imponierende Gebäude und Tempel. Das hinter dem Tor liegende *Amphitheater* ruht noch unter der Erde, soll aber ab 1995 freigelegt werden.

Fortsetzung Route 17

Zurück nach Kasserine. Dort Ausfahrt auf der Straße nach Gafsa, vorbei am Ruinengelände. Nach 10 km wird die Vegetation schlag-artig spärlicher, nur hartes Halfagras wächst auf der trockenen

Hochsteppe. Bei km 30 zweigt rechts die GP 15 nach Tebessa ab, eine alte Karawanenstraße. Dort liegen bei dem Grenzort **Bou Chebka** die wenig lohnenswerten Reste der von Hadrian gegründeten Garnison *Thamesmida*, zu der ein von zwei massiven Türmen flankiertes Tor führt.

An der Hauptstraße dagegen folgt **Thelepte** vor den Hügeln des Djebel Ras El Ain. Hier wird das Halfagras gesammelt und zur Zellulosefabrik transportiert. Gleich nach dem Ort liegen beiderseits der Straße weit verstreut, vor allem hinter der Eisenbahnlinie den Hügel hinauf, die Ruinen der gleichnamigen römischen Garnisonsstadt. Nach so vielen antiken Steinen bringt eine Besichtigung der spärlichen Reste nichts mehr.

Der langgezogene Marktort **Feriana** kurz danach liegt reizvoll an einem Oued und hat alle Versorgungsmöglichkeiten. Das *Hotel Mabrouk* ist mit seinen Balkonzimmern recht hübsch für ein einfaches Gasthaus, Tel. 07-485202, DZ 12 D. Am Ortsende eine tunesisch-algerische Zementfabrik. In Feriana sehr verehrt wird der Heilige *Sidi Talil*, der in einer Höhle mit sechs Löwen gewohnt und viele Wunder bewirkt haben soll. Er wurde in einem Marabut mit Zaouia beigesetzt.

Feriana

Hotel

Die Straße steigt nun allmählich auf das zentraltunesische Hochplateau an. **Mejen Bel Abbes**, km 58, verblüfft durch drei Ampeln an der GP 15, der Ort liegt abseits der Durchgangsstraße.

Abstecher zu den Gebirgsoasen

*1 km hinter dem Ort zweigt rechts eine mit **Aoulad Marzoug** beschilderte Piste ab, auf der Geländefahrzeuge Moulares und die Gebirgsoasen erreichen können. Die Orientierung ist etwas schwierig. Durch die breite Piste, die nach Erreichen des Tales mit dem breiten Oued El Kebir parallel zu diesem führt, wird man verleitet, immer weiter geradeaus zu fahren und landet irgendwann in Algerien oder in den Fängen der Grenzpolizei. Statt dessen muß man auf einer kleinen Piste das Oued durchfahren und erreicht jenseits eine Asphaltstraße. Ich selbst habe die richtige Piste nicht auf Anhieb gefunden und überlasse es deshalb der Findigkeit meiner Leser.*

Auf die breite, gute Piste nach Aoulad Marzoug abbiegen (km 0). Nach etwa 15 km geht links eine kleine Piste zum Oued. So lange durch das Flußbett zurück fahren, bis jenseits eine Piste das steile Ufer hinauf führt. Dort erreicht man die Teerstraße westlich von Si Boubaker. Links abbiegen.
*km 27 **Si Boubaker**. Rechts geht eine gute Piste nach Moulares (Wegweiser). Zunächst noch Getreidefelder, dann karge Berge.*
km 38 Bahnlinie kreuzt.

km 51 Piste hat Teerbelag.
km 58 Teerstraße Metlaoui - Moulares, rechts weiter.
km 64 Moulares. Fortsetzung siehe Route 19.

Auf der GP 15 passieren wir bei km 73 das breite Oued El Kebir, das seinen Namen - das Große - zu Recht trägt. Bei km 77 geht rechts eine Asphaltstraße nach Sidi Boubaker, auf der auch Pkw Moulares und die Gebirgsoasen erreichen können. Streckenverlauf ab Boubaker siehe oben. 103 km nach Kasserine folgt

Gafsa

Gafsa - Die moderne Gouvernoratshauptstadt hat gut 60.000 Einwohner und liegt im Schnittpunkt wichtiger Verkehrslinien am Übergang von der Steppenlandschaft zur Wüste. Einen Vorgeschmack auf den weiten Süden geben die 100.000 Dattelpalmen, die jedoch infolge der kalten Nordwinde im Winter keine gute Qualität erreichen. Wichtiger sind da schon die Olivenplantagen und Obstgärten. Die Ende des 19. Jh. beim nahegelegenen Moulares entdeckten Phosphatvorkommen werden in modernen Fabriken weiterverarbeitet und brachten der Stadt einen wirtschaftlichen Aufschwung.

Sehenswert sind lediglich die beiden römischen Schwimmbekken sowie Reste der alten Kasbah, sie lohnen keinen längeren Aufenthalt. Gafsa ist besonders für seine markanten Teppiche berühmt, die in den Souvenirläden des ganzen Landes verkauft werden und hübsche Wandbehänge abgeben. Die flachen Kelims schmücken rechteckige Felder mit lebhaft bunten, geometrischen Mustern oder naiven Bildern. Im Zentrum für Teppichweberei an der Straße nach Tozeur lernen junge Mädchen dieses Kunsthandwerk, Besucher sind gerne gesehen.

Geschichte

Die Gegend um Gafsa war schon im 8. Jahrtausend v. Chr. besiedelt, wie Funde am Djebel Assalah 3 km außerhalb zeigen. Man nennt die Kultur nach dem antiken Namen der Stadt Capsien. Der Name *Capsa* ist phönizischen Ursprungs und bedeutet „die geschlossene, ummauerte Stadt". Sie war eine der ältesten Siedlungen der Karthager im Landesinnern. Im Jahr 107 v. Chr. nahm der Römer Marius die Stadt ein, brannte sie nieder und ermordete alle wehrfähigen Männer. Sie fiel dann den numidischen Verbündeten zu, bis ganz Numidien römische Provinz wurde. Capsa wurde ausgebaut und besaß unter Justinian die massivste Festung der Provinz. Nach dem Einfall der Araber verlor Gafsa seine Bedeutung nicht.

Im 15. Jh. entstand die Kasbah auf alten römischen Fundamenten, mit zwei Moscheen und lebenswichtigen Quellen in ihrem Inneren. Sie wurde 1556 von dem auf Djerba wirkenden Piraten Dragut eingenommen. Er baute die Stadt weiter aus. 1886 entdeckte der französische Geologe Philippe Thomas in der Selja-Schlucht reichhaltige Phosphatvorkommen, die Gafsa einen gro-

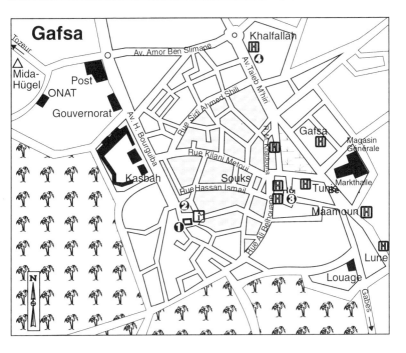

1 Römische Bäder   2 Museum   3 Busbahnhof   4 Polizei

ßen Aufschwung brachten. Während des zweiten Weltkrieges diente die alte Festung den Amerikanern als Munitionslager. Die Zitadelle wurde von ihnen beim Anmarsch der Deutschen ohne vorherige Warnung der Bevölkerung gesprengt, nur die Außenmauern blieben stehen. Dreißig weitere Häuser stürzten ein, viele Bewohner kamen ums Leben. Von sich reden machte die Stadt noch einmal 1980, als angeblich von Libyen gesteuerte Rebellen vorübergehend die Garnison in ihre Gewalt brachten. Daß die Soldaten eher geringe Gegenwehr zeigten und zahlreiche Jugendliche die Aufständigen unterstützten, schadete Gafsa lange Zeit sehr. Doch heute scheint der gute Ruf wiederhergestellt, die Innenstadt ist sehr hübsch ausgebaut worden, und die vorher augenfällige Armut der Bewohner scheint sich etwas zu bessern.

Gafsa Geschichte

Hauptader ist die am Hotel Maamoun beginnende Straße. Dort liegen die Markthalle und das Kino, von hier sind die Hotels zu Fuß zu erreichen. Eine Seite begrenzt ein kleiner Park mit Springbrunnen. In der Straße parallel dazu (Taxistandplatz) gute Parkmöglichkeit. Doch Vorsicht ist geboten! Hier lauern Halbwüchsige darauf, die geparkten Wagen gegen ein Trinkgeld zu waschen.

Stadtrundgang

Gafsa
Stadtrundgang

Eine Dienstleistung, gegen die nichts einzuwenden wäre, würde sie nur auf Wunsch geschehen.

Dahinter beginnt das Altstadtviertel mit seinen engen Gassen. In der Rue Ali Belhaouane noch vor dem Medina-Tor findet man etliche billige Hotels, in dieser Straße ist täglich ein Markt mit gebrauchten Artikeln und Waren aus Libyen. Etwas versteckt hinter dem Hotel de la République einige von Einheimischen gut besuchte Bierbars, der Gare Routière ist durch den Durchgang bei den Obstständen zu erreichen, die die größte und preiswerteste Früchteauswahl des Südens bieten.

Römische Becken

Größte Sehenswürdigkeit sind die *Römischen Becken*, die einzigen Relikte der antiken Zeit. Sie waren offene, von einer unterirdischen, warmen Mineralquelle gespeiste Schwimmbecken, die von hohen Mauern gegen unbefugte Blicke geschützt waren, in arabischer Zeit getrennt für Männer und Frauen. Zur Besichtigung die westlich parallel zur Hauptstraße verlaufende Avenue Bourguiba - zu Beginn dieser Straße ist die Hauptpost - vorbei an der alten *Kasbah* bis zum Ende durchfahren, dort bei dem kleinen Denkmal parken. Ein Wegweiser führt zur Touristeninformation bei den Bädern, um die in den letzten Jahren viele neue Gebäude entstanden sind, die sich im Stil harmonisch einpassen. Die Kinder machen sich ein Vergnügen daraus, sehr spektakulär von den Mauern und sogar Hausdächern zu springen und dann ein Trinkgeld zu verlangen. Ein nicht ungefährlicher Spaß, liegen die Becken doch sehr tief und haben felsige Wände.

Museum
8 - 16.30 Uhr; 600 M.

Ein kleines, wenig lohnenswertes *Museum* enthält einen Raum mit Mosaiken und anderen römischen Fundstücken aus der Nähe, eine prähistorische Abteilung zeigt alte Steinwerkzeuge aus der Capsien-Zeit.

Telefonvorwahl: 06
ONTT, Place des piscines romaines, Tel. 221664.

*** *Maamoun,* im Zentrum, Tel. 222441, Fax 226440. Nicht
sehr saubere Gruppenabsteige mit Piscine. DZ 38 D.
** *Gafsa,* im Zentrum, Tel. 221000, Fax 224747. Ganz an-
nehmbar, mit Piscine. DZ 36 D.
* *Lune,* Tel. 222212, Fax 222968. DZ 27 D.
Khalfallah, in Hauptstraße neben Polizei, Tel. 221468. Restau-
rant, Bar, DZ mit Dusche 16 D.
De la République, Rue Ali Belhaouane, Tel. 221807. DZ 7 D.
Bechri, Rue Ali Belhaouane, Tel. 223239. DZ 10 D, warme
Etagendusche, ordentlich.
Ennour, Rue Mohammed Khaddouma, Tel. 220620. Gut, war-
me Dusche 600 M, DZ 8 D.
Tunis und *L'Oasis* kosten jeweils DZ 5 D, sind aber nicht emp-
fehlenswert.

Jugendherberge an der Straße nach Tozeur, Tel. 220268.

Gut sind die Küchen der Hotels Gafsa und Maamoun, wer es
billig und trotzdem sauber mag, findet in der westlichen Parallelstraße zur Rue Ali Belhaouane drei einfache Restaurants.

Magasin Générale und **Markthalle** im Zentrum. Alkoholverkauf auf der Rückseite des Magasin in der kleinen Straße
hinter dem Hotel Maamoun.

Eisenbahnlinie nach Tunis und ein Arbeiterzug ins Phosphatabbaugebiet von Moulares. Der Bahnhof liegt außerhalb der
Stadt an der Straße nach Gabes. Die **Busstation** ist im Zentrum hinter dem Hotel de la République. Ein Arbeiterbus geht
nach Metlaoui, Redeyef und Tamerza, weitere Verbindungen
nach Tozeur, Kairouan, Sfax und Gabes. **Louages** in alle wichtigen Städte.

5 km außerhalb an der Straße nach Sfax ist der zoologische
Garten von Orbata, der mit dem großen Kinderspielplatz be-
sonders für Kinder interessant ist. In einem 300 ha großen
Freigehege gibt es Strauße und Gazellen, Mufflons, Pfaue,
Bergziegen und andere Tiere.

Am Mittwochvormittag ist vor der Stadt an der Straße nach
Sfax gegenüber dem Zoo Orbata ein Viehmarkt.

DIE CHOTT-REGION

Die Salztonsenken im Nordosten der Sahara sind das größte zusammenhängende Salzseegebiet der Erde, es zieht sich von El Hamma bei Gabes fast 350 km bis nach Biskra in Algerien. Bei El Hamma beginnt das Chott-el-Fedjadj, das nahtlos in das Chott-el-Djerid, dem größten der Salzseen, übergeht. Nördlich davon schließt sich das Chott-el-Gharsa an, das bis zu den Bergen um Chebika heranreicht.

Vor Jahrmillionen war das heutige Saharagebiet von Urmeeren bedeckt. Als sich die Gebirge auffalteten, floß das meiste Wasser zum Mittelmeer hin ab, nur in Senken ohne Abfluß zum Meer blieb Wasser zurück; auf diese Weise entstanden die Chotts. In späteren Regenzeiten wurden sie mit Süßwasser aufgefüllt, das heute in unermeßlicher Menge in den unteren Schichten vorhanden ist. Nach Ende der letzten Eiszeit vor etwa 10.000 Jahren blieb aufgrund der hohen Verdunstung in dieser heißesten Zone der Sahara lediglich eine zähe Kruste aus Salz, Sand und Ton zurück. Im Altertum war das Chott-el-Djerid unter dem Namen *Faraoun* bekannt, was auf das ägyptische „Pharao" zurückgeführt wird.

Die Chottfläche ist absolut lebensfeindlich, kein Grashalm wächst auf der salzigen Ebene, kein Vogel fliegt über den meist wasserlosen See, es herrscht eine fast unheimliche Stille. Heute wird auf dem Chott-el-Djerid Kochsalz industriell gefördert, aber die Anrainer der Salzseen haben schon immer ihren eigenen Salzbedarf dort gewonnen.

Eine Besonderheit der Natur findet sich an den Rändern. Gelöster Gips kristalliert sich zu bizarr geformten *Sandrosen*, die bis zu einem Meter hoch werden können. Der Verkauf trägt ein wenig zum Lebensunterhalt der Menschen bei. Nur schade, daß man die Rosen oft in künstlich gefärbtes Salzwasser einlegt, um so bunte Salzkristalle zu erzeugen. Häufig kann man auf der weißglitzernden Fläche des Chott trügerische Fata Morganas sehen, die nahe Palmenoasen, umgeben von schillernden Seen, vorspiegeln.

Die Bewässerung des nördlichen Bled El-Djerid, das Land der Dattelpalmen, und der südlichen Nefzaoua um Kebili und Douz erfolgt mit den bedeutenden fossilen Grundwasserreserven, die unter der Salzfläche schlummern. Auf über drei Millionen Palmen reifen im Oktober die begehrten *Deglet en Nour* - Datteln, deren erste Qualität durch die intensive Sonneneinstrahlung und genügend Wasser erzeugt wird. Sie dienen den unter ihren Wipfeln liegenden Oasengärten als Schutz vor der sengenden Sonne. Das Wasser wird durch Brunnen gefördert und mit Hilfe eines ausgeklügelten Bewässerungssystems auf die Gärten verteilt.

Die Schönheit und Fremdartigkeit der Landschaft wurde von Touristikmanagern erkannt, in riesigen Hotelkomplexen kommen

Abend für Abend Busladungen und Jeepkarawanen mit Tausenden von Rundreisegästen an.

Kein anderes Gebiet Tunesiens ist so mit abenteuerlichen Geschichten verbunden wie der 110 x 70 km große Salzsee Chott-el-Djerid, der teilweise tiefer als der Meeresspiegel liegt. Schon Karl May beschrieb, wie Roß und Reiter in die mörderische Tiefe gezogen wurden, nur wenige einheimische Führer kannten die schmalen Pfade, auf denen die trügerische Salzkruste passierbar ist. Nach dem Bau der sicheren, ganzjährig befahrbaren Asphaltstraße vor zehn Jahren, die das Chott von Tozeur nach Kebili überquert, kommen nun ganze Buskarawanen in das Bled El-Djerid. Doch sind die Gefahr und das Abenteuer wirklich verschwunden?

Gefahr im Salz

Feinsandige Wüstenpisten und spitzkantige, reifenzerfressende Felsstrecken haben mir noch nicht solche Schwierigkeiten verursacht wie das Chott-el-Djerid. Zweimal schon blieb ich stecken und kam ohne fremde Hilfe nicht mehr heraus. Von Nefta aus wollte ich im April den See nach Süden überqueren, merkte aber schon gleich nach dem Marabut, daß die Decke - trotz einiger Reifenspuren - nicht trug. Ich konnte noch wenden, aber dann kam der Wagen, dessen gutes Reifenprofil sich sofort mit dem Salzschlamm zugesetzt hatte, ins Schleudern und damit ab von der etwas härteren Hauptspur. Zwei Räder gruben sich sofort ein, meine Beine versanken bis zum Knie. Allein kam ich trotz Schaufeln und Vierradantrieb nicht wieder heraus.

Zum Glück waren es zum Ort nur 4 km. Im Palmenhain luden mich einige junge Burschen auf ihren zweirädrigen Pferdekarren und brachten mich direkt zur Feuerwehr von Nefta. Die Beamten mußten zuerst die Genehmigung des Chefs einholen, da es ihnen strikt untersagt ist, auf das Chott zu fahren. Doch einer Frau allein hilft man gerne, und bald fuhren wir mit einem schweren Bergungsfahrzeug hinaus. Mit Hilfe der Seilwinde war es kein Problem, den Wagen wieder flott zu bekommen, und ich war sehr dankbar. Von einer Bezahlung wollten sie nichts wissen. Doch diese tolle tunesische Hilfsbereitschaft, für die ich mich hiermit nochmals herzlich bedanken möchte, sollte man nicht mutwillig herausfordern, der Salzsee ist immer noch sehr gefährlich.

Noch heute gibt es Pisten quer über das Chott, von Sandrosen-suchern und Militär genutzt und einige auch von Touristen. Doch gehört Erfahrung und Kenntnis dazu, im Winterhalbjahr ist die Salzkruste, die an der Oberfläche trocken aussieht, sehr tückisch. Leicht bricht der Wagen durch die Decke und bleibt im zähflüssi-gen Schlamm stecken, Hilfe ist auf der weiten, lebensfeindlichen Ebene nicht zu erwarten.

Wichtig!
Reinigung des
Fahrzeugs

Wichtig nach einer Fahrt über ein Chott ist die gründliche Reini-gung des Fahrzeugs, das Salz dringt sonst leicht in alle Ritzen und zerfrißt genüßlich den Stahl. Alle Tankstellen in den umlie-genden Ortschaften sind darauf spezialisiert, eine gründliche Handwäsche kostet etwa 5 Dinar.

18. GAFSA - LALLA - EL GUETTAR - KEBILI
per Piste über das Chott-el-Fedjadj

111 km, davon 51 km gute Piste ohne Orientierungs-schwierigkeiten; ich würde sie dennoch nicht einem neuen Pkw zumuten. Die Fahrt über einen kleinen Paß und das anschließende Chott ist sehr reizvoll. Die Strecke soll bald geteert werden.

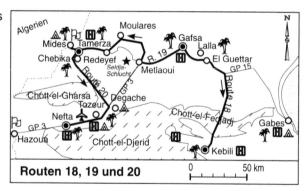

Routen 18, 19 und 20

Gafsa auf der GP 15 nach Gabes, El Guettar verlassen. Nach 3,5 km (500 m nach Bahnübergang) zweigt links eine unbeschilderte Teerstraße ins Dörfchen **Lalla** ab. Dort ist ein Ausflug in den Palmengürtel von Gafsa möglich.

Oase Lalla

Die Straße durch den Ort geradeaus, bis ein verwittertes Schild nach links zum Restaurant Ain Soltane weist, das nach 2 km er-reicht wird. Von der schattigen Terrasse blickt man zum neu er-richteten Damm, der das Oued Melah, sofern es einmal Wasser hat, staut. Die Hauptmenge des Wassers kommt aus zwei artesi-schen Quellen, eine davon hat gutes Trinkwasser.

Vom Café aus führt eine Piste durch den Palmenhain, von dem **Lalla**
aus sich Möglichkeiten für schöne Spaziergänge ergeben. Nach
Absprache mit den Grundstücksbesitzern ist Campen möglich.

Zurück auf der Hauptstraße geht es über eine karge Ebene, links
begleitet vom Djebel Orbata, der eine Höhe von 1.165 m aufweist.
Nach 23 km (inkl. Ausflug nach Lalla) kommen wir zum Landwirtschaftszentrum **El Guettar**, einem langgezogenen Ort mit vielen **El Guettar**
Werkstätten. In der umliegenden Oase existieren noch *Foggaras*,
den römischen Wasserleitungen nicht unähnliche unterirdische
Bewässerungskanäle, die von Sklaven ständig freigeschaufelt
werden mußten. Heute ist für diese unangenehme Arbeit kein Mann
mehr zu bekommen, die Foggaras verfallen langsam.

km 45 Rechts am Schild Kebili 69 auf Piste abzweigen, die über
die Bahnlinie führt. Über eine Ebene geht es auf die kahlen Hügel
zu. Die Ebene ist bei Regen völlig verschlammt und unbefahrbar.
km 54 Die Pisten links und rechts zum Militärfort ignorieren, auf
Hauptpiste zwischen den Bergen hindurch.
km 56 Kleine Paßhöhe, ca. 200 m, mit Resten einer alten Festungsanlage.
km 64 Die jenseitige Ebene ist erreicht, auf einige Kilometer Wellblech. Ab km 71 sind Sandverwehungen möglich.
km 78 Beginn des Chott-el-Fedjadj, die Piste verläuft auf einem
kleinen Damm. Fata Morganas spiegeln eine geschlossene Was-
serfläche mit kleinen Bauminseln vor, doch es gibt nur eine Salzkruste. Die Chottfläche ist sehr weich und nicht befahrbar.
km 96 Beginn des Teerbelags, nach 2 km folgt **Steftimi**, ein Dorf
mit kleiner Oase am Rande des Salzes.
km 103 Auf der Hauptstraße GP 16 rechts abbiegen, nach 111 km
folgt

Kebili - Die Gouvernoratsstadt mit 16.000 Einwohnern ist heute **Kebili**
ein modernes Verwaltungszentrum und Militärstützpunkt, war bis
zum Verbot des Sklavenhandels jedoch ein wichtiger Umschlag-
platz für diese „lebende Ware", die Karawanen aus dem tiefen
Afrika brachten. Noch heute leben viele dunkelhäutige Nachfahren dieser Sklaven, Haratin genannt, in der Umgebung. Touristen
kommen nur als Durchreisende, wenn auch in den letzten Jahren
einige neue Hotels gebaut wurden.

An der Straße nach Douz ist rechts ein buntbemaltes Haus, be-
schriftet mit Museum. Darin ein Laden mit liebevoll zusammenge-
stellten Dingen des täglichen Lebens. Wirklich ein kleines Museum, obwohl es natürlich in erster Linie zum Verkauf der Waren
dient. Kurz danach ist rechts der Wegweiser „*ancien Kebili*". Dort
sind die sehenswerten Ruinen des einstigen befestigten Dorfes,
das heute verlassen immer weiter zerfällt. Im November wird vor
den alten Mauern das Dattelfest gefeiert.

| Kebili Thermalbad | Nur wenig nach dieser Straße, am Ortsausgang, befindet sich links ein kreisrundes Thermalschwimmbad, das allerdings nur den Männern vorbehalten ist. Der Besuch ist kostenlos. Vor dem Bad ist ein kleiner Pavillon der *Touristeninformation*, betreut von Cherif Chabani, der in Nürnberg gelebt hat und gut deutsch spricht. Etwas versetzt dahinter ist ein privates, kostenpflichtiges gedecktes Thermalbad, für Männer und Frauen getrennt. |

| Kebili Information | *Telefonvorwahl:* 05 |
| | *Syndicat d'Initiative* am Thermalbad, Straße nach Douz. |

Hotels	*** *Les Dunes,* Tel. 499211. DZ 48 D.
	*** *Oasis,* Tel. 491222, Fax 491295. Im Palmenhain am Ortsausgang an der Straße nach Douz. DZ 52 D.
	** *Fort des Autruches,* Tel. 490233, Fax 490737. In einer ehemaligen Garnison der Fremdenlegion gegenüber Oasis, mit Pool. DZ 42 D.
	** *Kitam,* Av. 7 novembre (an der Straße nach Gabes gegenüber Krankenhaus), Tel. 491338, Fax 491076. DZ 35 D.

| Selbstversorger Souk | Es gibt ein großes **Magasin Générale**, alkoholische Getränke werden nicht dort, sondern im kleinen Weg, der gegenüber der Louage-Station beim Kaufhaus abzweigt, verkauft. Souk ist am Dienstag. |

| Verkehrsverbindung | Die **Busstation** ist an der Straße nach Gabes. Der klimatisierte Direktbus von Tunis hält in Kebili und fährt weiter nach Douz, außerdem Bus- und **Louageverbindung** nach Tozeur, Gabes und Sfax. |

| Fest | Festival der Datteln im November |

19. GAFSA - METLAOUI - MIDES - TAMERZA

91 km, davon 12 km Piste, für Pkw möglich.

Gafsa auf der GP 3 nach Tozeur verlassen. Vor dem Stadtausgang ist links der verwitterte Mida-Hügel, von dem sich eine wunderschöne Aussicht auf Stadt und Oase bietet. Nach Ende der Gärten geht es über eine öde Ebene.

| Metlaoui | km 42 **Metlaoui** - Das Zentrum des Phosphatabbaus mit knapp 40.000 Einwohnern ist ein sehr trostloser, von den Industriebetrieben geprägter Ort. Ein Besuch lohnt nur als Ausgangspunkt zu einer Fahrt in die reizvolle Selja - Schlucht. |

| Hotel | *Ennacim*, Tel. 06-240271. Sehr einfach, DZ 13 D. |

*Berberin mit schweren Silberohrringen
und Gesichtstätowierung*

*Frau beim Weben einer Bahn für ein
Nomadenzelt*

Auf dem Viehmarkt in Douz

Töpferei bei Guellala, Djerba

Monastir: Blick auf Corniche und Ribat

Der Ribat von Monastir

Ksar Ouled Soltane

Piste über's Chott-el-Djerid

Donnerstags-Markt in Douz

Vom Wind gebildete Sandformationen bei Fatnassa

Salzkruste des Chott-el-Djerid

Frauen in typischer Djerba-Tracht, Midoun

Gewürzmarkt von Houmt Souk

Mahdia: Fettgebäck ist beliebt zum Frühstück

Kairouan: Eine Frau auf dem Weg zur Teppichversteigerung

Café des Nattes, Sidi Bou Said

Dame-Spieler in Sidi Bou Said

Der Eisenbahnzug *Lezard Rouge*, 1910 dem Bey Mohammed Naceur vom französischen Staat geschenkt, fährt heute für Touristen durch die zerklüftete Schlucht, er hält mehrmals zum Aussteigen und Fotografieren. Abfahrt täglich 10.15 Uhr, Rückfahrt 12.30 Uhr, Preis 10 D. Der Zug startet nur bei ausreichend Fahrgästen, ist aber oft bereits von Gruppen belegt. Wer es etwas billiger haben möchte, kann morgens um 5 Uhr oder nachmittags um 16 Uhr die gleiche Route mit dem weniger komfortablen Arbeiterzug machen, die Rückfahrt mit dem Gegenzug ist noch am gleichen Tag möglich. Ein Fotostop ist hier natürlich nicht inbegriffen.

Selja-Schlucht mit dem Lezard Rouge

Die Fahrt bis zur Schlucht ist mit eigenem Wagen machbar, dazu am Ortsausgang nach Gafsa nach den letzten Häusern rechts auf Piste Selja 7 km abbiegen. Nach 3 km Gabelung. Der rechte Weg führt in 2 km zur Mine am Tunnel ganz in der Nähe des schmalen Felsdurchbruchs, der Canyon selbst kann nur zu Fuß erkundet werden. Vorsicht bei einem Fußmarsch, es soll dort giftige Vipern geben. Geländefahrzeuge nehmen besser die linke Piste und biegen nach 1 km durchs breite Oued Selja direkt auf den Durchbruch zu.

mit dem eigenen Fahrzeug

Zu den Gebirgsoasen bei der großen Shell-Tankstelle nach Moulares, Tamerza abbiegen. Asphaltstraße vorbei an Phosphatabbaugebieten, es sieht aus wie in einer Mondlandschaft.

km 37 **Moulares** - Phosphatwerke, Bahnhof, Polizeistation, Bank, Tankstelle. Durch den Ort.

km 55 **Redeyef** - Arbeitersiedlung. Am Maison des Jeunes ist eine Campingmöglichkeit. Am Ortsende an der Post rechts im spitzen Winkel abbiegen nach Tamerza.

km 74 Dorf **Ain El Kama** mit Grenzposten. 1 km hinter der Ansiedlung am Wegweiser Mides rechts abbiegen auf breite Piste (auf der Teerstraße geradeaus erreicht man nach weiteren 4 km Tamerza).

km 80 **Mides** mit Grenzstation. Zur Schlucht nicht rechts nach Algerien, sondern links. Kurz danach an der Gabelung ebenfalls links. Nach knapp 1.000 m liegt die kleine Gebirgsoase an der bis zu 60 m tiefen, malerischen Schlucht. Die Häuser sind beängstigend am Abgrund gebaut, überragt von einem Marabut. Dort findet Mitte Mai ein dreitägiges Moussem statt.

Gebirgsoase Mides

Mit Palmwedeln eingefaßter *Campingplatz Canyon* am Rande der Schlucht unter Palmen, Café, sehr einfache Sanitäranlagen. Bei einer Übernachtung muß man sich bei der Garde Nationale melden. Nahebei hat ein neuer Campingplatz eröffnet, dort ist aber nur wenig Schatten.

Camping

Gleicher Weg zurück, weiter auf der Asphaltstraße erreicht man nach weiteren 10 km

Tamerza

Tamerza - Geschichtliche Erwähnung findet der Ort bereits im 1. Jh. n. Chr. als Militärposten *Ad Turres*. Die heutige Oase besteht aus drei Ortsteilen. Zunächst trifft man auf das neue Hotel Tamerza Palace. Von dort ergibt sich ein herrlicher Blick auf das über dem breiten Oued Sendess liegende alte Dorf. Es ist größtenteils verfallen, nur die Marabuts werden noch geschätzt und besucht. Ein überdachter Durchgang ist im heißen Sommer wegen seiner Kühle bei den Alten sehr beliebt zur Siesta. Bei Hochzeiten wird hier die Bemalung der Frauen mit Hennah vorgenommen. Im letzten Jahr wurde begonnen, einige der Gebäude zu restaurieren.

Wasserfall

Etwas weiter folgt ein zweiter Ortsteil ohne Besonderheiten, dann kommt man zum neuen Teil mit dem kleinen *Wasserfall*. Sehr lästig sind die Kinder und Jugendlichen, die sofort die Fremden überfallen und zu der Cascade führen wollen, Arbeitsplätze sind knapp. Wie gerne würde man doch in diesem kleinen Paradies ein wenig allein bummeln. Ein guter Tip dazu das Hotel des Cascades. Zwar ist es auf jeden Fall nicht verkehrt, eine Nacht dort zu verbringen, sehr erholsam, aber Sie können auch nur ein wenig im Garten ausruhen und etwas trinken. Die Treppe zum Wasserfall beginnt hinter dem Pool, es wird Sie als Gast des Hauses kein Führer mehr belästigen.
Es gibt weder Tankstelle noch Bank, Geldwechsel ist auf der Post möglich.

Tamerza
Hotels

*** Tamerza Palace, Tel. 06 - 215214, 448562, Fax 448544. Wer den Luxus liebt und genug Geld hat, der ist mit diesem für mich schönsten Hotel im Süden gut beraten. Ein exzellenter Architekt hat das Haus in Lage und Bauart genau der Umgebung angepaßt und geschmackvoll eingerichtet. Von den großen Fenstern der Halle und des Restaurants schaut man direkt auf das tiefe Oued und das verfallene Dorf mit seinen Marabuts, vom Pool aus auf die kargen Berge. Alle Zimmer mit Balkon zur Schlucht, sehr empfehlenswert. DZ 85 D.

Des Cascades, Tel. 06 - 448520. Alle Häuser sind ausnahmslos aus Palmen gefertigt, das erzeugt eine tolle tropische Atmosphäre. Schattig in einem Palmenhain, oberhalb eines kleinen Wasserfalls. Einfach, aber äußerst gepflegt und sauber. Zimmer mit Bett und Schrank aus Bambus, elektrisches Licht. Im Sanitärblock außerhalb WC, Waschbecken und Duschen. Der Pool hat nur im Sommer Wasser. DZ 18 D.

20. TAMERZA - CHEBIKA - TOZEUR - NEFTA
90 km, ein Teil davon gute Piste, für Pkw möglich.

Am Ende des Ortes überquert eine schmale, noch von den Deutschen während des Krieges gebaute Betonplattenstraße, die heute

stellenweise schlechter als eine Piste ist, den Djebel en Negueb. Aber sie bietet in den engen, steilen Kehren eine atemberaubende Aussicht auf die kahlen Berge, die grünen Palmenhaine dazwischen sowie die weiß glitzernde Salzkruste des Chott.
Noch bevor sich die Straße den Berg hinauf windet, zweigt bei der Furt (km 2,5) über das Oued Sendess rechts eine Piste zu einem weiteren *Wasserfall* ab, unschwer zu erkennen an den vielen Jeeps der Sahara - Tours. Man hat das Geschäft erkannt und Cafés und Souvenirläden gebaut. **Wasserfall**

Es geht nun steil in Serpentinen den Berg hoch, an den schönsten Aussichtspunkten wurden Parkplätze hergerichtet.
km 5,5 Paßhöhe, ca. 400 m. Man kann schon die weite Fläche des Salzsees glitzern sehen.
km 9 Die Ebene ist erreicht, Teerstraße.
km 14 Links Abzweigung nach **Chebika** mit einem Grenzposten. **Chebika**
Bedeutung als Grenzort hatte Chebika bereits im 1. Jh. n. Chr., es war ebenso wie Tamerza römische Festung gegen Numidien und trug den Namen *Speculum*.
Das Dorf liegt abseits der Straße vor den mächtigen Felsen. Die Hauptstraße bis zum Ende durch gelangt man zu einem Parkplatz mit Café. Hier warten sehr lästige Führer, die für die paar Meter absolut nicht nötig wären. Man muß schon sehr bestimmt auftreten, um sie loszuwerden. Ein von Palmen beschatteter Pfad führt einige Stufen hinunter und in wenigen Schritten zu dem aus Felsspalten austretenden kleinen *Wasserfall*, sehr kühl und erholsam an heißen Tagen. Es gibt keinerlei Unterkunft, außer dem Café nur ein kleines Artisanat. **Wasserfall**

Zurück auf die Asphaltstraße, der Teerbelag hört bei km 27 auf. Weiter auf guter Piste.
km 34 Beginn des Chott-er-Rahim, eines Ausläufers des Chott-el-Gharsa.
km 42 Ende des Chott, Beginn der Teerstraße.
km 56 Straße Gafsa - Tozeur, rechts ab.

Dahinter beginnt die Oasengruppe **El Hamma**. Die Bedeutung **El Hamma** des Ortes liegt in den zahlreichen Quellen, die zur Bewässerung **Thermalbad** der Oasengärten dienen. Daneben sprudeln auch einige *Thermalquellen*, die dem Ort seinen Namen gaben (Hammam bedeutet Bad). Kureinrichtungen gibt es nicht, doch kann man in den öffentlichen Hammams die heilsame Wirkung des schwefel- und kochsalzhaltigen Wassers nutzen, es soll besonders bei Hautkrankheiten und Arthritis helfen.
Der Schutzheilige des Ortes ist der *Marabut Sidi Hakat*. Durch bloßes Hineinspucken soll er sechs gewöhnliche Quellen in mineralisch-thermisches Heilwasser verwandelt haben. Diese sollen unfruchtbaren Frauen zum gewünschten Kindersegen verhelfen. Nach dem Bade beteten sie zu diesem Zweck eine Stunde

El Hamma

mit dem Heiligen in seinem Zelt, der Ehemann wartete so lange draußen.

Am Ortsausgang ist der Complexe touristique, ein gutes Speiserestaurant, in dem oft Gruppen halt machen.
km 67

Tozeur
Geschichte

Tozeur - Gouvernoratssitz und Hauptort der Bled El-Djerid - Oasen mit 25.000 Einwohnern. Als wichtige Station zur Überwachung der Karawanenwege wurde es erstmals im 2. Jh. n. Chr. unter dem Namen *Thusuros* genannt. Die Kirchengeschichte erwähnt, daß es hier wie in allen römischen Städten Afrikas Bischöfe gab. Ruinen sind keine erhalten. Im 11. Jh. schrieb der arabische Geograph El Bakry über die Oase, ihr Reichtum an Datteln sei so groß, daß man jeden Tag 1.000 Kamele damit beladen könne. Typisch für die Region ist die Lehmziegelarchitektur mit schönen geometrischen Verzierungen. Tozeur ist Heimatstadt des größten tunesischen Dichters *Aboulkacem Chebbi* (1909 - 1934). Er schrieb unter anderem die Nationalhymne.

Rundgang

Auf der Durchgangsstraße gelangt man zum Zentrum, von dort zweigt links die Avenue Habib Bourguiba zur Markthalle ab, errichtet im Stil der heimischen Architektur.

Links davon liegt das älteste Viertel Ouled El Hadef mit wunderschönen Beispielen der traditionellen Architektur, zu erreichen durch

Lehmziegelarchitektur im Viertel Ouled El Hadef

die von Teppichläden flankierte kleine Gasse. Leider verfällt dieser Stadtteil zusehends, man hält es nicht für nötig zu restaurieren, sondern baut lieber - und preisgünstiger - andernorts neu.

Volkskunst-
museum
8 - 12, 15 - 18 Uhr,
1 D.

Das in diesem Quartier gelegene städtische *Volkskunstmuseum* ist in dem mit Lehmziegeln geschmückten Grabgebäude des Sidi Bou Aissa, in dessen Nähe weitere schöne Bauten sind.

Weiter führt die Avenue Bourguiba zu der Avenue Aboulkacem Chebbi mit der Hotelzone am Rand des Palmenhains. Neben dem Hotel El Jerid ist die *Touristeninformation*. Kurz danach ein sehr idyllischer Campingplatz unter Palmen. Dann folgt das neu erbaute Dar Chraiet in Lehmziegelarchitektur im Stil maurischer Paläste, errichtet von einem Privatmann. Allein das Gebäude ist prächtig anzusehen, es gibt ein - recht teures - Speiserestaurant

Dar Chraiet

und im 1. Stock ein hübsches maurisches Café mit alten Möbeln. Im *Museum Dar Chraiet* werden traditionelle Kunsthandwerkserzeugnisse gezeigt. Etwas Besonderes für den Abend ist die Medina 1001-Nacht, ein *Märchenpark*, in dem Sheherazades Geschichten mit Figuren dargestellt werden. In dem Gebäude kann man wunderschöne Appartements mit allem Komfort für 2 - 8 Personen mieten. Für Reisende mit einem Hang zum Luxus ist die Präsidentensuite mit traumhaftem Salon und vier Schlafzimmern. Angeschlossen an den Komplex ist das bisher einzige 5-Sterne-Hotel des Südens, das bewußt nur über wenige Zimmer verfügt.

Tozeur
Museum Dar Chraiet
8 - 23.30 Uhr, 2,5 D.

Märchenpark
8 - 23.30 Uhr, 5 D.

Nicht nur an heißen Tagen ist der blühende, wasserreiche Palmenhain eine Oase der Erholung. Die Besichtigung ist zu Fuß, mit dem eigenen Wagen oder, am schönsten, mit der Pferdekutsche möglich. Von der Avenue Aboulkacem Chebbi an der Hotelzone führen mehrere Wege in den Hain zwischen Ort und Salzsee, die man auch mit dem Wagen fahren kann.

Oase

Der Kaleschenstandplatz ist in der Avenue Aboulkacem Chebbi nach dem Hotel Continental. Für eine Fahrt im Wagen bis zu vier Personen muß man je nach Verhandlungsgeschick und Dauer 5 - 10 Dinar bezahlen. Ein guter Kutscher erklärt die verschiedenen Pflanzen, führt Sie in einen Garten und läßt Sie die Früchte je nach Saison kosten.

Kaleschenfahrt

Beim Hotel L'Oasis den Weg in den Palmenhain vorbei am Restaurant Le Petit Prince kommt man zu einem kleinen Dorf mit dem *Marabut Sidi Ali Bou Lifa* mit einem riesigen, 700 Jahre alten Brustbeerbaum. Von dort sind es noch 200 m zum Zoo und dem herrlichen Paradiesgarten, in dem Aprikosen, Granatäpfel, Feigen und Bananen reifen und tausend Blüten duften.

Paradiesgarten

Nach dem Dar Chraiet führt ein weiterer Weg in die Oase und zum Aussichtshügel Belvédère, einem verwitterten, 30 m hohen Sandsteinfelsen. Einstmals war in der Schlucht zu seinen Füßen ein üppiger Oasengarten mit einem kleinen Thermalsee, doch heute sehen die Palmen recht trostlos aus. Zuviel Grundwasser wurde entnommen, um die aus dem Boden sprießenden Hotelburgen zu versorgen. Auch der früher beliebte Campingplatz fristet heute ein eher trauriges Dasein.

Belvédère

Eine Attraktion der Stadt sind die beiden Wüstenzoos, mit in Tunesien heimischen Tieren. Die dort vorhandenen Löwen sind hier aber schon lange ausgestorben. Originell, wenn auch nicht ganz naturgerecht, ist die Art der Besichtigung. Die Besuchergruppen werden von einem Mitarbeiter herumgeführt, der die Tiere hautnah zeigt. Eh man sich's versieht, hat man etliche Schlangen um den Hals hängen, streichelt den Löwen oder fängt Skorpione in Zigarettenschachteln. Das arme Kamel muß täglich mehrere Flaschen Fanta trinken.

Wüstenzoo
jeweils 1 D.

197

Die Dattelpalme

Die Dattelpalme - *phoenix dactylifera* - ist die wichtigste Pflanze für den Oasenbewohner, deren Nutzung bei weitem nicht nur in der Ernte der Früchte liegt. Der Stamm alter Bäume ist wertvolles Bauholz, das einzige im Süden erhältliche, die verdorrten Palmwedel werden für Zäune, Windschutz und Flechtwerk genutzt, außerdem dienen sie als Brennmaterial und zum Lichtgeben in der nächtlichen Wüste. Selbst die Kerne können als Viehfutter verwendet werden. Im Bled El-Djerid reifen die qualitativ besten Datteln, die süßen, klebrigen *Deglet en Nour*,

das bedeutet „Finger des Lichts", die in die ganze Welt exportiert werden. Daneben gibt es weniger gute Sorten, die zum Verzehr im Land dienen oder als Viehfutter.

Die Dattelpalme, die bis zu 200 Jahre alt werden kann, hat männliche und weibliche Bäume, zur Befruchtung von etwa 50 weiblichen Palmen ist nur eine männliche erforderlich. Die Bestäubung auf natürlichem Wege ist nur unzureichend, deshalb sieht man zur Zeit der Blüte im März häufig Bauern auf die hohen Stämme klettern, um die weiblichen Blütenstände künstlich, mit abgeschnittenen männlichen Wedeln zu befruchten. Männliche Blüten von hervorragender Qualität kann der Bauer, der nicht über genügend eigene verfügt, auf den Märkten kaufen. Reif sind die Datteln je nach Sorte zwischen September und November, ein Baum kann bis zu 150 kg tragen. Als besondere Delikatesse gilt der *Lakhmi*, Saft aus geköpften Palmen, der zu Wein vergoren wird.

Man sagt, die Palme müsse die Füße im Wasser, das Haupt unter der glühenden Sonne haben. Zur Bewässerung sind pro Baum 60 cbm Wasser jährlich nötig, wobei die Pflanze einen leichten Salzgehalt verträgt. Das Wasser wird nach dem bereits im Mittelalter von Ibn Chabbat aus Tozeur genau festgelegten System auf die einzelnen Gärten verteilt.

Ein weiterer, wertvoller Nutzen der Palmen besteht in dem Sonnenschutz, den das dichte Kronendach den darunterwachsenden Pflanzen bietet. Im Bled El-Djerid wird fast überall die 3-Etagen-Wirtschaft betrieben, deren oberste Etage die Palmen bilden. Darunter kommen als zweites Stockwerk Bäume und Sträucher (z.B. Aprikosen, Kirschen, Granatäpfel) und direkt am Boden Gemüse, Futterpflanzen und Hennah.

Der Anfahrtsweg zum Zoo *Le Paradis* ist oben beschrieben, zum **Tozeur**
Zoo Tijani ist von der Avenue Ferhat Hached Richtung Nefta rechts **Zoo**
eine beschilderte Abzweigung.

Telefonvorwahl: 06   **Tozeur**
ONTT, Av. Aboulkacem Chebbi, Tel. 450503, Fax 451051.   **Information**
Syndicat d'Initiative, Av. H.B. (an dem auffälligen Brunnen),
Tel. 450034.

**** *Abou Nawas*, Tel. 452700, Fax 452686. DZ 72 D.   **Hotels**
*** *Continental*, Av. Aboulkacem Chebbi, Tel. 450411, Fax
452109. DZ 34 D.
*** *Oasis*, Av. Aboulkacem Chebbi, Tel. 450522, Fax 452153.
Sehr hübsch in traditioneller Architektur.
*** *Dar Chraiet*, Tel. 452100, Fax 452329. Im neuen Museum
kann man mit dem nötigen Kleingeld hervorragend wohnen,
DZ ab 90 D, Präsidentensuite 500 D. Eröffnung des gleichna-
migen 5-Sterne-Hotels 1994.
*** *Ras El Ain*, Tel. 452003, Fax 452189. DZ 66 D.
*** *Hafsi*, Tel. 452558, Fax 450966. DZ 49 D.
*** *Basma,* Tel. 452488, Fax 452799.
*** *Phedra,* Tel. 452185, Fax 451599.
*** *Palmyra,* Tel. 452041, Fax 451588.
** *Dar Ghaouar*, zentral hinter Markthalle und Post, Tel.
452782, Fax 452666. Schönes, neues Haus mit Innenhof und
Pool.
* *El Jerid*, Tel. 451160. DZ 25 D.
Splendid, Tel. 450053. Zimmer mit warmer Dusche. Altertüm-
lich, mit Schwimmbad. DZ 17 D.
Résidence Warda, Av. Aboulkacem Chebbi, Tel. 450597. Neu
und sauber, DZ 12,600 D.

Av. de la République. An der Straße nach Gafsa.   **Jugendherberge**

Der früher sehr beliebte Platz *Belvédère* tief im Palmenhain **Camping**
an einer kleinen Schlucht mit heißer Quelle ist etwas heruntergekommen. Die Palmen sind tot, es gibt keine sanitären
Einrichtungen, der einzige Lichtblick ist sein beliebter Besitzer.

Viel romantischer ist das *Campement Les Beaux* Rèves im
schattigen Palmenhain kurz vor dem neuen Museum. Man
kann auch in kleinen, für 2 Personen eingerichteten Nomadenzelten schlafen und zahlt mit Frühstück 3,5 D pro Nase, Mos-
kitos inklusive. Warme Duschen, Stromanschluß für Camper,
netter Empfang.

Die Stadt hat sehr viele Restaurants zu bieten, besonders **Restaurants**

Tozeur
Restaurants

gut gefällt es mir im *De Soleil* und im *Diamanta* in der Av. Aboulkacem Chebbi. Die Restaurants sind sehr sauber, das Essen schmackhaft und preiswert.

Selbstversorger
Souk

Markthalle im Zentrum, am Ortsausgang Richtung Nefta **Magasin Générale**, dort Alkoholverkauf. **Souk** am Sonntag

Flughafen

Der neue **Flughafen** liegt an der Straße nach Nefta. Es landet eine Chartermaschine aus Paris, daneben Inlandsflüge aus Tunis, Djerba und Monastir. Die etwa 5 km zum Zentrum können mit dem Taxi zurückgelegt werden.
Busse nach Kairouan - Tunis, Nefta, Kebili und Hazoua. Für eine Fahrt zu den Gebirgsoasen muß ein **Taxi** angemietet und ein Preis ausgehandelt werden.

Ballonfahrten
70 D.

Ein besonders schönes Erlebnis ist eine Fahrt mit dem Heißluftballon über das Chott und die Djerid-Oasen. Früh am Morgen und zum Sonnenuntergang startet bei gutem Wetter ein Ballon, die Fahrtrichtung und die Dauer richten sich nach dem Wind, ca. 30 - 90 Minuten. Es gibt Körbe für 3, 8 und 12 Personen, das Vergnügen kostet pro Person 70 D und ist damit preiswerter als zu Hause.

Kontakt: Aeroasis, Av. Aboulkacem Chebbi (gegenüber Hotel Continental), Tel. 452 361, Fax 451 440.

Nefta
Mittwoch Souk

Nefta - 23 km westlich von Tozeur und 36 km vor der Grenze zu Algerien gelegene Oase mit 17.000 Einwohnern und einer Unzahl von Marabuts. Zu jedem gibt es Geschichten und Legenden, werden Feste zum Andenken an die Heiligen gefeiert und Bittbesuche bei Krankheiten und Nöten gemacht. An das römische *Aggarsel Nepte* und den byzantinischen Bischofssitz erinnert kein Überrest mehr.

Corbeille

Südlich der Hauptstraße GP 3 trennt ein breiter Palmengürtel die Stadt von dem tödlichen Salzsee, nördlich liegt die *Corbeille*, ein tiefer Talkessel, der ebenfalls mit Palmen bestanden ist und zahlreiche heiße und kalte Quellen birgt. An der *Touristeninformation* geht eine Straße zur nördlichen Hotelzone. Neben dem Hotel Mirage beginnt eine Piste zur Corbeille.
Leider wird man dort unten gleich von einem Mann empfangen, der einlädt, seinen Garten anzuschauen, was sich dann als inoffizielles Café entpuppt. Für den freundlich angebotenen Tee wird hinterher abkassiert. Dabei ist es soviel schöner, durch die ruhigen Gärten zu schlendern. Auf der Talsohle gibt es heiße und kalte Quellen, die einen kleinen See bilden. Doch doppelte Vorsicht ist geboten! Eine Quelle ist 80 heiß, und außerdem wird die Stelle als öffentliches Bad genutzt. Vormittags für Frauen, nach-

mittags für Männer. Da sind Besucher des anderen Geschlechts **Nefta**
zur falschen Zeit nicht gern gesehen.

Am Rand der südlichen Oase ist ein neues Hotelzentrum entstanden, das einige Tausend Besucher unterbringen kann. Sicher
wäre es für die Gäste erholsam, in der kühlen, schattigen
Palmeraie zu lustwandeln und Ausflüge in die Umgebung zu machen, aber es sind Rundreisegäste, die nur zum Schlafen kommen und immer in Hetze sind. Zu viele Programmpunkte müssen
abgehakt werden. Vor den Hotels warten Kamelführer mit ihren
Tieren für einen Ritt in die Oase, ein trotz allem Touristenrummel
wirklich empfehlenswertes Unterfangen, vor allem wenn die Reisegruppen noch nicht angekommen sind.

An der Straße zur algerischen Grenze führt 10 km nach Nefta ein **Marché des Roses**
Weg zum Sandrosenmarkt auf der Fläche des Chott. Die erfahre- **de Sable**
nen Händler überqueren den gefährlichen Salzsee mit Pferdeka-
leschen, um das begehrte Reisesouvenir herbeizuschaffen. Der
Sandrosenmarkt dient nicht nur den Touristen, sondern ist auch
Zwischenlager für Händler.
Nur wenn man über ein gut ausgerüstetes Geländefahrzeug verfügt, ist es möglich, selbst die Fundstellen aufzusuchen und nach
den Rosen zu graben, siehe Route 24.

Sandrosen

Vor allem an den Rändern des Chott, aber auch in vielen anderen Gebieten der
Sahara findet man diese bizarr geformten Wunder der Natur. Gelöster Gips
kristalliert zu Rosetten, die bis zu einem Meter hoch werden können. Die Farbe
hellgelb bis bräunlich rot richtet sich nach der Bodenbeschaffenheit.

Hat man die zerbrech-
liche Rose selbst ge-
sucht, am besten
noch im Land an ei-
nem Oasenbach aus-
waschen und an der
Sonne trocknen. Zum
Transport vorsichtig
aufschichten (Kartons
in Lebensmittelläden
erfragen), in Papier
einschlagen und mit
Holzspänen (aus der
ortsansässigen Tisch-
lerei) vorsichtig ver-
packen.

Nefta
Information

Telefonvorwahl: 06
ONTT, Av. H.B., Tel. 457236.

Hotels

**** *Sahara Palace,* Tel. 457046. Oberhalb der Corniche mit sehr schöner Aussicht. War 1994 wegen Renovierung geschlossen.
Les Nomades, am Ortseingang, Tel. 457052. In ortsüblicher Lehmziegelbauweise. Zimmer schön mit Halfagrasmatten eingerichtet, mit Bad, warmes Wasser. Großer Pool, aber Restaurant nicht sehr gemütlich.
El Habib, Tel. 457497. DZ 14 D.

Am südwestlichen Palmenhain:
*** *Caravanserail,* Tel. 430416, Fax 430344. DZ 68 D.
*** *La Rose,* Tel. 457366, Fax 457385. DZ 64 D.
*** *Neptus,* Tel. 430378, Fax 430447. DZ 60 D.
** *Bel Horizon,* Tel. 430088, Fax 430500. DZ 56 D.
Marhala, Ortsausgang, Tel. 457027. Wurde 1993 zum 3-Sterne-Hotel umgebaut.

21. NEFTA - EL FAOUAR - DOUZ über Chott-el-Djerid

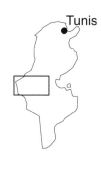

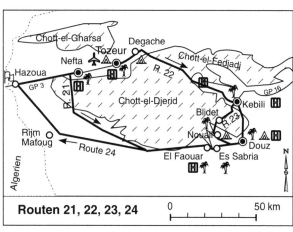

Routen 21, 22, 23, 24   0   50 km

Das Chott birgt immer noch große Gefahren in sich, eine Überquerung ist nur bei einer längeren Trockenperiode möglich - die Salzdecke ist sonst nicht tragfähig - und nur für Geländefahrzeuge, deren Fahrer über große Erfahrung und eine gute Ausrüstung verfügen. Hilfe ist weit und breit nicht zu bekommen, es gibt an dieser Strecke keinerlei Bewohner. Eventuell kann man einen

Führer mitnehmen, es sollte aber ein guter sein, der die Tour wirklich schon einmal gemacht hat.

Variante 1

Es gibt eine Piste direkt über das Chott, die in Nefta am Marabut südlich des Palmenhains beginnt. Sie ist jedoch nur in den Sommermonaten mit größter Vorsicht zu fahren. Besser ist die Variante 2. Hier nur der Einstieg zur Piste, die im Mai 1992 für mich unpassierbar war. Erkundigen Sie sich vor der Abfahrt bei der Polizei nach der Strecke.

Der Untergrund kann äußerst tückisch sein, im Nu setzt sich das Reifenprofil mit dem zähen Salzschlamm zu, der Wagen schleudert. Weiche und tragfähige Stellen liegen nebeneinander, ohne daß man den Unterschied erkennen kann. Das Fahrzeug gerät beim Schleudern leicht in solche weichen Löcher; sitzt das Fahrgestell erst mal fest, hilft auch kein Vierradantrieb mehr. Da kann man nur hoffen, daß Sie soviel Glück haben wie ich und die netten Feuerwehrleute von Nefta zu Fuß erreichen können.

Beginn in Nefta an der Mobiltankstelle, Schild Circuit touristique. Der Teerstraße nur 300 m folgen, dann weiter geradeaus auf Piste. Nach 900 m rechts am Feuerwehrgebäude vorbei, dann links auf die Piste mit dem Wegweiser Sidi Hassen Ayad. Nach 3 km ist das Ende der Oasengärten erreicht, kurz danach folgt der *Marabut Sidi Hassen*. Direkt danach beginnt das Chott, schon zu Anfang sehr schwierig. Da es in den letzten Jahren sehr viel geregnet hat, ist der Salzsee über diese Piste fast nicht mehr zu befahren, lassen Sie sich nicht von den frischen Spuren irritieren, die stammen von der Garde Nationale, die jeden Meter kennt.

Variante 2, 173 km

Nefta in Richtung Algerien verlassen, km 0 bei der großen, steinernen Flasche am Ortsausgang.

km 8,5 Auf Piste zum *Marché Roses de Sable* abbiegen. An den Verkaufsständen vorbei der Hauptspur nach Süden folgen. Ein gutes Erkennungsmerkmal sind die Spuren der Pferdewagen, die regelmäßig über das Chott fahren, um Sandrosen zu holen. Bei den Händlern kann man sich noch einmal erkundigen, ob die Piste zur Zeit befahrbar ist. Lediglich zwei Räderspuren führen über die Ebene, ein Ausweichen ist fast unmöglich, am Rand ist der Untergrund sehr weich. Es kann einem schon ein wenig mulmig werden.

km 15 Gabelung am Rande des Chott. Die rechte Piste geht nach Hazoua, links weiter über den Salzsee den Pferdekarren nach.

Nach 18 km geben einige Sandinseln mit salzigen Büschen im Chott eine Ruhepause, aber das Ende ist noch lange nicht erreicht.

km 31 Ende des Chott, links mündet Variante 1 ein, die Piste, die am Marabut beginnt. Weiter nach Süden.

km 53 Pistenkreuzung, links nach Südosten. Kurz danach ist rechts, ein bißchen versteckt, ein Brunnen.

km 57 Kreuzung, geradeaus.

km 62 Kreuzung, links ab verläuft die kürzere Route, geradeaus ist aber auch möglich.

km 69 Rechts gehen an einer Steinmarkierung kurz hintereinander zwei Pisten zu einer Sandrosenfundstelle (siehe Route 24) ab. Nun gibt es keine Spuren von Pferdekarren mehr.

km 82 Man trifft die von Rijm Matoug kommende Teerstraße beim Schild 25 km (siehe Route 24). Links ab nach **Douz** sind es noch 91 km.

22. TOZEUR - CHOTT-EL-DJERID - KEBILI - DOUZ

122 km gute Asphaltstraße, ohne Abstecher.

Für alle, die nicht über ein geländegängiges Fahrzeug verfügen, gibt diese Anfang der 80er Jahre durch das Militär ausgebaute Asphaltstraße einen wunderschönen Eindruck des Salzsees. Rosa, hellgrün oder blau schimmert die Salzkruste; es macht Spaß, einmal anzuhalten und einige Schritte auf der Decke zu gehen. Schön vorsichtig natürlich. Wer sich einen Salzkristall heraushauen will, wird überrascht sein, wie hart die Kruste ist. Vor dem Bau der Dammstraße führte bereits eine zwar nicht ganzjährig befahrbare, aber doch befestigte Piste über das Salzmeer. Von der Straße aus gehen einige Pisten über das Chott, die man aber lieber nicht ohne Führer ausprobieren sollte.

Degache

Camping

Tozeur auf der MC 106 Richtung Kebili verlassen. Nach 10 km folgt **Degache**, ein größerer Ort mit Bank. Am Ortsanfang ist ein öffentliches Schwimmbad, dort geht rechts ein Weg in die Oase und zum idyllisch unter Palmen gelegenen *Campingplatz Bedouina*, Tel. 06-420209. Der Platz wurde vom neuen Besitzer sehr schön ausgebaut, es gibt hübsche Bungalows mit Bad und Heizung, für 14 D (ohne Frühstück), mehrmals in der Woche finden Folkloreveranstaltungen statt. Zum schattigen Campingplatz gehören gute Sanitäranlagen mit warmen Duschen, 2,5 D pro Nase. Das Restaurant ist etwas teuer.

Gleich danach folgt **Zaouiet el-Arab** mit einer Dattelfabrik. 150 m danach geht zwischen Häusern ein Weg in die Oase. Dort ist eine vielkupplige Moschee aus dem 9. Jh., deren Grundmauern mit römischen Steinen errichtet wurden. Auf der Hauptstraße folgt eine Verzweigung, rechts ab nach Kebili durch das weitgestreckte Oasendorf **Kriz**. Am Ortsausgang, bei km 17, sind zwei lohnenswerte Abstecher möglich.

Oase Kriz

Rechts geht eine Piste in den Palmenhain, dort stößt man nach genau 2,3 km auf eine weitere Piste. Ab dieser Kreuzung nach rechts liegen die schweren Quadersteine der römischen Stadt *Tiges*. Sie zählte im Altertum zusammen mit Thusuros und Nepte zu den Hauptoasen des Bled El-Djerid und wurde noch 649 auf einer Bischofssynode erwähnt. Dann vermutlich von den Arabern zerstört und nicht wieder aufgebaut.

Römerstadt Tiges

Der Reisende *Maltzan* fand noch 1868 Reste einer Stadtmauer, eines Uferdammes und dreier Brücken sowie einige Gebäudeteile inmitten der Oase. Heute sind von der byzantinisch befestigten Stadtmauer immer noch ansehnliche Teile erhalten, die als Umfassungsmauer der Gärten dienen, sonst blieben nur Trümmerhaufen. Ein viereckiges Podest war von Maltzan noch als Turm zu erkennen. Zu oft wurden die verwitterten Sandsteinblöcke zum Bau von Mauern und Gartenhütten verwendet, schade für diese bedeutendste römische Ruinenstätte des Südens. Der Saharatourismus konzentriert sich leider ganz auf Pistenfahrten und Kamelritte.

An der gleichen Stelle der Hauptstraße biegt links eine Teerstraße nach **Dghoumes** ab. Dort ist ein Abstecher zu dem reizvoll gelegenen *Marabut Sidi Bou Hellal* möglich. Nach 2 km links auf breite, gut ausgebaute Piste abbiegen, nicht vorher zum Steinbruch. Nach weiteren 2 km sind die beiden wunderschön vor den Bergen gelegenen Koubbas erreicht, ein Fußweg führt hinauf. Einmal im Jahr findet ein großes Fest zu Ehren des Heiligen statt, wenn man genau hinschaut, kann man eine Vielzahl auffälliger, roter Steine auf dem Hang um den größeren Marabut sehen. Jeder dieser Steine markiert einen Wunsch, wegen dem ein frommer Pilger den Sidi Bou Hellal um seinen Beistand gebeten hat. Von oben hat man einen herrlichen Blick auf die weißglitzernde Salzfläche des Chott und den grünen Palmenhain, hinter den Koubbas öffnet sich eine romantische Schlucht; dieser herrliche Fleck wurde zum Glück noch nicht von den Massen entdeckt.

Marabut Sidi Bou Hellal

Nach diesem Abstecher endet die Oase, langsamer Übergang zur vegetationslosen Salzfläche. Die Straße verläuft auf einem höher gelegenen Damm, um sie auch bei Regenfällen befahrbar zu machen. Sehr oft kann man eine Fata Morgana sehen, diese aus Geschichten Verdurstender in der Wüste gut bekannten Erscheinungen sind in Wahrheit nicht so sonderlich aufregende Luftspiegelungen. So ist in der Ferne schon mal eine auf dem Kopf stehenden Palmenoase zu erkennen, die es an dieser Stelle gar nicht gibt. Am Straßenrand wurden von Andenkenläden flankierte

Chott-el-Djerid
Fata Morgana

Parkbuchten geschaffen. Bei km 32 findet sich mitten auf der Salzfläche ein altes Buswrack, ehemals Picknickplatz des Club Mediterranée. Eine gut befahrbare Piste führt dorthin.

Ab etwa km 64 beginnen die Nefzaoua-Oasen. Rechts geht eine Piste nach **Fatnassa** und **Debabscha**, ein unverzichtbarer Abstecher. Nach 3 km tauchen bizarre, vom Wind geformte Sandformationen auf, dabei die kleine, weiße Koubba für den *Marabut Mahjoub*. Dahinter liegt das zum großen Teil verfallene Dorf Debabscha.

Hotel

Bei km 72 geht ein Weg zum *** *Hotel Les Dunes de Nefzaoua*, Tel. 05 - 499211, Fax 499153. Schöne, ruhige Lage außerhalb. Die Zimmer sind sehr hübsch in maurischem Stil eingerichtet, Pool, DZ 54 D.

Ein Dorf folgt nun dem anderen, **Souk Lahad** bei km 77 hat einen großen Sonntagsmarkt, in Kebili (siehe Route 18) bei km 94 auf die MC 206 nach Douz abbiegen. Nach 28 km sehr guter Straße folgt

Douz

Douz mit seinen 18.000 Einwohnern - dazu zählen auch die Siedlungen der Umgebung - bietet eigentlich nicht die geringsten Sehenswürdigkeiten. Der moderne Ort ist Zentrum der Nefzaoua-Oasen und Heimat der Angehörigen des Stammes der Mherazig, Nachfahren der Beni Hillal-Nomaden, die im 11. Jh. in das Land eindrangen. Sie waren ursprünglich Vollnomaden und wurden erst ab dem französischen Protektorat und vor allem nach der Unabhängigkeit seßhaft gemacht. Heute gibt es nur noch wenige Familien, die das ganze Jahr durch die Wüstensteppen bis nach Ksar Rhilane ziehen.

Den Charme von Douz macht vor allem die reizvolle Landschaft aus, in der es liegt. Das gewaltige Sandmeer des Erg Oriental reicht bis vor die Tore, auf der anderen Seite die satte, grüne, wasserreiche Oase. Immer wieder sind zwischen den weißen Dünen kleine Palminseln, von denen die Legende sagt, daß sich dort Liebespaare trafen - mit Datteln als Proviant versehen, aus deren Kernen dann die Palmen wuchsen. Und immer wieder kann man fassungslos staunen, wie mitten aus dem Sand eine Quelle sprudelt. Zwar gibt es zwei Campingplätze in Douz, doch ist es noch viel romantischer - mit einem geeigneten Fahrzeug - an den schönsten Stellen zwischen den Dünen zu campen.

Den zweiten Pluspunkt dieser kleinen Stadt bilden aber vor allem die Menschen. Wem es gelingt, einzutauchen in deren Alltag, kann etwas von der Ruhe und Beschaulichkeit tanken, die hier herrscht. Das Wort Hektik ist unbekannt. Überall sitzen Tag für Tag die Handwerker vor ihrer Arbeit, ob es nun die berühmten Saharaschuhe sind oder die weiten Pluderhosen, auch Schreiner und Schlosser, aber immer sind sie umgeben von einem Kreis von

Führer und andere Anmacher

Leider wird dieses friedliche Bild etwas getrübt von jungen Männern, die sich oft recht aggressiv an die Touristen hängen. Ob es nun eine Dromedartour, eine Pistenfahrt oder der Einkauf der entsprechenden Wüstenkleidung ist, immer schlagen sie eine fette Provision heraus. Alleinreisende Frauen finden schneller Anschluß, als ihnen lieb ist, vor allem, wenn sie in den kleinen Hotels im Zentrum wohnen. Für sie möchte ich je nach Geldbeutel unbedingt die beiden Hotels im Palmenhain empfehlen, dort wohnt man angenehm ruhig und unbelästigt.

Viele junge Leute schildern sehr plastisch die Schrecken, die eine Pistenfahrt haben kann, ohne ihre Begleitung natürlich. Doch für die meisten Ausflüge sind sie nicht nötig, selbst die Fahrt nach Ksar Rhilane ist gut alleine zu machen. Vorsicht auch für Touristen mit Mietwagen! Ihnen werden Strecken empfohlen, die nicht unbedingt für einen Pkw geeignet sind. Aber manchmal bietet die Bekanntschaft mit einem solchen Mann natürlich auch die Gelegenheit, in eine einheimische Familie eingeladen zu werden oder Nomaden in ihrem Zelt zu besuchen. Dabei ergeben sich einzigartige Erlebnisse - und Fotos -, die mit dem Führerlohn nicht zu hoch bezahlt sind. Das erst macht den Reiz von Douz aus. Mir sagte einmal ein Reisender: „Douz? Da ist doch nichts los, da werden doch um 20 Uhr die Bürgersteige hochgeklappt."

Die Abenteuer eines Pauschaltouristen, der mit Hunderten herangekarrt wird, sind da anders. Er wird, lächerlich verkleidet, für eine Stunde auf ein Kamel gesetzt und dann im außerhalb gelegenen Luxusquartier abgeladen. An einheimischer Bevölkerung lernt er lediglich den Kamelführer kennen. Wie die Menschen leben, wie es bei ihnen zu Hause aussieht, bleibt ihm völlig unbekannt.

Abseits der in diesem Buch beschriebenen Wüstenpisten gibt es jedoch im Süden noch viele interessante Dinge zu entdecken, die oft nur für gut ausgerüstete Fahrzeuge querfeldein zu erreichen sind. Gute Saharaführer können eine Vielzahl solcher außergewöhnlicher Punkte nennen, für diese Strecken ist dann tatsächlich ein guter Führer empfehlenswert. Leider hat es der tunesische Staat versäumt, das Führerunwesen im Süden zu legalisieren. Würde man den sich als Spezialisten erweisenden Führern eine offizielle Lizenz erteilen, könnte man etwas gegen die aggressiven Anmacher unternehmen. So aber bekommen nur gut ausgebildete Abiturienten ein offizielles Diplom, die Sahara kennen sie dann noch lange nicht.

In der Boutique von *Ahmed Zaatouri,* Tel. 470577, am Beginn der Avenue des Martyrs kurz vor dem Souk - er verkauft selbst hergestellte Saharaschuhe und die weiten „klimatisierten" Pluderhosen - hat sich ein kleines Zentrum herausgebildet. Hier kann man die besten Tips bekommen, hier versammeln sich die guten Führer zu einem Tee, wenn sie gerade keine Kunden haben. Und hier wird auch respektiert, wenn jemand die Tour alleine machen will, mit der zur Sicherheit erforderlichen Ausrüstung selbstverständlich.

Erfahrene und zuverlässige Führer: *Mohammed* und *Ahmed Slimane,* chez Fallag, 4260 Douz, Tel. 495495, Fax 470060. Wenn man in Douz nach diesen Brüdern, die als gebürtige Nomaden sehr gute Wüstenkenntnisse haben, fragt, wird sofort jeder junge Mann so heißen wollen. Lassen Sie sich deshalb den Personalausweis zeigen, den jeder ständig bei sich tragen muß.

Douz

Freunden, die zusehen, ein Glas Tee trinken oder plaudern. Dazwischen sieht man einen Kreis altehrwürdiger Männer im weißen Burnus am Boden sitzen und Karten spielen oder mit geschickten Fingern auf einem Brett mit den Dominosteinen hantieren.

Ortsrundgang

Von Kebili aus trifft man auf ein Rondell mit einem Kamelreiter. Links davon liegt die einzige Bank, danach zweigt die Straße nach Ksar Rhilane und Matmata ab. Geradeaus geht es ins Zentrum mit dem Marktplatz. Rechts kommt man, vorbei an der Louage-Station, auf die in der Mitte geteilte Hauptstraße, die Avenue des Martyrs.

In dieser Straße ist das *Maison du Theatre,* Treffpunkt und Probenraum der rührigen Amateurtheatergruppe von Douz, die seit 1985 besteht und schon vier Stücke herausgebracht hat, die nicht nur in Douz, sondern auf einer Tournee in ganz Tunesien gezeigt wurden. In dem von der Stadt zur Verfügung gestellten Haus wurde mit großer Liebe ein Café eingerichtet, das zur Finanzierung der Vorstellungen beiträgt. Die Stücke sind sehr anspruchsvoller Natur, das neueste stammt von dem bekannten marokkanischen Schriftsteller Tahar Ben Jelloun und beschäftigt sich kritisch mit der Stellung der Frau.

Museum
8.30 - 13, 15 -
17.45 Uhr, 1 D.

Am Ende ist rechts das *ONTT-Informationsbüro*, links das neue *Museum*, das die Tradition des Nomadenlebens zeigt. Dort geht es zu den Hotels im Palmenhain und zu der großen Düne El Hofra mit dem Platz des Festivals.

Der viereckige Marktplatz ist von Arkadengängen mit Geschäften und Werkstätten umgeben. Dort sitzen geschickte Schuhmacher, die die typischen Saharaschuhe anbieten. Es gibt sowohl geschlossene mit hinten hochgezogener Lasche als auch Sandalen mit einer hochgezogenen Spitze. Beides soll verhindern, daß Sand in die Schuhe kommt. Ein originelles Souvenir. Ein Original ist auch *Donadoni*, Fan eines italienischen Fußballclubs, der seinen Schuhmacherladen mit allen möglichen Reliquien seines verehrten Vereins geschmückt hat. Besuchern zeigt er den an ihn gerichteten Brief des Vereinspräsidenten. Die Boutique von *Ali* nebenan bietet die reichste Auswahl an Mergoum-Teppichen, jeder Stamm hat unterschiedliche Farben und Formen.

Malerischer Souk am Donnerstag

Zur Versorgung der Bewohner gibt es ein kleines Marktviertel mit Fleisch, Obst und Gemüse, aber wichtiger ist der *Donnerstagsmarkt* in der Stadtmitte. Dieser Souk ist der farbenprächtigste und bedeutendste Markt in Südtunesien. Obwohl schon viele Touristen kommen, ist er dennoch in seiner Ursprünglichkeit erhalten. Die Stände werden schon am Mittwochnachmittag aufgebaut, in der Nacht schlafen die meisten Händler bei ihren Waren. Der Markt beginnt am frühen Donnerstagmorgen, um die Mittagszeit fahren

schon alle wieder nach Hause. Ein Durchgang führt zum separa- **Douz**
ten Dattelmarkt, wo das wichtigste Agrarprodukt des Ortes um-
gesetzt wird. Der Viehmarkt findet auf einem gesonderten Platz
sehr schön unter schattenspendenden Palmen statt. Gehandelt
werden Hühner, Schafe, Ziegen und Esel, Kamele gibt es nur
wenige. Sie werden nicht auf dem Markt, sondern direkt von Mann
zu Mann gehandelt, der Transport aus der Wüste käme zu teuer.
Wenn schon auf dem Gewürz- und Kleidermarkt kaum Frauen
anzutreffen sind, so sind hier die Männer gewiß unter sich. Da
wird gefeilscht und gehandelt, das Tier ausgiebig geprüft und der
Handel mit Handschlag besiegelt. Dazwischen das Blöken und
Meckern der Tiere.

An der großen Düne *El Hofra*, die täglich von hunderten Fremden **Düne El Hofra**
zertreten wird und an der leider sogar Geländewagenfahrer ihre
Kräfte messen, entstand in den letzten Jahren ein Komplex mit 3-
Sterne-Hotels; ein 4-Sterne-Haus und ein Restaurant waren 1994
im Bau. Viele Bewohner kämpften dagegen an, konnten aber nichts
ausrichten, dem Staat sind die Devisen der Fremden wichtiger
als die Dattelpalmen, der Massentourismus bringt viel Geld. Die
Hotels, jedes mit ein bis zwei Pools, haben einen ungeheuren
Wasserbedarf, und Arbeitsplätze bringen sie eher Ortsfremden.
Immer neue artesische Brunnen fördern Wasser aus großer Tiefe, darunter gibt es warme Thermalquellen, die nicht nur das Hallenbad des Hotel Sahara Douz versorgen, sondern auch die öffentliche Hammam (an der Straße zum Hotel Saharien). Nun soll
auch noch ein kleiner Flughafen für Rundflüge und Ballonfahrten
gebaut werden.

Ein bedeutendes Ereignis für Douz und die vielen anreisenden **Saharafestival**
Besucher ist das Ende Dezember auf dem Festplatz an der gro-
ßen Düne stattfindende *Saharafestival*. Es gibt Windhundrennen,
Kamelkämpfe, nachgestellte traditionelle Hochzeiten, Musik und
Tänze. Zu dieser Zeit ist ohne Vorbestellung kein freies Hotelbett
mehr zu bekommen. Der pittoreske Kamelmarathon im Mai mit
Teilnehmern aus Algerien, Libyen und Tunesien fand in den letz-
ten Jahren leider nicht mehr statt.

Ghellissia - Wenn man von Douz aus zur Zone touristique fährt, **Ghellissia**
kommt man zuerst zum Hotel Touareg. Dort zweigt rechts eine
Teerstraße ab zu dem nur wenige 100 m entfernten Dorf Ghellissia,
genau wie Zaafrane Heimat des ehemals nomadisierenden
Adhara-Stammes, der von der arabischen Halbinsel einwanderte.
Die Familien haben noch immer ihre Esel, Ziegen und Schafe, die
tagsüber auf den Sandstraßen vor den Häusern frei herumlaufen.
Auch ein paar Kamele, die meist zum Transport der Touristen eingesetzt werden. Die Kinder haben nun die Möglichkeit zum Schulbesuch, Arzt und Apotheke sind erreichbar. Die Frauen tragen

---

Die Halbnomaden von Douz

Wenn die kargen Dornbüsche in der Wüstensteppe um Douz zarte grüne Spitzen bekommen, packen viele der älteren Bewohner, die längst in Steinhäusern mit Wasser und Strom leben, ihre Zelte sowie ihre Ziegen, Schafe und Kamele und ziehen wie einst ihre Väter hinaus in die Wüste und bleiben, bis die Sommerhitze das letzte Grün verbrennt.

Dieses Semi-Nomadenleben ist nicht ohne Komfort. Über eine gute Piste wird das Trinkwasser herangefahren, nur für das Brennholz läuft die Mutter kilometerweit, hackt die knorrigen Dornbüsche mit ihren Wurzeln aus der Erde und trägt riesige Ballen auf dem Rücken zum Zelt. Der dicke Teil gibt die Glut für das Kochfeuer, die dürren Zweige das Licht am Abend. Die Herden gehen tagsüber - oft unbeaufsichtigt - auf Nahrungssuche und kommen vor der Dämmerung zurück. Sie werden in einem Pferch aus Dornbüschen angebunden, um sie vor wilden Tieren zu schützen.

Wegen der Kinder zog man einst in die Dörfer, um ihnen eine Schulausbildung zu ermöglichen. Heute arbeiten sie auf der Gemeindeverwaltung, der Bank oder im Tourismus. Doch am Wochenende, sobald die Enkel aus der Schule kommen, zieht die ganze Familie auf kleinen Lastwagen und mit Mopeds hinaus zum Zelt, beladen mit Lebensmitteln, frischem Gemüse und Obst. Die Nomadenseele schlummert nur, ein Abend in der Wüste ist schöner als in Douz mit seinen neuerbauten Luxushotels direkt an der großen Düne.

Während die Schwiegertöchter in einem bauchigen Kessel Fleisch mit Gemüse garen, bereitet die Mutter aus Mehl, Salz und Wasser den Teig für die Brotfladen, die dann unter der Glut im heißen Sand gebacken werden. Häufig kommen am Abend Besucher von anderen Zelten, die zwar in Sichtweite, aber mehrere Kilometer entfernt sind, auf einen Plausch und einen Tee.

Ghellissia

noch immer ihre wunderschönen traditionellen, mit silbernen Broschen gehaltenen Gewänder. Neben der Viehzucht leben die Menschen von den Dattelpalmen, eine Gemüse- oder Obstkultur in der unteren Etage wird kaum betrieben. Die Frauen weben Teppiche oder traditionelle Kleidungsstücke zum Verkauf. Manch einer der jungen Leute hat Arbeit in den neuen Hotels gefunden, doch gibt es auch viel Arbeitslosigkeit.

Douz

Telefonvorwahl: 05

Information

ONTT, am Ende der Av. des Martyrs, Tel. 495351. Der hilfsbereite Herr Amor spricht gut deutsch.

Hotels

Im Zentrum von Douz in der Nähe des Marktes gibt es die kleinen Hotels *Splendid, Bel Habib, Le Calme, 20 Mars* und *Essada*, die von den mit öffentlichen Verkehrsmitteln anreisenden Touristen gern genutzt werden und um die 4 D pro Person kosten. Oft besteht aber das Problem, daß das Personal die Gäste völlig vereinnahmt und sie - gegen Entgelt -

auf Ausflüge begleiten will. Dringend abzuraten ist aus die- **Douz**
sem Grund vom ansonsten hübsch ausgestatteten Splendid, **Hotels**
Bel Habib und 20 Mars sind o.k. Wer seine Ruhe haben möchte, ist in dem ebenfalls preiswerten *Roses de Sable* wesentlich besser aufgehoben.

im Palmenhain hinter dem Ort:
Saharien, Tel. 495337, Fax 495339. Für mich das schönste
Hotel, das noch die echte Oasenatmosphäre ausstrahlt, obwohl es weniger Luxus bietet als die neuen Hotels. Schattig
unter Palmen gelegene Bungalows, schöner Pool. DZ 32 D.

Roses de Sable, Tel. 495484, Fax 495366. Einfacher als obi-
ges, aber netter Empfang, kleiner Pool, Bar, klimat. Zimmer.
DZ 19 D.

an der großen Düne, ca. 4 km außerhalb:
Alle sind neu mit sehr schöner Architektur und Ausstattung,
teils mit Thermalhallenbad.
*** *Caravanserail*, Tel. 470123, Fax 470239. DZ 62 D.
*** *Sahara Douz*, Tel. 470864, Fax 470566. DZ 68 D.
*** *Mehari*, Tel. 495149, Fax 495589. DZ 70 D.
*** *Le Touareg*, Tel. 470057, Fax 470313. DZ 60 D.
Während des Saharafestivals im Dezember ist ohne Vorbe-
stellung kaum ein Bett zu bekommen.

Am Beginn der Piste nach Matmata - Ksar Rhilane ist ein *städ-* **Camping**
tischer Platz, schön schattig unter Tamarisken mit Sandboden, sehr ruhig. Saubere Sanitäranlagen mit kalten Duschen,
preiswert.

Unweit des Zentrums ist der schöne, aber teure, von einem
Italiener betriebene *Camping Desert Club* im Palmenhain hinter dem Soukplatz der Tiere, Tel. 495595. Mit Restaurant und
ordentlichen Sanitäranlagen.

Ein kulinarischer Treffpunkt ist Douz sicherlich nicht. Wer in **Restaurants**
angenehmer Umgebung speisen will, muß in eines der gro-
ßen Hotels gehen. Doch herrscht zur Essenszeit Trubel wie
in einer Bahnhofshalle. Im Ort sind nur einfache, nach sparta-
nischem tunesischen Stil eingerichtete Restaurants. Am sau-
bersten ist das Restaurant *El Khods* gegenüber dem Syndicat,
auch *Ali Baba* an der Straße nach Kebili ist nicht schlecht. Zu
empfehlen sind *Bel Habib* und *La Rosa* hinter dem Souk. Das
neueste sind nun Nomadenzelte im Hof.

In der **Markthalle** gibt es nur ein begrenztes Angebot, außer- **Selbstversorger**
halb des Donnerstagsmarktes gibt es frische Lebensmittel nur **Souk**
in Kebili.

Täglich 6.30 und 20.30 Uhr fährt ein klimatisierter, mit Video **Verkehrsverbindung**

Douz
Verkehrsverbin-
dung

ausgestatteter **Bus** nach Tunis über Gabes, Sfax und Kairouan. Die Haltestelle ist am Rondell vor der Bank. Darüber hinaus fahren **Louages** in die umliegenden Orte.

Außerdem gibt es mehrmals täglich Busse in fast alle Dörfer der Umgebung, z.B. Zaafrane, Es Sabria, Bildet. Gute Auskunft über den Fahrplan erhält man in dem kleinen Büro der Busgesellschaft nahe dem Kamelreiterplatz. Kenntlich an dem aufgemalten Bus.

Im Jahr 1994 wurde mit dem Bau einer Asphaltstraße von Douz nach Matmata begonnen.

Fahrzeugpflege

Wer eine Chottüberquerung auf Piste hinter sich hat, sollte unbedingt sein Fahrzeug waschen lassen. Der dicke Salzschlamm frißt sich sonst schnell ins Metall. Die Tankstellen am Ortsausgang nach Kebili bieten eine Vollwäsche für 5 D.

Ausflüge

Die schöne Landschaft um Douz verlockt zu großartigen Trips auf eigene Faust. In den Sanddünen versteckt liegen alte, verlassene Dörfer, von denen oft nur der weiße Marabut blieb. Es gibt Quellen und lauschige Plätzchen unter Palmen. Eine hübsche Möglichkeit zum Campen bietet sich auf der beim Hotel Touareg links vorbei an Ghellissia abzweigenden Straße. Die Teerstraße bis zum Ende fahren. In dem Dorf **Mehelhel** weiter geradeaus auf sandige Piste. An der ersten Gabelung zweigt links die Quer-durch-

die-Dünen-Piste nach Ksar Rhilane ab (siehe Route 26a), rechts weiter. An den folgenden Abzweigungen immer rechts halten. Nach insgesamt 10 km erreicht man einen von einem Windrad angetriebenen Brunnen, zu dem oft Kamelherden zur Tränke kommen.

Kameltränke bei Mehelhel

Dromedartour
3,5 D pro Stunde.

Wer nach Douz kommt, muß natürlich einmal auf dem Rücken eines Dromedars sitzen. Wo gäbe es eine schönere Landschaft für einen solchen Ausflug als in den weißen Sanddünen von Douz mit ihren kleinen Palmeninseln, den Marabuts und Seen. Für ein solches Unternehmen ist man hier gut gerüstet. In Douz warten 210 Dromedare, in Zaafrane weitere 600 Wüstenschiffe auf Touristen, und sie sind durchaus nicht arbeitslos. Eine längere Tour sollte man rechtzeitig vorher anmelden. Die Station in Douz ist zwischen den Hotels Mehari und Caravanserail, die beiden Stationen in Zaafrane jeweils unübersehbar am Ortsein- und -ausgang. Auf jeden Fall direkt dorthin gehen und keinesfalls einen Führer einschalten, der eine gewaltige Provision verlangt. Ein Ritt

von einer Stunde kostet 3,500 D, ein Tag 12 D, mit Übernachtung **Douz**
und Abendessen 25 D. **Kameltour**
Die Geschäfte in Douz bieten dazu die bequemen, weiten Sahara-
hosen und einen Chech zum Schutz gegen Wind und Sonne an.
Folgende Agentur organisiert größere Dromedarausflüge:
Abdelmoula Voyages, 4260 Douz, Tel. 495484, Fax 495366. Auskunft auch im Hotel Roses de Sable.

Auch ein zweites, nicht ganz so liebes Tier ist in der Umgebung
heimisch: der *Skorpion*. Doch sind zum Glück nicht alle Skorpi-
onbisse tödlich, es hängt sehr stark von der Verfassung des Ge-
bissenen ab. Bei einem abendlichen Picknick in der Wüste haben
wir zwei Skorpione angetroffen, einer biß unseren Freund in den
Fuß. Die Wunde wurde sofort ausgebrannt, der Fuß abgebunden,
es gab keinerlei Nachwirkungen.

23. DOUZ - KEBILI durch die Nefzaoua-Oasen

52 km schmale Teerstraße.

Wer länger in Douz bleibt und zum Einkaufen nach Kebili muß,
kann zur Abwechslung einmal die Variante über die Dörfer fahren. Schmale, teils schlechte Teerstraße, aber schöne, abwechslungsreiche Landschaft, Sanddünen rücken bis an die Straße, mit
Palmzweigen befestigt, grüne Oasengärten, Seen mit Wasservö-
geln, ebene Chottflächen, Salzsteppe. Nur wenige Touristen kennen diese Strecke.

In Douz-Zentrum auf die Straße nach El Faouar abbiegen. Bei km
7 rechts ab nach Nouail. Es geht vorbei an einem kleinen See,
Baden ist in dem stehenden Wasser jedoch nicht möglich. Bei km **Nouail**
15 folgt **Nouail**, dort befindet sich ein sehr schön vor den Dünen **Montag kleiner Souk**
gelegenes *Campement* mit Bar, Restaurant, Bungalows zum Über- **Camping**
nachten, Vollpension möglich. Für Einzelreisende Übernachtung
(7 D pro Person) ohne Anmeldung, für Gruppen Anmeldung im
Büro in Douz, Tel. 05 - 495584.
Es werden Kameltouren veranstaltet, der Wagen kann solange
auf dem Platz untergestellt werden. Mehrtägige Touren müssen
angemeldet werden. In der Ortsmitte zweigt links eine Piste ab,
vorbei an einem Friedhof. Dort liegt ein großes, von Palmen
umstandenes Wassersammelbecken, in dem Fische schwimmen.

Nach 20 km folgt der kleine Ort **Klebia** mit schöner Oase. Danach geht es über eine weite Chottfläche. Bei km 28 geht geradeaus eine direkte Piste nach Kebili, die aber keine Dörfer mehr
berührt. Rechts nach **Blidet**, das kurz danach auftaucht. Sehr
hübsch der weiße Marabut auf einem Hügel, umgeben vom alten,
zerfallenen Dorf. Die Besichtigung wird etwas getrübt durch die
vielen um Bonbons bettelnden Kinder.

Kurz hinter Blidet folgt ein See mit Salzwasser, dort gibt es je nach Jahreszeit viele Flamingos, es handelt sich um ein Vogelschutzgebiet. Es folgen die schönen Dörfer **Beni Mhemed, Barghouthia** und **Bchelli**, dann mündet die zuvor abgehende Piste ein. Nach weiteren 9 km erreicht man **Kebili**.

24. DOUZ - HAZOUA - NEFTA

195 km, davon 74 km Piste durch völlige Einsamkeit, nur für erfahrene Wüstenfahrer mit Geländefahrzeug und guter Ausrüstung, es gibt keinerlei Hilfe oder Versorgung.

Diese Route führt zu Fundstellen von Sandrosen. Die Variante 2 über Hazoua umfährt weitläufig den Salzsee und ist normalerweise immer befahrbar, die 1993 schon zum Teil geteerte Straße soll komplett asphaltiert werden. Variante 1 über das Chott eignet sich nur bei großer Trockenheit.

Im Zentrum von Douz gegenüber der Louage-Station auf die schmale Teerstraße nach Zaafrane, El Faouar abbiegen. Nach 7 km Gabelung, rechts geht es nach Nouail, links weiter nach El Faouar. Nach 12 km folgt

Zaafrane

Zaafrane - Der aus zwei Teilen bestehende Ort - Heimat der Adhara-Nomaden - wird an einer Seite von hohen Sanddünen begrenzt, an der anderen von einer schönen Oase. Mit Hilfe von Falaisen aus Palmzweigen wird versucht, die gewaltigen Sandmengen von der Oase fernzuhalten.

Kamelstation

Aufgrund des starken Saharatourismus sind in den letzten Jahren zwei Kamelstationen eingerichtet worden, an der täglich 600 Wüstenschiffe auf die Fremden warten. Ein Punkt jeder Tour in den Süden ist ein Halt hier, die Touristen werden mit billigem Kaftan und schäbigem Turban verkleidet aufs Dromedar gesetzt. Aber man kann auch als Einzelreisender Kamele für Stunden-, Tages- oder Wochentouren mieten (siehe Douz: Dromedartour) und sollte das direkt an der Station, ohne die Einschaltung eines Führers tun, der eine kräftige Provision verlangt. Sehr schön ist die Umgebung, in die ein solcher Ritt führt. Hohe Sanddünen mit kleinen Palmoasen, weiße Marabuts, unter Sand versteckt liegende Reste des alten Dorfes, das den gewaltigen Sandmassen weichen mußte.

Wenn man an der 1. Kamelstation die Piste links vorbei nimmt, kommt man nach 1 km zu einem Marabut auf einem Hügel. Dahinter eine kleine Palmengruppe, die sich sehr gut für ein Camp eignet. Mitten in dieser Gruppe gab es früher einen See, der nun völlig von einer großen Sanddüne überrollt ist. Daneben liegt der alte Friedhof.

An der 2. Kamelstation geht ebenfalls eine Piste zu einem See **Zaafrane**
ab. Immer auf die Palmengruppe zuhalten. Auch dieser See war
1993 ausgetrocknet, unter der Oberfläche ist aber noch Feuchtigkeit, die eine kleine, grüne Schilf- und Palmeninsel bildet. Dort
ist ein Marabut, zu dem oft Familien kommen, in dem Wäldchen
kampieren, Couscous kochen und den Heiligen um Beistand bitten.

> *Hotel Zaafrane*, Tel. 05-495074. Bungalows mit Tonnengewöl- **Hotel**
> be, Zimmer mit warmer Dusche, kleiner Pool, kein Schatten.
> Das große Sandmeer des Erg Oriental beginnt vor der Haus-
> tür. DZ 27 D.

km 34 Links Abzweig zu dem kleinen Dorf **Es Sabria**. Die Häuser **Es Sabria**
mit ihren Tonnengewölben sind fast vom Sand zugeweht. Die von
der Regierung seßhaft gemachten Nomaden vom Stamm gleichen Namens sind sehr arm, aber herzlich, und wunderschön traditionell gekleidet. Die Frauen tragen lange Zöpfe und schließen
ihre Kleidung mit herrlichen, alten Spangen. Oft sitzen sie vor ihren Häusern und spinnen die Schafwolle. Als ich zum Dank dafür,
daß ich Fotos schießen konnte, den Leuten einige Kleidungsstücke
schenkte, gab man mir drei Eier als Gabe zurück. Abweisen kann
man ein solches Geschenk nicht. Lästig sind nur etwas die Kinder, die um Bonbons, Geld oder Kleidung betteln.

km 39 **El Faouar**, das letzte Dorf an der Strecke. In dem gut sor- **El Faouar**
tierten Lebensmittelladen kann man noch schnell seine Vorräte **Freitag Souk**
auffüllen, für ein Picknick in der schönen Wüstenlandschaft. Etwas außerhalb liegt das *El Faouar-Hotel,* Tel. 05 - 495085, an den **Hotel**
Dünen auf einer freien Fläche unter der glühenden Sonne. Wirkt
eher wie eine Baubaracke, das schönste sind die naiven Wandmalereien. Zimmer mit Bad, nicht mal billig.

Auf der weiteren Strecke werden die gewaltigen Sandmassen mit
Palmzweigen zurückgehalten, Sandverwehungen sind möglich,
sie werden aber schnell mit Baggern beiseite geräumt. Salz-
steppen und ebene Chottflächen wechseln sich ab, es gibt keinerlei Bewohner, da kein Trinkwasser vorhanden ist. Nur ab und
zu sieht man freilaufende Kamele, die den ganzen Sommer allein
unterwegs sind. Im Winter findet der Besitzer sie dann an den
bekannten Wasserstellen wieder und erkennt sie an den einge-
brannten Zeichen. Da Kamelbabys immer neben ihrer Mutter laufen, weiß man gleich, wem die Jungtiere gehören.

Genau bei km 44,5 geht links eine kaum erkennbare Piste zu einer Fundstelle von *Sandrosen* ab. Die Orientierung ist nicht einfach, die Piste sehr sandig. Daher sollte man die Tour besser mit
einem guten Führer machen. Auch die Rückfahrt ist allein nicht
ganz ohne, zur besseren Orientierung kann man die Abzweigungen mit leeren Flaschen oder dgl. markieren und nachher wieder

aufsammeln.

Zu den Sandrosen

Abbiegen auf die kaum erkennbare Piste. Nach 1 km Gabelung, dort links. Es geht teils über eine Chottfläche, teils über Sanddünen. In diesem Gebiet leben noch Gazellen, die man aber nur selten zu Gesicht bekommt. Bei km 5,5 Gabelung, rechts ab, kurz danach links. Es folgt auf der rechten Seite eine kleine Palmenneupflanzung. Danach an der Gabelung links. Immer den Spuren der Pferdekarren folgen.

Nach 8 km trifft man eine kleine Quelle auf einer leichten Erhöhung. Kurz darauf stößt man auf die gut erkennbare Hauptpiste nach Süden, die zuvor wegen zu viel Sand nicht gefahren werden konnte.

Auf der folgenden Strecke ist die Piste immer wieder von Sanddünen überdeckt, werden Umfahrungen nötig. Bei km 19,5 taucht der artesische Brunnen Bir Machrouf auf, mit kleinem See umgeben von grüner Wiese und Schilf. Hier weiden oft Ziegen. Es geht über eine Chottfläche, die immer wieder von Dünen überlagert ist, bis nach 26,5 km eine mit kleinen Büschen bestandene Fläche erreicht ist, die vor einer Wand aus weißen Sanddünen liegt. Dort ragen die Spitzen der Sandrosen aus der Erde, wurde der Sand nach den besten Stücken durchwühlt. Zurück auf der eigenen Spur.

km 53 Kreuzung, links auf die Straße nach Rijm Matoug abbiegen. So gut wie kein Verkehr.

km 60 und 64 Links zweigt eine Piste zu einzelstehenden Hügeln mit einer Quelle ab.

Rijm Matoug

km 91 Die Asphaltstraße führt in 25 km weiter nach **Rijm Matoug**, einem Militärcamp mit kleiner Oasensiedlung. Das Projekt zur Erschließung der Wüste wurde im Auftrag der Regierung gebaut, es ist einfach unglaublich, daß dort, wo vorher kahle Wüste herrschte, nun eine grüne Palmenoase mit Gärten entstanden ist. Rechts auf die kleinere Piste nach Nordwesten abbiegen. Die Strecke wird selten befahren, ist aber gut zu erkennen. Haargenau gerade, wie mit dem Lineal gezogen. In diesem Gebiet gibt es noch zahlreiche Gazellen, die zu entdecken aber nur dem scharfen Auge eines erfahrenen Jägers gelingt.

km 104 Links gehen kurz hintereinander an kleinen Steinmarkierungen schmale Pisten ab, die sich kurz darauf vereinigen. Darauf ist ein weiterer Abstecher zu einer Fundstelle für *Sandrosen* möglich, diesmal mit leichterer Orientierung:

Weitere Sandrosenfundstelle

Der Piste folgen, bei km 4,6 passiert man ein verlassenes Haus. Weiter nach SW. Genau nach 10 km ragen Sandrosen aus der sandigen, mit Salzbüschen bewachsenen Erde. Durch Graben kann man riesige Stücke freilegen. Zurück auf dem gleichen Weg. An der gleichen Abzweigung führt auch eine Piste nach rechts.

Gazellenjagd

Eines Abends war ich bei einer Nomadenfamilie eingeladen, es gab ein köstliches Gericht mit überaus zartem, würzigem Fleisch, das ich nicht kannte.
Spät in der Nacht kam ich auf des Rätsels Lösung. Die Männer bereiteten ihre Mopeds zur Gazellenjagd vor. Am Lenker sitzen starke Scheinwerfer, von denen die Tiere bei ihrer Flucht geblendet und dann geschossen werden. Mir taten die armen, vom Aussterben bedrohten Tiere in der Seele leid.

Aber habe ich ein Recht darauf, die Jäger zu verurteilen? Sie schießen nur den Nahrungsbedarf für ihre Familien, wissen, daß es verboten ist. Und hätten es bestimmt nicht nötig, würden sie so im Wohlstand leben wie wir.

Auf dieser kommt man quer über das Chott nach Tozeur. Die Strecke ist aber seit den starken Regenfällen der letzten Jahre zu gefährlich und unpassierbar.

Bei km 104 weiter geradeaus, die km-Angaben sind ohne den Abstecher. Von nun an sind die beste Orientierung die Spuren der Pferdekarren der Sandrosenhändler, die regelmäßig zu diesem Platz kommen und dann zurück nach Nefta zum Marché Roses de Sable fahren.
km 111 Kreuzung, auf die schmale Piste rechts abbiegen.
km 120 Links gehen mehrere Pisten zu einer Wasserstelle, weiter geradeaus.
km 122 Man trifft eine größere Piste, von hier aus gibt es zwei Alternativen nach Nefta.

Variante 1 folgt den Spuren der Pferdekarren über das Chott und ist nur bei sehr trockenem Wetter befahrbar. Nach 22 km auf dieser Piste kommt eine Gabelung. Die rechte Spur geht über das Chott zu dem weißen Marabut am Palmenhain, diese Strecke ist infolge der vielen Regenfälle der letzten Zeit unbefahrbar geworden. Die linke quert das Chott in 20 km und trifft westlich von Nefta beim Marché Roses de Sable auf die Asphaltstraße.

Variante 1 über's Chott

Variante 2 führt auf der schmalen Piste weiter nach NW, die Spuren der Pferdewagen fehlen nun, die Piste wird undeutlicher. An den Kreuzungen bei km 144, 148 und 149 weiter geradeaus nach Nordwesten.
km 150 Die alte Piste nach NW versandet ab hier, auf die linke, weiter westlich führende Piste abbiegen. In der Ferne sieht man schon den Wasserturm von Hazoua. Nach 10 km trifft man bei den Oasengärten auf eine breite Piste und muß versuchen, auf den vielen, nun ständig sich verändernden Pisten entlang der Stromleitung die Asphaltstraße zu erreichen.
km 165 Man trifft die GP 3. Links sind es 6 km bis Hazoua, rechts 30 km bis **Nefta**.

Variante 2 über Hazoua

25. DOUZ - EL HAMMA - GABES per Piste

126 km, davon 91 km Piste. Die gute Piste ist für Pkw möglich, es herrscht so gut wie kein Verkehr.

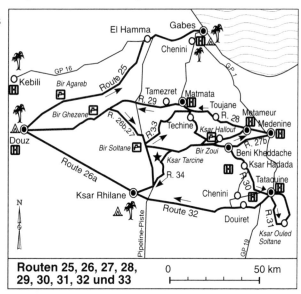

Routen 25, 26, 27, 28, 29, 30, 31, 32 und 33

0   50 km

Normalerweise fährt man von Douz nach Gabes natürlich über die sehr gute und schnelle Asphaltstraße GP 16 ab Kebili, die zum großen Teil abseits von Orten verläuft und zur Versorgung einige Cafés sowie eine Tankstelle 84 km nach Kebili aufweist. Nur einem Touristen kann es einfallen, dazu eine Piste zu nehmen. Ich habe diese längere und beschwerlichere Fahrt aber nicht bereut, es ist allemal ein größeres Erlebnis, eine unbekannte Piste durch schöne Landschaft zu fahren als eine gut ausgeschilderte Asphaltstraße.

km 0 am Rondell in Douz, Straße nach Kebili. Nach 900 m kurz vor der Totaltankstelle rechts abbiegen auf breite, befestigte Piste entlang der Stromleitung. Anfangs etwas Sandverwehungen.
km 3,6 Geradeaus geht ein Weg in eine neue Oase, die der Staat hat anlegen lassen, die Piste geht links daran vorbei. Etwas Wellblech.
km 10 Gabelung, rechte Piste.
km 21,5 Pistenkreuzung, weiter geradeaus.
km 23 Auf 4 km geht es durch ein Oued, wo Kies und Steine zum Bauen geholt werden.
km 29 Die Piste verläuft zwischen zwei kuppelgekrönten Häuschen, die aussehen wie Marabuts. Doch es sind Brunnen. Die

Stelle heißt „Agared", d.h. viele Skorpione! Kurz danach Pistenkreuzung, weiter geradeaus.

km 31 Man trifft die breite Piste von Kebili nach El Hamma, rechts ab nach Osten. Links zieht sich der Djebel Tebaga entlang.

km 41 Links die Ruinen eines Militärforts der Franzosen mit einem gemauerten Brunnen.

km 46 Rechts geht eine Piste über die Hügel zu einem verlassenen Dorf in 7 km.

km 53 An einem Wegstein mündet die Piste von Matmata ein, weiter geradeaus. Auf der schönen Strecke kann man mit viel Glück Gazellen sehen, es gibt meist einige Nomadenzelte.

km 60 Undefinierbare Schrotteile, die der Armee als Übungsziele dienen.

km 67 Eine breite Piste von Kebili mündet ein, weiter geradeaus.

km 68 Rechts auf Hügel altes *Monument* aus der Franzosenzeit.

km 75 Rechts etwas entfernt von der Piste ist ein Haus, dahinter Zisterne mit Tunneldach. Dort ragen behauene Quadersteine aus der Erde, Teil einer 17 km langen, antiken Befestigungslinie zwischen den Bergen Tebaga und Melab, die zum Limes Tripolitanus gehörte. **römische Spuren**

km 88 Links der Piste Marabut, durch die offene Tür kann man den Sarg sehen.

km 91 Beginn der Oase, bei km 92 erreicht man die von Kebili kommende GP 16, rechts ab.

km 95 **El Hamma**. Der schon den Römern unter dem Namen **El Hamma** *Aquae Tacapitanae* bekannte Ort ist berühmt für seine Thermal- **Souk Freitag** quellen, die gegen Rheumatismus helfen.

In der Hauptstraße ist eine Statue des Freiheitskämpfers *Daghbachi*, dem bekanntesten Sohn der Stadt, der beim Widerstand gegen die Franzosen umkam. Gegenüber davon ist eine der beiden Hammams mit getrennten Bädern für Männer und Frauen. Dahinter ist täglich ein großer Gewürzmarkt, inzwischen Station jeder Rundreise. Man hat sich auf die Touristen eingestellt und bietet nun auch typische Souvenirs an, Djellabahs, Körbe, Flechtwaren, Keramik und Plüschkamele, ferner gibt es viele aus Libyen importierte Waren. Die Preise sind - noch - sehr viel billiger als in den Touristenzentren. Hinter dem Soukplatz ein zweites Thermalbad, die Hammam Sidi Abdelkader, gekrönt von einer weißgrünen Kuppel. Etwas außerhalb ist eine große Ziegelei.

Des Thermes, Tel. 05 - 234130. Sehr einfach, keine Dusche. **Hotel**

km 104 Links ist ein großer Brunnen, der zur Bewässerung der Oase dient. Das heiße Wasser muß über viele flache Stufen abgekühlt werden. Da hier immer wieder Touristen haltmachen, hat man nun ein kleines Café gebaut.

km 116 Die große Zementfabrik von Gabes.

km 124 Kreuzung, rechts geht eine Straße in 4 km zur Oase Chenini, zur Stadt links ab, nach 500 m rechts auf die GP 1.

km 126 **Gabes**, siehe Route 8.

VOM WÜSTENSAND ZUM DAHAR-BERGLAND

Matmata mit seinen in das Kalkplateau gegrabenen Wohnhöhlen ist fester Bestandteil jeder Südtunesien-Tour. Doch birgt das Dahar-Bergland noch viel mehr landschaftliche und bauliche Schönheiten. Die Hügel liegen nur einige hundert Meter hoch, die höchsten Gipfel sind der Djebel Smertene mit 713 m und der Sidi Stout mit 689 m, doch ist es schon eindrucksvoll, wie schroff sich die kahlen Berge von der flachen Djeffara-Steppe erheben.

Die Bevölkerung bestand, ehe die tunesische Regierung ein Programm zur Seßhaftmachung startete, traditionell aus Nomaden, die feste Sammelspeicher zur Aufbewahrung ihrer Lebensmittelvorräte und Wertsachen benötigten. So entstanden auf den Spitzen der Hügel, wo sie leicht zu verteidigen waren, sogenannte Ksour (Einzahl Ksar). Wie Bienenwaben wurden kleine Räume mit tonnengewölbten Dächern, die Ghorfas, neben- und übereinander gebaut, jede Familie einer Sippe besaß einen eigenen, abschließbaren Raum, der zur Aufbewahrung der Vorräte und im Falle eines Krieges als Zufluchtstätte diente.

Heute sind die meisten Gemeinschaftsspeicher nicht mehr in Gebrauch und verfallen. Doch einige wurden restauriert und als sehr originelle Hotels genutzt, die ich nur empfehlen kann (Metameur, Ksar Hadada). Der Ksar von Medenine wird von Touristengruppen überschwemmt, in den alten Speicherräumen haben sich Souvenirhändler einquartiert. Doch gibt es noch andere, von Besucherschwärmen nicht überrannte Ksour in malerischer Landschaft, die das Ansehen wesentlich mehr lohnen.

Während die Phönizier zunächst die Küsten, später auch die fruchtbaren Landesteile im Inneren beherrschten, war der äußerste Süden von unabhängigen Nomadenstämmen bewohnt. Erst Anfang des 3. Jh. n. Chr. schoben die Römer ihren südlichen Schutzwall, den *Limes Tripolitanus*, der bis dahin nördlich der Chotts verlief, in dieses Gebiet vor, die *3. Legion Augustus* errichtete eine Postenkette zum Schutz der Karawanenwege und Wasserstellen. Militärische Festungen aus dieser Zeit finden sich in Ksar Rhilane, Bir Ghezene, El Ferch und Remada.

Nach der Vertreibung der Römer durch die Vandalen und erst recht nach dem Einfall der Araber zogen sich die berberischen Ureinwohner in dieses schwer zugängliche Bergland zurück. Noch heute sind die alten Traditionen und die Berbersprache im Gegensatz zum übrigen Land erhalten. Doch die Arabisierung schreitet voran. Arbeitsplätze sind knapp, der karge Boden kann nicht alle ernähren, die Jungen wandern in die großen Städte ab, zurück bleiben die Alten und die Frauen.

26. DOUZ - KSAR RHILANE

85 bzw. 148 km Piste, nicht für Pkw.

Ein Ausflug in das romantische Wüstencamp Ksar Rhilane ist jedem Reisenden mit einem geländegängigen Fahrzeug unbedingt anzuraten. Das ist Wüste pur! Motorradfahrer mit Sozius und zu schwerem Gepäck mußten schon unterwegs aufgeben, stellenweise ist die Piste - auch Variante b - sehr sandig. Die Mitnahme von Proviant und Wasser ist erforderlich, da es im Camp keine Versorgungsmöglichkeiten gibt. Weder an der Strecke noch in Ksar Rhilane ist Treibstoff erhältlich, so daß sowohl für die Route als auch für die Weiterfahrt ausreichend Sprit mitzuführen ist.

Variante a, ca. 85 km querfeldein

Es gibt eine direkte Piste von Douz nach Ksar Rhilane über die Dünen. Voraussetzung ist aber entweder ein Satelliten-Navigationsgerät zur Orientierung und Erfahrung im Querfeldeinfahren oder die Begleitung eines einheimischen Führers. Die Hälfte der Strecke führt über die Sanddünen des Erg Oriental, die Piste ist kaum noch zu erkennen unter dem Sand. In jedem Fall sollten Schaufel, Sandbleche und genügend Wasser nicht fehlen, schaufeln und schieben sind schweißtreibende Tätigkeiten. Besser ist ein Konvoi von mindestens zwei Fahrzeugen. Die Fahrzeit für die Strecke ist schwer abzuschätzen, sie richtet sich nach Kenntnis und Übung des Fahrers. Schon häufig kamen Trecks, die am Morgen in Douz aufgebrochen waren, erst nach Einbruch der Dunkelheit im Camp an.
Der Einstieg zur Piste ist zu erreichen über die am Hotel Touareg links vorbei an Ghellissia abzweigende Straße. Die Teerstraße bis zum Ende fahren. In dem Dorf Mehelhel weiter geradeaus auf sandige Piste. An der ersten Gabelung zweigt links die Quer-durch-die-Dünen-Piste nach Ksar Rhilane ab.

Variante b, 148 km Piste

Die zweite Strecke ist dagegen eine gute Piste, die zum Teil über die Pipelinepiste verläuft. Trotz stellenweiser Sandverwehungen treffen immer wieder Pkw in Ksar Rhilane ein, ich würde es jedoch - vor allem wegen des mörderischen Wellblechs - nicht empfehlen. Für die Strecke ist etwa ein halber Tag einzuplanen.

Douz auf der Straße nach Ksar Rhilane verlassen, der Asphalt endet nach 1 km beim Campingplatz. Immer der breiten Hauptpiste folgen. Auf den ersten 20 km ist wirklich alles drin, Sand, Wellblech, große Löcher. Danach dominiert das Wellblech. Nicht

---

Wellblechpiste

Wüstenneulinge stellen sich unter dieser Bezeichnung schon mal einen Pisten-belag in Form unserer Wellblechdächer vor. Doch entstehen die üblen, wellenför-migen Querrillen auf hartem Untergrund durch häufige Befahrung ganz von allein. Der Wagen wird von dieser harten, waschbrettartigen Oberfläche erheblich durch-geschüttelt, ein weniger solides Fahrzeug rappelt anschließend an allen Ecken.

Es gibt nur zwei Geschwindigkeiten, wie eine solche Passage überwunden wer-den kann. Entweder extrem langsam jede Welle voll ausfahren oder aber so sehr beschleunigen (ca. 70 - 80 km/h), daß die Räder mehr über die Wellenkuppen fliegen. Doch gehört dazu viel Übung, die Reifen haben nur noch wenig Boden-haftung, der Wagen schleudert schnell, lenken und bremsen sind nicht mehr so leicht möglich.

---

irritieren lassen von abzweigenden Pisten, die meist nur Umfah-rungen für schlechte Abschnitte sind. Im Zweifelsfall immer rechts halten. Im Frühjahr kann man in diesem brunnenreichen Gebiet häufig Nomadenzelte sehen.

Brunnen Bir Ghezene

km 43 **Bir Ghezene**. Der heutige Nomadenbrunnen, auch Sidi Mohammed Ben Aissa genannt, war in römischer Zeit Vorposten des Limes Tripolitanus und beherbergte eine Kohorte der 3. Legi-on Augustus. Ruinen des antiken *Vezereos* sind noch unter der Erde vorhanden. Links geht eine Piste in 50 km nach Kebili. Nach

Wüstencafé

weiteren 7 km folgt das *Café Sahara Centre* an einer wichtigen Pistenkreuzung. Geradeaus geht es nach Matmata, links wieder nach Kebili, rechts abbiegen nach Bir Soltane. Auf der weiteren Strecke sandige Passagen.
km 55 Abzweigung nach links ignorieren.

km 68 Hier müßte man die breite *Pipelinepiste* treffen und rechts abbiegen. Manchmal passiert es aber, daß man zu weit nach Sü-den abdriftet und eine andere, breite Piste trifft. In diesem Fall links abbiegen, kurze Zeit später trifft man die Erdölpiste, dort nach Süden. Diese breite, von Süd nach Nord verlaufende Piste dient zur Wartung der parallel dazu unter der Erde liegenden Pipe-line, die algerisches Erdöl zum Verladehafen Skhirat bringt. Sie ist leicht an den herumliegenden schwarzen Rohren zu erken-nen.

Pipelinepiste

Im Jahr 1958 baten die Franzosen, deren algerische Kolonie sich mitten im Befreiungskampf befand, Bourguiba um die Genehmi-gung, Erdöl aus den algerischen Förderstellen bei El Borma mit-tels einer Pipeline über tunesisches Gebiet zum Verladehafen am Mittelmeer zu befördern, um so Sabotageakten der FLN-Partisa-nen vorzubeugen. Das Projekt brachte mehreren tausend Tune-siern für drei Jahre Arbeit und Brot.

km 89 An der Piste zwei kleine Cafés, rechts geht ein Weg in 2,5 km zu dem Brunnen **Bir Soltane**, der das beste Wasser der Region hat. Weiter geradeaus. **Brunnen Bir Soltane**

km 132 Rechts geht eine Piste ohne jede Beschilderung zum Wüstencamp. Die Strecke ist sehr vom Sand zugeweht, für Pkw-Fahrer folgt hier die Bewährungsprobe.

km 148 Man trifft, vorbei an einigen Hütten, das in einem Tamariskenwald liegende Camp. Immer rechts entlang zum alten Camp mit einem aus einer heißen Quelle gespeisten See.

Ksar Rhilane - Eine Quelle mit warmem, aber nicht trinkbarem Thermalwasser liegt in einem schattigen Tamariskenwäldchen, umgeben von herrlichen, meterhohen Sanddünen, ein romantisches Plätzchen. An Bewohnern gibt es nur einige Oasenbauern, Nomaden und Soldaten eines kleinen Militärstützpunktes, die gerne zum Baden an die Quelle kommen. Sie wurde vor einigen Jahren bei Probebohrungen nach Erdöl entdeckt. **Ksar Rhilane**

Zu Anfang gab es nur ein kleines Camp mit Nomadenzelten, das den wenigen Reisenden Unterkunft bot, Verpflegung mußte mitgebracht werden. Heute hat der Massentourismus Ksar Rhilane entdeckt, am Abend treffen ganze Karawanen von Geländewagen ein. Zwei neue Camps mit Toiletten und warmen Duschen wurden gebaut, es gibt sogar schon richtige Hotelzimmer. Die alte, romantische Atmosphäre ist am Verschwinden. Aber an der Quelle oder versteckt unter den Tamarisken kann man immer noch Einzelreisende mit ihren

Wüstencamp Ksar Rhilane

schweren Geländefahrzeugen sehen, die den tagsüber stillen Platz als Treff- und Ruhepunkt lieben. Außerhalb an der Quelle kann man kostenlos kampieren. Zwar versuchen immer wieder junge Burschen, eine Gebühr zu kassieren, sie haben aber kein Recht dazu. Trinkwasser und Verpflegung sind mitzubringen. Als Versorgungsmöglichkeit bleibt sonst nur, einem der Nomaden eine Ziege abzukaufen.

Die Übernachtung im Camp kostet 4 D, je nach Vorratslage kann Halbpension geboten werden. Es gibt eine Bar mit Alkoholausschank. *Kameltouren* von einem Tag bis zwei Wochen können organisiert werden.

Auf einer kleinen Anhöhe, umgeben von den mächtigen Sanddünen des Großen Erg Oriental, liegen, 5 km vom Camp entfernt, **Tisauar antike Festung**

Tisauar

die Reste des antiken Militärlagers *Tisauar*. Hier, an der Südgrenze der römischen Provinz Africa, verlief der Festungswall Limes Tripolitanus, der die Kolonie beschützen und die Karawanenwege mit den Wasserstellen sichern sollte. Der Originalgrundriß des von der 3. Legion Augustus im 2./3. Jh. n. Chr. errichteten Postens ist noch deutlich zu erkennen, in der Kolonialzeit wurde das Fort von den Franzosen genutzt. Eine Mauer mit einem einzigen, arkadenüberwölbten Tor im Westen umschließt ein Rechteck von 30 x 40 m, die Mannschaftsräume waren direkt an der Mauer errichtet. Im Innern ist ein Querbalken mit der römischen Inschrift JOV OPT MAX VIC erhalten, d.h. *Jovi optimo maximo victori* (dem Jupiter, dem Besten, dem Größten, dem Sieger). Außerhalb der Mauer waren eine kleine Kapelle und mehrere Backöfen. Stellenweise lugt unter den Sanddünen noch das Pflaster der alten römischen Militärstraße hervor.

Von der Anhöhe bietet sich ein herrlicher Blick über die Wüstenlandschaft. Das Fort ist ein beliebtes Ziel für Motorradfahrer, die mal ohne jedes Gepäck über die höchsten Dünen brausen wollen, ein tolles Erlebnis. Für Geländewagen ist die Tour auf der deutlich erkennbaren Dromedarspur ohne Führer möglich, erforderlich sind aber große Erfahrung im Dünenfahren und notfalls ein paar Leute zum Schieben. Im Camp wird ein etwa zweistündiger Kamelritt über die Dünen zum Fort angeboten.

An der Festung vorbei trifft Variante a aus Douz ein.

Ausflug

Auf der Pipelinepiste zweigt 17 km südlich von Ksar Rhilane eine weitere Piste nach Westen ab. Auch dort befindet sich eine Quelle vor den mächtigen Sanddünen, die allerdings nur von Hirten mit ihren Schafen und Ziegen genutzt wird. Es ist möglich, vor den Dünen querfeldein von Ksar Rhilane zu dieser Quelle zu fahren.

Die weitere Fahrt auf der Pipelinepiste nach Süden führt in militärisches Sperrgebiet und ist nur mit einer Sondererlaubnis des Gouverneurs von Tataouine zu machen, siehe Seite 240.

27. DOUZ - BIR SOLTANE - KSAR HALLOUF - METAMEUR BZW. MEDENINE

Variante a: 169 km Piste,
Variante b: 178 km, davon 142 km Piste.

Diese „Brunnenpiste", die ich so nenne, weil an ihr sehr viele Brunnen liegen, ist für Pkw nicht geeignet. Es geht lange Zeit durch einsame Wüste, die Piste hat stellenweise viel Sand und vor allem Wellblech aufzuweisen.

Bis zum Bir Soltane ist die Strecke identisch mit Route 26b.

km 89 **Bir Soltane**. An der Piste zwei kleine Cafés, rechts geht **Brunnen Bir Soltane**
ein Weg zu dem Brunnen, der das beste Wasser der Region hat.
Am südlichen Café links auf die Piste nach Beni Kheddache abbiegen, Wegweiser.

km 96 Kurz nach einem Brunnen in einem gemauerten Haus
Pistenkreuzung. Rechts geht eine Piste zu Ksar Tarcine, einem
verfallenen Militärfort, und nach Ksar Rhilane. Weiter geradeaus
auf guter Piste.

km 107 Rechts zweigt
eine weitere Piste
nach Ksar Rhilane ab,
weiter geradeaus.

km 118 Die Piste er-
weitert sich zu einer
breiten Trasse.

km 121 **Bir Zoui**,
Brunnen mit Motor-
pumpe, weiter gerade-
aus. Es geht langsam in die Berge.

*Rast am
Bir Zoui*

km 128 **Hallouf Nouveau**. Rechts zweigt die direkte Piste nach
Beni Kheddache und Medenine ab. Geradeaus weiter zum alten
Ksar Hallouf, der nach 3 km erreicht wird.

Ksar El Hallouf liegt sehr schön in einem palmenbestandenen **Ksar El Hallouf**
Tal, überragt von der Speicheranlage, zu der eine Piste hinauf- **schöne Ghorfas**
führt. Die Ghorfas stammen aus dem 13. Jh., der Besitzer eines
kleinen Cafés wartet auf Besucher, die aber eher selten sind.
Weiter geradeaus durch ein sehr schönes, canyonartiges Flußbett. Die Furten sind weitgehend betoniert, da sonst bei Regenfällen die Piste sofort weggespült würde.

2 km nach dem Ort gabelt sich die Piste und geht zu beiden Seiten des Flusses weiter. Hier gibt es zwei Möglichkeiten der Weiterfahrt:

Variante a nach Metameur

Die Piste verläuft auf der linken Flußseite durch das Tal des Oued
El Hallouf. Nach 5 km beginnt im Dorf **Behayra** die Asphaltstraße, nach Metameur links abbiegen. Nach weiteren 8 km, d.h. bei
km 146, Kreuzung, rechts ab auf Piste nach Koutine.

Nach 10 km immer geradeaus trifft man eine breite Piste mit Telefonleitung. Dort nach links kreuzt nach 1 km die Piste Metameur -
Matmata. Rechts ist nach weiteren 12 km schon von weitem das
grünweiße Dach der Moschee von Metameur zu erkennen, daneben der Ghorfakomplex.

Metameur
Hotel in Ghorfa-
Komplex

Metameur besitzt eine gut erhaltene, bis zu vier Stockwerke hohe Ghorfaanlage. Dort hat *Hachim Drifi*, ein etwas versponnener, aber liebenswürdiger Poet, einige der Räume restauriert, weiß getüncht und betreibt darin das kleine *Hotel Ghorfa,* Tel. 05 - 640128. Die einfachen Zimmer haben Matratzen mit sauberem Bettzeug, einen Spiegel und elektrisches Licht. Außerhalb ist ein Sanitärblock mit weißgekachelten warmen Duschen. Nur Damen erhalten eine Massage mit Jasminblütenwasser.

Etwas besonderes sind bei Hachim die Mahlzeiten, die entweder seine Frau zu Hause oder er selbst in der kleinen Küche zubereitet, original tunesische Spezialitäten, wie man sie in keinem Restaurant serviert bekommt. Und das alles zu einem sehr geringen Preis (8 D pro Person für Essen und Übernachtung) - am liebsten würde Hachim seine Gäste kostenlos bewirten -, Alkohol wird nicht ausgeschenkt. Eine Speicherkammer wurde zum Atelier umgewandelt, ein befreundeter Maler bietet liebevoll getuschte Kalligraphien mit den Namen der Gäste sowie Aquarelle und Ölbilder mit Motiven der Umgebung an.

Variante b nach Medenine

Auf der Furt zur rechten Flußseite wechseln. Nach 2 km folgt ein kleines Dorf, danach Gabelung, rechts auf schmaler Piste auf die Berge, eine der schönsten Strecken des Dahar-Berglandes. Keine Jeepkarawane kommt entgegen, diese Piste wird selten von Touristen befahren. Die Menschen in den Dörfern sind sehr zurückhaltend, die Kinder betteln nicht. Auf der Höhe des Berges - ca. 500 m - ein Dorf mit Wohnhöhlen, laut Auskunft eines Bewohners heißt der Ort Gosba. An der Kreuzung geradeaus. Es geht weiter über die Berghöhen, an den fruchtbarsten Stellen immer wieder Terrassenanbau.
km 140 Eine breite Piste wird erreicht, links ab vorbei an Olivengärten folgt ein kleines Dorf. Dort geradeaus kommt man zu einem plötzlichen Abbruch der Berge, eine atemberaubende, sehr schmale Piste führt steil hinab nach Ksar Djedid. Von dort geht eine Asphaltstraße nach Medenine. Dieser Abstieg ist aber wirklich schwindelerregend, trotz vorhandener Reifenspuren habe ich ihn mir alleine nicht zugetraut. Wenn es einmal jemand geschafft hat, wäre ich über eine Nachricht sehr froh.

Wieder zurück bei km 140 auf der breiten Piste nach rechts kommt man nach 2 km nach **Beni Kheddache.** Dieses moderne Verwaltungszentrum hatte in seinem Kern eine gewaltige Speicheranlage, die 1960 abgerissen wurde. Nur einige Ghorfas blieben bestehen und sind heute bewohnt. Durch den Ort hindurch führt eine wunderschöne Teerstraße in Serpentinen den Berg hinab. Nach 8 km ist rechts an einem Wegweiser die Zufahrt zum wunderschön auf einer Bergspitze gelegenen **Ksar Joumaa**, einer ver-

lassenen Ghorfaanlage, die man in aller Ruhe besichtigen kann, **Ksar Joumaa**
da es dort keine Bewohner gibt. Noch vor der Einfahrt zum Ksar **Ghorfa-Komplex**
ist links eine alte Moschee mit Marabut. Dann folgt zunächst der
neue Teil mit großenteils einstöckigen Vorratsräumen. Der hintere, viel ältere Teil weist bis zu dreistöckige Ghorfas auf. Eine Treppe
führt zu einem kleinen Aussichtshügel, der eine herrliche Rund-
sicht verschafft.

Auf der MC 113 folgt nun ein spektakulärer Abstieg (11 %) in breiten Serpentinen, mit schönem Blick auf die Djeffara-Ebene. Bei
km 157 liegt dort 1500 m links der Straße **Ksar Djedid** mit einem **Freitag Souk**
Ghorfakomplex, der allerdings erst 100 Jahre alt ist. Er liegt nicht
wie Ksar Joumaa auf einer Bergeshöhe, sondern auf der Ebene
inmitten des Ortes. Die Vorratsräume werden noch heute genutzt,
am Freitag findet dort der Wochenmarkt statt.

km 178

Medenine - Die Gouvernoratshauptstadt, auf der Djeffara-Ebene **Medenine**
vor dem Bergland gelegen, ist ein guter Ausgangspunkt für Fahr- **Souk Mittwoch und**
ten in die schöne Umgebung. Das Marktzentrum mit 33.000 Ein- **Donnerstag**
wohnern bestand ehemals aus einer Vielzahl von Ksour, die in
den fünfziger Jahren zum großen Teil abgerissen wurden, um
modernen Gebäuden Platz zu machen. Heute hat man die Schönheit der alten Anlagen und ihre Bedeutung für den Fremdenverkehr erkannt, einen verbliebenen Ksar restauriert und zur Besichtigung freigegeben. Der rechteckige Innenhof ist umgeben von
zweistöckigen Ghorfas, in denen Souvenirläden eingerichtet wurden. Ein Bus nach dem anderen lädt seine Schäfchen aus, die
Händler versuchen sich zu übertrumpfen, ein ruhiger Bummel ist
nicht möglich.

Und doch braucht man nur einige Schritte nach draußen zu gehen, oberhalb des Karrées, und hat eine ruhige, intakte Welt vor
sich, Ghorfas, die noch als Speicher genutzt werden, ein kleiner
Gemüsemarkt und Einheimische, denen die Hektik der Fremden
unbekannt ist.

Telefonvorwahl: 05   **Medenine**

*** *Ksour*, Place 7 Novembre. Neues Haus im Zentrum, klimat. **Hotels**
Zimmer mit Bad, TV.

Sahara, am Beginn der Straße nach Tataouine, Tel. 640007.
Zimmer mit Bad; Bar, Restaurant. DZ 12 D.

El Hana, Av. H.B., im Zentrum gegenüber Markthalle, Tel.
640690. Mit Parkplatz. DZ 7 D.

Essada, Av. H.B., im Zentrum gegenüber Esso-Tankstelle, Tel.
640300. Zimmer mit Dusche ohne WC möglich, sauber, nettes Personal. DZ 8 D.

Ennassim, Straße nach Ben Guerdane, Tel. 641563. DZ 10
D.

**Medenine
Selbstversorger**

Großes **Magasin Générale** im Zentrum, alkoholische Getränke nur in den Hotels Sahara und Ksour. **Markthalle** gegenüber dem Hotel El Hana.

Verkehrsverbindung

Die **Busstation** ist im Zentrum an der bei der Esso-Tankstelle beginnenden Rue 18 Janvier. Es gibt einen direkten Bus in die Landeshauptstadt sowie nach Gabes, Djerba, Zarzis, Tataouine, Beni Kheddache und Ksar Hadada. Ebenfalls **Louages** in diese Richtungen. Matmata ist nur über Gabes zu erreichen.

Von Medenine führt die Teerstraße GP 19 in 49 km nach Tataouine, eine Beschreibung ist nicht notwendig. Wer ein geländegängiges Fahrzeug hat, sollte lieber eine der Pisten der wundervollen Speicherburgen des Dahar-Berglandes entlang fahren.

28. MEDENINE - MATMATA

67 km, davon 36 km Piste mit guter Beschilderung, für Pkw holprig, aber möglich.

Vor einer Fahrt in das wunderschöne Dahar-Bergland vorher noch volltanken, Geld wechseln und evtl. Proviant einkaufen. Es gibt keine Tankstellen und wenig Unterkünfte.

Medenine auf der GP 1 nach Gabes verlassen. Nach 5 km ist links eine beschilderte Abzweigung nach Matmata. Auf dieser Straße liegt nach 1 km **Metameur**, ein Dorf mit einer gut erhaltenen, bis zu vier Stockwerken hohen Ghorfaanlage, siehe Route 27a. Noch vor der Anlage beginnt die breite Piste nach Matmata, sie führt zunächst auf ebener Strecke entlang der Telefonleitung. Es gibt ab und zu Streusiedlungen und geringen Verkehr.

km 16 Pistenkreuzung, links mündet Route 27a von Ksar Hallouf und Beni Kheddache ein. Geradeaus weiter entlang der Telefonleitung.
km 26 Man stößt auf die von Mareth kommende, schmale Teerstraße, darauf geht es geradeaus weiter, stellenweise Schaglöcher.

km 32 Anstieg in Serpentinen ins Bergland. Diese Strecke ist landschaftlich ganz besonders schön, es gibt wundervolle Ausblicke über die Berge des Dahar. Man sollte etwas Zeit mitbringen und vielleicht ein Picknick in der reizvollen Landschaft einplanen. Dazu eignet sich am besten das Gebiet nach Toujane, es ist weniger bewohnt, man wird nicht bei jedem Halt von Kindern bedrängt, die Thymian anbieten und Geld verlangen.
km 35 Kleine Paßhöhe, ca. 500 m.

km 37 **Toujane**, hier endet die Telefonleitung. Mehrere Ortsteile liegen sehr schön an den Berghängen um einen Talkessel. Die Menschen wohnten ehedem in Schachthöhlen, haben aber heute weitgehend moderne Steinhäuser gebaut. Eine Besonderheit sind die bunten Teppiche, die von den Frauen im Ort gewebt und recht preiswert angeboten werden. Im August findet das *Fest der Mergoum-Teppiche* mit Folkloredarbietungen statt. **Toujane Teppichstadt**

Gleich zu Beginn von Toujane hat *Mohammed Hesnaoui* die alte Wohnhöhle seiner Familie zu einem sehr hübschen Café und einer Art Museum ausgebaut. Er bietet die handgewebten Mergoum-Decken seiner Familie an, einer der Räume hat ein Alkovenbett, in dem zwei Personen übernachten können. Mohammed betreut liebevoll mit Couscous am Abend und Kaffee am Morgen, dieser originelle Schlafplatz kostet mit Essen 6 Dinar pro Person. **Unterkunft**

Nach dem Ort ein Wegstein, rechts geht es nach Mareth über Tounine. Geradeaus weiter nach Matmata. Erneuter Anstieg mit schönen Ausblicken. Auf den kargen Hügeln wächst fast nur sprödes Halfagras, dazwischen sind immer wieder fruchtbare Terrassenfelder mit Ölbäumen und einzelne Bauernhäuser.

km 40 Die Teerstraße geht geradeaus weiter nach Smertene, rechts auf die Piste abbiegen. Die häufig von Touristenjeeps befahrene Piste ist sehr ausgefahren und holprig. Man sieht zwar Pkw auf dieser Strecke, aber sie haben zu kämpfen.

km 52 Die Strecke führt durch ein tiefes Oued, danach wieder Anstieg. Nach 600 m mündet eine Piste von Beni Zelten (16 km) ein, 200 m später geht links Piste nach Techine, Beni Kheddache. Immer geradeaus.

km 55 Man trifft auf eine Teerstraßenkreuzung, rechts abbiegen.

km 64

Matmata ist der Hauptort (5.000 Einwohner) des gleichnamigen Berglandes und wichtige Station jeder Rundreise. Zunächst sieht man nur die Hauptstraße und einige Steinhäuser inmitten einer hügeligen Mondlandschaft mit verstreuten weißen Marabuts. Erst bei näherem Hinsehen erkennt man gleichmäßig runde Krater inmitten kleiner Erdhügel, die Wohnhöhlen oder *Troglodyten* der Berberfamilien. Von oben schaut man in einen schachtartigen Innenhof, von dem mehrere Räume abgehen und in dessen Mitte sich eine Zisterne befindet. Ein langer Stollen führt ins Freie, der Eingang ist meist schön ummauert. **Matmata** **Höhlenwohnungen**

Die Kinder sprechen die Besucher an und bieten eine Besichtigung der elterlichen Behausung gegen einen Obolus. Oft werden drei und mehr Dinar gefordert, es ist aber zu bedenken, daß der Tagelohn eines Landarbeiters nur 3 D bei 12 Stunden harter Arbeit beträgt und selbst das Bardo-Museum nur 2 D Eintritt verlangt. Bewohnt wird sie von einer Großfamilie, jeder verheiratete Sohn hat einen eigenen Raum, es gibt ferner Küche und Vorratsräume. Die Einrichtung ist erstaunlich gemütlich, eine Besonder-

Matmata

heit sind die heute selten gewordenen Möbel aus Reisig, die mit Gips verkleidet und weiß gekalkt werden. Wissenschaftler befanden das Wohnen in einer solchen Höhle als biologisch und angenehm, halten die Lehmwände doch im Winter schön warm und isolieren im Sommer gut gegen die Hitze. Die Herstellungskosten einer solchen Wohnung sind gleich null, wenn man die Arbeit außer acht läßt, doch wer es sich leisten kann, baut ein neues Haus mit Strom und Wasseranschluß. 1959 hat die Regierung an der Straße nach Gabes vor den Dahar-Bergen Matmata Nouvelle gegründet, mit Steinhäusern, Strom, Wasser sowie Schulen. Eine gute Seite des Tourismus ist, daß die Schönheit und Zweckmäßigkeit der alten Wohnformen wieder erkannt wird und etwas für den Erhalt der Troglodyten getan wird, nicht zuletzt mit Hilfe der Besichtigungsgelder.

Lebensgrundlage ist die Landwirtschaft, vor allem die Oliven. So haben einige Höhlen eigene Olivenölpressen, die den Besuchern gern gezeigt werden. Die Trockenheit der letzten Jahre hat der ganzen Region sehr zugesetzt, nur selten können noch Oliven geerntet werden, die Jugend wandert in die Städte des Nordens ab, Arbeitsplätze gibt es kaum.

**Museum
Touristen-
information**

Am Ortseingang von Gabes her ist auf der linken Seite eine Wohnhöhle, die als *Museum* eingerichtet wurde. Nahebei ist das *Syndicat d'Initiative*. Im Sommer findet eine Ausstellung von einheimischer Handwerkskunst statt, es werden Folklore und Reiterspiele gezeigt.

Souk am Montag

Es gibt keine Bank, Geldwechsel in den Hotels oder auf der Post. Eine Tankstelle findet sich nur im 15 km entfernten Nouvelle Matmata, doch gibt es eine kleine Werkstatt mit Reifenreparaturdienst.

Matmata

Telefonvorwahl: 05

Hotels

Mehrere Troglodyten wurden zu Hotels umgebaut, in denen man sehr originell, aber recht einfach wohnt. Sie bestehen aus mehreren aneinandergebauten Innenhöfen mit umliegenden, in den Berg gegrabenen Räumen, zu denen man teilweise über eine Strickleiter hinaufsteigen muß. In den Zimmern sind einfache aber saubere Feldbetten oder Matratzen auf Betonsockel. Es gibt einen Sanitärblock mit warmen Gemeinschaftsduschen. Reisegruppen kommen meist nur zum Essen, sie ziehen ein klimatisiertes Luxushotel vor, dabei ist doch eine Nacht in diesen Höhlenhotels sehr reizvoll. Die Übernachtung wird zusammen mit dem Abendessen für 8 - 9 Dinar pro Person angeboten. Die drei Hotels sind recht ähnlich in Preis und Leistung, so daß man sich ganz nach Geschmack und freier Kapazität „seine" Höhle aussuchen kann. Das Marhala hat auch Zwei-Bett-Höhlen, während die anderen meist

große Räume mit vielen Betten haben. Im Jahr 1993 wurde **Matmata**
an die Grotten von Sidi Driss ein neues Hotel angebaut, das 2 **Hotels**
- 3 Sterne haben wird.
Marhala, Tel.: 230015
Sidi Driss, Tel.: 230005
Les Berbers, Tel.: 230024, Fax 230097

*** *Troglodytes*, km 1 an der Straße nach Tamezret, Tel. 05-
230088, Fax 05-230173. Piscine, klimat. Zimmer mit Bad, für
verwöhnte Reisegruppen. DZ 46 D.
** *Matmata*, an der Straße nach Toujane, Tel. 230066. Klimat.
Zimmer mit Dusche, Pool.

Wer etwas Zeit hat, sollte nicht nur das touristisch überlaufene **Ausflüge**
Matmata besuchen, sondern eine Fahrt in die Umgebung machen,
die ebenfalls viele Wohnhöhlen bietet und noch viel ursprüngli-
cher ist. Ein Beispiel ist El Haddej. Dazu Matmata auf der Straße
nach Gabes verlassen. Nach 5 km rechts auf die Abzweigung
nach **El Haddej**, 3 km.
Der Ort liegt in einer reizvollen Landschaft mit kleinen Schluchten **El Haddej**
und Palmen, es gibt Unmengen von weißen Marabuts und nur
wenige neue Häuser. Kinder laufen sofort auf die Wagen zu und
wollen die Höhlen zeigen. Die in manchen Karten eingezeichnete
Rückfahrtstrecke über die Berge nach Matmata ist nur ein Esels-
pfad und für Pkw nicht möglich.
Auch **Beni Zeltene** hat viele Wohnhöhlen mit unterirdischen Ölmühlen und ist ebenso wie **Ain Tounine** einen Abstecher wert.

29. MATMATA - DOUZ
96 km, davon 84 km Piste.

Die Strecke gehört zum Repertoire der organisierten Landrover-
touren, daher einiger Verkehr. Die erste Strecke bis zur Erdölpiste ist sehr steinig, danach gibt es Wellblech und Sand. Im Frühjahr vereinzelt Nomaden. Matmata soll mit Douz durch eine direkte Asphaltstraße verbunden werden, im Mai 1994 wurde von Douz
aus mit den Bauarbeiten begonnen.

Matmata auf der Asphaltstraße nach Tamezret verlassen.

km 12 **Tamezret**. Dieses nur wenig von Matmata entfernte Dorf **Tamezret**
bietet dennoch einen völlig anderen Anblick. Häuser aus Stein **sehenswertes**
klammern sich eng an den Hang, überkrönt von einer weißen **Bergdorf**
Moschee. Höhlen gibt es nicht. An der Durchgangsstraße ist ein
Artisanat und ein Lebensmittelladen, dort kann man den Wagen
abstellen und durch die engen Gassen zur Moschee hinaufsteigen. Die oberen Häuser werden nicht mehr bewohnt und verfal-

Tamezret

len langsam. Neben der Moschee ist an der höchsten Stelle ein Café, auf dessen Dach man mittels einer Leiter hinaufsteigen kann. Dort erfüllt sich die Bedeutung des Ortsnamens, denn Tamezret heißt „Weite Sicht". Und weit über die Berge geht der Blick, zu Füßen hat man das langsam verfallende Dorf. Im Café wird ein köstlicher Tee mit Mandeln serviert.
Am Ortsausgang ist ein zweites Café mit schönem Blick auf das Dorf, vor der staubigen Piste die letzte Gelegenheit zu einem eisgekühlten Getränk.

Im Ort links nach Douz abbiegen, es folgt nun eine sehr steinige Strecke über die Dahar-Höhen.
km 16 Gabelung, die linke Piste geht zum Bir Soltane, rechts weiter.
km 20 Die steinigen Berge sind überwunden, das Gröbste geschafft. Dafür gibt es nun holperndes Wellblech.
km 30 Die breite Pipelinepiste kreuzt, geradeaus weiter. Nach 500 m folgt auf der linken Seite bei einer verlassenen Arbeitersiedlung aus der Bauzeit der Pipeline ein bunt bemaltes Haus, in

Wüstencafé

dem sich das von einer Berberfamilie betriebene *Wüstencafé Djelili* befindet. Die Dame des Hauses versucht mit Freundlichkeit Touristen in ihr Haus zu locken, bringt ungefragt Tee und etwas zum Essen, verkleidet die Touristen für ein Foto. Das Problem ist das Bezahlen, jeder soll geben, was er denkt. Da wird es schwierig, auch dieses Buch kann nur den Tip geben, vorher zu fragen.

Auf der Hauptpiste folgt bald ein sehr sandiger Abschnitt, den Geländewagen mühelos schaffen, Pkw und Wohnmobile bleiben dagegen leicht stecken. Kurz nach dem Café geht rechts eine Umgehung für den Sand ab. Die folgende Beschreibung bezieht sich auf die Hauptpiste.
km 37 Wasserturm mit Tamariskenwäldchen. Ab hier starke Sandverwehungen auf 5 km.
km 42 Es kreuzen nun mehrere Pisten, immer auf der breiten Hauptspur in Richtung des von weitem zu sehenden Wüstencafés.

Wüstencafé

km 44 *Café Sahara Centre* mit netten Leuten und fairen Preisen. Hier ist eine wichtige Pistenkreuzung. Rechts Kebili, links Ksar Rhilane, geradeaus nach Douz. Von nun an breite Piste mit etwas Wellblech, ab und zu Sand.

km 51 Rechts Brunnen **Bir Ghezene**, danach ist rechts eine Abzweigung nach Kebili. Weiter geradeaus.
km 92 Nach dem Ortsschild Douz an der Gabelung führt die Piste

Camping

immer rechts zum *Camping municipale*, der nach einem weiteren Kilometer erreicht wird.
km 95 **Douz**, siehe Route 22.

30. MATMATA - BENI KHEDDACHE - KSAR HADADA - TATAOUINE

143 km, davon 85 km gute Piste.

Matmata auf der Straße nach Toujane verlassen (siehe Route 28).
km 8 Links zweigt eine Piste nach Toujane ab, geradeaus weiter.
Nach 500 m zweigt rechts eine Piste nach Bir Soltane ab, geradeaus weiter.

km 12 **Techine**. In den dortigen Wohnhöhlen kann man besonders schön die typischen, durchbrochenen Möbel aus mit Lehm
überzogenem Reisig besichtigen. Häufig wird man bei einem Halt
von einem der Bewohner angesprochen, der gegen Entgelt oder
noch lieber gegen ein Geschenk (z. B. Kleidung!) die Wohnräume
der Familie zeigt. Es gibt viele Arbeitslose, die große Familien zu
ernähren haben. Die Leute sind wirklich sehr nett und können die
paar Dinar gut gebrauchen, steigen Sie ruhig einmal aus.

Techine
schöne Wohn-
höhlen

km 15 Rechts auf die Piste nach Zriba, Tounine, gleich darauf
wieder Teerbelag.
km 19 **Zriba**. Teer zu Ende. Die gute Piste führt über ein welliges,
mit Halfagras bewachsenes Hügelland.
km 26 An einer Häusergruppe trifft man auf eine Piste, rechts ab.
km 33 Wegstein, links weiter.
km 36 Gabelung, links weiter.
km 39 Kreuzung, geradeaus Beni Kheddache, rechts Bir Soltane.
km 45 Wegstein, links ab.
km 49 Dorf, rechts ab.
km 57 Am **Bir Zoui**, einem großen Brunnen mit Motorpumpe wird
eine breite Piste erreicht. Rechts geht es nach Ksar Rhilane, links
ab nach Ksar Hallouf und Beni Kheddache.
km 63 Kreuzung beim neuen **Hallouf**. Nach Beni Kheddache
rechts abbiegen. Empfehlenswert ist aber ein Abstecher in den 4
km entfernten alten **Ksar El Hallouf**. Dort auf der Bergeshöhe ist
eine alte, recht gut erhaltene Speicheranlage, die nur selten besucht wird, eine Piste führt hinauf. Von der Höhe schöne Aussicht. Das Dorf besteht nur aus wenigen Häusern mit einem kleinen Lebensmittelladen.

Brunnen

Ksar El Hallouf

km 72 Wieder zurück zu der Kreuzung.
km 76 Kleines Dorf mit Ghorfas.
km 79 Man stößt auf eine Asphaltstraße, rechts ab.
km 81 **Beni Kheddache**. Der langgezogene Ort hat etliche Geschäfte, aber nur ein kleines Restaurant, keine Unterkunft. Alte
Speicherräume am Ortsanfang wurden zu Wohnungen umgebaut.
Durch den Ort, dann rechts auf Asphaltstraße nach Ksar Hadada,
der Teerbelag hört nach 1 km auf. Großenteils gute Piste, nur
stellenweise etwas steinig. Für Pkw möglich.

Beni Kheddache

Ksar Hadada

originelles Ghorfa-Hotel

km 84 Gabelung, links entlang der Stromleitung.

km 88 Links geht eine Piste nach **Kerachfa**, dort ist eine schöne Speicheranlage. Nach Ksar Hadada weiter geradeaus.

km 93 Dorf

km 96 Wegstein, weiter geradeaus.

km 107 **Ksar Hadada**, Beginn der Teerstraße. Direkt an der Einmündung der Piste ist eine alte Ghorfaanlage, die zu einem sehr hübschen *Hotel* umgebaut wurde mit einfachen, aber sauber gekalkten Zimmern mit Toilette und kalter Dusche. Es wird Halbpension mit gutem Couscous für knapp 10 D angeboten. Besonders schön ist die Atmosphäre, es sind meist andere Individualreisende dort, beim Essen sitzen alle an langen Tischen zusammen. Es gibt eine Bar mit Alkoholausschank. Tel. 05 - 869605.

Von der Pisteneinmündung rechts auf die Teerstraße nach Ghomrassen abbiegen.

Ghomrassen

Souk am Freitag

km 113 **Ghomrassen** ist heute ein modernes Marktzentrum mit 11.000 Einwohnern, doch gibt es in den Hügeln hinter dem Ort noch alte Wohngrotten. Sie sind zum großen Teil verfallen, nur wenige sind bewohnt. Auf einer Felsspitze erhebt sich der Marabut des Ortsheiligen *Sidi Arfa*, von dem Hügel bietet sich ein schöner Ausblick.

Am Ortsanfang auf der Straße nach El Ferech weiter, nach 500 m rechts abbiegen nach Guermessa.

Guermessa

km 123 **Guermessa**. Die alten Wohngrotten liegen eng an die Kuppen zweier Hügel geschmiegt mit einer Moschee in der Mitte, ein Serpentinenweg führt hinauf. Viele der Häuser sind noch bewohnt, die Kinder zeigen gegen ein Trinkgeld die noch in Betrieb befindlichen Ölmühlen in den Häusern. Der Ort ist viel weniger besucht als Chenini und Douiret, die Atmosphäre daher friedlicher.

Auf der Teerstraße durch den neuen Ort, dann gute Piste entlang der Telefonleitung.

km 129 Wegstein. Von rechts mündet eine Piste aus Chenini ein, ein Abstecher dorthin ist sehr lohnenswert, wenn es nicht noch bei einer späteren Tour besucht wird. Es folgen nun mehrere Pistenkreuzungen, immer geradeaus.

km 136 Man stößt auf die GP 19, links nach Tataouine, das bei km 143 erreicht wird.

Tataouine

Tataouine ist die Hauptstadt des südlichsten Gouvernorats mit der größten Fläche (38.889 qkm), aber der geringsten Bevölkerungsdichte (2,8 Personen pro qkm). Der erst 1912 von den Franzosen errichtete Verwaltungsmittelpunkt hat heute 34.000 Einwohner. Im 2. Weltkrieg baute Rommels Afrikakorps auf den umliegenden Hügeln Bunker und Stellungen, auch heute gibt es an diesen strategischen Punkten Militärposten.

Tataouine hat selbst keine Sehenswürdigkeiten zu bieten, ist
aber Ausgangsort für die vielen
lohnenden Ausflüge in die Umgebung. Um Tataouine sind viele alte Speicheranlagen, von denen einige noch in Gebrauch
sind, manche leider sehr verfallen. Im Mai wird eine Woche lang
das Festival des Ksour gefeiert
(der Platz ist an der Straße nach
Smar), zu dem nicht nur in der
Stadt viele Veranstaltungen mit
Reiterspielen, Musik und Tanz
geboten werden, sondern auch
in den schönen Dörfern der Umgebung.

Tataouine
Souk Montag und
Donnerstag

Reiter auf dem
Festival des Ksour

Telefonvorwahl: 05

Tataouine

Syndicat d'Initiative, Tel. 860002

Information

*** *Sangho*, Straße nach Chenini, Tel. 860102, Fax 862177.
** *La Gazelle*, Tel. 860009, Fax 862860. Gegenüber Garde
Nationale am Hang. DZ 23 D. Parkplatz.
Medina, im Zentrum, Tel. 860999. Einfach, aber empfehlens-
wert.

Hotels

Der **Busbahnhof** ist in der Straße nach Remada. Außer Verbindungen in die großen Städte (z.B. Gabes, Sfax, Tunis) gibt
es Nahverkehr mit Ghomrassen, Ksar Hadada, Remada. Die
Fahrt nach Chenini, Douiret und den übrigen kleinen Ksour
ist nur mit einem extra gemieteten **Taxi** möglich.

Verkehrsverbindung

Chenini und Douiret, 60 km
Wer nicht ohnehin auf seiner Weiterfahrt diese beiden Orte berührt, sollte unbedingt einen Abstecher dorthin machen, die malerische Lage am Hang ist sehenswert, die Anlage der Dörfer für
diese Region sehr typisch. Durch den Bau einer Teerstraße ist
die Fahrt für Pkw möglich.
Tataouine auf der Straße nach Remada verlassen. Nach 2 km
geht es rechts ab, 500 m hinter der Kreuzung ist das schöne,
neue *Café-Restaurant Mabrouk*, in dem sich Geländewagenfahrer
treffen. Campingmöglichkeit auf der Terrasse. Kurz hinter dem
Café gabelt sich die Straße, links nach Chenini.

Ausflüge zu den
Ksour der Umgebung

Auf der Straße rechts ist nach 6 km das Hotel ** Dikyanous, Tel.
05 - 862143. Mit Piscine, ruhig gelegen. Dann folgt der langgezo-
gene Ort El Ferch mit einer grünen Oase, dessen Ortsteil Ras el

Hotel
Abstecher nach
El Ferch

Abstecher nach El Ferch

*Ain unter dem Namen **Talalati** Teil des römischen Limes war. Noch heute sind Reste der quadratischen Festungsanlage, deren vier Tore von Türmen flankiert waren, erhalten, sie wurde von Hundertschaften der 3. Legion Augustus Ende des 3. Jh. erbaut. Eine arabische Legende berichtet, daß die Garnison von einem römischen Offizier namens Decianus kommandiert wurde, daraus wurde im Arabischen Dikyanous, woraus sich der Name des obigen Hotels ableitet. Nach 2 km ist rechts am Straßenrand ein großer, erst 1911 erbauter Ksar. Sehr weitläufig, einige wenige Räume werden noch genutzt. Viele Decken sind verziert mit Abdrücken von Händen und Füßen. Der Raum unter der Kuppel war eine Ölmühle. Vor den Ghorfas ist der Marabut Sidi Abd El Kader. Auf der gegenüberliegenden Straßenseite verlassenes Dorf. Dort schöne Ölmühle, die noch benutzt wird.*

Chenini sehenswertes Bergdorf

Nach 18 km ist das am meisten besuchte Bergdorf **Chenini** erreicht. Eine Piste führt den Hang hinauf zu einer Moschee mit sieben Kuppeln und den Gräbern von sieben Dorfheiligen. Noch etwas weiter ist ein Parkplatz, von dort geht ein Fußweg zum Dorf, dessen erdfarbene Ghorfas sich eng an die Hügelspitze klammern und von einer weißgekalkten Moschee überragt werden. Das alte Chenini ist noch bewohnt, noch sind nicht alle Familien in moderne Betonhäuser gezogen. Die Kinder fragen lautstark nach Geld und Bonbons, ein Bummel ist nicht sehr geruhsam. Am Ortsausgang ist das *Relais Chenini*, auf dessen Vorplatz während des Festivals im Mai Musikgruppen spielen. Das Restaurant ist bekannt für seinen guten Couscous.

Weiter auf der Teerstraße, die bald in Piste übergeht. An dieser Strecke gibt es wunderschöne Rastplätze, die von Wohnmobilfahrern gerne zur Übernachtung genutzt werden. Aber es soll dort Schakale geben. Nach 6 km folgen kurz hintereinander zwei Gabelungen, jeweils links weiter. Bei km 16 ab Chenini zweigt rechts die Piste nach Ksar Rhilane ab. Nach Douiret jedoch geradeaus. Das Dorf wird nach weiteren 5 km erreicht.

Douiret

Douiret ist anders als Chenini kaum noch bewohnt, die Ghorfas auf der Bergspitze sehr verfallen. Ich hatte das Glück, daß sich zwei junge Burschen anboten, mir das alte Dorf zu zeigen, was aber eine irre Kraxelei auf steinigem, steilem Hang ohne jeden gebahnten Weg bedeutete. Mein Wunsch zur vorzeitigen Rückkehr wurde abgelehnt, nein, ich müsse doch die herrliche Aussicht noch genießen und überhaupt alles sehen, auch das Kamel in der Ölmühle, das sich jede Woche mit einem Kollegen abwechselt. Den Angstschweiß ob des schwierigen Weges nahmen sie nicht zur Kenntnis und eine Belohnung verlangten sie nicht. Man merkt, daß Douiret nicht so sehr von Touristen überschwemmt ist wie Chenini, die wenigen Bewohner sind bedeutend netter.

Eine Teerstraße führt in 20 km zurück nach Tataouine.

Ksar Ouled Debbab liegt bei km 9 an der Straße nach Remada. Hinter dem neuen Ort geht links eine Teerstraße zu den Speicherbauten. Diese größte Ghorfaanlage ist leider völlig zerfallen, von dem einstigen Hotel ist kaum noch etwas übrig. Die Dorfkinder betteln nach Geld und Kulis.

Ausflug nach Ksar Ouled Debbab

31. RUNDFAHRT ZU DEN KSOUR DER UMGEBUNG

Tataouine - Ksar Ouled Soltane - Djelidat - Tataouine

67 km, darunter 5 km gute Piste, für Pkw möglich.

Tataouine auf der Straße nach Remada verlassen, am Ortsausgang links abbiegen nach **Beni Barka**, das schon hoch oben auf einer Bergspitze sichtbar ist. Nach 2 km geht rechts eine Piste zu dem verfallenen Speicherdorf aus dem 14. Jh. ab, in dem keine Menschen mehr leben, das aber eine wunderschöne Aussicht über die weite Ebene bietet. Das letzte Stück der Piste ist etwas schwierig, aber man kann den Wagen stehen lassen und einige Meter zu Fuß gehen.

Beni Barka

Wieder zurück auf der Teerstraße biegt 4 km nach Beni Barka rechts am Wegweiser eine Piste zu drei verschiedenen Ksour ab, ein sehr lohnender Abstecher. Der guten Piste folgen. Nach 1500 m links der sehr zerfallene **Ksar Ouled Oune**. Nach 2,5 km folgt der **Ksar Aoidid**. Ein kleiner, aber bildschöner Ksar mit kleinen Kammern und Nischen, an den Wänden sind Zeichnungen, Hand- und Fußabdrücke. Die Anlage wurde 1993 renoviert.
Nach 3,5 km folgt **El Khadim**. Dieser Ksar ist sehr alt und schon ziemlich verfallen. Die Speicher wurden in zwei Schichten angelegt, die untere Etage ist die ältere. Die Decken sind noch mehr als in Aoidid mit Mustern versehen. In den Steinboden wurden Spiele eingeritzt. Der letzte Ksar folgt bei km 4,5. **Daghagra** hat bis zu drei Etagen, runde Vertiefungen im Boden dienten zum Spielen. Unterhalb des Komplexes steht ein nicht mehr bewohntes Haus mit kuppelüberdeckter Ölmühle, daneben Moschee.

Von hier geht eine Piste den Berg hinunter direkt ins 1 km entfernte **Maztouria**. Nach weiteren 6 km folgt **Tamelest**, 2 km danach Gabelung. Links geht es Richtung Remada und Remtha, rechts weiter. Nach 3 km ist **Ksar Ouled Soltane** erreicht. In meinen Augen handelt es sich um die schönste und besterhaltene Ghorfaanlage, die von Reisegruppen glücklicherweise noch nicht überschwemmt wird. Dadurch gibt es nur nette Bewohner, niemand will sich als Führer verdingen, eher lädt man die Fremden zu einem Tee ein. Die Speicherräume werden noch genutzt: Getreidevorräte, Oliven, Schafe, alles findet in den Kammern des bis zu vier Stockwerke hohen Ksar Platz. Der Ksar wurde zum

Ksar Ouled Soltane, eine der schönsten Ghorfas

großen Teil renoviert und neu verputzt, im März wird dort ein Fest gefeiert.

Der Asphaltstraße folgen. Nach 3,5 km, noch vor Ende des Asphalt, geht hinter der kleinen Siedlung links eine gute Piste ab. Nach 5 km mündet andere Piste ein, weiter geradeaus. Nach 8 km folgt der bewohnte **Ksar Zarra**. Ab hier Asphaltstraße. Auch **Djelidat** nach 11 km hat im Zentrum zwei teilweise restaurierte Ghorfakomplexe. Nach 20 km wird **Tataouine** wieder erreicht.

32. TATAOUINE - KSAR RHILANE

96 km Piste.

Da auf dieser Strecke durch einsame Landschaft wenig Verkehr herrscht, eignet sie sich nicht für Pkw, nur für erprobte Pistenfahrer. Für diese bietet sich aber ein großartiges Wüstenerlebnis. Vor Abfahrt Proviant und Trinkwasser für das Wüstencamp besorgen und an genügend Treibstoff für die Weiterfahrt denken.

Tataouine auf der Straße nach Remada verlassen.
km 9 **Ksar Ouled Debbab**, am Ortsanfang rechts abbiegen auf Teerstraße nach Douiret.
km 21 **Neu-Douiret**, der Teerstraße durch das Dorf folgen, dann auf Piste nach Westen.
km 26 Wegstein. Rechts Chenini, geradeaus nach Ksar Rhilane. Die Piste ist zunächst recht gut, einsame Landschaft, im Frühjahr vereinzelt Nomadenzelte.
km 31 Gabelung ohne Wegstein, linke Piste.
km 42 Gabelung, geradeaus.
km 47 Wegstein, links abbiegen.
km 61 Auf einige Kilometer sehr sandige Passage, schwierig für Pkw.
km 64 Die Piste wird sehr breit, mehrere Parallelspuren.
km 75 Sehr holprig, Wellblech, Sandverwehungen.
km 80 Die Pipelinepiste kreuzt, geradeaus weiter. Viele Sandverwehungen.
km 92 *Monument Leclerc*, geradeaus an den Hütten vorbei. Dieser Obelisk soll an einen Wüstenmarsch des General Leclerc im Jahr 1943 erinnern, die Tafel wurde nach der Unabhängigkeit herausgerissen.
km 93 Blechschild „**Ksar Rhilane**" nach links. Dorthin kommt man in das neue, nicht so schöne Camp. Rechts ab liegt nach 3 km das alte Camp mit dem von einer heißen Thermalquelle gespeisten See, siehe Route 26.

33. KSAR RHILANE - MATMATA

95 km überwiegend Piste, für Pkw nicht empfohlen.

Das Camp in nach Nordosten vorbei am Monument Leclerc verlassen. Nach 16 km an der Pipelinepiste nach Norden abbiegen. So schön breit und schnell sie stellenweise ist, gibt es doch tückische Querrillen, Sandverwehungen und viel Wellblech, die bei hoher Geschwindigkeit zu einem Achsenbruch führen können. Auf der linken Seite zieht sich noch für viele Kilometer der Erg hin.

km 58 Am Pistenrand ein Café. Links geht ein Weg zu dem in der Ferne sichtbaren Brunnen **Bir Soltane** mit dem besten Wasser der ganzen Gegend. Ein Wächter füllt den Kanister mit Hilfe einer Motorpumpe gegen ein kleines Trinkgeld. In der Nähe ist ein Militärcamp. **Brunnen Bir Soltane**

Rechts biegt eine Piste nach Beni Kheddache ab, die Piste nach Matmata zweigt erst 1 km später rechts ab, an der Kreuzung ist ein winziges Café in einer Strohhütte.

km 65 Durchquerung des Oued Smertene.

km 79 Es geht nun durch das Tal des Oued El Labess.

km 82 Die Piste steigt auf das Hochland an, ca. 500 m. Vereinzelt Mandelbäume.

km 97 Teerstraße. Links liegt nach 1 km Chaabet Smaala, rechts weiter. Nach 500 m geht rechts eine Lehmpiste nach Techine ab, bei Regen nicht befahrbar.

km 98 Teerstraße in Techine.

km 110 Militärcamp auf einem Hügel vor **Matmata**. Vorsicht, der Posten achtet genau darauf, daß man nicht sein „heiliges Fort" fotografiert.

34. BENI KHEDDACHE - KSAR RHILANE

85 km Piste, für Pkw nicht empfohlen.

Beni Kheddache auf der Asphaltstraße nach Ksar Hallouf verlassen, es geht an der Post vorbei den Berg hoch.

km 2 An einem Wegstein links auf Piste abbiegen.

km 9 Links weiter, rechts geht es nach Ksar Hallouf. Weiter auf sehr breiter Trasse.

km 16 **Bir Zoui**, geradeaus weiter.

km 23 Gabelung, links weiter.

km 30 Gabelung mit Wegweiser, links nach Ksar Rhilane.

km 41 und km 47 Gabelung, rechts weiter.

km 51 Brunnen.

km 67 Man kreuzt die Erdölpiste, links ab.

km 69 Rechts geht eine rot gekennzeichnete Piste nach Ksar Rhilane. Bleibt man auf der Erdölpiste, zweigen noch mehrere Spuren ins Camp ab.

km 85 **Ksar Rhilane**, siehe Route 26.

WEITERFAHRT IN DEN SÜDEN

Eine Fahrt in den tunesischen Süden lohnt sich nur für absolute Sahara- und Einsamkeitsfreaks, gute Tips für lohnenswerte Ziele, wie Fundorte von versteinertem Holz, Fossilien, Pfeilspitzen oder die schönsten Dünengebiete, - und Führer - sind in Douz in der Boutique von Ahmed zu bekommen (siehe unter Douz). Wasserreserven, ausreichend Treibstoff und Autoersatzteile sind mitzunehmen, es gibt keinerlei Infrastruktur. Die dort befindlichen Orte sind reine Militärsiedlungen ohne Versorgungs- und Übernachtungsmöglichkeiten. Alle Grenzübergänge südlich von Hazoua, Ben Guerdane und Dehibat sind gesperrt.

Die Straße von Tataouine bis Remada ist frei befahrbar, jede weitere Strecke darüber hinaus in Südtunesien ist für den Tourismus gesperrt. Es ist jedoch für gut ausgerüstete Fahrzeuge möglich, eine Ausnahmegenehmigung vom Gouverneur in Tataouine zu bekommen, sie wird meist nur an Konvois von mindestens zwei Fahrzeugen erteilt. Dazu drei Wochen vor Fahrtantritt einen schriftlichen Antrag in Französisch an das Gouvernorat schicken mit folgenden Angaben:

- gewünschte Route
- Datum der Einreise ins Sperrgebiet
- Namen aller Teilnehmer mit Paßnummer
- Art des Fahrzeuges und amtliches Kennzeichen

Anschrift: Gouvernorat Tataouine, 3200 Tataouine, Tunisie. Tel. 05 - 860352.

Die Erlaubnis ist dann persönlich im Gouvernorat von Tataouine abzuholen (einige Kilometer außerhalb an der Straße nach Medenine), geöffnet Mo. - Fr. 8.30 - 13, 15 - 18 Uhr. Mit diesem Papier nach Remada zur Militärbehörde in der Kaserne, dort bekommt man einen Stempel.

Remada
Sonntag Souk

Remada war bereits im ersten nachchristlichen Jahrhundert unter dem Namen *Tillibari* wichtiger Vorposten gegen Einfälle räuberischer Beduinen und gehörte zum Limes Tripolitanus. Die Franzosen bildeten einen Militärstützpunkt, der 1916 von libyschen Rebellen angegriffen wurde, etliche Soldaten kamen ums Leben.

Heute ist Remada mit 3.500 Einwohnern fest in der Hand des tunesischen Militärs und nicht gerade eine Touristenmetropole. In der Kaserne hinter dem Märtyrerdenkmal erhält man den Stempel auf der Genehmigung zur Weiterreise. Es gibt kein Hotel, aber Bank, Tankstelle und einige Läden.

PRAKTISCHE UND NÜTZLICHE INFORMATIONEN

AUSKÜNFTE

Fremdenverkehrsamt Tunesien
Deutschland   40210 Düsseldorf 1, Steinstr. 23, Tel. (0211) 84218, Fax 322773
              60329 Frankfurt am Main 1, Am Hauptbahnhof 6, Tel. (069) 231891,
              Fax 232168
              10707 Berlin, Kurfürstendamm 171, Tel. (030) 8850457
Schweiz   8001 Zürich, Bahnhofstr. 69, Tel. (01) 2114830, Fax 2121353
Österreich   1010 Wien, Landesgerichtstr. 22, Tel. (01) 4083944, Fax 408396018
Tunesien   Office National du Tourisme Tunesien (ONTT), 1, Av. Mohammed V,
              1001 Tunis, Tel. (01) 341077, Fax 350997. Büros in allen bedeutsa-
              men Orten, die Anschriften sind bei den Ortsbeschreibungen zu fin-
              den.

AUSRÜSTUNG

- Ausrüstungsfirmen
Bannat Globetrotter- u. Expeditionsausrüstungen, Lietzenburgerstr. 65, 10719 Berlin,
Tel. 030 8827601.
Därr Expeditionsservice, Theresienstr. 66, 80333 München, Tel. 089 282032, Fax
282525.
Denart & Lechart, Wiesendamm 1, 22305 Hamburg, Tel. 040 291223, Fax 2992380.
Globetrott-Zentrale Tesch, Karlsgraben 29, 52064 Aachen, Tel. 0241 33636, Fax 39494.
Lauche & Maas, Alte Allee 28, 81245 München, Tel. 089 880705, Fax 831288.
Outdoor & Offroad Service Pfeilschiffer, Rektor-Thar-Str. 1, 50374 Erftstadt, Tel. 02235
86327.
Pritz Globetrotter-Ausrüstungen, Schmiedgasse 17-19, 94032 Passau, Tel. 0851 36220.
Sahara Spezial, Bahnhofstr. 65, 35390 Gießen, Tel. 0641 74774.
Sport-Berger, Münchner Str. 88-90, 85757 Karlsfeld-Rothschwaige, Tel. 08131 90070.
Süd-West, Postfach 3680, 89026 Ulm, Tel. 0731 17070, Fax 17090.
Bernd Woick, Plieninger Str. 21, 70794 Filderstadt-Bernhausen, Tel. 0711 7096700,
Fax 7096770.

- Fahrzeugausrüstung

Reservekanister (für Tunesien genügt eine Kapazität für 400 - 500 km)	Sicherungen
	Abschleppseil (20 m)
Motoröl, Ölfilter	(Sand-) Schaufel (Sandbleche sind nur
Kraftstoff-, Luftfilter	bei Querfeldeinfahrten in den südlichen
Keilriemen	Dünengebieten erforderlich)
für Benziner: Zündkerzen	Autokompaß (kompensierbar)
Reifenflickzeug	Wasserkanister
Ersatzschläuche	Eisenstange zur Verlängerung des Rad-
Luftpumpe bzw. Kompressor	schlüssels
Starthilfekabel	Batteriewasser, bei Hitze große Verdun-
Glühbirnen	stung.

- Reisekleidung

Für die Sommersaison Juni - September eignet sich am besten leichte, locker sitzende Baumwollkleidung, evtl. ein Sonnenhut und eine Wolljacke für kühle Abende. Im Frühjahr und Herbst gibt es kühle und regnerische Tage, die wärmere Kleidung erfordern. Und für die Wintermonate November bis Februar ist eine Daunenjacke selbst im Süden angebracht, nach Sonnenuntergang kann es empfindlich kalt werden. Wohnungen und einfache Hotels sind nicht geheizt, so daß warme Kleidung und ein Schlafsack notwendig werden können. Bei Schuhen (sowohl feste als auch Sandalen) darauf achten, daß sie sich leicht ausziehen lassen, da bei Eintritt in Wohnungen die Schuhe vor der Tür bleiben. Selbst in größeren Hotels dominiert sportlich legeres Outfit.

Knappe, weitausgeschnittene Kleidung ist nach islamischen Moralbegriffen überaus anstößig. Eine Frau, die mit knappen Shorts und winzigem Top einen Stadtbummel unternimmt, braucht sich über Pokneifen oder unzweideutige Anreden nicht zu wundern. Bewohner einer modernen, weltoffenen Stadt wie Tunis oder eines touristengewöhnten Ortes wie Hammamet zeigen da natürlich mehr Toleranz als Dorfbewohner oder die einer heiligen Stadt wie Kairouan, in der selbst Männer mit ein bißchen Einfühlungsvermögen nicht mit nackten Beinen laufen sollten. Der Koran verbietet Männern wie Frauen, ihre nackte Haut zu zeigen, doch in den letzten Jahren beginnen sich im heißen Sommer auch bei Männern Shorts durchzusetzen. Um bei Pistenfahrten luftig angezogen sein zu können, kann man eine leichte Djellabah griffbereit haben und beim Aussteigen überziehen.

Am Hotelpool ist Oben-Ohne meistens erlaubt, am Strand dagegen sollte man etwas mehr bekleidet sein. Und vor allem nicht barbusig Sport treiben. Ein großer Zuschauerkreis ist sonst gewiß.

- sonstige Ausrüstung

Reisepaß

Für Autofahrer: Führerschein, Kfz-Schein, grüne Versicherungskarte (rechtzeitig vor der Reise Gültigkeitsbereich und -dauer überprüfen!), Ersatzschlüssel

Euro- bzw. Reiseschecks, EC-Karte, Kreditkarte (evtl. mit Geheimnummer)

Karten, Kompaß, Reiseführer, Wörterbuch

Geld- und Hüftgürtel

gute Sonnenbrille, evtl. Ersatzbrille

Sonnencreme

Lippenpomade (gegen Austrocknung)

Waschzeug, Haarspülung (gegen Austrocknung)

Insektenvertilgungsmittel, Mückenabwehrspray

Wäscheleine, Klammern (die tunesischen Waschmittel sind für Kaltwäsche besser als unsere Erzeugnisse geeignet)

Schreibzeug, Kulis für Kinder

Nähzeug, Schere

Taschenmesser

Dosenöffner

Klopapier (feuchte Klopapiertüchlein eignen sich vorzüglich für Reinigungen aller Art, z.B. Autoscheiben, Brillengläser, Hände)

Zelt, Liegematte

Schlafsack (auch für Übernachtungen in einfachen Hotels empfehlenswert)

Kopfkissen (in Hotels gibt es oft äußerst harte Kissen)

Wasserkessel, Kocher
Fernglas (zum Suchen von verlorenen Pisten)
Fotoapparat, Filme, Ersatzbatterien
Wecker
Campingaxt (für Feuerholz)
Plastik- oder Falteimer
Thermosflasche
Taschenlampe
Kerzen, Feuerzeug
Reiseapotheke (siehe „Gesundheit")
Rettungsdecke

Tip: Eine mit angefeuchtetem Stoff umhüllte große Plastikflasche hält das Trinkwasser kühl.

AUTOFAHREN IN TUNESIEN

- Straßennetz

Nur wenige Touristen reisen mit dem eigenen Wagen nach Tunesien. Dabei ist die Anreise - über Genua - wesentlich kürzer als z.B. nach Südspanien, das Land hat ein gutes Straßennetz und der Treibstoff ist billig. Bis auf die Großstädte Tunis, Sousse und Sfax herrscht kaum Verkehr, Parkplatzsorgen sind unbekannt. Eine Autobahn gibt es nur zwischen Tunis und Sousse/M'Saken, die Verlängerung bis Sfax ist geplant.

tunesischer Straßenverkehr

Die gut ausgebauten Hauptverbindungen sind eingeteilt in Grand Parcours (GP) und Moyen Communication (MC), aber auch die unbezeichneten Nebenstraßen haben meistens Teerbelag. Einige der Asphaltstraßen im Landesinnern sind nur einspurig, bei Gegenverkehr muß auf den unbefestigten Randstreifen ausgewichen werden. Im Süden gibt es statt Brücken betonierte Furten, die bei starken Regenfällen ebenso wie die zahlreichen Pisten einige Tage unpassierbar sein können.

Das Gebiet südlich von Tataouine ist nur mit einer Sondererlaubnis befahrbar, siehe unter „Weiterreise in den Süden", Seite 240. Wichtige Kreuzungen sind häufig von Polizeikontrollen besetzt, die aber Touristen, außer in Grenzbereichen, meistens nicht anhalten und bei kleinen Verkehrsverstößen nur freundlich auf den Fehler aufmerksam machen. Nicht zu schnell auf den Posten zufahren und auf Zeichen achten.

Die Hauptstraße einer jeden tunesischen Stadt heißt Avenue Habib Bourguiba. Im Adressenteil wird sie daher zur Vereinfachung mit Av. H.B. abgekürzt.

- Verkehrsregeln

Es gelten die gleichen Verkehrsregeln wie in Europa. Höchstgeschwindigkeit auf Landstraßen 90 km/h, in Orten 40 km/h. An Asphaltstraßen gute Beschilderung in Arabisch und Französisch, auch an den gängigen Pisten gibt es Wegweiser. Es besteht Anschnallpflicht. Nachtfahrten möglichst vermeiden. Menschen und Tiere sind auch nachts unterwegs, Radfahrer und Fuhrwerke haben meistens keine Beleuchtung, weidende

243

Tiere können sich die Straße als Schlafplatz aussuchen, gefährliche Abschnitte auf Pisten sind nicht rechtzeitig zu erkennen. Besondere Vorsicht ist im Ortsbereich geboten, da Menschen und Tiere oft nicht auf den Verkehr achten.

- Kraftstoff

Bleifreies Benzin gibt es nur an wenigen Stationen. Die Tankstellen liegen auf Asphaltstraßen ziemlich dicht beieinander (mind. 50 - 100 km), so daß große Kraftstoffreserven nicht notwendig sind. Dennoch immer rechtzeitig nachfüllen. Auf Pisten ist das Tankstellennetz nicht so dicht, doch gibt es kaum eine Strecke über 200 km ohne Station. Um ein eventuelles Verirren oder höheren Treibstoffverbrauch auf sandigen Passagen einzukalkieren, ist mindestens ein Vorrat für die doppelte Distanz notwendig. Es ist zweckmäßig, einen Ölvorrat für Ölwechsel mitzunehmen, da die Qualität des tunesischen Öls unserer nicht entspricht.
Einheitspreise (5/94): Normal 530 M, Super 570 M, Diesel 310 M.

- Mietwagen

Ein Fahrer muß mindestens 21 Jahre alt sein und den nationalen Führerschein vorlegen. Bei Zahlung bereits zu Hause oder mit einer Kreditkarte entfällt die Kaution. In allen Städten mit Flughafen und in den Tourismuszentren sind Mietwagenagenturen. Neben den internationalen Firmen Avis, Hertz und Europcar gibt es zahlreiche lokale Anbieter, die meist günstigere Preise haben. Ein Wagen der billigsten Klasse kostet pro Tag 15 - 26 D, dazu kommen ca. 250 M pro Kilometer und 17% Steuern. Für einen Tagesausflug ist es meist billiger, ein Taxi zu mieten. Günstiger für größere Touren sind die 3-Tages- oder Wochentarife mit unbegrenzter Kilometerpauschale. Drei Tage in der niedrigsten Klasse kosten alles inklusive ca. 175 - 245 D, eine Woche 360 - 510 D. Das Fahrzeug kann bereits zu Hause gebucht werden, der Veranstalter ITS z.B. bietet einen Kleinwagen von Europcar einschließlich aller Nebenkosten mit unbegrenzten Kilometern für 728,- DM (1994) pro Woche an.
Pistenfahrten sind mit Mietwagen nicht zu empfehlen und oft auch nicht erlaubt. Vor der Abfahrt den Wagenzustand prüfen (Reifen, Reserverad, Wagenheber, Ölstand, Kühlwasser).

- Eigenes Fahrzeug

Der eigene Pkw lohnt sich wegen der teuren und - im Gegensatz zum Flug stressigen - Anreise mit der Fähre nur für längere Aufenthalte. Katalysator-Benziner bekommen nicht überall bleifreien Treibstoff, doch kann der Kat zu Hause ausgebaut werden. Wohnmobile sieht man selten; sie müssen sich hauptsächlich an Asphaltstraßen halten, sind aber für die herrliche Landschaft Mitteltunesiens ideal geeignet. Erst mit Geländewagen bzw. -motorrädern kann die ganze Schönheit des Landes auf steinigen Bergstrecken oder sandigen Wüstenpisten erschlossen werden.

- Autoreparatur

Markenvertretungen gibt es außer von einigen wenigen französischen Firmen im Hinterland nicht, nur in Tunis sind Ersatzteile fast aller Automarken erhältlich. Eine gute Einkaufsmöglichkeit sind die libyschen Basare in einigen Städten, z.B. in Ben Guerdane und Sfax. Dort werden Autoteile günstig verkauft. Im übrigen Land gibt es aber, selbst in kleinen Ortschaften, ausreichend Werkstätten, deren Mechaniker gewohnt sind, für die meisten Probleme am Fahrzeug eine Lösung ohne das entsprechende Teil zu finden, improvisieren wird großgeschrieben. Da nahezu alle Werkstätten von solch

findigen Praktikern geleitet werden, ist der Hinweis auf eine bestimmte unnötig. Neben den „mecanisien" gibt es zahlreiche Reifenreparaturdienste, die den Reifen in kurzer Zeit für 2 - 3 Dinar flicken.
Ist es notwendig, Ersatzteile aus dem Ausland einfliegen zu lassen, müssen sie in Devisen bezahlt werden.

- Unfall
Bei jedem Unfall sollte man die Polizei hinzuziehen und reichlich Fotos von der Unfallstelle machen. Nichts unterschreiben, das Sie nicht verstehen. In den großen Städten gibt es einen Polizeinotruf unter der Nummer 197.

- Wüstenpisten
Richtig schön wird eine Reise durch Tunesien erst auf Pistenstrecken. Der tunesische Staat hat in den letzten Jahren mit viel Mühe die für Touristen wichtigen Strecken markiert. Dennoch ist eine gewisse Übung und Erfahrung zum Pistenfahren notwendig. Tunesien ist ein ideales Land, sich diese Erfahrung zu erwerben, das Wüstengebiet ist im Vergleich zu Algerien recht klein. Neulinge sollten sich beim erstenmal besser einem Führer anvertrauen und später mit einer leichten Piste anhand einer Routenbeschreibung beginnen. Gutes Kartenmaterial und ein kompensierbarer Kompaß sind Voraussetzung. Doch dann bietet eine Pistenfahrt ein besonderes Erlebnis, eine Herausforderung an den Fahrer. Niemals wird eine Asphaltstraße den gleichen Einklang zwischen Mensch und Natur bieten wie die Piste. Die - wenigen - Anwohner sind meistens sehr nett und hilfsbereit, da nicht allzuviele Touristen vorbeikommen. Und mit entgegenkommenden Fahrern hält man meistens ein kleines Schwätzchen und fragt nach der Strecke. Doch einige Regeln gilt es zu beherzigen:

- Immer genug Proviant und Wasser für einige Tage mitnehmen, selbst wenn man die geplante Strecke ohne Probleme am selben Tag schaffen kann. Eine Panne oder ein Sandsturm können zu einem unvorhergesehenen Aufenthalt führen, mit genügend Vorräten kann in Ruhe die Ankunft eines Helfers abgewartet werden.
- Treibstoffvorrat für mindestens die doppelte Distanz und nachtanken, wenn sich die Gelegenheit bietet, auch wenn der Tank noch halb voll ist.
- Mit dem Kompaß ab und zu die Fahrtrichtung überprüfen, im Zweifelsfall häufig bei der Dorfbevölkerung nachfragen. Bei Sprachproblemen z.B.: Douz? Man wird die Richtung mit einer Handbewegung anzeigen.
- Bei Sandsturm bzw. Regen keine Pistenfahrt antreten.
- Vor Fahrtantritt bei Polizeiposten oder Tankstellen nach der Passierbarkeit fragen. Selbst bei strahlendem Sonnenschein können Pisten weggerissen sein.
- Sandige Passagen sehr hochtourig im 1. Gang fahren, nicht schalten, evtl. etwas Luft ablassen (nur falls Luftpumpe vorhanden).
- Wasserläufe, durch die erkennbar in den letzten Tagen kein Fahrzeug gefahren ist, zunächst zu Fuß durchwaten. Tückisch sind große Felsbrocken unter der Wasseroberfläche und schlammiger Untergrund.
- Bei plötzlichem Sandsturm den Wagen mit dem Motor zur windabgewandten Seite stellen und abwarten, bis Sicht wieder frei ist.
- Luftfilter häufig reinigen, besonders nach einem Sandsturm.
- Nicht abseits der Pisten fahren.
- Bei langen, wenig befahrenen Strecken im Konvoi fahren. Kontakt zu anderen Geländewagenfahrern läßt sich leicht auf Campingplätzen herstellen, z.B. Ksar Rhilane.

Es wurde versucht, bei den Routenbeschreibungen jeweils Empfehlungen zu geben, ob eine Piste noch für einen Pkw passierbar ist oder nicht. Doch ist diese Einschätzung eine sehr persönliche Angelegenheit. Der eine setzt seinen Wagen, vor allem wenn es ein Mietwagen ist, jeder Belastung aus, der andere möchte seinen Pkw lieber schonen. Generell ist weniger der Vierradantrieb wichtig, sondern die Bodenfreiheit. Und eine Wellblechpiste (so genannt wegen der tückischen Querrillen) schüttelt Fahrzeug und Insassen schrecklich durch, da gilt es bei einem für Asphaltstraßen gebauten Pkw nachher erstmal Schrauben nachziehen.

- Navigationshilfen

Ein kompensierbarer *Autokompaß* gehört auf jeden Fall zur Ausstattung, er ist bei Ausrüstungsfirmen ab etwa DM 50,- erhältlich. Nicht nur zur Orientierung auf Pisten, sondern auch im Gewühl der Großstadt eine wertvolle Hilfe, die richtige Ausfallstraße zu finden. Nicht immer sind die Straßen gut beschildert.

Eine weitaus bessere Orientierungshilfe ist der *Bosch-Car-Pilot*, der nicht mehr hergestellt wird, doch mit etwas Glück noch gebraucht zu finden ist. Neben einem elektronischen Kompaß, der mit Hilfe eines Sensors exakt die Nordrichtung anzeigt, gibt es ein Display, in das man die Entfernung und die Gradzahl des Ausgangs- zum Zielpunkt eingibt. Laufend werden nun über die Tachowelle und den Sensor die Zielrichtung und die Entfernung in km-Luftlinie angegeben. Eine gute Hilfe zum Finden von Pisten, die in den Karten eingezeichnet sind. Eine Bestimmung des Standortes ist allerdings nicht möglich.

Wesentlich komfortabler ist ein *Satelliten-Navigationsgerät*, das inzwischen schon ab 1.200 DM zu haben ist. In Sekundenschnelle wird mit Hilfe von 24 um den Erdball kreisenden Satelliten der exakte Standort mit Höhe angegeben. Neuere Modelle ermöglichen die Speicherung eines Routenplanes und die Anzeige des Fahrtzieles. So ist die Orientierung auch bei Querfeldeinfahrten ohne Probleme möglich. Die Gefahr bei solchen elektronischen Orientierungshilfen besteht jedoch darin, daß sich der Fahrer hundertprozentig darauf verläßt und bei Ausfall völlig verloren ist. Es ist daher wichtig, die Route daneben mit herkömmlichen Mitteln zu verfolgen.

- Auf der Piste verirrt

Wichtig ist, Ruhe zu bewahren! Mit genügend Vorräten gibt es keinen Grund zur Panik. In der relativ kleinen tunesischen Sahara führt jede Piste irgendwann zu Menschen, spätestens nach 50 km findet man eine Ansiedlung. Wenn die Einheimischen evtl. keine Fremdsprache sprechen, so tun es sicher die Lehrer der Dorfschulen. Dort kann man entweder den Weg erklären oder einen Führer besorgen. Den Preis aber vorher aushandeln! Fragen immer so stellen, daß nicht nur ein ja oder nein möglich ist. Ein Araber wird nämlich aus Höflichkeit niemals nein sagen.

- Panne in der Wüste

Wenn das Fahrzeug nicht mehr fahrbereit ist und Sie nicht sicher sind, eine Ansiedlung zu Fuß erreichen zu können, bleiben Sie beim Fahrzeug, es ist leichter zu finden als ein Mensch. Irgendwann kommt in diesem im Vergleich zur algerischen Wüste dicht besiedelten Gebiet doch jemand vorbei, der helfen kann, den nächsten Ort zu erreichen. Dort gibt es entweder einen Mechaniker oder eine Fahrgelegenheit zu einem größeren Ort mit Werkstatt. Den Wagen aber möglichst nicht ohne Aufsicht (evtl. des Helfers) zurück lassen.

BETTELKINDER

Oft grüßen Kinder mit strahlendem Lächeln „Bonjour, messjö". Sobald man darauf antwortet, kommt wie aus der Pistole geschossen die Bitte nach Geld, Bonbons oder Kugelschreiber (Stylo). Abgesehen davon, daß man eine Lastwagenladung voll bräuchte, um alle Kinder zu befriedigen, soll man keinesfalls Geld ohne Gegenleistung geben. Auf diese Weise lernen sie sonst, daß man so sehr leicht und viel mehr Geld verdienen kann, als z.b. ihr Vater in harter Arbeit, und vernachlässigen den Schulbesuch. Zum Vergleich: Ein Landarbeiter verdient pro Tag nur 3 - 5 Dinar. Sinnvoll ist es aber, einige kleine Spielsachen mitzunehmen und den Kindern zu schenken, in deren Familie man eingeladen wird, die Freude ist groß.

Arbeitsunfähigen Bettlern und Blinden, die häufig vor Moscheen stehen, kann man dagegen genau wie die Einheimischen einige Millimes geben. Das Almosengeben ist einer der Grundpfeiler des Islam.

BOTSCHAFTEN; KONSULATE

Botschaften in Tunesien:
D: 1, Rue El Hamra, 1002 Tunis-Mutuelleville, Tel. (01) 786455, Fax 788242
A: 17, Av. de France, Tunis, Tel. (01) 249520
CH: 12, Rue El Chenkiti, 1002 Tunis-Mutuelleville, Tel. (01) 281917

Botschaft der Tunesischen Republik in:
- D: Godesberger Allee 103, 53175 Bonn, Tel. (0228) 376981, Fax 374223
-- Generalkonsulat: Esplanade 12, 13187 Berlin, Tel. (030) 4722064
-- Konsulat: Graf-Adolf-Platz 7-8, 40213 Düsseldorf, Tel. (0211) 371007-09, Fax 7304005
-- Konsulat: Overbeckstr. 19, 22085 Hamburg, Tel. (040) 2201756, Fax 2279786
-- Konsulat: Adamstr. 4, 80636 München, Tel. (089) 180012, Fax 183811
- A: Ghaegastr. 3/4, 1030 Wien, Tel. (01) 786552, Fax 787341
- CH: Kirchfeldstr. 63, 3006 Bern, Tel. (031) 448226, Fax 430445

BRUNNEN

In den wasserarmen südlichen Regionen gibt es Brunnen, die teilweise in guten Karten verzeichnet sind und bei Notfällen eine Rettung sein können. Doch ist nicht jederzeit Wasser vorhanden, Strick und Eimer zum Heraufziehen fehlen meist. Ein stabiles Abschleppseil von wenigstens 20 Metern und ein Plastik- oder Falteimer kann Abhilfe schaffen. Das Wasser durch ein Tuch filtern, 20 Minuten abkochen oder Entkeimungsmittel (z.B. Mikropur) verwenden.

CAMPING

Bewirtschaftete Plätze sind in Tunesien selten, man kann in der Regel aber auf den Höfen der Jugendherbergen gegen geringe Gebühr bleiben. In den Ortsbeschreibungen wird darauf nicht mehr hingewiesen, es werden nur reguläre Plätze genannt. Freies Campen ist - außer in militärischen Sperrgebieten - erlaubt, wenn möglich, die zuständige Stadtverwaltung bzw. Polizeibehörde um Erlaubnis fragen. Im Süden findet man leicht abseits gelegene Plätze, an denen man unbehelligt frei campen kann. Gut ist es, den Übernachtungsplatz erst in der Dämmerung zu suchen, dann wird kaum noch jemand vorbei kommen.

Die offiziellen Campingplätze haben oft nur eine bescheidene Ausstattung, die mit europäischen Normen nicht zu vergleichen ist, die Anlagen sind heruntergekommen und schmutzig. Die Plätze sind in einem Land wie Tunesien, das in jeder Jahreszeit einen angenehmen Aufenthalt bietet, ganzjährig geöffnet, sind jedoch meistens nur im Sommer belegt.

Wohnmobilfahrer können an den Tankstellen den Wassertank auffüllen. Im ganzen Land wird mit Propangas gekocht, daher sind Ersatzflaschen auch in den kleinsten Dörfern zu bekommen. Die blauen Butangaskartuschen sind dagegen schwer erhältlich.

EINLADUNGEN

Einladungen werden in einem so gastfreundlichen Land wie Tunesien gerne ausgesprochen. Ob man sie annimmt, hängt weitgehend von dem richtigen Gespür für Menschen ab. Wer auf einer Fahrt durch ländliche Regionen in Kontakt mit der Bevölkerung kommt - sei es dadurch, daß man einen Anhalter mitnimmt oder daß man nach dem Weg fragt - wird häufig zu einem Tee eingeladen. Dazu wird der Besucher in den Salon der Familie gebeten. In einfachen Häusern ist dieser Raum meist leer, erst für den Gast werden Teppiche ausgerollt und Sitzkissen verteilt. Die Schuhe hinterläßt man an der Tür bzw. vor dem Zelt, selbst wenn der Gastgeber bittet, man könne sie ruhig anlassen.

Die Teezubereitung ist eine Zeremonie für sich und findet direkt vor den Augen des Gastes auf einem Holzkohlebecken oder einer Gasflasche statt. Eine gute Handvoll Tee kommt in die winzige Teekanne, dazu wenig Wasser, aber reichlich Zucker. Die Kanne kommt nun direkt aufs Feuer. Man trinkt sowohl grünen chinesischen als auch schwarzen Tee, der sehr lange kocht und äußerst stark ist. Deshalb gibt es nur ein Schnapsgläschen voll. Dem grünen Tee werden oft einige Zweige Minze zugefügt, dem „Thé rouge" geröstete Mandeln oder Kichererbsen. Üblicherweise werden die Teeblätter dreimal neu mit etwas Wasser aufgekocht, dann darf man sich verabschieden.

Meistens aber wird gerade jetzt eine Mahlzeit aufgetragen. Die Hausfrau hat die Zeit des Teetrinkens genutzt, um für den Gast etwas vorzubereiten. Bei einer solch spontanen Einladung können natürlich nur Dinge zubereitet werden, die vorrätig sind, z.B. ein Omelett. Man sollte aber möglichst nicht ablehnen und der Familie die Freude nicht verderben.

Einladung zum Essen

Eine untergeordnete Person des Haushaltes, meist ein Kind, kommt noch vor dem Essen mit einem Wasserkessel und einer Schüssel zum Händewaschen. Dann nimmt man das Brot in die linke Hand, bricht mit der rechten ein Stückchen ab und tunkt damit die Speisen auf, jeder in dem gerade vor ihm liegenden Dreieck der gemeinsamen Schale. In mehr städtischen Familien wird es vielleicht eine Gabel geben, auf dem Land oder bei Nomaden ist meist kein Besteck vorhanden. Bitte niemals die Linke in die Schüssel tunken, sie gilt als unrein. (Aus gutem Grund: Die Linke ersetzt zusammen mit dem in Toiletten stets vorhandenen Wasser das Toilettenpapier.) Nach dem Essen wird wieder Tee getrunken, dann darf man sich verabschieden.

- Gastgeschenke
Beim Abschied sollte man zwei Dinge nicht vergessen. Erstens Adressen aufschreiben, denn die Familie wird wirklich sehnsüchtig auf die so reichlich geschossenen Fotos warten, und zweitens ein Abschiedsgeschenk, das der Hausfrau überreicht wird. So gastfreundlich und großzügig die Menschen sind, so freuen sie sich doch über eine Gabe zum Abschied. Zucker und Tee sind sehr geeignet. Nomaden, die oft lange Zeit nicht zu einem Markt kommen, freuen sich über frisches Obst, Gemüse oder Zigaretten. Ich löse das Problem jedoch meist auf eine andere Art. Schon lange vor einer Reise bitte ich alle Freunde, abgelegte Kleidungsstücke zu sammeln, vor allem T-Shirts, Jeans, Hemden, Pullover, Schuhe, Kinderkleidung und Spielzeug. So habe ich immer genügend Gastgeschenke, die bei meinen Gastgebern sehr willkommen sind. Auspacken vor dem Gast gilt als unhöflich, man will damit vermeiden, daß der Gast an der Größe seines Geschenkes gemessen wird.

EINREISEBESTIMMUNGEN

- Persönliche Dokumente
Für Bürger der Bundesrepublik ist für eine Aufenthaltsdauer bis zu vier Monaten nur der noch mindestens für diesen Zeitraum gültige Reisepaß erforderlich, Schweizer und Österreicher können drei Monate im Land bleiben. Der Aufenthalt kann bis zu sechs Monaten verlängert werden. Kinder bis 16 Jahre benötigen einen Kinderausweis mit Lichtbild, in Begleitung der Eltern genügt die Eintragung im Familienpaß (mit Foto). Bei Pauschalreisen reicht der Personalausweis aus.

- Einreise mit Kraftfahrzeug
Zur Einreise ist der nationale Führerschein, Kraftfahrzeugschein sowie eine für Tunesien gültige grüne Versicherungskarte notwendig, ansonsten muß an der Grenze eine Kurzversicherung abgeschlossen werden. Für das Fahrzeug wird eine Deklaration ausgestellt, die bei der Ausreise abzugeben ist. Eine Ausreise ohne das deklarierte Fahrzeug ist nicht möglich, der Verkauf verboten bzw. mit hohem Importzoll belegt. Die Einreisegenehmigung ist drei Monate gültig, man kann sie für weitere drei Monate verlängern. Reist man mit einem geliehenen Verkehrsmittel ein, ist eine offiziell beglaubigte Vollmacht des Besitzers in französischer Sprache erforderlich, die bei den Automobilclubs erhältlich ist.

- Zoll
Die Ein- und Ausfuhr von Gegenständen des persönlichen Bedarfs ist erlaubt, dazu gehören z.B. 200 Zigaretten oder 100 Zigarillos, 1 l Spirituosen bzw. 2 l Wein, 250 ml

Eau de Toilette bzw. 50 ml Parfum, 2 Fotoapparate und 1 Filmkamera mit insgesamt 20 Filmen, Fernglas und Kassettenrecorder, Videoausrüstung. Bei der Einreise wird eine Deklaration der Wertgegenstände verlangt (z.b. elektronische Geräte), um einen Verkauf im Land zu verhindern. Funkgeräte aller Art und Waffen, mit Ausnahme genehmigter Jagdwaffen, sind verboten. Auskünfte zur Genehmigung von Jagdwaffen erteilt das ONTT.

Bei einer Einreise von Algerien sind alle Erzeugnisse von Dattelpalmen einfuhrverboten, das betrifft die Früchte und alles Flechtwerk aus Palmzweigen; sie werden genau wie frisches Obst und Gemüse zur Vermeidung der Einschleppung von Krankheitserregern vernichtet.

ELEKTRIZITÄT

Die Stromspannung beträgt in der Regel 220 Volt, in einigen älteren Hotels gibt es noch 110 Volt. Ein Euro-Zwischenstecker ist manchmal notwendig, ist aber in Tunesien in entsprechenden Läden erhältlich. Schukostecker können nicht verwendet werden.

ESSEN UND TRINKEN

- Versorgung im Land

Es ist nicht notwendig, größere Lebensmittelvorräte mitzunehmen, die tunesische Küche ist hervorragend, und selbst in kleinen Orten gibt es preiswerte Imbißstände und Restaurants. Die Speisen sind für europäische Gaumen recht scharf gewürzt, die ungewohnte Küche kann bei empfindlichen Mägen leicht Durchfall hervorrufen. Zum Frühstück wird Kaffee, Tee oder Kakao, Brot, Butter und Konfitüre serviert, nur in großen Hotels gibt es ein Buffet mit reichhaltiger Auswahl. Beim Genuß von Milch sollte man vorsichtig sein, da sehr oft Milchpulver oder Kondensmilch verwendet und mit Leitungswasser aufgefüllt wird. Bei Lebensmitteln, in Cafés und Restaurants gelten Festpreise, handeln ist nicht möglich.

Im Süden gibt es in den Läden meist nur ein begrenztes Warenangebot, auf den Wochenmärkten ist dagegen alles zu haben und man kann sich preiswert mit frischem Obst und Gemüse je nach Saison eindecken. Frisches Fladen- oder Stangenbrot hat jeder Lebensmittelladen. Fleischereien sind zunächst für hygienebewußte Europäer erschreckend, hängen doch ganze Tierhälften offen an der staubigen Straße, die nächsten Opfer blöken noch hinter dem Haus. Doch dieses frisch geschlachtete Fleisch von Tieren, die natürlich, ohne Hormone und Chemikalien im Freien weideten, schmeckt zehnmal besser und würziger als unser deutsches Kühlhausfleisch. Der Kopf des Tieres oder ein anderes Körperteil werden aufgehängt, um dem Kunden Sicherheit über die Herkunft des Fleisches zu geben. An erster Stelle in der Qualität kommt Hammelfleisch, das durch die natürliche Aufzucht der Tiere nicht den schlechten Nachgeschmack hat, den man bei uns oft findet. Dann folgt Rind, Ziegenfleisch ist weniger beliebt, Kamelfleisch eher selten und Schwein ist dem Moslem verboten. Geflügel ist billig und wird in gesonderten Geschäften angeboten, im Süden gleich das lebende Tier.

Es gibt kein Ladenschlußgesetz, die Geschäfte sind - außer in den großen Städten - täglich, meist bis Sonnenuntergang, geöffnet. Während des Fastenmonats Ramadan sind Cafés und Restaurants tagsüber geschlossen, frisches Brot gibt es erst am Nachmittag.
Die Lebenshaltungskosten sind niedrig, sofern man die Geschäfte und Cafés für die Einwohner nutzt und sich nicht nur in Touristenzentren eindeckt. Einige Beispiele:

Stangen- oder Fladenbrot	ab 120 M
Mineralwasser 1,5 l Plastikflasche	400 M
Mineralwasser Safia 0,9 l Glasflasche	350 M + ca. 400 M Pfand
Cola, Fanta, Sinalco 1 l Glasflasche	355 M + ca. 400 M Pfand
Kaffee, Tee (im einfachen Café)	160 - 250 M
Cola, Fanta, Boga (im einfachen Café)	250 - 300 M
1 kg Orangen	700 M
1 Dose Ölsardinen	430 M
1 Schachtel Käse	550 M
1 kg Hammelfleisch	5 - 6 D
1 Flasche Bier im Kaufhaus	700 M
1 Flasche Wein im Kaufhaus	ab ca. 2,100 D + ca. 400 M Pfand
im Restaurant	ab ca. 4,500 D

- Küche
Die tunesische Küche ist außerordentlich vielseitig und scharf gewürzt, Oliven gehören fast zu jeder Mahlzeit. Als Vorspeise wird oft *Harissa*, eine rote, höllisch scharfe Pfefferpaste, in Olivenöl gereicht, auch in Gerichten werden häufig Pfefferschoten verwendet. *Brik à l'oeuf* sind hauchdünne Teigblätter, gefüllt mit Ei, Kartoffelsalat und Kräutern, evtl. Thunfisch, und in Fett ausgebacken. Brik schmeckt sowohl als Vorspeise als auch aus der Hand an der Straßenbude. *Chorba* ist eine Suppe aus Hammelfleisch mit Nudeln oder Gerste. *Tajine* ist ein Auflauf nach Art der spanischen Tortillas mit Kartoffeln, Gemüse, Ei und Fleischresten, *Ojja* ist Rührei mit gedünstetem Gemüse, Hackfleisch oder Merguez-Würstchen, diese sind aus gewürztem Hammelfleisch. Eine typisch tunesische Spezialität ist der Salat *Mechouia*. Tomaten, Paprika, Pepperoni und Zwiebeln werden gegrillt, im Mörser zerstoßen und mit Pfeffer, Knoblauch, Zitrone und Olivenöl scharf gewürzt. Der *„salade tunisienne"* besteht aus kleingeschnittenen Tomaten, Gurken, Pfefferschoten, Kapern, Eiern und Thunfisch oder Ölsardinen.
Beliebtes Hauptgericht ist *Couscous*, er wird meistens am Freitag, dem Tag des Gebetes, gegessen. Die Zubereitung dauert sehr lange und erfordert einen Spezialtopf. Im unteren Teil köchelt das Fleisch in einer Brühe mit verschiedenen Gemüsen, während der Dampf durch die Couscousmasse aus Hartweizengrieß im Siebeinsatz zieht. Es gibt zahlreiche Rezepte, ebenso süße Varianten. Im Sommer ist Couscous mit Buttermilch sehr erfrischend. Mit Hackfleisch gefüllte Paprika in Tomatensoße heißen *Felfel*, *Chackchouka* ist ein Gemüseeintopf mit Spiegelei oder Fleisch, *Koucha* Hammelfleisch mit Zimt, Pfeffer und Kartoffeln. *Kamounia* besteht aus kleingeschnittener Leber in Kümmelsoße, *Brochette* bezeichnet man über Holzkohle gegrillte Lammspieße. Die Krönung jeden Festes jedoch ist *Mechoui*, ein am Spieß oder in der Erde gebratener Hammel, aber mit Mechoui wird auch jedes gegrillte Fleisch bezeichnet. Die Lage am Meer bringt es mit sich, daß Fisch in großer Auswahl frisch und preiswert angeboten wird.

- Getränke
Das wichtigste Getränk ist der *Tee*, der bei jedem Anlaß gereicht wird. Beliebt ist der chinesische grüne Tee, der oft mit Minzblättern aromatisiert und mit Pistazien oder Mandeln garniert wird. In den Familien wird der *Thé rouge* bevorzugt, ein höllisch starker Sud aus viel schwarzem Tee und wenig Wasser, der lange auf Holzkohle aufgekocht wird. Gereicht wird er in winzigen Schnapsgläschen, die oft noch ganz mit gerösteten Mandeln oder Kichererbsen gefüllt sind. Auch *Kaffee* wird gern getrunken, sowohl schwarz wie Espresso als auch in jeder Mischung mit Milch, z.B. Café cassé (1 Schuß Milch), Café moitié (halb und halb), Café au lait (mit viel Milch). In den Familien wird ein mit Zimt, Pfeffer oder Kardamon gewürzter Mokka gereicht. Sehr beliebt sind Milchmixgetränke. Erfrischungsgetränke wie Cola, Fanta, Sinalco sowie Mineralwasser mit und ohne Kohlensäure sind überall erhältlich. Das tunesische Erzeugnis Boga schmeckt wie Kaugummi.

Alkohol ist dem gläubigen Muslim verboten, wird im toleranten Tunesien bis auf den Freitag und den Fastenmonat jedoch geduldet. Freitags und im Ramadan wird - abgesehen von den Touristenhochburgen - kein Alkohol verkauft, an Europäer jedoch ausgeschenkt. Zum Verkauf und zum Ausschank ist eine Konzession nötig, die nur die großen Supermärkte, einige Bars und fast alle Touristenhotels haben. Die Bars schenken nur bis 20 Uhr Bier aus, das gilt jedoch nicht für Touristenhotels und Restaurants. Im Land wächst schon seit der Karthagerzeit ein guter *Wein*. Der billigste ist der Haut Mornag (ab 2 D), trotzdem gibt er einen vorzüglichen Rosé oder Rotwein her, berühmt ist der Wein aus der Domäne Thibar. Celtia heißt das im Land hergestellte *Bier*. Landestypische Spirituosen sind *Boukha*, ein Feigenschnaps, und der aus Datteln und Würzkräutern hergestellte Likör *Thibarin*. Eine Besonderheit stellt *Lakhmi* dar, ein aus geköpften Palmen gewonnener Saft, der zunächst sehr süß schmeckt und später vergoren alkoholhaltig wird.

- Restaurants
Es stellt sich die Frage, ob man nur in einigermaßen sauberer Umgebung satt werden oder eine schöne Atmosphäre verbunden mit einem Glas Wein genießen will. Letzteres findet sich nur in Großstädten und Touristengebieten und muß natürlich bezahlt werden. Diese Restaurants wurden vom Staat mit den Prädikaten 1, 2 und 3 Gabeln versehen. Diese Einteilung besagt weniger etwas über die Qualität des Essens, als vor allem über die Präsentation, die Einrichtung und Sauberkeit der Speisestätte; für jede Kategorie gibt es festgesetzte Preisspannen. Diese klassifizierten Restaurants haben in der Regel die Lizenz zum Alkoholausschank, ein Hauptgericht kostet ab 4 D, ebenso eine Flasche Wein.
Daneben gibt es überall einfache Gaststuben und Grillbuden, die ein oft qualitativ gutes Essen ab 1 D anbieten, es werden nur alkoholfreie Getränke gereicht.

FEIERTAGE UND FESTE

Das Wochenende ist wie bei uns am Samstag und Sonntag. Behörden, Banken und Firmen sind geschlossen, Geschäfte jedoch weitgehend geöffnet. Nur die Läden in den modernen Stadtteilen der Großstädte sind Samstagnachmittag und Sonntag sowie an Feiertagen geschlossen.

- Weltliche Feiertage

1. Januar	Neujahr	1. Mai	Tag der Arbeit
18. Januar	Tag der Revolution	25. Juli	Tag der Republik
20. März	Tag der Unabhängigkeit	13. August	Tag der Frau
21. März	Jugendtag	7. November	Tag der Regierungs-
9. April	Tag der Märtyrer		übernahme von Ben Ali

- Religiöse Feste

Die religiösen Feste richten sich nach dem islamischen Mondkalender, der um elf Tage kürzer ist als unser Jahr, daher sind die Termine jedes Jahr elf Tage früher. Die angegebenen Termine gelten nur ungefähr, da sie sich nach dem Aufgang des Mondes richten, genaue Daten kann man kurz vorher bei den Fremdenverkehrsämtern einholen.

Rass El Am   Islamisches Neujahrsfest, 1995: 31.5., 1996: 20.5., 1997: 9.5.

Ramadan   Fastenmonat, 1995: 1.2., 1996: 21.1., 1997: 10.1.

Aid Es Seghir   Fest zum Ende des Ramadan, Dauer 3 Tage. 1995: 1.3., 1996: 20.2., 1997: 9.2.

Aid El Kebir   Opferfest zum Andenken an die Opferung Isaaks durch Abraham. Das Fest dauert etwa eine Woche, jede Familie schlachtet einen Hammel. Während dieser Zeit haben die meisten Geschäfte und Ämter ge-. schlossen. 1995: 11.5., 1996: 30.4., 1997: 19.4.

Mouloud   Fest zum Geburtstag des Propheten Mohammed, 1995: 9.8., 1996: 30.7., 1997: 19.7.

Außerdem gibt es zahlreiche lokale **Moussems**, deren Termine sich nach dem islamischen Kalender richten sowie jahreszeitliche Feste. Die genauen Daten können bei den Touristenbüros erfragt werden. Die wichtigsten:

Ksar-Festival	Tataouine	Anfang April
Orangenfest	Menzel Bouzelfa	April
Festival	Tamerza	Mai
Fischerfestival	Mahdia	Juni
Klassische Musik	El Djem	Juni
Sperberfest	El Haouaria	Ende Juni
Maalouf-Festival	Testour	Ende Juni
Odysseus-Fest	Djerba	Ende Juni
Festival des Meeres	Mahdia	Juli
Internationales Festival	Karthago, Bizerte, Tabarka, Dougga, Hammamet, Sousse, Monastir, Sfax	Juli/August
Hennah-Fest	Chenini/Gabes	Juli/August
Maalouf-Musik-Festival	Testour	Juli/August
Fest der Mergoum-Teppiche	Oudref	Juli/August
Fest der Mergoum-Teppiche	Toujane	August
Int. Theaterfestival	Karthago	Oktober
Sahara-Festival	Douz	Ende Dezember

FOTOGRAFIEREN

Filmmaterial wird zwar reichlich angeboten, ist aber teuer und oft überaltert, es gibt keine Diafilme. Besser ausreichend Vorrat von zu Hause mitbringen und daran denken, daß es in diesem orientalischen Land mehr reizvolle Motive gibt als üblich. Die Kamera ist stark durch Sand gefährdet, nach jedem Gebrauch staubsicher aufbewahren und eine Ersatzkamera mitnehmen.

Militärische und polizeiliche Einrichtungen und Personen, Staudämme und Flughäfen dürfen nicht fotografiert werden. Die Posten sind auf Draht, bei Zuwiderhandlung können Film und Kamera beschlagnahmt werden.

Zwar wird im Koran selbst nicht die Abbildung von Menschen verboten, doch ein Hadith (Überlieferung von Aussprüchen des Propheten Mohammed) droht den Verfertigern von Bildern Höllenqualen an: Ihre Leiden sollen nicht enden, bevor sie ihrem Werk Leben eingehaucht haben, was ihnen freilich niemals gelingen kann. Noch verbreiteter ist die Angst vor dem bösen Blick - hier das Auge der Kamera - , der Unheil bringt. Scheu sind vor allem Frauen und alte Menschen, aber schließlich wirkt es auf jeden sehr aggressiv, wenn ein Fremder den Wagen stoppt, eine Kamera auf Personen richtet, abdrückt und weiterfährt. Doch wenn man das Gespräch mit den Leuten sucht und dann um die Erlaubnis für ein Foto bittet, wird es selten Schwierigkeiten geben. Oft wird allerdings um einen Abzug gebeten.

FRAU ALLEIN IN TUNESIEN

Die Gefahr für Frauen allein besteht weniger in einer drohenden Vergewaltigung als darin, dem Charme der jungen Männer zu erliegen. Mit einer unwahrscheinlichen Liebenswürdigkeit wirbt ein Araber um eine Frau, versprüht durchaus glaubwürdig Komplimente und gibt ihr das Gefühl, etwas ganz besonderes zu sein. Das Alter der Frau spielt dabei für ihn kaum eine Rolle, hat er doch wenig Auswahl. Dieser Charme ist der coolen deutschen Lässigkeit vollkommen abhanden gekommen, und so ist es gar nicht selten, daß eine europäische Frau diesem Charme erliegt.

In der traditionellen islamischen Welt geht eine anständige Frau niemals allein aus dem Haus, sie wird stets von einem engen Familienmitglied begleitet, und wenn es der kleine Sohn ist. Das moderne Tunesien ist alleinreisende europäische Frauen seit Jahren gewöhnt, doch ist das Vorurteil von den lockeren Sitten, die eine Europäerin nur wegen der sexuellen Abenteuer ins Land bringen, weit verbreitet. Sehr viele junge Männer versuchen die Bekanntschaft von Ausländerinnen zu machen, da ihnen voreheliche Kontakte mit den heimischen Mädchen fast unmöglich sind. Ein weiteres Argument ist der Wunsch vieler junger Leute, in das gelobte Europa zu kommen, dort eine Arbeit zu finden und die Familie zu unterstützen. Und wie könnte dieses Ziel besser zu erreichen sein als durch die Heirat mit einer Europäerin, sie darf ruhig etwas älter sein.

Doch im Gegensatz zu Europa, wo eine Frau allein nachts tatsächlich Überfälle riskiert, ist es in Tunesien viel ungefährlicher. Gewalt wird nicht angewandt, Vergewaltigung streng bestraft, die Polizei ist allgegenwärtig, die Schauermärchen von Menschen, die im Gewühl der Medina auf Nimmerwiedersehen verschwinden, beruhen nicht auf Wahrheit. Wichtig ist nur, einen festen Willen zu haben und klar und bestimmt nein zu sagen und nicht allein mit einem Mann in die Wohnung zu gehen. Das könnte als Einverständnis ausgelegt werden. Ganz wichtig ist, nicht allzu aufreizende Kleidung zu tragen, siehe das Kapitel „Reisekleidung". Wenn Sie wirklich einmal belästigt werden, suchen Sie Schutz bei älteren Leuten, die das Verhalten der Jungen mißbilligen.

Langweilig ist eine solche Reise allein aber nicht. Wohin man auch kommt, die Menschen sind interessiert, erkundigen sich nach dem Woher und Wohin und führen gerne Diskussionen über Europa. In keinem europäischen Land ist es so einfach, Einheimische kennenzulernen. Und als Frau allein hat man gute Möglichkeiten, in eine Familie eingeladen zu werden und Kontakt zu den Frauen zu bekommen.

FRAUEN, TUNESISCHE

Zwar richtet sich auch das tunesische Gesetz nach der Scharia, dem islamischen Recht, doch wurde mit Bourguibas Personenstandsgesetz von 1956 in Tunesien als einzigem islamischen Land die rechtliche Gleichstellung von Mann und Frau im Gesetz verankert (die gesetzliche Gleichberechtigung erfolgte in der Bundesrepublik erst 1957), den Frauen das Wahlrecht gegeben, die Polygamie und der Schleier abgeschafft und die gerichtliche Scheidung auch auf Betreiben der Frau ermöglicht. Doch nur in städtischen Gebieten ergibt sich eine langsame Umverteilung der traditionellen Frauenrolle. Die jungen Mädchen besuchen die Schule, verstärkt auch Gymnasien und Universitäten, werden Lehrerin, Ärztin oder Verkehrspolizistin. Sie suchen sich ihren Ehemann selbst, es gibt sogar Heiratsgesuche von jungen Frauen in Zeitungen. Nach der Hochzeit geben manche ihren Beruf auf, kümmern sich um Haushalt und Kinder, viele tragen jedoch auch weiterhin zum Familieneinkommen bei.

Die Freizeitgestaltung verläuft immer noch weitgehend getrennt. In manchen Orten, vor allem in Tunis und Sidi Bou Said, sieht man nachmittags durchaus Liebespaare Hand in Hand schlendern. Doch gegen Abend schon sind die Cafés dicht gedrängt von Männern, inmitten von dichtem Tabakqualm bestellen sie gleich mehrere Flaschen Bier gleichzeitig. In solchen Cafés sieht man keine Frauen.
In Gesprächen habe ich zwar oft festgestellt, daß bei Männern eine Unzufriedenheit mit diesen Verhältnissen herrscht, daß sie sich nach weiblicher Gesellschaft sehnen. Kommen jedoch wirklich einmal einige Mädchen allein in ein Café, redet man sofort schlecht von ihnen (und macht sich an sie heran). Das bringt es natürlich mit sich, daß Touristinnen fast sicher angesprochen werden und man versucht, sie für diese Nacht zu gewinnen. Eine wirklich freie und gleichberechtigte Begegnung zwischen Mann und Frau ist in diesem verhältnismäßig toleranten, liberalen islamischen Land noch nicht möglich.
Im tiefen Süden gilt die verordnete Gleichberechtigung noch nicht, dort ist der Koran Gesetz. Mädchen besuchen die Schule manchmal gar nicht - sie helfen der Mutter im Haushalt - oder nur bis zur 6. Klasse. In der Freizeit werden Jungen und Mädchen streng getrennt, Ehen auch heute noch von den Eltern gestiftet. Männliche Besucher sollten auf keinen Fall verhüllte Frauen ansprechen, selbst wenn sie nur nach dem Weg fragen wollen.

Die Kleidung der Frauen ist sehr unterschiedlich. Die junge, moderne Städterin trägt flotte westliche Mode, die älteren Frauen ziehen auf der Straße vielfach den *Haik* bzw. *Sefsari* über, ein weißes Tuch, das wie ein Mantel um den ganzen Körper gehüllt wird.

Fußringe als Schmuck

Auf dem Land trägt jung und alt die traditionelle Kleidung, von Region zu Region unterschiedlich in Farbe und Muster. Ein etwa fünf Meter langes, 1,60 Meter breites Tuch, die *Melia*, wird sehr kunstvoll um den Körper gewickelt, an den Schultern mit Spangen befestigt und auf der Hüfte durch einen breiten Wollschal zusammengehalten. Über Kopf und Schultern zieht frau die *Takrita*, ein großes Baumwolltuch. Dazu kommt der Schmuck, der zugleich die materielle Absicherung der Frau bedeutet. Schwere Arm- und Fußringe, fein ziselierte Spangen, Ohrringe und Halsketten. Das Material ist bei Landfrauen je nach Reichtum einfaches Blech oder Silber, das zudem magische Bedeutung hat, Stadtfrauen bevorzugen Gold. Vor allem bei älteren Berberfrauen kann man auf Kinn und Stirn noch eine Tätowierung von magischen Zeichen sehen, die Krankheit und bösen Blick abwehren sollen, aber auch als Schmuck dienen.

FÜHRER

Das staatliche Fremdenverkehrsamt (ONTT) kann offizielle, gut ausgebildete Führer zu Festpreisen vermitteln, die auch die jeweilige Sprache sprechen. Aber bedingt durch eine hohe Arbeitslosigkeit bei den jungen Tunesiern gibt es an allen touristisch wichtigen Orten das Problem der falschen Führer. In der Landwirtschaft oder der Gastronomie können sie oft nur wenige Dinar am Tag verdienen, so ist es viel einträglicher, Touristen zu einer Stadtführung, Pistenfahrt oder Kamelritt zu animieren, gegen einen nicht kleinen Führerlohn, der oft höher ist als der der offiziellen Guides. Man kann sicher sein, daß selbst der liebenswürdigste, netteste, selbstloseste junge Mann, der den Touristen vor dem Hotel, am Strand oder auf den Straßen freundlich mit Guten Tag oder Bonjour anspricht, etwas will. Was, ist ganz verschieden. Das vordergründigste und einfachste ist der Gang zum Souvenirladen, der ihm Provision einbringt. Viele bieten sich als Führer für Strecken an (vor allem in Douz!), die absolut keinen Führer benötigen, und das für teures Geld. Dann gibt es noch jene, die einfach ein Liebesabenteuer suchen, mangels Gelegenheit bei den heimischen Mädchen. Am gravierendsten ist der Wunsch, in Europa zu leben und zu arbeiten. Wenn man seine Adresse wahllos an kaum Bekannte weitergibt, kann durchaus eines Tages ein Besucher vor der Tür stehen. Zwar ist eine offizielle Einladung eines deutschen Gastgebers nötig, aber wenn man erstmal in Europa ist, kann man ja das dicke Adreßbuch abklappern.

Mit Hilfe dieses Buches dürfte kaum ein Führer notwendig werden, selbst in den Medinas kann man sich ganz gut allein zurechtfinden. Wer sich alleine in das Labyrinth der Altstädte wagt, hat eine bessere Orientierung und findet wieder hinaus, läßt man sich dagegen führen, ist man - abgelenkt durch das Gespräch - völlig verloren und ganz auf den Führer angewiesen. Manchmal kann eine Bekanntschaft mit einem solchen Führer nette Erlebnisse und eine Einladung in die Familie bringen, da muß man ganz auf sein Gefühl für Menschen vertrauen.

GELD

Währungseinheit ist der Dinar (D) zu 1000 Millimes (M). Es gibt Scheine zu 5, 10, 20 D, Münzen zu 1 D, 1/2 D, 100, 50, 20, 10, 5 M. Wechselkurs (5/94): 1 DM = -,60 D, 1 D = 1,66 DM.
Die Ein- und Ausfuhr von Dinar ist verboten. Devisen dürfen unbeschränkt eingeführt werden. Will man Beträge über DM 1.000,- später wieder ausführen, empfiehlt sich bei der Einreise eine Devisendeklaration, um Probleme zu vermeiden. Unverbrauchte Dinar können bei der Ausreise nur bis zu 30 % des umgewechselten Betrages zurückgetauscht werden (maximal 100 D). Daher nie zuviel wechseln und Umtauschquittungen sorgfältig aufbewahren.
Reiseschecks werden von Banken, guten Hotels und größeren Geschäften eingelöst. *Euroschecks* können auch Banken sowie auf manchen Postämtern und Hotels eingelöst werden und müssen in Landeswährung ausgestellt sein, Höchstbetrag 200 D. In größeren Souvenirgeschäften und guten Hotels werden *Kreditkarten* akzeptiert, von Tankstellen nur vereinzelt in den großen Städten. Es besteht die Möglichkeit, auf mit dem entsprechenden Zeichen gekennzeichneten Banken gegen Vorlage der Kreditkarte und des Reisepasses Bargeld zu erhalten, eine sehr bequeme und kostengünstige Art, höhere Beträge zu erhalten. Es empfiehlt sich aber unbedingt, neben Schecks einen Bargeldvorrat mitzunehmen, da Banken an bestimmten Feiertagen bis zu einer Woche geschlossen sein können. Bargeld kann dann auf Postämtern und in größeren Hotels gewechselt werden. Die Banken sind in der Regel Montag bis Donnerstag 8.00 - 11.30, 14 - 17 Uhr, Freitag 8.00 - 11, 13.00 -15.15 Uhr geöffnet. Im Sommer und während des Ramadan durchgehend von 8.00 - 11 Uhr. Bei der Einreise haben die Wechselstellen bei Ankunft von Flugzeug oder Schiff geöffnet.
Wechselgeld ist absolute Mangelware, in Cafés, kleinen Hotels und Läden kann man auf die kleinsten Scheine oft nicht herausgeben. Deshalb am besten auf Banken und an Tankstellen große Scheine wechseln lassen.

GESUNDHEIT

- Impfungen

Offiziell sind keine Impfungen vorgeschrieben, Impfschutz gegen *Tetanus* und *Kinderlähmung* ist jedoch bei jeder Reise unerläßlich. Touristen, die auf eigene Faust für längere Zeit ins Landesinnere reisen und sich nicht nur in großen Hotels aufhalten wollen, können mit einer Schluckimpfung gegen *Typhus* vorsorgen. Ganz neu und 5 bis 10 Jahre wirksam ist die gut verträgliche aktive Impfung gegen *Hepatitis A,* die vor der Reise zweimal im Abstand von vier Wochen verabreicht wird und nach einem Jahr ergänzt wird. Bei kurzfristigem Reiseantritt ist eine Prophylaxe mit Immunglobulin möglich, die etwa 4 - 6 Monate Schutz bietet. *Cholera* tritt in Tunesien vereinzelt auf, die verfügbare Impfung bietet jedoch keinen absoluten Schutz vor einer Infektion und kann deshalb allenfalls eingeschränkt empfohlen werden. Wichtiger ist, untenstehende Vorsorgemaßnahmen zu beachten. Ggfs. kann man sich vor Abreise in seinem örtlich zuständigen Gesundheitsamt beraten lassen.
Eine weitere Informationsstelle, die auch bei unklaren Krankheitserscheinungen nach einer Reise beraten kann, ist das Centrum für Reisemedizin, Brehmstraße 23, 40239 Düsseldorf, Tel. (0211) 961060, Fax 9610699, das ein laufend aktualisiertes Handbuch zur reisemedizinischen Beratung herausgibt.

- Vorsorge

Vor einer längeren Reise ist ein Besuch beim Zahnarzt sinnvoll, um Probleme zu vermeiden.

Infektionskrankheiten werden vorwiegend durch verschmutztes Wasser und verseuchte Nahrungsmittel übertragen. In ganz Tunesien, auch in den kleinsten Dörfern, gibt es Mineralwasser zu kaufen. Ist man einmal auf Brunnenwasser angewiesen, sollte dieses mindestens 20 Minuten sprudelnd abgekocht oder mit Mikropur entkeimt werden (Einwirkzeit beachten!), bei starker, sichtbarer Verunreinigung oder Trübung vorher durch ein Tuch filtern. Eiswürfel und Speiseeis sind grundsätzlich tabu! Auch Swimmingpools wurden schon als Infektionsquelle für eine Hepatitis-A-Erkrankung ausgemacht.

Bei großer Hitze ist ausreichende Flüssigkeitszufuhr wichtig. Da mit dem Schweiß wichtige Elektrolyte (Kalium, Magnesium usw.) ausgeschieden werden, ist ggfs. auf entsprechenden Ersatz zu achten. In der Regel genügt es, die Speisen nach Landessitte stärker zu würzen. Nahrungsmittel nur gekocht und völlig durchgebraten essen, Mayonnaise sowie Salat und Obst, das man nicht schälen kann, besser meiden, Meeresfrüchte nicht roh essen.

Das Risiko für *Malariaerkrankungen* ist so gering, daß pharmazeutische Mittel zur Vorbeugung nicht notwendig sind. Der beste Schutz ist, zu verhindern, daß die Mücke sticht, daher folgende Vorsichtsmaßnahmen beachten:

- Bei beginnender Dämmerung leichte, helle Kleidung, die den ganzen Körper bedeckt.

- Nach Einbruch der Dunkelheit unbedeckte Hautstellen mit einem Mückenabwehrmittel einreiben, z.B. Autan.

- Schlafraum mückensicher abdichten bzw. Moskitonetz über das Bett spannen und unter der Matratze einschlagen.

Der Erreger der *Bilharziose-Erkrankung*, ein 6-20 mm langer Saugwurm (Zerkarie), lauert in verseuchtem Süßwasser und bohrt sich in die Haut der Badenden. Es entstehen rote, juckende Flecken. Nach einer Inkubationszeit von 3-12 Wochen beginnen Kopf-, Bauch- und Gliederschmerzen, begleitet von Fieber; Milz und Leber schwellen an, dazu kommen evtl. Lungenbeschwerden und Schmerzen beim Wasserlassen. Die größte Gefahr besteht in stehendem, warmem Süßwasser, doch verträgt der Parasit ein wenig Salzgehalt. Deshalb keinesfalls in unbekannten Gewässern baden!

Das häufigste Gesundheitsproblem sind *Durchfallerkrankungen* aufgrund der ungewohnten, scharf gewürzten Speisen. Selbst wenn man nur in einwandfreien Hotelrestaurants ißt und Mineralwasser trinkt, trifft es fast jeden zweiten. Doch handelt es sich meist um harmlosen, vorübergehenden Durchfall, in schlimmen Fällen hilft die Einnahme von Immodium-Kapseln. Das bei uns rezeptpflichtige Medikament wird in Tunesien in Apotheken unter dem Namen Sediaril frei verkauft. Wichtig ist der Ersatz des Flüssigkeits- und Mineralverlustes. Gut geeignet dazu ist eine Mischung aus einem Drittel schwarzen Tee, einem Drittel Wasser und einem Drittel Orangensaft, dem pro Liter ein Teelöffel Salz zugefügt wird. Oder 500 g Karotten in drei Liter Wasser kochen und einen Teelöffel Salz zufügen. Geht die Erkrankung nach einigen Tagen nicht zurück und kommt Erbrechen dazu, ist ein Arztbesuch unbedingt erforderlich.

Die gefährliche Immunschwächekrankheit *AIDS*, in französisch sprechenden Ländern SIDA genannt, tritt nur vereinzelt auf, dennoch sollte man die bekannten Vorsorgemaßnahmen nicht vernachlässigen.

Lästig sind - besonders im Süden - die vielen Fliegen, die zudem die Augenkrankheit *Trachom* übertragen, die zur Blindheit führt. Vitaminmangel und unhygienische Verhältnisse begünstigen die Übertragung, Europäer sind daher kaum gefährdet. *Schlangen* gibt es zum Glück nur noch wenige, sie meiden die Nähe von Menschen. Bei etwas Vorsicht ist das Risiko gering und die Mitnahme von Schlangenserum, das zudem gekühlt aufbewahrt werden muß, nicht erforderlich. Anders ist es mit dem *Skorpion*, der in heißen Sommernächten schon in Häusern anzutreffen war. Tagsüber versteckt er sich mit Vorliebe unter Steinen, deshalb Steinbrocken nur sehr vorsichtig umdrehen und feste Schuhe tragen. Nachts keine Schuhe vor dem Zelt lassen, für Skorpione ein beliebter Schlafplatz. Stiche können vor allem bei Kindern und Herzkranken tödlich verlaufen, Gesunde erleiden Schwellungen und Schmerzen an der Einstichstelle, Schweißausbrüche und Übelkeit, auch Kreislaufbeschwerden können sich einstellen.

- Ärzte

Die ärztliche Versorgung im Land ist gut, die staatlichen Hospitäler behandeln Einwohner mit Gesundheitspaß kostenlos. Ohne Paß zahlt man für jeden Besuch eine Gebühr von 5 Dinar, die Medikamente kommen noch dazu. Reiche Tunesier bevorzugen allerdings Privatärzte und -kliniken. Es gibt ein Sozialversicherungsabkommen mit der Bundesrepublik, daher ist eine Behandlung auf Krankenschein möglich. Besorgen Sie vorher von Ihrer Krankenkasse einen Anspruchsberechtigungsschein. Mit diesem Formular erhält man im Falle der Krankheit bei der tunesischen Kasse einen Behandlungsschein: Caisse Nationale de Sécurité Sociale (CNSS), 12, Av. de Madrid, 1001 Tunis. Die Anschrift des örtlichen Büros ist vom behandelnden Arzt erhältlich.

Alle Ärzte sprechen französisch, in Touristenzentren manchmal auch deutsch. In vielen Orten gibt es Privatärzte, meistens die bessere Alternative. Diese Ärzte stellen eine Rechnung aus, die Diagnose und Namen des Patienten enthalten muß. Nach der Rückkehr erstatten Auslandskrankenversicherungen die Kosten.

- Reiseapotheke

Mittel gegen
- Schmerzen
- Fieber
- Erkältungen
- Reisekrankheit (Fähre)
- Durchfall (z.B. Kohletabletten, Immodium)
- Erbrechen
- Insektenstiche (z.B. Sistral)
- Sonnenbrand
- Kreislaufprobleme
Fieberthermometer
Desinfektionsmittel (z.B. Merfen Orange Lösung)
Jacutin (gegen Ungeziefer)
Wund-, Brandsalbe

Kochsalztabletten
Traubenzuckerkompretten
Cavit (Mittel zur prov. Zahnfüllung)
Pflaster
sterile Verbandpäckchen
Dreiecktuch
Sprühverband
Einwegspritzen
Schere
Wasserentkeimungsmittel
Wasserfilter

Tip: Die Reiseapotheke wird am besten in einem gut schließenden Blechbehälter vor Feuchtigkeit, Staub und Insekten geschützt untergebracht.

- Apotheken

Apotheken, erkennbar am grünen Schriftzug Pharmacie, findet man überall, auch im Süden ist eine gute Versorgung mit Arzneimitteln. Es gibt alle wichtigen europäischen Medikamente, sogar billiger als bei uns (z.B. Aspirin DM 0,30!). Dennoch sollte man Arzneien, auf die man angewiesen ist, und eine Reiseapotheke für Notfälle immer dabei haben.

Ein Tip nur für Frauen: Die Umstellungen einer Reise nach Tunesien bringen den Hormonhaushalt ganz schön durcheinander. Deshalb für ausreichend Hygieneprodukte sorgen, die in den Apotheken für Notfälle zwar erhältlich sind, aber eine deutlich schlechtere Qualität als gewohnt haben.

HAMMAM

Ein Besuch in einem maurischen Bad gehört unbedingt dazu, wenn man Land und Leute richtig kennenlernen will. Die Bäder sind streng nach Geschlechtern getrennt, in sehr kleinen Dörfern mit nur einem Bad gibt es verschiedene Öffnungszeiten für Männer und Frauen. Ein Hinweisschild gibt es nicht und wenn, dann nur in Arabisch. Oft erkennt man das Gebäude an einem schön gearbeiteten Torbogen. Während die Hammam in einer Stadt sauber gekachelt ist, geht es im Süden äußerst spartanisch zu.
Die Badeprozedur ist genau festgelegt und fast schon eine Zeremonie. Zunächst trifft man auf die Aufseherin, die einem den Platz zum Kleiderablegen zeigt und ca. 500 M Eintritt kassiert. Dafür gibt es zwei Eimer; einen Becher, Seife und einen rauhen Massagehandschuh oder -stein sollte man sich mitbringen. Die Frauen behalten ihr Höschen an, daher ein trocknes zum Wechseln mitbringen. Ein Eimer wird mit heißem, einer mit kaltem Wasser gefüllt, man setzt sich in dem dampfheißen, düsteren Raum auf den Boden und gießt das Wasser über den Kopf. Die Frauen sind genauso neugierig wie die Fremde, ein Lächeln, dann wird schon die Seife ausgetauscht, und oft findet sich eine Geschlechtsgenossin, die den Rücken kräftig schrubbt. Oder die Wärterin macht gegen eine Extragebühr eine Massage (ca. 4 D). In der Hammam für Männer läuft es entsprechend ab.

Tunesische Frauen gehen meist einmal die Woche in die Hammam, denn zu Hause haben sie oft kein fließendes, warmes Wasser. Aber es geht nicht nur um die Reinigung, sondern vor allem um Entspannung und den Austausch des neuesten gesellschaftlichen Klatsches. Es ist auch eine gute Gelegenheit, die körperlichen Vorzüge einer eventuell in Frage kommenden Schwiegertochter zu begutachten. Noch vor nicht allzu langer Zeit war die Hammam der einzige Ort, an den Frauen außerhalb ihrer Wohnung gehen durften.

HAUSTIERE

Katzen und Hunde benötigen ein Internationales Gesundheitszeugnis und eine Impfung gegen Tollwut und Staupe älter als einen Monat, aber jünger als sechs Monate. Auf den Mittelmeerfähren gibt es spezielle Boxen zur Unterbringung der Tiere.

HOTELS

Ein, allerdings veraltetes, Verzeichnis der klassifizierten Hotels ist vom Tunesischen Fremdenverkehrsbüro kostenlos erhältlich. Die Ausstattung entspricht nicht immer europäischem Standard, wer Komfort und Sauberkeit sucht, sollte lieber einen Stern mehr wählen (ab 3 Sterne empfehlenswert). Die meisten Hotels sind ganzjährig geöffnet. Für eine Rundreise durchs Land sind in der Regel immer freie Zimmer verfügbar, Reservierungen nicht notwendig. Nur in den Touristenzonen (Hammamet, Sousse, Djerba) ist während den Weihnachts- und Osterfeiertagen und den Monaten Juli/August jedes Bett belegt. Doch sind dort immer noch reichlich preiswerte Gasthäuser für Individualreisende. Wer höherwertige Häuser liebt, Zahlt als Individualtourist einen wesentlich höheren Preis als bei vorheriger Reservierung durch eine Agentur, Auskunft dazu erteilt die Autorin, Tel. (0611) 719345.

In jedem Hotel müssen die staatlich genehmigten Zimmerpreise öffentlich ausgehängt werden, außerdem gibt es für Reklamationen auf Verlangen ein Beschwerdebuch, das regelmäßig vom Tourismusbüro kontrolliert wird. Leider gibt es keine einheitlichen Preise. Ich habe 3-Sterne-Hotels für 11 D und für 42 D pro Person gefunden. Es gibt Orte, die ganzjährig gleiche Preise haben, und andere mit bis zu drei verschiedenen Saisonzeiten, in diesem Fall ist die mittlere Saison angegeben. Der Preis gilt fast immer pro Person mit einem Aufschlag für ein Einzelzimmer, das Frühstück inbegriffen. Im Routenteil ist - falls nicht anders gekennzeichnet - der Preis für ein Doppelzimmer mit Frühstück angegeben, es handelt sich um die Preise für 1993. Jedes Jahr wird um etwa 10 % aufgeschlagen. Bewachte Parkplätze haben nur wenige Hotels, doch ist der Wagen auf der Straße meist gut untergebracht, Diebstähle aus Fahrzeugen und erst recht das Abhandensein des kompletten Wagens kommen so gut wie nie vor. Fragen Sie jeweils bei der Rezeption nach dem sichersten Ort.

Eine Besonderheit unter den tunesischen Hotels sind die Marhalas, eine Reihe von einfachen Hotels des Touring Club, die jeweils in traditionellen Gebäuden untergebracht sind. In Kairouan und Houmt Souk sind es alte Foundouks, ehemalige Karawanenherbergen, die zum Hotel umfunktioniert sind. In Matmata kann man in originellen Erdhöhlen schlafen und in Ksar Hadada in einer alten Ghorfaanlage. Die Unterkunft ist zwar meist recht primitiv, die Atmosphäre dafür aber um so schöner.

JUGENDHERBERGEN

In verschiedenen Städten gibt es preiswerte, aber spartanisch eingerichtete Jugendherbergen, die nicht unbedingt einen Jugendherbergsausweis verlangen und keine Altersbeschränkung nach oben haben. Camper können auf dem Gelände in der Regel Zelt oder Wagen gegen Gebühr aufstellen (Ausnahme: Die Herberge in der Medina von Tunis verfügt nicht über einen geeigneten Platz). Es wird auch Verpflegung angeboten.

Die Herbergen sind jedoch oft recht schmutzig, die Reisenden an strenge Öffnungszeiten gebunden, so daß ich einfache Hotels, deren Übernachtungskosten nur geringfügig höher liegen, wesentlich mehr empfehlen kann.

KRIMINALITÄT

Es gibt keine schwere Kriminalität, weder Raubüberfälle, brutale Vergewaltigungen oder Fahrzeugdiebstähle. Rauschgift bildet im Gegensatz zu Marokko kein Problem, es wird nicht im Land angebaut, der Genuß ist verboten. Doch an allen Orten, an denen sich viele Touristen ballen, ist die Gefahr von Taschendiebstählen und kleinen Betrügereien sehr groß. Schon Kinder sind äußerst geschickt, wenn sie z.b. nach Wechselgeld fragen und dabei mit flinken Fingern unbemerkt die Geldscheine aus der Börse ziehen. Bargeld sorgsam verwahren, keinesfalls in die hintere Hosentasche stecken. Einheimische haben ihr Geld immer gut versteckt in den inneren Taschen ihrer Kleidung.
Sehr gut bewährt sich ein Geldgürtel, in dem man allerdings nur einige größere Scheine unterbringen kann. Brustbeutel sind unter der Kleidung deutlich erkennbar und werden daher abgeschnitten, besser ist ein Hüftgurt, der unter der Kleidung getragen wird und auch Paß und wichtige Papiere aufnehmen kann. Fotokopien der Dokumente - an anderer Stelle aufbewahrt - erleichtern die Beschaffung eines Ersatzausweises. In der Hosentasche sollte man immer Kleingeld griffbereit haben, um größere Beträge nicht erst sehen zu lassen. Teurer Schmuck ist für eine Afrikareise auf keinen Fall angebracht.

Im eigenen Wagen ist ein verstecktes Depot sinnvoll. Von Ausrüstungsfirmen werden spezielle, herausnehmbare Autotresore angeboten, doch eine einfache Geldkassette, zum Beispiel im Motorraum angeschraubt, tut es auch und kommt wesentlich billiger. Beim Hotelpersonal kann man sich erkundigen, wo der Wagen in der Nacht sicher untergebracht ist, einen Nachtwächter haben nur größere Hotels.

Kinder reißen mit Vorliebe die Aufkleber vom Fahrzeug, deshalb klebe ich mir wichtige Sticker mit Klarsichtfolie von innen an die Scheibe. Sammeln Sie doch schon zu Hause Reklameaufkleber als Geschenk für die Kinder.

LITERATUR

- Landkarten
Die in dem Buch enthaltenen Routenskizzen können auf keinen Fall eine gute Straßenkarte ersetzen. Doch bei vielen Karten sind die südlichen Nebenstrecken nicht alle mit dem zutreffenden Belag und Zustand markiert. Für einen Pkw-Fahrer ist es wesentlich, ob die gewünschte Straße Teerbelag hat oder übelste Schotterpiste ist. Der Straßenzustand kann den Routenbeschreibungen dieses Führers entnommen werden, kurzfristige Änderungen sind natürlich immer möglich.
Karten am besten zu Hause besorgen, da sie schon für die Reiseplanung notwendig sind. Aber auch in Tunesien verkaufen einige Geschäfte die Michelin-Karte. Sie ist etwas billiger als in Deutschland. Das tunesische Fremdenverkehrsamt gibt gratis eine Wander- und Straßenkarte im Maßstab 1 : 1 Mio mit kurzen Erläuterungen der wichtigen touristischen Ziele auf der Rückseite ab, die jedoch nur für einen flüchtigen Überblick geeignet ist. Stadtpläne der größeren Städte sind dort kostenlos erhältlich.

Michelin 958: Algerien - Tunesien 1 : 1 Mio, mit Detailkarten im Maßstab 1 : 500.000, Stadtpläne von Tunis und Algier, DM 13,80. Gute Darstellung der Asphaltstraßen, doch

die südlichen Pisten sind nicht vollständig und nicht immer mit dem richtigen Belag eingezeichnet, dennoch empfehlenswert.
Tunesisches Büro für Topographie und Kartographie: Carte Touristique et Routière 1 : 500.000, DM 19,80. Die tunesische Karte hat nicht alle Pisten zutreffend eingezeichnet, ist aber wegen ihrem größeren Maßstab zu empfehlen. In Tunesien schwer erhältlich.
freytag & berndt 1 : 800.000, DM 12,80. Pläne von Tunis, Sousse, Karthago, Kulturführer. Unterscheidung zwischen Nebenstraße mit Asphalt und Pisten nicht zutreffend und aktuell, aber bedingt empfehlenswert.
RV Verlag Euro Cart 1 : 800.000, mit Stadtplänen von Tunis, Sousse, Kairouan, DM 12,80. Gute Darstellung der südlichen Pisten, wenn auch mit kleinen Fehlern, empfehlenswert.
Hallwag 1 : 1 Mio, DM 12,80. Der Süden ist unvollständig, schlechte Unterscheidung zwischen Teer und Piste, für Pistenfahrer nicht geeignet, wenig aktuell, fehlerhaft.
Kümmerly & Frey 1 : 1 Mio mit Plan von Djerba, DM 12,80. Pisten sind nicht zutreffend markiert, weniger empfehlenswert.

- Reise-, Kultur- und Landschaftsführer
Reise Know-how, Ursula und Wolfgang Eckert: *Reisehandbuch Tunesien* (1993)
Barbara Rausch: *Tunesien* (1992)
Baedekers Reiseführer: *Tunesien* (1992). Mit brauchbarer Übersichtskarte 1:1 Mill.
Kohlhammer, Hans J. Aubert: *Tunesien*. Sehr gute Hintergrundinfos, wenig praktische Angaben.
Prestel-Verlag, Alfred Renz: *Tunesien* (2. Aufl. 1984). Einfühlsamer Geschichts- und Landschaftsführer, keine praktischen Informationen.
LB Naturreiseführer, Wolf-Ulrich Cropp: *Tunesien - Landschaft, Tier- und Pflanzenwelt.*
Thienemann, Konrad Schliephake: *Tunesien*. Wissenschaftliche Informationen über Geographie, Geschichte, Kultur, Wirtschaft usw.
Karl Müller Verlag, Bernhard Hauser: *Sahara* (1993). Dieser Bildband zeigt phantastische und einmalige Bilder aus der tunesischen Sahara. Sehr zu empfehlen.
Dyk'sche Buchhandlung, Freiherr von Maltzan: *Reise in die Regentschaften Tunis und Tripolis* (1870). Zwar im rassistischen Stil des vorigen Jahrhunderts geschrieben, aber vergnüglich zu lesen. Er beschreibt seine Reise zu den römischen Ausgrabungsstätten, die in der Zwischenzeit zum Teil sehr gelitten haben.

- Sonstiges
Statistisches Bundesamt: *Länderbericht Tunesien 1992.*
DuMont, Wolfgang Neumann: *Die Berber* - Vielfalt und Einheit einer alten nordafrikanischen Kultur.
Brockhaus, B. H. Warmington: *Karthago* - Aufstieg und Untergang einer antiken Weltstadt (1963).
GTZ, Klaus Rolli: *Pflanzen Nordafrikas* (1993). Mit Farbfotos zu jeder Pflanze.
Peter Dittrich: *Biologie der Sahara*. Ein Führer durch die Tier- und Pflanzenwelt.
Peter Rump - Verlag, Wahid Ben Alaya: *Tunesisch-Arabisch für Globetrotter*
Kohlhammer: *Der Koran*. Übersetzung von Rudi Paret.
eFeF, Camille Lacoste-Dujardin: *Mütter gegen Frauen* - Mutterherrschaft im Maghreb.
Frauenbuchverlag, Fatima Mernissi: *Geschlecht, Ideologie, Islam*. Die marokkanische Soziologin ist eine Vorkämpferin für die Rechte der Frauen in der islamischen Gesell-

schaft.
Dagyeli, Fatema Mernissi: *Der politische Harem.*
Luchterhand, Fatema Mernissi: *Die Sultanin.*
edition CON, Nawal El Saadawi: *Tschador* - Frauen im Islam. Die ägyptische Ärztin tritt engagiert für die Rechte der islamischen Frauen ein.
Verlag D. Kinzelbach, Albert Memmi: *Die Fremde.* Der Tunesier jüdischen Glaubens schildert die Probleme eines tun./frz. Ehepaares.

MOSCHEEN; MUSEEN

In der Regel sind Moscheen für Nichtmoslems nicht zugänglich. In einigen der berühmten Bauwerke ist außerhalb der Gebetszeiten der Besuch des Innenhofes gegen eine Eintrittsgebühr gestattet, die Gebetsräume können auch dort nicht betreten werden. am Freitag, dem muslimischen Sonntag, ist generell geschlossen. Besucher mit zu knapper Kleidung müssen eine Djellabah überstreifen.
Öffnungszeiten der Museen von April bis September 9.00 - 12.00, 15.00 - 18.30 Uhr; Oktober bis März 9.00 - 12.00, 14.00 - 17.30 Uhr; montags und an Feiertagen geschlossen. Bardo-Museum: 9 - 18 Uhr. Öffentliche Museen kosten je nach Kategorie 2 D, 1 D bzw. 600 M Eintritt, es muß eine Fotografiererlaubnis für 1 D erworben werden, Blitz und Stativ sind nicht erlaubt. Überlegen Sie vor dem Besuch genau, ob Sie Ihren Fotoapparat benötigen. Oft bezahlt man, ohne jedoch ein Foto zu schießen.

NOTFALL-TELEFONNUMMERN

Polizeinotruf in tunesischen Städten: 197
ADAC - Schadenhilfe
- Krankheit/Verletzung: Tel. (089) 767676, Fax 76762501
- Fahrzeugschaden: Tel. (089) 222222, Fax 76762288
Zentralruf der *Autoversicherer (Schutzbrief):* Tel. (089) 19213
Verlust der *Euroscheckkarte:* Tel. (069) 740987
Verlust der *Visa-Kreditkarte:* Tel. (069) 66305333
Deutsche *Rettungsflugwacht* Stuttgart: Tel. (0711) 701070. Für Mitglieder (48 DM pro Person und Jahr) kostenloser Rückholflug im Notfall, Nichtmitglieder müssen die Kosten selbst bezahlen.
Spezialklinik für *Schlangenbisse*, Tunis, Tel. 01 283022

POST

Postämter - gekennzeichnet mit P.T.T. - gibt es fast überall, selbst in kleinen Orten. Geöffnet in der Regel von 8.00 - 12.00 und 15.00 - 18.00 Uhr, Samstag nachmittag und Sonntag geschlossen. Doch haben einige Ämter auch am Sonntagmorgen auf. Im Sommer und während des Ramadan verkürzte Öffnungszeiten. Gebühr für Luftpost-Sendungen nach den EG-Staaten: Postkarte 350 M, Brief 450 M, die Beförderung dauert etwa 8 - 10 Tage. Die Briefkästen sind gelb. Auf den Postämtern können Devisen eingetauscht und Telefaxe versandt werden.

Man kann sich postlagernde Sendungen schicken lassen, sie werden 15 Tage aufbewahrt, in größeren Städten auf dem Hauptpostamt. In der Anschrift den Vornamen weglassen, da der Brief sonst sowohl unter dem ersten Buchstaben des Vor- als auch des Zunamens abgelegt sein kann. Die Orte haben Postleitzahlen.

Muster: Madame Kohlbach
poste restante
4260 Douz

REISEN IM LAND

- mit dem Flugzeug

Inlandsflüge sind sehr preiswert und können in den ansässigen Reisebüros und den Vertretungen von Tunis Air gebucht werden. Lokale Flughäfen gibt es in Monastir, Djerba, Gabes, Sfax, Tabarka, Tozeur.

- mit der Bahn

In Tunesien gibt es nur wenige Bahnlinien. Die wichtigste Inlandsverbindung ist Tunis - Sousse - Sfax - Gabes. Die Transmaghreb-Bahn fährt über Beja und Ghardimaou nach Algerien und Marokko. Viele der Züge sind klimatisiert und komfortabel, es gibt mehrere Klassen. Die Tarife liegen niedrig, z.B. Tunis - Sousse 1. Kl. 3.600 D, 2. Kl. 3.600 D. Die Abfahrtszeiten werden in den Tageszeitungen veröffentlicht. Ein Muß ist eine Fahrt mit dem Lezard Rouge durch die Selja-Schlucht bei Metlaoui.

- mit dem Bus

Die staatliche Busgesellschaft Société Nationale de Transport fährt Mann und Maus, Ziege und Futtersack in den entferntesten Winkel, die Preise liegen, wenigstens für unsere Maßstäbe, niedrig, z.B. Tunis - Douz 12 D. Für Überlandverbindungen zwischen großen Städten gibt es bequeme, klimatisierte Busse, die schneller sind als die Bahn. Reiseproviant für längere Fahrten ist nicht notwendig, da die Busse mehrmals an sehr preiswerten Raststationen anhalten und Gelegenheit zum Essen geben.

- mit dem Taxi

Das Sammeltaxi (d.h. Louage) ist das wichtigste Verkehrsmittel des Landes, kaum teurer als der Bus, auch für den kleinen Arbeiter erschwinglich und recht flott. In jedem größeren Ort gibt es die „Station de Louage". In großen Städten sind mehrere Sammelplätze, je nach der Richtung des Fahrzieles. Die weißen Kombiwagen mit roten, blauen oder schwarzen Streifen fahren festgelegte Routen und starten erst, wenn der Wagen mit fünf Fahrgästen vollbesetzt ist. Jedes Taxi hat eine Plakette mit Angabe der Stadt, in der sein Standplatz ist. Das Fahrziel wird bei Annäherung eines möglichen Reisenden laut ausgerufen. Den Fahrpreis vor Reisebeginn

Sammeltaxi

erfragen, er ist staatlich festgelegt und wird bei Ende der Reise bezahlt. Nicht auf Vermittler hereinfallen, die im voraus den - überhöhten - Fahrpreis kassieren wollen. Im Zweifelsfall die offizielle Preistabelle zeigen lassen.

Innerhalb von Städten gibt es die gelben Petit Taxis, die das Stadtgebiet nicht verlassen und maximal drei Personen befördern dürfen. Der Wagen hat einen Tachometer, der jedoch nicht immer funktioniert. Ab 21 Uhr 50 % Nachtzuschlag.

- mit dem Daumen
Im verkehrsreichen Norden ist per Anhalter zu reisen noch eher möglich als im Süden. Einheimische haben allerdings wenig Verständnis für „reiche" Europäer, die das geringe Fahrgeld sparen wollen, wo sie doch selbst für jede Fahrt zahlen müssen. Es ist durchaus üblich, daß Lkw-Fahrer von einem Mitfahrer, auch von Einheimischen, etwa den gleichen Betrag kassieren, der im Bus fällig wird. Für Frauen ist das Trampen noch weniger empfehlenswert. Besser ist es, im letzten Nachtquartier Touristen mit eigenem Fahrzeug auf eine Mitfahrgelegenheit anzusprechen.

REISEZEIT

Die mittlere tägliche Sonnenscheindauer liegt mehr als doppelt so hoch wie die Deutschlands und höher als in Spanien. Ein beständiges Hochdruckgebiet über dem Atlantik hält fast das ganze Jahr an, erst von November bis März gibt es von Nord nach Süd abnehmende Niederschläge.

Die nördliche Mittelmeerküste empfiehlt sich wegen des kühlen, regnerischen Winters nur in der Zeit von Mai bis Oktober. Auch die östliche Küste um Tunis und Hammamet ist von November bis Februar/März oft kühl und regnerisch, doch gibt es auch warme, sonnige Perioden. Der südliche Küstenbereich ist ganzjährig für einen Badeaufenthalt geeignet, doch selbst auf der Sonneninsel Djerba kann es an Weihnachten regnen.

Die Wüstensteppen und Salztonsenken im Süden sollten am ehesten von September bis Mai bereist werden. Tagsüber sonnig und warm, oft bis über 30 °C, kann es in den Wintermonaten nachts bis zum Gefrierpunkt abkühlen, warme Kleidung ist unentbehrlich. Die Sommer dagegen sind so heiß, daß jede Anstrengung zur Qual wird. Im Winter ist Niederschlag möglich, doch sehr selten. Stattdessen gibt es oft Sandstürme, die bei Autofahrten tagelang die Sicht nehmen können und ein Ärgernis für jeden Fotografen sind.

Wenig empfehlenswert ist der Fastenmonat Ramadan, siehe Kapitel „Religion".

SOUK

Wochenmärkte (Souk hebdomadaire) sind eine alte Einrichtung der nomadischen Bevölkerung und haben noch heute ihre Bedeutung. Neben dem Verkauf eigener Erzeugnisse und dem Einkauf notwendiger Fremdwaren ist jede Art von Dienstleistungen dort zu finden: Kesselflicker, Hufschmied, Friseur, Zahnzieher, Schneider, Schreiber und viele andere. Während des Ramadan finden die Märkte wie üblich statt, die Essenstände fehlen jedoch. Hier eine kleine Auswahl:

Sonntag	Enfida, Hammam-Lif, Sousse
Montag	El Djem, Houmt Souk, Kairouan, Makthar, Tataouine
Dienstag	Beja, Ghardimaou, Kasserine
Mittwoch	Jendouba, Moknine, Nefta, Sbeitla
Donnerstag	Douz, Menzel Bouzelfa, Siliana, Teboursouk
Freitag	Ksour Essaf, Nabeul, Midoun, Monastir, Sfax, Tabarka, Testour, Zaghouan, Zarzis
Samstag	El Fahs, Monastir

SOUVENIRS

Vor den Kauf eines Souvenirs hat der Araber das Handeln gesetzt. Außer für Lebensmittel und Restaurantbesuche gibt es keine Festpreise, es muß eisern um jeden Dinar gefeilscht werden. Eine Richtschnur läßt sich nicht angeben, da die Händler einen Käufer blitzschnell taxieren und danach einen Preis ansetzen. Mehr als ein Drittel sollte man meistens nicht bezahlen. Informativ ist ein Besuch in einer Ausstellung des ONAT (Office National de l'Artisanat Tunisien), da dort Festpreise gelten, danach in verschiedenen Läden Preise erfragen. Hat man sich aber mit dem Händler auf einen Preis geeinigt, muß man auch kaufen.

Sehr beliebte Mitbringsel sind die landestypischen Kleidungsstücke, für Frauen paillettenbestickte Gewänder und weite, luftdurchlässige Hosen, für Männer eine leichte Djellabah oder ein schwerer Burnus. Lederwaren sind billiger als zu Hause und werden auch schnell und zuverlässig auf Bestellung angefertigt. Silber- und Goldschmuck ist bei geschicktem Handeln preisgünstig. Bei Messingwaren wird leider heute ziemlicher Kitsch mit bunten Kamelen produziert, prächtige Exemplare alter Handwerkskunst sind selten (und teuer) geworden.

Die schönsten, aber auch die teuersten Souvenirs sind Teppiche. Der **Kelim** ist ein gewebter, flacher Teppich mit geometrischen Mustern oder figürlichen Darstellungen, der als Wandbehang genutzt werden kann. Ein gutes Beispiel dafür sind die farbenfrohen Bildteppiche aus Gafsa. Der **Mergoum**, der vornehmlich im äußersten Süden hergestellt wird - z.B. Oudref, Toujane, Douz - ist ebenfalls gewebt, das ornamentale Muster wird zusätzlich noch mit bunten Wollfäden bestickt. Das Zentrum der Knüpfteppiche - **Zarbia** genannt - ist Kairouan. Bevorzugtes Material ist Schafwolle, der Preis der geknüpften Teppiche richtet sich nach der Knotenzahl (10.000 bis 250.000/qm). Am kostbarsten sind die seidenen Gebetsteppiche mit etwa 500.000 Knoten.

In jeder Stadt versuchen Händler, potentielle Kunden in ihr Geschäft zu ziehen, reichen einen Pfefferminztee und erklären die verschiedenen Muster und die Knüpf- und Webarten. Ein solcher Besuch ist sehr interessant, ob Sie ohne einen Einkauf wieder heraus kommen, hängt von Ihrem persönlichen Geschick ab. Die vom ONAT geprüften Teppiche haben auf der Rückseite eine Echtheitsgarantie mit Angabe der Qualitätsstufe und der Knotenzahl. Man kann sich die Stücke auch nach Hause schicken lassen, sollte aber auf dem Kontrolletikett unterschreiben, um Verwechslungen zu vermeiden.

SPORT

In den Clubanlagen gibt es ein vielfältiges Sportangebot: Segeln, Surfen, Tennis, Reiten, Golf, Minigolf, Tischtennis, Wasserski. Beliebt ist das Paragliding. Von einem Motorboot wird man an einem Drachen hängend durch die Luft gezogen, das Vergnügen dauert etwa 15 Minuten. Etwas besonderes ist der in Tozeur angebotene Flug mit dem Heißluftballon über das Chott-el-Djerid.
Die Bucht um Tabarka mit seiner Korallenküste und den Felsvorsprüngen ist ein Dorado für Taucher. Ein Club organisiert Tauchen, Unterwasserjagd (leider), Filmen und Ausflüge aufs Meer. Der Golfsport wird besonders gefördert, es gibt Plätze in Hammamet, El Kantaoui, Monastir, Djerba, Tunis, und Tabarka. Die Wälder Nordtunesiens sind sehr beliebt zur Wildschweinjagd.

SPRACHE

Die offizielle Landessprache ist Hocharabisch, gesprochen wird jedoch ein Dialekt, der von der Schriftsprache stark abweicht. Französisch wird in der Schule ab der dritten Klasse gelehrt und ist wichtige Amts- und Geschäftssprache. Gebildete Tunesier mischen viele französische Wörter in ihre auf Arabisch geführte Unterhaltung. Beschäftigte des Tourismussektors sprechen fast alle Englisch oder Deutsch.
Für Reisende, die sich ein wenig in der Landessprache ausdrücken möchten, wird das Büchlein „Tunesisch-Arabisch für Globetrotter" aus dem Peter - Rump - Verlag empfohlen.

Hier die wichtigsten Redewendungen (ch wird immer wie in nach gesprochen, th wie im Englischen):

sbah el khir	- Guten Morgen	bähi	- gut, lecker
as-salamou alaikum	- Guten Tag (nur von Männern zu verwenden)	inschallah	- so Gott will
		hamdullilah	- Gott sei gedankt
		tkelem arabi?	- sprechen Sie arabisch?
asslamah	- Guten Tag (häufigster Gruß, von Männern und Frauen zu verwenden)		
		menet kelemsch arabia	- ich spreche nicht arabisch
		esch ismek?	- wie heißt du?
iselmik	- Antwort auf asslamah	ismi ...	- ich heiße ...
		fin nalka hotel	- wo ist ein Hotel
tasba ala khir	- Guten Abend	ana	- ich
laila saida	- gute Nacht	anta (m), anti (f)	- du
bislamah	- auf Wiedersehen	hua	- er
minfatlika	- bitte	hia	- sie
schogran	- danke	nam	- ja
la schogran ala oaschib	- nichts zu danken	la	- nein
		ischi	- komm
bärcher	- viel	mänhabisch, nemschi	- ich will nicht, geh
khaddesch (jissua hatha)	- wieviel (kostet das)		
		kebira	- groß
schwiar	- wenig	seghira	- klein

ana djiane	- ich habe Hunger	baba	- Vater
ana otschane	- ich habe Durst	ommi	- Mutter
attini chobsa	- ich möchte ein Brot	uahad	- 1
lmaa	- Wasser	thnin	- 2
kahua	- Kaffee	thälata	- 3
tai	- Tee	arba	- 4
halib	- Milch	khamsa	- 5
birra	- Bier	sitta	- 6
a la sächtik	- zum Wohl	sabha	- 7
bismillah	- im Namen Gottes	thmannia	- 8
	(vor dem Essen)	thissaa	- 9
		ashra	- 10

TELEFON

Das Selbstwählfernsprechsystem ist fast im ganzen Land gut ausgebaut. In den gro-ßen Städten kann in die ganze Welt direkt, ohne Wartezeit, telefoniert werden. Neben den Telefonämtern der Post gibt es in jedem Ort öffentliche Telefonläden, gekenn-zeichnet mit „Telephone public" oder „Taxiphone" in gelb. Dort kann man, teilweise rund um die Uhr, auch ins Ausland, telefonieren. Geldscheine werden von der Aufsicht gewechselt.
Vorwählnummer für Tunesien: 00216 + Indikatif der Region (ohne „0") + Nr. des Teil-nehmers.
Vorwahlnummern von Tunesien nach:
D: 0049   CH: 0041   NL: 0031   A: 0043
Erst „00" wählen und Freizeichen abwarten, dann die beiden Nummern des Landes, die Vorwahl des Ortes ohne „0" und die Nummer des gewünschten Teilnehmers.

Die im Buch angegebenen Telefonnummern wurden sorgfältig recherchiert, dennoch wird keine Gewähr für die Richtigkeit übernommen, da sie sich häufig ändern.

TRINKGELD

Ähnlich wie bei uns wird die Rechnung im Restaurant oder der Preis einer Taxifahrt etwas aufgerundet. Der Studienkreis für Tourismus rät in seinem Sympathiemagazin „Tunesien verstehen": *„Geben Sie lieber nichts, wenn Sie nur sehr wenig geben woll-ten. Und wenn Sie Trinkgeld geben, bedanken Sie sich auch persönlich. Trinkgeld ist eben nur ein halber Ersatz für den besonderen Dank, den Sie für eine besondere Aufmerksamkeit sagen wollten. Allemal wichtiger ist Ihr freundliches Gesicht."*

Die Gehälter des Hotelpersonals sind sehr niedrig (ca. 150 - 180 D), so daß in Touri-stenhotels Trinkgelder einen festen Bestandteil des Einkommens darstellen. Auch als Nichtraucher habe ich sehr gute Erfahrungen damit gemacht, immer ein Paket Ziga-retten (vielleicht aus dem Duty Free Shop) dabei zu haben, da man sehr häufig in Gespräche verwickelt wird, z.B. die Frage nach dem Weg, und das Anbieten einer Zigarette, vor allem einer amerikanischen Marke, als nette Geste aufgefaßt wird.

VERSICHERUNG

Da bei Autounfällen von den tunesischen Versicherungen nur sehr schwer eine Entschädigung zu bekommen ist und manche Fahrzeuge unversichert und ohne Führerschein gefahren werden, ist der Abschluß einer *Vollkaskoversicherung* dringend anzuraten. Die Fahrzeugversicherung gilt jedoch bei manchen Versicherungen (z.B. HUK-Coburg) nur für Europa, eine Fahrt in die afrikanischen Mittelmeer-Anrainerstaaten muß gemeldet werden, und es ist ein 100 - 150 prozentiger Aufschlag zu zahlen.
Die grüne Versicherungskarte gilt nicht bei allen Gesellschaften für Tunesien, kann aber auf Antrag umgeschrieben werden. Sehr nützlich ist ein *Schutzbrief*, der bei Unfällen und Pannen am Fahrzeug eintritt. Ersatzteile können von Deutschland bezogen werden, oder das Fahrzeug wird nach Hause geschleppt, wenn es an Ort und Stelle nicht repariert werden kann. Solche Verkehrsservice-Versicherungen werden von den Automobilclubs sowie von den Fahrzeugversicherungen angeboten, bei letzteren spart man den Mitgliedsbeitrag. Die Versicherung gilt für Europa und die Mittelmeerstaaten. Der ADAC-Euro-Schutzbrief gilt auch für vom Schutzbriefinhaber gefahrene Mietwagen.

Die Bundesrepublik hat ein Sozialversicherungsabkommen mit Tunesien, daher kommt die gesetzliche Krankenversicherung für eventuelle Arztkosten auf. Dennoch ist eine *Auslandskrankenversicherung* empfehlenswert, die auch die Kosten für einen evtl. Rettungsheimflug trägt. Bei privat Versicherten kostet die Auslandsversicherung nur einen minimalen Aufpreis, sie gilt aber nur für eine je nach Gesellschaft unterschiedlich begrenzte Reisedauer. Eine Infobroschüre versendet der Verband der privaten Krankenversicherungen, Bayenthalgürtel 26, 50968 Köln, Tel. 0221 376620.

Eine *Reisegepäckversicherung* ist dagegen nur begrenzt hilfreich, da viele Schadenfälle unter Haftungsausschluß fallen. Sinnvoller ist es, Reisekasse und Papiere sorgfältig im Auge zu behalten. In Reisebüros ist ein Versicherungspaket mit Unfall-, Kranken-, Haftpflicht- und Gepäckversicherung für die Reise erhältlich, es kostet für 31 Tage ab DM 62,- pro Person, DM 125,- für die ganze Familie.

WASSERPFEIFE

Eine Besonderheit im Nordosten von Afrika ist das Rauchen der Wasserpfeife. In vielen Cafés sitzen die Männer gemütlich zusammen, neben sich den schlanken Behälter aus Glas mit dem langen Schlauch, und spielen Karten. Im unteren Teil der Pfeife ist der Wasserbehälter, ganz oben eine kleine Schale. Darauf kommt der mit Honig vermischte Spezialtabak aus Ägypten. Der Wirt legt auf den Tabak einige Stückchen glühende Holzkohle und raucht den Tabak an. An der Seite ist ein langer Schlauch befestigt, der am Ende dicker wird - zum besseren Halt - und in einem Mundstück endet. Beim Ziehen wird der Rauch

durch das Wasser geleitet und so von Schmutzstoffen gesäubert. Der größte Teil des Nikotins bleibt zurück. Dieser Genuß kostet im Café gut 1 D.

WEITERREISE NACH ALGERIEN UND LIBYEN

Für eine Einreise in beide Länder ist ein Visum erforderlich, das bereits vor der Abreise in der Heimat besorgt werden muß. Grenzübergangsstellen nach Algerien sind bei Ghardimaou, Haidra, Mides und Nefta/Hazoua. Die südliche Ausreise bei Bordj El Khadra ist nicht möglich. Die Grenzstellen nach Libyen sind bei Ben Guerdane und bei Dehibat. Es gibt eine direkte Busverbindung von Tunis-Bahnhof nach Libyen, täglich außer Samstag 7 Uhr, Fahrzeit 8 - 12 Stunden, Preis 36 D. Die Grenzabfertigung verläuft recht zügig.
Während von Fahrten nach dem Süden Algeriens zur Zeit (1994) wegen politischer Unruhen abzuraten ist, genießt Libyen bei Saharafahrern immer größere Beliebtheit. Doch kann sich die Situation an den Grenzen je nach politischer Lage schnell ändern, vor der Planung einer solchen Reise Infos bei den entsprechenden Botschaften anfordern.
Volksbüro der Soz. Libyschen Arab. Volksrepublik Jamahiria, Beethovenallee 12a, 53173 Bonn, Tel. (0228) 820090
Algerische Botschaft, Rheinallee 32, 53173 Bonn, Tel. (0228) 82070, Fax 820744

ZEIT

Tunesien gehört wie Deutschland zur Zone der Mitteleuropäischen Zeit (MEZ). Da es keine Sommerzeit gibt, ist es jedoch von Ende März bis Ende September eine Stunde früher als bei uns.

ZEITUNGEN

Es gibt 26 Tageszeitungen, davon in französischer Sprache *La Presse* (Regierungsblatt), *Le Temps* (unabhängig) und *Le Renouveau* (Parteizeitung). Die Zeitungen erscheinen täglich, auch Sonntag. Es gibt keine Pressefreiheit, die wenigen Meldungen aus dem eigenen Land sind unkritisch und nichtssagend. *Realité* ist ein wöchentlich erscheinendes Blatt der Opposition.
In Tunis auf der Avenue Habib Bourguiba und in den Tourismuszentren sind deutsche Zeitungen mit 1-2 Tagen Verspätung zu kaufen.

ANTIKE STÄDTENAMEN
(in Klammern Name des heutigen Ortes)

Acholla (Rass Bou Tria)
Ad Turres (Tamerza)
Aggarsel Nepte (Nefta)
Althiburos (Medeino)
Ammaedara (Haidra)
Aquae Calidae Carpitanae (Korbous)
Aquae Tacapitanae (El Hamma)
Aspis (Kelibia)
Assuras (Zannfour)

Capsa (Gafsa)
Cercina (Kerkennah)
Cheylus (Djebel Oust)
Cillium (Kasserine)
Clupea (Kelibia)
Curubis (Korba)
Cusura (Kesra)

Galabras (La Goulette)
Gergis (Zarzis)
Gightis (Bou Grara)
Girba (Houmt Souk)
Gumi (Hammam Lif)

Hadrumetum (Sousse)
Haribus (Guellala)
Hippo diarrhytos (Bizerte)
Horrea Caelia (Hergla)

Justinianopolis (Sousse)

Leptis Minus (Lamta)
Limisa (Ksar Lamsa)

Mactaris (Makthar)
Maxula Prates (Rades)
Membressa (Mejez El Bab)
Megara (La Marsa)
Meninx (Djerba)
Missua (Sidi Daoud)
Musti (El Krib)

Neapolis (Nabeul)

Pheradi Majus (Sidi Khalifa)
Pupput (Hammamet)

Ruspina (Monastir)

Siagua (Ksar Ez Zid)
Sicca Veneria (El Kef)
Simitthus (Chemtou)
Speculum (Chebika)
Sufes (Sbiba)
Sufetula (Sbeitla)

Tacapae (Gabes)
Talalati (El Ferch)
Taparura (Sfax)
Thabraca (Tabarka)
Thaenae (Thyna)
Thamesmida (Bou Chebka)
Thapsus (Bekalta)
Thibaris (Thibar)
Thignica (Ain Tounga)
Thuburbo Majus (El Fahs)
Thuburbo Minus (Tebourba)
Thugga (Dougga)
Thusuros (Tozeur)
Thysdrus (El Djem)
Tiges (Kriz)
Tigimma (Hammam Zoukra)
Tihila (Testour)
Tillibari (Remada)
Tipasa (Adjim)
Tisauar (Ksar Rhilane)
Tubursicum Bure (Teboursouk)
Tunes (Tunis)

Upenna (Chegarnia)
Usalitanum (Ain Jloula)
Uthina (Oudna)
Utica (Utique)
Uzappa (El Ksour)

Vaga (Beja)
Vezereos (Bir Ghezene)

Zama Minor (Siliana)
Zigua (Zaghouan)
Zuccara (Jougar)

REGISTER
Personennamen in kursiver Schrift
* = Orte mit Campingplätzen

Adjim 138
Ain Damous 60
Ain Draham 66
Ain Jloula 159
Ain Oktor 80
Ain Tounga 75
Akarit 128
Amilcar 52

Bekalta 118
Ben Ali, Zine Al-Abidine 17
Ben Guerdane 150
Beni Barka 237
Beni Kheddache 226
Beni Khiar 87
Beni Zeltene 231
Bint Saidane 157
Bir Ghezene 222
Bir Soltane 225, 239
Bir Zoui 225
Bizerte 57
Blidet 213
Bordj Cedria * 78
Bordj Jiliji 138
Bou Chebka 183
Bou Grara 138
Bou Hajla 167
Bou Salem 71
Bourguiba, Habib 114
Bulla Regia 67

Cap Bon 76, 82
Cap Negro 62
Cap Serrat 61
Carthage 44
Cedouikech 148
Chambi 179
Chebbi, Aboulkacem 196
Chebika 195
Chegarnia 97
Chemtou 69
Chenini (bei Gabes) 132
Chenini (bei Tataouine) 236
Chott Meriem 106
Chott-el-Djerid 188

Dar Chaabane 87
Dar Chihou 81
Degache * 204
Dido 45
Djebel Oust 155
Djelidat 238
Djerba * 135
Djorf 137
Dougga 72
Douiret 236
Douz * 206
Dragut 135

El Djem 121
El Fahs 157
El Faouar 215
El Ferch 235
El Guettar 191
El Haddej 231
El Hamma (bei Gabes) 219
El Hamma (bei Tozeur) 195
El Haouaria 81
El Kantara 147
El Kef 171
El Krib 75
El Ksour 170
El May 148
Elles 171
Elyssa 45
Enfidaville 97
Er Riadh 145
Es Sabria 215

Fatnassa 206
Feriana 183
Fernana 66

Gabes * 129
Gafsa 184
Gammarth 54
Gannouche 130
Ghar El Melh 57
Ghellissia 209
Ghomrassen 234
Guellala 146
Guermessa 234

Haddad, Tahar 36
Hadrians-Aquädukt 154

Haffouz 167
Haidra 178
Hamilcar Barkas 13
Hammam Bourguiba 65
Hammam Djedidi 95
Hammam Lif 78
Hammam Sousse 106
Hammam Zoukra 170
Hammam Zriba 98
Hammamet * 90
Hannibal der Große 13
Hergla 101
Hiarbas 45
Houmt Souk 139

Ibn Khaldoun 29
Ichkeul-See 60

Jendouba 71
Jougar 158
Jugurtha 178

Kahina 123
Kairouan 159
Kalaat El Andalous 56
Kalaat Es Senan 177
Kalaat Khasba 178
Karthago 45
   - Anfahrt 44
   - Byrsa-Hügel 48
   - Geschichte 45
   - Hotels 44
   - Lageplan 46
   - Museum 49
   - Punische Häfen 47
   - Thermen des Antonius 49
   - Tophet 46
Kasserine 179
Kbor-Klib 170
Kebili 191
Kelibia 84
Kerkennah-Inseln 127
Kerkouane 83
Kesra 168
Klebia 213
Klee, Paul 52
Korba 86
Korbous 80
Kriz 205

Ksar Aoidid 237
Ksar Daghagra 237
Ksar Djedid 227
Ksar El Hallouf 225
Ksar El Khadim 237
Ksar Ez Zit 94
Ksar Hadada 234
Ksar Hellal 118
Ksar Joumaa 226
Ksar Lamsa 158
Ksar Ouled Debbab 237
Ksar Ouled Oune 237
Ksar Ouled Soltane 237
Ksar Rhilane * 223
Ksar Touar 170
Ksibet el-Mediouni 117

La Goulette 44
La Marsa 53
Lalla 190
Lamta 118
Le Kram 44
Louka 61

Macke, August 52
Mahares 128
Mahboubine 148
Mahdia 119
Makthar 168
Mareth 137
Massinissa 13, 69
Matmata 229
Matmata Nouvelle 134
Medeino 176
Medenine 227
Mejez El Bab 76
Menzel Bourguiba 60
Menzel Temime 86
Metameur 226
Metlaoui 192
Mides * 193
Midoun 147
Mohammed (Prophet) 18
Mohammedia 154
Moknine 118
Monastir 111
Mornag 101
Moulares 193

Nabeul * 87
Nakta 128
Nefta 200
Nefza 62
Nouail * 213

Ouchtata 62
Oudna 154
Oudref 129
Oued Ez Zid 100

Pheradi Majus 96
Plage de Chaffar 128
Plage Zoiraa 62
Port El Kantaoui 106

Rades 77
Raf Raf 57
Rass Sidi Ali El Mekki 57
Redeyef 193
Remada 240
Reqqada 167
Rijm Matoug 216
Rommel, Erwin 18

Saressi 158
Sbeitla 180
Sejenane 61
Selja-Schlucht 193
Sfax 123
Sidi Bou Ali 102
Sidi Bou Said 50
Sidi Daoud 81
Sidi Djedidi 94
Sidi Khalifa 96
Sidi Mechrig 61
Sidi Rais 79
Siliana 170
Skanes 111
Skhirat 128
Soliman 79
Sousse 102

Tabarka 62
Table de Jugurtha 177
Tajerouine 176
Takrouna 98
Tamerza 194
Tamezret 231

Tamra 61
Tataouine 234
Tazerka 86
Teboulba 118
Teboursouk 72
Techine 233
Teskraya 61
Testour 76
Thala 178
Thelepte 183
Thibar 72
Thuburbo Majus 155
Thuburnica 69
Thyna 128
Tindja 60
Toujane 229
Tozeur 196
Tunis 26
    - Bardo-Museum 37
    - Dar Ben Abdallah 33
    - Djamaa Ez-Zitouna 34
    - Geschichte 26
    - Hotels 38
    - Information 38
    - Medina 30
    - Neustadt 27
    - Restaurants 40
    - Stadtplan 28

Utica 56

Zaafrane 214
Zaghouan 99
Zannfour 171
Zaouiet el-Arab 204
Zaouiet El Magaitz 81
Zarzis 149
Zriba Tunisien 99

ZEICHENERKLÄRUNG

N ↑	Nordrichtung	🌴	Oase
R. 3	Route	Ⓗ	Hotel
→	beschriebene Richtung	⚠	Campingplatz
—	sonstige Straße		Brunnen
GP 2	Straßennummer	🏛	Antike Ruinenstätte
▬▬	Eisenbahn		Islamisches Baudenkmal
- - - -	Landesgrenze	★	sonstige Sehenswürdigkeit
	Grenzposten	ⓘ	Touristeninformation
◉	Start- bzw. Zielpunkt	Ⓟ	Parkplatz
O	sonstige Orte		Autofähre
✈	Flughafen	△	Berghöhe

REISEBÜCHER

Die praktischen Touring-Guides und Auto-Führer aus der Reihe «QUER DURCH ...»
Damit Sie auf neuen Wegen mehr erleben!

Quer durch
DIE U.S.A.

Die schönsten Autorouten von der Ost- zur West-küste, mit Schwerpunkt auf den Nationalparks und Landschaften im Westen. Ein ehrlicher, fundierter Begleiter für alle unternehmungslustigen Tourer - ob mit Camper, Pkw oder Motorrad unterwegs.
448 S., zahlr. s/w.- u. Farb-Abb., Motels, Camping-plätze, Kartenskizzen, Stadtpläne und viele Infos.

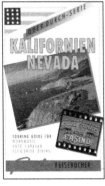

Quer durch
KALIFORNIEN / NEVADA

Dieser Touring-Guide führt in bequemen Etappen, die zu einer Rundreise verbunden werden können, zu allen interessanten Städten, Landschaften und Nationalparks in Kalifornien und Nevada. Beson-ders ausführlich: San Francisco, Los Angeles, San Diego, Las Vegas, Lake Tahoe, Yosemite National-park u.v.a.
176 S., zahlr. s/w.- u. Farb-Abb., Motels, Camping-plätze, Kartenskizzen, Stadtpläne und viele Infos.

Quer durch
USA SÜDWEST

In der für die *"QUER DURCH SERIE"* typisch übersichtlichen, zeitgemäßen Form führt dieser Touring-Guide auf den schönsten Reiserouten durch eine der interessantesten Gegenden der USA. In einer gelungenen Mischung aus Sachinformation, Kultur und Tips fürs tägliche Reise*(er)*leben werden die US-Staaten Colorado, Utah, Arizona und New Mexico anhand eines ausgefeilten Routenkonzeptes vorgestellt.
Zahlr. s/w.- u. Farb-Abb., Motels, Campingplätze, Kartenskizzen, Stadtpläne und viele Infos.

Quer durch
SPANIEN

Ein praktischer Führer für alle, die Spanien auf eigene Faust kennenlernen wollen und dort mehr als nur Strand und Sonne suchen. Ausführlich beschrieben werden die Routen durch nahezu alle spanischen Regionen, in die schönsten Städte und Landschaften. Mit ausführlichem Madrid- und Barcelona-Teil.
252 S., zahlr. s/w.- u. Farb-Abb., Hotels, Campingplätze, Kartenskizzen, Stadtpläne und viele Infos.

Quer durch
TOSKANA/UMBRIEN

Ein Autoführer mit bequem zu kombinierenden Reiserouten durch die gesamte Toskana, mit Elba, und durch Umbrien. Mit Hinweisen für Wohnmobilfahrer und Caravaner. Großer Florenz-Teil sowie alle wichtigen Städte, Landschaften und Sehenswürdigkeiten.
236 S., zahlr. s/w.- u. Farb-Abb., Hotels, Campingplätze, Kartenskizzen, Stadtpläne und viele Infos.

Quer durch
NORWEGEN

In besonders für den Individual-Autoreisenden aufbereiteter, praktischer und übersichtlicher Form wird das Land vom Süden über die Fjordwelt Westnorwegens bis zum Nordkap anhand zuverlässig ausgewählter Reiserouten beschrieben.
216 S., zahlr. s/w.- u. Farb-Abb., Hotels, Campingplätze, Kartenskizzen, Stadtpläne und viele Infos.

Quer durch
SKANDINAVIEN
Reiseziel Nordkap

Die große Tour zum Nordkap in bequem zu kombinierenden Reiserouten. Mit vielen Routenvarianten durch alle vier nordischen Länder - Dänemark, Norwegen, Schweden und Finnland. Ausführliche Beschreibung der Hauptstädte.
424 S., zahlr. s/w.- u. Farb-Abb., Hotels, Campingplätze, Kartenskizzen, Stadtpläne und viele Infos.

Quer durch
SCHOTTLAND

Schottland auf neuen Wegen erleben. Eine variantenreiche Rundreise - von den Borders bis zu den Highlands, von den Western Isles bis zu den Orkneys. Detaillierte Beschreibung von Edinburgh, Glasgow, allen wichtigen Städten, Schlössern und Landschaften.
276 S., zahlr. s/w.- u. Farb-Abb., Hotels, Campingplätze, Kartenskizzen, Stadtpläne und viele Infos.

Quer durch
MAROKKO

101 Reiserouten vom Mittelmeer bis zur Sahara, darunter detaillierte Pistenbeschreibungen für Off-Roader, erschließen dem Autofahrer die Vielfalt dieses faszinierenden Landes. Mit Insider-Tips über Land und Leute.

280 S., zahlr. s/w.- u. Farb-Abb., Hotels, Campingplätze, Kartenskizzen, Stadtpläne und viele Infos.

Quer durch
DIE TÜRKEI

Ein neues Konzept. Ein neuer Typ von Reiseführer. Die Türkei ist nicht nur an der Küste ein Erlebnis, sondern wird besonders im Inland zu einer ganz neuen Reiseerfahrung. Dieser Führer sagt wo's langgeht.

220 S., zahlr. s/w.- u. Farb-Abb., Hotels, Campingplätze, Kartenskizzen, Stadtpläne und viele Infos.

RAU'S REISEBÜCHER
die praktischen Touring-Guides
gibt es außerdem über:

GRIECHENLAND
PORTUGAL
DÄNEMARK
SCHWEDEN
IRLAND
FLORIDA
TUNESIEN